Faster
ファスター

1930年代のモータースポーツカルチャー

ニール・バスコム
吉野弘人 訳

Neal Bascomb

How a Jewish Driver,
an American Heiress,
and a Legendary Car
Beat Hitler's Best

FASTER
by Neal Bascomb

Japanese translation rights arranged with Neal Bascomb
c/o Fletcher & Company, New York through Tuttle-Mori Agency, Inc., Tokyo

シャーロットとジュリアへ、
人生の恐ろしいまでの喜びを
抱きしめることができますように——

「おまえたちは革紐につながれた猟犬のようにはやっておるな、
さあ、獲物が飛び出した、はやる心についていけ」
――ウィリアム・シェイクスピア『ヘンリー五世』（小田島雄志訳 白水社）

目次

著者まえがき

素晴らしい冒険が待っていた。だが、急がなければならない。

午前中、ロサンゼルス国際空港から、州間高速道路四〇五号線を北へ向かっていた私は、渋滞に巻き込まれていた。あらゆる種類の車の海が私を取り囲んでいる。大きなトレーラー、ありふれたセダン、ティンテッドガラスのGMCユーコン・デナリ、Uberのステッカーをつけたプリウス、黒のタウンカー、トラック、そして時折、颯爽としたオープンカーも。私が乗る黒のGMCテレインのレンタカーは、T型フォードと同じく、自動車メーカーが大量生産した何の変哲もないコンパクトSUVの一つだ。混雑した駐車場に止めたなら、リモコンキーでライトを点灯させなければ見つけることはできないだろう。

誰一人としてスピードを出していない。動かないまま一〇分が過ぎる。そして二〇分。グーグルマップによるとオックスナードまでは、五八マイル（約九三キロメートル）――一時間五二分――もある。スクリーンの地図上に映し出された、私の進もうとしているルートは見苦しい赤に塗られている。私が到着するまで、彼らは、ビクトリア&アルバート博物館での展示のために、ドライエ145をロンドンに向けて輸送するのを待ってくれるだろう。苛立ちのあまりハンドルを叩かないように努める。

渋滞がやっと緩んでくる。州間高速道路一〇号線を下りてサンタモニカに向かう頃になると、止まったり、進んだりといった車の流れも次第にスムーズになってくる。さらにパシフィック・コースト・ハイウェイを北へ進む。遠くにはオーシャンビューが広がり、野生の花で覆われた丘の中腹も見える。どうやら間に合いそうだ。

ＧＭＣは快適だったが、レンタカーであるがゆえ、エキサイティングとまでは言えなかった。ランバーサポート（訳注：腰への負担を軽減するために自動車の座席に組み込まれた機構）を備えた可倒式シート。オートマチックトランスミッション、最新のＳｐｏｔｉｆｙのお気に入りに登録されたザ・ルミニアーズを聞くためのＡｐｐｌｅ ＣａｒＰｌａｙ。マリブを過ぎたあたりで、電動式のウィンドウと格闘する。半分だけ開いた状態にすることができないのだ。あきらめてエアコンの利いた繭の中に閉じこもることにする。潮風は届かない。赤信号では、ガソリンを節約するためにエンジンが停止する。私に何の断りもなく。

道中、シアトルにいる妻からの電話に出る。彼女は私が運転していることにすら気づいていない。ボンネットの下でどれほど激しくエンジンが動いていようとも、この車は静かで分別があり、決して慌てることはない。車の本質的な価値は、ＡというポイントからＢというポイントへと安全に人を運ぶことにある。

オックスナードでは、まったく異なる車が私を待っている。それは長く忘れられていた歴史に関する、私の二年間にわたる調査に対するごほうび――そして総仕上げ――だった。

第二次世界大戦が勃発する直前、ドライエ145が世界のグランプリ・レースカーの中で最も有名な車の一つだった時代があった。その功績はヨーロッパの平和がほころび始めているというニュース記事にも匹敵するものだった。観衆がその戦いぶりを目にするため、そしてモーターショーでその輝くばかりのV12エンジンを間近に見るために集まった。初めてフランス、モンレリ・サーキットに登場したとき、多くの人々がそのデザインを風変わりだと思った。ある批評家は、スピードを追求するマシンというよりは、〝カマキリ〟のようだと言った。ドライエがオーバルトラックで、一〇〇万フランの賞金を求めて記録を叩き出し、〝ヒトラーを破る車〟に名乗りを上げると、否定派の人々も崇拝者へと変わっていった。そのオーナー、設計者と製造者、そしてドライエを限界まで走らせ、しばしば死のリスクまでも負ったドライバーは、国民的英雄として称えられた。

その物語は一九三三年、新たな第三帝国のリーダーがグランプリ・レースの支配をそのミッションの一つとしたときに始まった。[1] 情け容赦ない不屈のチャンピオン、ルディ・カラツィオラとブロンドの髪に青い瞳の広告塔、ベルント・ローゼマイヤーの運転するレースカー、シルバーアローは、スポーツの功績以上の象徴となっていた。彼らは世界の国々を支配する民族を代表していたのだ。〝メルセデス・ベンツの勝利は、ドイツの勝利〟。ナチスのプロパガンダ組織はそう称えた。[2] ヒトラーは、この成功を何十万もの若者たちを自動車部隊に入隊させるために利用しようとした。

巨大な産業体へと成長しつつある自動車会社がその実現を手助けした。

とどまるところを知らないドイツの勝利に対し、ルーシー・オライリー・シェルという一人の女性が何とかしなければならないと決意し、自らのグランプリ・レースチームを立ち上げた。自身がまばゆいほどの優れたレーサーであり、裕福なアメリカ人の起業家の一人娘である彼女は、十分な資金があり、ドイツに挑戦すべき理由があり、何より男性に支配された世界において自らの居場所を求める強い思いを持っていた。マシンに関して、彼女は選択肢として最もありそうにないメーカー、ドライエを選んだ。シャルル・ワイフェンバックが経営するこのフランスの老舗自動車会社は、頑丈で生真面目な車——主にトラック——を製造していることで知られていた。レースはこの小さな会社にとって生き残りをかけた道だった。ルーシーは、ドライバーにルネ・ドレフュスを採用した。ドレフュスは、かつては流星のごとく現れた期待の新人だったものの、ユダヤの血筋を理由に優れたチームや優れたマシンで戦うことができないでいた。ナチスに対する勝利は、全員にとって、自らを取り戻すことにほかならなかった。

戦う者たちの物語をひもとくこの旅は、私をあらゆる場所に連れて行ってくれた。ジェシー・オーエンスやジョー・ルイス、あの〝シービスケットという名の足の曲がった競走馬〟のようなスポーツ界の巨人に関する戦前の話とは違い、時間は、ルーシーとルネ、ワイフェンバック、そしてドライエ145の戦いを人々の記憶から消し去ってしまった。[3] 誰もこの題材だけを取り上げて本にしようとはしなかった。まず私は、フロリダ州ネープルズにあるあの驚くべきレブス・インスティテュートの図書館に通った。自動車の歴史に取り組むのが初めてだった私は、グランプリ・レースについて記した膨大な量の当時の新聞や雑誌――さまざまな言語の――に圧倒された。来る日も来る日も何千というページをめくり、壮大な物語のかけらを残らず掘り出していった。シュトゥットガルトのダイムラー・ベンツの文書庫やパリのフランス国立図書館も同様に私の力になってくれた。

クラシックカーやそのドライバーに関する情報は、非常に大事にされている一方で、しばしばクラブや個人コレクターによって保管されていることにすぐに私は気づいた。熱心さと少しの説得力によって、広範囲に広がるフランスの農場や、乱雑なシアトルのガレージ、そして昔話に出てくるようなイギリスの領主の館などに保管された学術的な宝を目にすることができた。ルネ・ドレフュスの家族も同様に大きな力になってくれた。

重要なレースが行われたコースを地図でたどることと、実際にそこを歩いたり、運転したりすることとは別物である。ニース郊外のラ・テュルビー。アイフェル地方にあるニュルブルクリンク。パリの南に位置するモンレリ。モンテカルロの街並みを走るモナコ。スペインとフランスを隔てるピレネー山脈のはずれにあるポー。私はあらゆるヘアピンカーブ、あらゆる直線、そしてあらゆる起伏を知りたかった。

調査を通して、私は米国と欧州の多くの博物館を訪ね、アルファロメオやブガッティ、マセラティ、ドライエ、タルボ、フェラーリ、メルセデス、プジョー、フォードなどを見てまわった。輝くほど磨き上げられたこれらの車は美術品のようだった。だが、壁に囲まれて動くことができず、その目的――速く走ること――は、もはや叶わなかった。

私はこの物語のヒーローたちが、レースを繰り広げた車――特にドライエ――に乗って経験したことのたとえわずかな部分でも体験したかった。しなければならなかった。何度も頼んだ結果、マリン自動車博物館の理事であり、学芸員でもあるリチャード・アダットが私をドライブに招待してくれた。カリフォルニア州オックスナードにあるこの博物館は、アメリカの億万長者にしてコレクターであるピーター・マリンによって設立され、世界に四台しかないドライエ145のうち、一台を除くすべてを所有していた。

私はようやく博物館に到着する。駐車場に入ると急いで車を止めた。時間ぴったりだ。GMCから降りると、誰かが私の名前を呼んでいる。リチャードが手を振って近づいてくる。彼は堂々とした体躯で、飾り気のない男だったが、ごくたまにいたずらっぽい笑みを浮かべた。六〇代で、自らも自動車製造を職業としていた彼は、戦前のフランスの車に関するエキスパートでもあった。私は博物館の向かいにある箱型の白い倉庫に案内される。

車の先細のテールが倉庫の扉から半分突き出ている。ドライエ145。これまでに白黒の写真でこのレースカーを見たことはあったが、実物は比べ物にならなかった。スカイブルーに塗られた二人乗りの車体は、長く、無駄がなく、そして低く、飛びかかろうとして身をかがめている虎のようだった。八〇年以上も前の車にもかかわらず、どこか未来的で、特にタイヤを覆うマッドガードが鋭く下に向かうラインはあまりにもタイヤに近すぎてスピードを出せないのではないかと思えるほどだった。

リチャードはおもちゃのような小さなドアを開けると、体を折るようにして運転席に乗り込んだ。博物館の陽気なメカニックのネイトがイグニションの手続きを指導する。これを引いて、それを回し、これを押す。エンジンがかかり、煙が二つの排気管から吹き出す。エンジンの轟音は耳をつんざくほどだ。四・五リッターV12エンジンが最後に息を吹き込まれてから数年が経っていたが、ネイトが私の到着前に、所定のチェックをし、二四本のスパークプラグを交換してくれたおかげで、ドライエはほとんどためらいも見せずに轟音とともに目を覚ます。

リチャードとネイトは、駐車場を一周して、すべて問題ないことを確認する。そして車はウインチを使ってトレーラーに積まれ固定される。リチャードと私は、別の車で博物館からトレーラーの後を追い、一五分後、オックスナード郊外のレモンの木立の中深くに入っていく。木立の間を縫うように走る無人の道路は、ドライエを自由に走らせるのに最適の場所だった。この車は止まったり動いたり、渋滞で無為に過ごしたりというのは好きではなかった。結局のところ、この車はレースカーなのだ。

トレーラーが砂利の敷かれた路肩に止まり、ドライエが傾斜板を使って下りてくる。リチャードがまずドアを開け、車の右側の運転席に体を押し込む。ネイトが私のために助手席のドアを開けてくれる。私はドライエを運転させてほしいと繰り返し懇願したものの、その願いは叶わなかった。それも無理はない。ドライエ145は数百万ドルの価値があり、ピーター・マリンは保険に入っていないアマチュアドライバーにエンジンを加熱して故障させたり、木に突っ込んだりしてほしくなかったのだ。ともあれ、リチャードと私が狭い二人乗りの座席の中でしっかりと体を寄せ合っている様子を考えると、運転席と助手席にほとんど違いはなかった。

ネイトが私の腰の周りにベルトを装着する。ルネ・ドレフュスがドライエを運転していた頃には役に立たなかった安全装置だ。当時は、現在のようなロールバーやヘルメットもなかった。

エンジンはアイドリングをして、落ち着かないうなり声を上げている。サンタモニカ山脈を見下ろすように、明るい太陽がわれわれに降り注いでいる。木々になっているレモンの実はグレープフルーツのように大きい。オイルのにおいが空気中に充満している。私の左手は、ダッシュボードに固定された冷たいスチール製の取っ手を握っている。感覚がいつもより研ぎ澄まされているような気がする。

リチャードがクラッチを踏み、ギアを一速に入れる。砂利敷きの側道から道路に出ると一八〇度ターンして、長い直線のほうに車を向ける。一七〇センチメートルの私は、ルネと同じ身長だ。目はかろうじて長いボンネットの上に位置する。フロントガラスはない。私は低い位置に腰掛け、わずかに角度をつけて足元の空間に足を伸ばした。体の位置や地面からの距離の近さから、機械化されたソリに乗っているような印象を拭うことができない。ドアの外に手を伸ばすと、指先はほとんどアスファルトをこすりそうだ。

何の前触れもなく、リチャードが道路を走りだす。一速から二速、そして三速とギアをシフトしていくにつれ、エンジンがうなりを上げる。どんどんスピードを上げていくと、風が髪を後ろになびかせる。私はリチャードのほうを見る。彼は大きなハンドルを一〇時と二時の位置で握り、わずかに、しかし絶え間なく調整をしている。例のいたずらっぽい笑みを浮かべている。ご機嫌なようだ。

私は怖かった。取っ手をしっかりと握っている。ドライエは安定しているようには思えなかった。必死になってまっすぐ走ろうとしているようだ。道路の縁には深い溝がある。そこにはまったら間違いなく一巻の終わりだ。私には家族がいる。幼い子どもたちも。前方に鋭いカーブが近づいてくる。

リチャードはブレーキを踏むことも、スロットルを緩めることもしない。私の足は存在しないブレーキペダルを踏んでいる。リチャードが反時計まわりにハンドルを回す。左にターンするときに、タイヤが道路の端の砂利を捉える。ドライエは地面にしっかりと抱きつくようにしてカーブを曲がる。カーブを出ると、リチャードはアクセルを踏み、再びギアをシフトする。スピードメーターの針が鋭く振れている。今度は上り坂を攻略する。エンジンが甲高い悲鳴を上げる。すぐに次のカーブに入る。右カーブだ。ここでもドライエは、道路にしがみつく。そして長い起伏のある直線に入る。

素早くシフトアップする。ドライエは前よりも速く飛び出し、レモンの並木を通り過ぎる。恐怖心は消えていく。風が髪を後ろに押しやる。頬が波打つ。加速によって上半身がシートに押しつけられる。エンジンは耳をつんざくような遠吠えを上げ、私の周りのあらゆるものが脈打ち、生き生きとしている。ロケットで飛び出すようだ。路上のへこみやこぶの一つひとつを感じるが、決して不快なものではなく、まるでドライエと一体になっているようだ。ギアをシフトするたびに、ブレーキを踏むたびにそう感じた。時間が蒸発していくようだ。世界はこの先に帯のように広がる舗装路と、周囲を取り囲む風と騒音の奔流の中へと溶け込んでいく。

「素晴らしい」私は囁く。「素晴らしい」

小さな丘を登る。まるで空を飛んでいるようだ。

突然、リチャードがスピードを緩める。木立を抜け、ハイウェイの交差点に到着する。トラックが身震いをするように通り過ぎていく。低いドライエの中から見ると、それは巨人のように見える。車の流れの切れ目を見つけて、ハイウェイに入る。古いギアをきしませながら、素早く四速に入れる。さらにスピードを上げると、エンジンは文句を言うようなうなり声を上げる。前を走る車の後部にほとんど飛びかかりそうな勢いだ。信じられないほどの加速。そして素早くハンドルを切ると、木立の中に戻っていく。道路脇の農家の人たちが、口をぽかんと開けたまま、じっとドライエを見ている。再び、稲妻のように直線を駆け抜けると、スタートしたトレーラーの隣に戻る。

リチャードがエンジンを切り、ドライエは静止する。私はヨガの動きをして座席から体を出し、車の外に立つ。足元の地面が安定している。船から陸地に上がったときのようだ。

リチャードはかろうじて時速一二〇キロを超えたと私に告げる。驚いた。もっと速く走っていたように感じたからだけではなく、ルネ・ドレフュスがグランプリ・レースでドライエを走らせたときの半分のスピードでしかなかったからだ。半分。

一人のサイクリストがわれわれの横にやって来て、車を見つめている。どう理解したらよいかわからないようだ。彼はリチャードとネイトに山のように質問を浴びせる。うっとりとしている。

彼らがおしゃべりをしている間、私は動きを止めたドライエの運転席に乗り込んだ。ハンドルとギアを握る。クラッチとアクセルに足を置く。いっとき、私は再びレモンの木立の間を疾走していた。太陽が顔に熱く、風が耳元で悲鳴を上げている。私はこれまで以上にドライエ１４５がその全盛期においてどれほど素晴らしい車だったのか、ルーシー・シェルがこの車を見て示した意志の力、そして第三帝国が資金を提供する巨大な勢力に対抗してこの車を運転するために、ルネ・ドレフュスに要求された信じられないほどのスキルとガッツについてあらためて気づかされる。

エンツォ・フェラーリはレースのことを「この人生における恐ろしいほどの喜び」と称した。[4] その日の午後まで、私は彼のことばをまったくわかっていなかった。

二〇一九年三月

プロローグ

「今から歴史を書き換える」

連合国が惰眠をむさぼっている間に、長く身を潜めていた獣がついに襲いかかってきた。一九四〇年五月一〇日、機甲部隊が陸路を進む中、ドイツ軍の爆撃機が波のように次々と押し寄せ、スーパーチャージャー付のエンジンの音を高く響かせながら、夜明けの空を飛んでいた。朝の静けさを破って、ナチスがベルギー、オランダ、ルクセンブルクへ侵攻したのだ。ナチスの空挺部隊は、通信回線を遮断し、主要な橋を占拠した。奇襲部隊がグライダーから降下し、重要な要塞を占領して前線基地とした。まもなくドイツ機甲部隊が外国の領土に深く侵入していった。フランス軍とイギリス軍が攻撃を食い止めるために、ベルギーの北東部に急いだ。しかし、彼らは第一次世界大戦によって染みついた安易な思い込みという罠に陥っていた。

その東側では、ドイツの大軍が七〇マイル（約一一〇キロ）に及ぶアルデンヌの森を進撃していた。この木の生い茂った丘は、かつては、フランスとドイツの国境に沿って走るマジノ線のコンクリート製の要塞のように、侵入不可能と考えられていた。[6] しかし数日のうちに、大砲による一斉砲火と空爆に支援されたナチスの先鋒がフランスのマース川を越え、連合国は撤退を余儀なくされた。五月一五日、絶望したフランスのポール・レノー首相は、イギリスのウィンストン・チャーチルに電話をし、戦いに敗れたことを伝えた。[7]

フランス軍の中にはまだ戦おうとする者もいたが、ある目撃者いわく〝組織化され規律正しく、万能かつ完璧な状態の非情なマシン〟[8]に対しては、せいぜいパニック状態で立ち向かうのが精一杯だったという。

ドイツ軍の急速な侵攻の知らせを受けて、パリ市民は避難しだし、特に上流階級の住む地域からは人が消えた。[9] 鉄道の駅には、すでに売り切れた列車のチケットを求めて乗客が殺到し、市内から南に向かう道路は人々を詰め込んだ車やバスで渋滞していた。同時に、ベルギーからやって来たあてのない避難民が、北から市内に流れ込んできた。ライフ誌は、〝自転車と荷物、ぼろぼろのスーツケースにゆがんだ鳥かごを持ち、犬をしっかりと抱えた〟人々の写真を掲載し、「彼らは次から次へとやって来た」と報じた。[10]

一年以上もの間、侵略を恐れていたフランスは、自分たちの貴重な宝物に対する安全措置を講じていた。[11] パリでは、建造物の多くは土嚢で守られ、サント・シャペルのステンドグラスも取りはずされた。ルーヴル美術館の学芸員は、「モナ・リザ」などの名画が展示されていた壁や、値がつけられないほど貴重な彫刻が置かれていたフロアを空っぽにした。目立たないトラックの一団がこれらの美術品を国じゅうの城に運んだ。同様に、物理学者は、核爆弾開発に利用される重水やウランを避難させた。ドイツ軍がパリを恐怖に陥れた際に隠されたのは、こういった貴重な美術品や希少物質だけではなかった。街じゅうで、人々は家宝を地下貯蔵室に隠し、油布にくるんで地中に埋めた。あるパリジャンはダイヤモンドを固まったラードの入った瓶の中に隠して、食糧庫の棚に置いていたという。

市内の労働者階級の中心地、バンキエ通りにあるドライエの工場には、四台のドライエ145が並んでいた。[12] この自動車メーカーの製造責任者は、これを部品に分解し、市街の洞窟に隠すか、あるいはラードの中のダイヤモンドのように、エンジンとシャーシを新たなボディで覆って——あるいはまったくのむき出しのまま——真の姿を隠し、自分たちの創作物を安全な場所に避難させようとしていた。これらの名品を戦争の混乱の中で失うわけにはいかず、ナチスに発見されるわけにもいかなかった。ヒトラーが押収し、破壊しようと目論んでいることは疑いようがなかった。

五月下旬、ドイツ軍が連合国軍をフランス北部で撃破して追い返し、連合国軍はダンケルクからイギリス本土への撤退を余儀なくされた。[13] やがて侵略軍はパリに向かった。ポール・レノー首相が、ソンムを守るためにフランス国民に死ぬまで戦うよう命じる一方で、無責任な戦争委員会は、パリが陥落した場合にどこに政府を移すかを議論していた。首相のスタッフは秘密文書をかき集めて、セーヌ川のはしけとともに沈めたり、庁舎の中庭で燃やしたりした。

警察官がスパイの襲撃を阻止するためにライフルで武装し、高射砲が凱旋門の上に設置される一方で、多くのパリジャンは無関心を装っていた。[14] そして六月三日、ドイツ空軍がパリを爆撃した。ある子どもが〝ハチの群れ〟になぞらえたシュトゥーカが、主にパリ西部にあるルノーやシトロエンの工場を狙って、一〇〇〇もの爆弾を落とした。[15] これらの工場は、ドイツのダイムラー・ベンツやアウトウニオンと同様、数年前から軍事工場に転用されていた。この空爆により、二五四名が死亡し、負傷者はその三倍の数に上った。

パリからの集団脱出が加速した。

二日後、ドイツ軍はフランス攻略の後半戦を開始した。[16] ソンムでは、ドイツ軍がフランスの防衛線を突破し、ドイツ機甲師団が、勇敢ではあったものの運の尽きたフランス陸軍を圧倒した。パリへの扉が開かれ、レノー首相と政府は首都を見捨てた。

ドイツ軍はさらに前進した。

首都では、無精ひげを生やし、泥だらけの軍服を着た敗走するフランス軍兵士の数が日増しに多くなり、避けられない運命を予感させていた。そして六月一四日、ついに、大型トラック、装甲車、サイドカー付きのオートバイ、戦車を含むドイツ軍機動部隊が無防備都市宣言をしたパリに侵入してきた。[17] 灰色と緑の軍服を着た兵士たちが徒歩でその後を追った。彼らの前には人気《ひとけ》の

SHAWSHOTS / ALAMY STOCK PHOTO

1940年、パリを占領するドイツ軍機動部隊

ない通りが広がり、ある交差点では、解き放たれた何頭もの牛があてもなくさまよっていた。

ドイツ軍は主要な幹線道路の防備を固めたが、そこまで注意を払う必要はなかった。フランス軍がすでに南へ退却していたため、住民たちには抵抗する術《すべ》もなかったのだ。彼らは窓や半分開いた扉の隙間から、軍靴を響かせて行進するドイツ軍を見つめるしかなかった。

午後になると、凱旋門や外務省の庁舎にかぎ十字の旗が翻った。エッフェル塔には「ドイツはどこでも勝利を手にする」[18]とブロック体で書かれた巨大な横断幕が張られた。拡声器を搭載したトラックが市内の通りを走って服従を求め、第三帝国軍に対する敵対的な行為は処刑の対象となると警告した。[19]

六月一八日、シャルル・ド・ゴール将軍は、亡命先のロンドンのBBCのオフィスから同胞に向けて演説を行った。「これで終わりだろうか？　すべての希望はついえたのか？　敗北は決定的なのか？　いや違う！　信じてほしい。今ここで言おう、フランスは何も失っていない。いつか──勝利を手にすることができるのだ……何が起きようとも、フランスのレジスタンスの炎は消えてはならないし、消えることはないだろう」[20]

しかし、新たにフランスの首相となったフィリップ・ペタン元帥は、まったく逆の信念を持っていた。[21] 彼は降伏を嘆願した。六月二一日、ヒトラーは要求を伝えるため、特大のメルセデスでコンピエーニュの森に入っていった。ドイツ陸軍総司令官ヴァルター・フォン・ブラウヒッチュらの高官に囲まれ、ヒトラーが車から現れた。一九一八年一一月一一日にドイツ皇帝の使者が降伏したのと同じ場所、同じ鉄道車両であるという象徴的なめぐり合わせにも臆することなく、彼は、フランスに降伏文書に署名させた。

五〇マイル（約八〇キロメートル）離れたパリでは、ドイツ軍が首都の支配を固め、ユダヤ人をターゲットにして、望むものを何でも手に入れていた。「彼らはすべてどこにあるかを知っていた」と人々は口にした。最高のホテル、最高のギャラリー、金持ちの邸宅、そして最も人気の高い売春宿までも。[22]

コンコルド広場では、優美なホテルとして有名なオテル・ドゥ・クリオンとその隣の列柱を配した大邸宅までも徴用された。その大邸宅はフランス自動車クラブ（ＡＣＦ）が所有していた。一八九五年にこの種のクラブとしては最も早く設立されたＡＣＦは、フランスグランプリの主催者でもあった。[23] 会員には、この都市の最も裕福な、影響力を持った人物らが含まれていた。ルイ一五世の治世に建てられた二つの建物のうち、一〇万スクエアフィート（約九二九〇平方メートル）を超える広さのこのクラブの宿舎は、その威信にふさわしいものだった。

占領下に入ってすぐのある日、何人かの部下を連れたゲシュタポの将校が、ＡＣＦのアーチ状の玄関を入ってきた。[24] 彼は、マホガニーが張られたクラブのバーやプライベートベッドルーム、エッフェル塔を見渡すひさしのついたテラスには、まったく興味を示さなかった。[25] 彼がそこを訪れたのは、シャンデリアと金の装飾が施されたレストランで食事をするためでも、ローマ風呂のごとく彫像に囲まれた宮殿のようなプールで泳ぐためでもなかった。その将校は、まっすぐ図書館に向かった。本で埋め尽くされた洞窟のようなそのスペースには、一八九五年からこの国のあらゆるレースに関するＡＣＦの文書と記録が保管されていた。それらはフランスの輝かしい勝利とともに不名誉な敗北についても記録する貴重かつ類を見ない情報源だった。

「すべてのレースに関する資料を持ってこい」とナチスの将校は若いＡＣＦの図書館司書に命じた。[26] 山のような記録が箱詰めにされ、カートに載せて運ばれてきた。部下がそれを運び出す間、ゲシュタポの将校は図書館員に向かって言った。「家に帰って、もうここには戻ってくるな。さもないと逮捕するぞ。我々は今から歴史を書き換えるんだ」

ルネ・ドレフュスや彼の奇妙な小さなドライエのレースカー、そしてその擁護者ルーシー・シェルの物語は、ヒトラーがそれらの資料から削除したかった事実の一つだった。これはその物語である。

第1部

©THE BUGATTI TRUST

若き日のルネ・ドレフュス

第1章 ザ・ルック

一九三二年五月一九日木曜日、ベルリンのロキシー・バーではこの日もシャンパンが注がれ、ジャズシンガーが囁くような声で歌っていた。[27] 有名人の客が多いことで知られるこの流行りのナイトスポットは、特にスポーツ選手やその取り巻きに人気が高かった。ヘビー級ボクサーのマックス・シュメリングの仲間はこのバーのことを〝行方不明者管理局〟と呼んでいた。シュメリングが家やリングにいないときは、必ずロキシーにいたからだ。

ルネ・ドレフュスは、仕立てのよいスーツを着て、薄暗い明かりのついたバーを横切った。平均的な身長で競馬の騎手のような体格をしたルネは、ずぶ濡れになったとしても六三キロしかなかった。[28] 常に笑みを浮かべ、茶色い目を輝かせた彼を、あるベテランのジャーナリストは〝ザ・ルック〟と呼んでいた。[29]「激しい情熱と永遠の愛情に満ちたまなざしはまさに物語っている。ルネは間違いなく車を速く走らせるために生まれてきた男なのだ」とそのジャーナリストは語った。そしてこのフランス人レーサーは、まさにその目的のために、ここベルリンにいた。

ルネは丸テーブルに座っていた。[30] 連れにはドイツチャンピオンのルディ・カラツィオラ、ヒルクライムを得意とし〝山の王〟として知られるハンス・スタック、最近自身の有名なブルー・バードで陸路の最高速度を更新したマルコム・キャンベル卿、チェコスロバキア出身の裕福なアマチュアレーサーでありながらサーキットでの活躍を家族に隠していたゲオルク・ロプコヴィッツ公、同じく貴族の血を引くマンフレート・フォン・ブラウヒッチュ――彼のおじのヴァルターはドイツ軍の期待の星だった――などのレーサー仲間がいた。

人々は、当時のベルリンを、その奔放で知性にあふれた自由、羽目をはずすほどの娯楽、創造的な生活、そして解放的なセックスから、現代のバビロンに例えた。[31] しかしこの繁栄は、ワイマール共和国が抱える断層を覆い隠していたにすぎなかった。数百万人が職を失っていた。硬直的なパウル・フォン・ヒンデンブルク将軍に率いられた民主政府は、その不和により麻痺状態で何の役にも立たず、代わりにナチ党がその力を蓄えつつあった。すでにナチ党員は、思うがままにユダヤ人や移民、共産主義者を無法に攻撃していた。「通りを歩くことは、流砂の上を歩くようなものだった」ベルリンに滞在していたフランスの外交官は当時の雰囲気についてそう語った。[32]

ロキシーで、ルネは自分の居場所を感じていた。ユダヤ人の血を引いていたものの、ルネは信仰に篤くなく、自身の血筋がどのように自分を定義しているかについて考えたこともなかった。[33] 彼の知るかぎり、このテーブルにいるドライバー仲間にとって、彼の経歴も信仰心も関係なかった。カトリック、ユダヤ教、プロテスタントあるいは無神論者、高貴な生まれか否か、ドイツ人、フランス人、イタリア人あるいはタイ人だろうが関係なかった。重要なのは、毎週毎週、どれだけ速く、確実にサーキットを走れるかということだった。その点についてだけは、ルネは自分が評価されていると信じていた。レースで走る国の政治について知っていることは、新聞のスポーツ欄に目を通すついでに目にする程度のものでしかなかった。

六人の男たちが煙草を吸い、酒を飲んで、その週の日曜日に熱い戦いが繰り広げられるアヴスでのレースについて話していた。そこに黒い瞳をした印象的な人物が近づいてきた。男はエリック・ヤン・ハヌッセンといい、毎晩ベルリンのスカラ・シアターを満員にしている透視能力者だった。ベルリンにいる人物なら誰とも知り合いだったブラウヒッチュが、ハヌッセンを席に誘ったのだ。すぐに、ドライバーたちは日曜日のレースに関して彼が何か透視できないかを知りたがった。ほぼ毎週のように死と直面している彼らは、自然と迷信を信じるようになっていたのだ。

ハヌッセンは、一人ひとりをよく見ると、紙切れに二つの名前を書いた。彼はそれを封筒に入れ、バーに行ってバーテンダーに渡すと席に戻ってきた。そして厳かな口調で、レースが終わるまで封筒の中を見ないようにと言った。「勝者はこのテーブルにいる。34だが、君たちのうちの一人は死ぬことになるだろう。封筒の中にはその二人の名前が書いてある」冷ややかな言葉を残して、彼は去っていった。

ルネたちは彼がペテン師かどうかについて議論したが、会話はすぐに別の話題へと移り、テーブルには笑いが戻った。その間、ロキシーの他の客たちは、現代のマタドールたちを見つめていた。彼らはまるで別世界にいるようで、誇りにあふれ、恐怖心などないかのようだった。そしてそれこそがルネが幼い頃から追い求めてきた世界だった。

ルネはフロントグリルが馬の蹄の形をしたブガッティ・ブレシアの周りを一周した。[35] 最後のチェックだ。一九二六年二月二五日、まだ二〇歳の彼がレースに参加するには母親の承諾書が必要だった。ラ・テュルビー・ヒルクライムは彼の故郷のフランス、ニースのはずれからスタートした。童顔であることを考えると、身分証明書をチェックされるのは確実だった。彼は特大の帽子、だぶだぶのスラックスにスーツの上着を着ており、その姿はまるで近所のダンスパーティーに迷い込んだ若者のようだった。

ルネは祖父の力を借りて取り付けた籐でできたバケットシートに自分の体を押し込んだ。[36] 七五名の競争相手がひしめく中、入賞の可能性が高いスポーツカー・カテゴリーのレースに登録していたため、フェンダーやヘッドライトを取りはずす必要はなかった。

エンジンのクランクを回す準備をしていたのは、ブレシアの共同オーナーで同乗メカニックでもある兄のモーリスだった。一歳年上で、身長もルネより数センチ高いモーリスは、弟のような向こう見ずな精神は持ち合わせていなかった。モーリスが一緒に来ると言い張ったのはまさにその理由からだった。勝つためだったら、ルネは断崖絶壁から宙返りさえしかねなかった。だが、兄が同乗していれば、そんな危険を冒すこともないだろう。エンジンのゲージに眼を光らせるのは二の次でよかった。

　スタートラインの脇では、母のクレリアと妹のスザンヌが応援していた。ルネは燃料ラインの遮断弁を回し、左側の燃料ポンプを四回押して、タンクに圧力をかけた。[37] 準備ＯＫとモーリスに頷いた。クランクを回すと、ブレシアの四気筒一・五リッター・エンジンがブロロロローーー……ブロロロローーー……ブロロロローーー……という音とともに目を覚ました。著名なモータースポーツ・ライターのケン・パーディは「調子がいいときのブガッティのエンジンは、いつもまるで今にも粉々になりそうな音がする」と言っていた。[38] 排気管から青い油煙が噴き出す中、モーリスはオープンコックピットのルネの隣に乗り込んだ。

　レースオフィシャルがやや傾斜したスタート位置にいるルネに向かって手を振った。ブレシアは、クラッチを切ったときにバックしてしまわないように、リアタイヤの後ろに木のブロックを置いて止まっていた。頭上には雲一つない青空が広がっている。

　ルネがアクセルを踏み込んでエンジンを煽ると、しわがれたルララララップ……ルララララララップ……ルララララララップ……という音が響いた。青い煙が後ろの道路に暗いかげりを投じた。スターターフラッグを見つめながら、ステアリングをしっかりと握り、前のめりの姿勢を取った。緊張のあまり体が震えていた。モーリスはフロントガラスを片手でつかんで身構えている。おそらくもう一方の手はいつもポケットに入れているウサギの足を撫でていたのだろう。兄弟の間に言葉は必要なかった。素早く、そして猛スピードで逃げること。それがすべてだった。

スターターが旗を上げた。今にもレースが始まろうとしていた。

レースはわずか数分で終わるだろう。最高の状態でなければならなかった。カーブをぎりぎりまで攻め、直線は全速力で走り抜ける。神経の昂《たかぶ》りがおさまる前に終わるだろう。

フラッグが振り下ろされた。

ルネはクラッチを離しながら、アクセルを叩くように踏み込んだ。ブレシアは最初の鋭いカーブに向けて前へ、そして上へと飛び出した。

すべてのヒルクライムレースの父と呼ばれるラ・テュルビーの最初の勝者は、タイヤメーカーのアンドレ・ミシュランで、蒸気駆動の二トンもあるド・ディオン・ブートンを駆って平均時速三〇キロで走って優勝を飾った。[39] コースはナポレオンが建設したグランデ・コーニッシュ自然公園に沿って走っており、蛇のようにうねった道が標高約五四〇メートルの山を登っていた。この危険なルートは、ローマ人が最初に切り開いた道で、厳しい勾配、オーバーハングした崖、峡谷の尾根を走る恐ろしいばかりの道、そして急なカーブで知られており、計算好きでも数えることをあきらめてしまうほど多くのカーブを抱えていた。コースの終点は、美しい丘の上の村ラ・テュルビーだった。

ルネがブレシアを駆って、丘を登れば登るほど、道はジグザグになっていった。崖に沿って低い石垣が設置され、わずかに安心感を与えてくれた。ニース天文台のドームがそびえるモン・グロのカーブを曲がると、ルネはさらに加速した。モーリスがスピードを落とすように怒鳴っても、エンジンの音にかき消されてルネの耳には届かなかった。

ルネは一人、時間と闘っていた。[40] 自分のタイムを知ろうにも、前にも後ろにも車はいなかった。スピードがすべてだった。最も速いタイムを出した者が勝つ一発勝負。極限状態でレースをしなければならず、勇気が試された。自分の能力の限界まで――そしてブレシアの限界まで――自分自身を追い込まなければならなかった。数百分の一秒が勝敗を分けるのだ。

次のヘアピンに入ると、二速にシフトダウンした。コックピットの側面で足を踏ん張っていたにもかかわらず、ルネとモーリスは押しつぶされそうになった。そしてカーブを出たところで、素早く加速した。ブレシアのルラララララップ……ルラララララップというエンジン音がギザギザに尖った山の側面にこだました。次のカーブまで十数メートル。エンジンを温存したり、タイヤの摩耗を気にしたりする意味はなかった。重力との闘いと、決して戻すことのできない時計との闘いに集中力のすべてを注いだ。

ルネはこのコースを数えきれないほど運転してきた。あらゆるカーブやくぼみ、コーナーや起伏の連続をまるで詳細な地形図のように頭の中に刻み込んでいた。コーナーで前輪の角度をどうしたらよいかを正確に知っていた。次のコーナーでブレシアをどれだけドリフトさせるか、コースの各ポイントでブレーキとアクセルを適切に操作することがどれだけ難しいか、そしてどのタイミングでどのギアを選択するのがベストなのかを知っていた。

ブレシアが石垣に突っ込みそうになったり、危うく崖から転落しそうになったりする場面もあった。だが、ルネはどのカーブも無傷で切り抜け、ときにはハンドブレーキを使ってあえて車体をスライドさせて、直線に入ったら完璧な態勢でアクセルを踏み込んだ。

ようやくコースがフラットになった。前方にはドレス姿の女性やスーツ姿の紳士が密集して並び、彼らの足元には子どもたちがしゃがみ込んでいた。フィニッシュ。ゴールラインを横切ると、アクセルを解放した。彼の後ろで埃と石の破片が渦を巻いて立ちのぼっていた。

スタートしてから、一つの人生が過ぎ去ったようだった。タイムは五分二六秒四[41]。素晴らしいタイムだった。彼のエンジンクラスではラ・テュルビーで過去最速のタイムだった。平均速度は時速四三マイル（約六九キロ）。

後は他の車を待つばかりだった。

午後の早い時間帯には、すべての競技者がゴールした。〝リビエラのチャンピオン〟、ルイ・シロンが全体のベストタイムをマークし、五分の壁を破るのにわずか一秒だけ及ばなかった。ルネは全競技者の中で六番目のタイムで、スポーツカー・クラスではライバルに一分半近い差をつけて優勝した。祝福の声が沸き起こる中、これまでで最も大きな勝利を手にしたルネには、小さな光り輝くメダルとラ・テュルビーの街でのカントリーディナーが贈られた。[42]

素晴らしい結果だった。だが、ルネはプロのレーシングカードライバーにどうしてもなりたかった。中流クラスのユダヤ人商人の息子には考えられないほどの高望みだったが、彼にとって、人生にそれ以外望むものはなかった。

子どもの頃、ルネはモーリスを説得し、妹と妹の友人のリリーと一緒に、街で一番長い坂を二人乗りのペダルカーで駆けおりたことがあった。[43] すべてうまくいくとルネは約束した。四人は坂を猛スピードで下った。が、すぐに気づいた。ちっぽけなハンドブレーキでは、そんなスピードで下っていく四人の子どもを乗せた車のスピードを抑えることはできなかった。坂の先の川に落ちるのを避けようとして、ルネはハンドルを思いきり左に振り、カートをひっくり返した。モーリスは吐いてしまった。だが、ルネにとってはスリルでしかなかった。

ルネが本当に望んでいたのは、一家のクレメント・バイヤードを運転することだった。父のアルフレッドがルネを膝の間に立たせ、この大きなツーリングカーのハンドルを握らせて街中《まちなか》を走りまわることもあった。[44] ルネは物心がつく前から、この車を運転したくてしょうがなかった。

一九一四年のドイツとの戦争は、彼の少年時代の牧歌的なひとときを壊した。[45] 父アルフレッドはフランス軍に徴兵され、父のクレメント・バイヤードも軍に徴発された。数カ月も経たないうちち、母クレリアと三人の子どもたちは、ドイツ軍がやって来る前に、パリ郊外のマント＝ラ・ジョリーにある自宅から避難しなければならなくなった。

リヨン駅でニース行きの列車に乗ろうとしたが、満席だった。代わりに一家は家畜運搬車に乗って南に向かった。不潔な壁に囲まれた車両に乗客を詰め込み、列車は二四時間以上をかけて海沿いの街に到着した。列車はとてもゆっくりと走っていたので、九歳のルネは、新鮮な空気を吸うために時折列車から飛び降りて線路沿いを歩いたものだった。若い家族は、ニース、その後はブズールで、父アルフレッドが戦争から帰ってくるのを待った。

平和が訪れ、再会した一家はパリに住居を構えた。事業は再び軌道に乗った。今度はレインコートと高級衣料品を取り扱った。だが、父アルフレッドの健康が思わしくなかった。前線でドイツ軍のガス攻撃を何度も受けていたため、肺の機能が回復することはなかったのだ。一九二三年、ドレフュス一家はニースに戻った。この街は、今やパリのボヘミアン文化が息づき、紺碧の海を見下ろす国際都市として栄えていたが、パリよりも気候がよかった。ルネは一八歳だった。趣味で自転車レースに参加し、やがてオートバイのレースに転向した。次に自動車へと進むのは自然なステップだった。

アルフレッドは二人の息子に将来のことを考えるように言い、一緒にビジネスを立ち上げることを約束した。ルネは映画館を経営したいと考えワクワクした。プレミア上映、日曜日のマチネー。銀幕のスターが自分の目の前に現れるのだ。モーリスは紙の卸売会社を買収したいと考えていた。人々は映画を好きかもしれないが、必ず紙を必要とするはずだと考えたのだ。父は息子たちのた

マティスに乗るモーリス・ドレフュスと父アルフレッド。ルネが初めてレースに参加した車

めにより現実的な選択に資金を投資した。その数日後、アルフレッドは心臓発作でこの世を去った。ルネは父を失った悲しみにもくじけず、自ら望んでいなかった事業に没頭していった。[46] 一家は家を売ってアパルトマンに引っ越した。父の乗っていた豪華なド・ディオン・ブートンV8トルペードは、すでに二人乗りの六馬力のマティスに取って代わられていた。ルネが紙を売るためにニースや近郊の町へ移動するのにはこちらのほうが好都合だったからだ。モーリスは店に残ってその他のあらゆる仕事を引き受けた。

ルネは、ニース郊外の曲がりくねった危険な道を高速で走る方法を独学で学び、丘陵地帯をマティスと一体となって駆け抜けるときに感じる、あふれ出すような高揚感を愛した。彼とモーリスはモト・クラブ・ド・ニースの会員となった。ルネいわく、このクラブは、年寄りの多いオートモビル・クラブ・ド・ニースと違い、〝スポーツ好きの若い血〟の集まる場所だった。[47]

一九二四年、ルネは母親の名前を騙《かた》って、初めてのレースに出場した。[48] 八〇歳の祖父が大きな排気管をマティスに取り付け、フェンダーを取りはずすのを手伝ってくれた。モーリスはメカニックとして同乗し、常に弟を保護していた。同じカテゴリーに敵はなく、ガティエール・サーキットの七五〇ccクラスで優勝を飾った。ルネがレースに出て勝利したことを知った母クレリアは、マティスを売り払って、息子にもっと頑丈なオチキスのツーリングカーを買わせた。しかし懲りないルネは、オチキスでもレースに参戦した。

モト・クラブの仲間と会話を交わし、地元のガレージを訪れるうちに、ルネはより高いレベルのレースに出るためにはブガッティが必要だという確信を抱くようになっていた。ある資料によると、ブガッティは一九二五年から二六年までの間に一〇四五のレースで優勝していた。[49] しかし、この車はその作り手と同じく、気難しく個性的だった。

〝ル・パトロン〟として知られるエットーレ・ブガッティは、生まれはイタリアだったが、ずっと以前にフランス北東部のモルスアイムに移り住み、自動車の設計と製造に従事していた。実業家というよりも芸術家である彼は、発明家としても天才ぶりを発揮した。小型のブレシアをはじめとする彼の車は、ヨーロッパじゅうのレースを席巻していた。

第一次世界大戦前、ほとんどの自動車メーカーのデザイナーは、大きなエンジンと総重量こそがよりよい運転性能を発揮すると考え、箱型の巨大な車を製造していた。だが、ブガッティは逆の考えを持っていた。[50]「Le poids, c'est l'ennemi（重さは敵だ）」と彼は言っていた。

　タイプ13として知られるブレシアは一九二〇年代の初めに登場した。シャーシの長さはわずか二メートル足らずで、重量五〇〇キログラム以下、最高速度一一〇キロメートルを誇るこの車は、〝スピードの小箱〟あるいは〝ジャイアント・キラー〟と呼ばれた。[51]〝絹のように滑らかな〟四気筒エンジンを称賛する者も多く、この車を、「重量配分とサスペンションに関しては驚異的であり、路上にチョークで線を引くようにコースを捉える」と称えた。[52]

　一方で、そのつっかえるようなクラッチやぎこちないステアリング、ダイレクト感のないケーブル式のブレーキ、そして〝洋服屋のマネキンの奥歯をきしらせる〟ような乗り心地を疑問視する者もいた。[53]初期のドライバーのことばがそれをよく表していた。「まるでソッピースキャメル（訳注：第一次世界大戦中に使用された英国の複葉戦闘機）に乗っているようだ。真に熟練したパイロットの手にかかれば、究極の勝利を手にすることが可能なマシンとなるが、そうでない者にとっては命を落とすことになりかねない。おそらく、らくだ《キャメル》のように、特別な人種のために飼われるべきものなのだろう[54]」

　ルネは、それでもブレシアが欲しかった。オチキスではもはや満足できなかった。ソッピースキャメルのパイロットのように、自分が無敵だと信じていた。そこで兄を――その後母親を――、「機動力の高いブレシアなら、より速く飛びまわって、多くの顧客に会うことができる」と言って説得した。[55]クレリアはルネのことばを信用していなかったが、結局同意した。

　ドレフュス一家はニースの中心部にあるブガッティのディーラーを訪れた。[56]その店はブガッティの初期のチャンピオン・ドライバーの一人であるエルネスト・フレデリックが経営しており、その瞳に栄光を秘めた新進気鋭の若者に喜んでブレシアを売ってくれた。どうやら街の若者たちは、皆、次のジョルジュ・ボワイヨになりたいと思っているようだった。[57] ボワイヨは二度、フランスグランプリのチャンピオンに輝き、その鋼のようなまなざしとセイウチのようなひげは一九一六年に七機のドイツのフォッカーとの空中戦で英雄的な死を遂げるまで、毎日のように新聞に取り上げられていた。フランスチャンピオンになるという夢も魅力的だったが、実際にルネにとってのレースとは、自分の好きなことをする自由を意味していた。つまり速く走り、勝利することだった。

ルネの祖父は、一九二六年のラ・テュルビーでの孫の勝利の後、多くのニースの新聞に掲載されたルネの記事をていねいに切り抜き、きれいな字で新聞名と日付を書いて添え、大きなスクラップブックの最初のページに貼りつけた。[58] その後の数年間で、スクラップブックのページは、リビエラじゅうのヒルクライムレースや地方レースでのルネの勝利や入賞に関する切り抜きで埋め尽くされていった。[59] また、ルネの寝室の棚は、メダルや盾、トロフィーであふれかえっていた。まだレースから収入を得るには至っていなかったが、地元のイベントでは圧倒的な存在感を誇っていた。モト・クラブの仲間だったルイ・シロンがより大きなレースを求めてニースを去った後はなおさらだった。

ルネよりも六歳年上のシロンは、映画スターのようなルックスとそれゆえの自尊心を抱えていた。[60]一九二〇年代の初め、彼はレースドライバーとして成功しようとする一方で、モナコのオテル・ド・パリで雇われダンサーとして生計を立てていた。大物実業家や王族の遠縁にあたる奥方連中に取り入るのが得意で、レースに出るための最初の車の資金を誰が提供したかについて、尋ねる人間によって、ロシアの王妃であったり、アメリカの裕福な未亡人であったりとさまざまな説明をしていた。シロンが〝オールド・フォックス（訳注：ずる賢いやつという意味がある）〟と呼ばれたのにはそういう理由があった。

シロンは大胆だが冷静なドライバーで、いつも〝落ち着き払い、ガラスでできているかのように車を扱い、二本の指で繊細にギアチェンジをした〟。[61]常に勝つか見せ場を作り、やがてエットーレ・ブガッティの目に留まって、ブガッティの正式なファクトリーチームと契約をした。[62]

ブガッティやアルファロメオ、マセラティ、フィアット、タルボ、ドラージュ、メルセデスといった自動車メーカーは、毎年、自分のレーシングチームのために最高のドライバーを雇っていた。彼らは給料をもらい、さらに出演料や賞金の分け前をもらって、最高の頭脳が設計した最先端のマシンを、経験豊富なクルーによるサービスを受けて操縦した。チームマネージャーは、ドライバーがいつどこでレースをするかを選び、あらゆる後方支援を行い、彼らのためにスターティンググリッドを確保した。

レースは常にどこかで行われていた。ヨーロッパ各国の自動車クラブの連合体である国際自動車公認クラブ協会（AIACR）は、車やレースが遵守すべきフォーミュラをシーズンごとに決め、公式なグランプリ・レースとしていた。このフォーミュラには、レースの距離、エンジンのサイズや設計、車両の総重量や寸法、認められる燃料の種類など、一定の統一性を確保するための基準が含まれていた。レースの中には、フランスグランプリやイタリアグランプリのように、ヨーロッパ選手権のドライバーズポイントが与えられる〝大いなる試練《Les Grandes Épreuves》〟と呼ばれるビッグレースも含まれ、他にも二〇以上のレースがあった。

　また、チームは、ライトやフェンダーなど、ドライバーが通常のハイウェイで走るときと同じ装備の車を使用したスポーツカーレースにも参加した。タルガ・フローリオ（訳注：イタリアのシチリア島で行われた公道レース）やル・マン二四時間レース、ミッレミリア（訳注：ブレシアとローマの間を往復する公道レース）などのレースでの勝利もグランプリでの勝利と同様に評価が高かった。他にもラ・テュルビーのようなヒルクライムレースやモンテカルロ・ラリーのような耐久レースもあった。

　ファクトリーチームのドライバーになるという夢を追いかけるため、ルネはモーリスと共に紙を売るという見せかけだけの仕事をやめることにした。ブガッティのディーラー、フレデリックがルネの面倒を見ることになり、経費と賞金を折半する代わりに、レースのスケジュールを管理した。まだまだ賞金よりも経費のほうがはるかに多かったが。一九二九年、フレデリックはルネにモナコグランプリに出場する機会を与えた。しかし、若きドライバーは時代遅れでパワー不足のブガッティを運転していたため、大した成績は残せなかった。その後一年間、彼はほぼ毎週レースに出場し、家族とフレデリックのサポートを受けながら、自らをトップレベルへと押し上げてくれるレースに出場する機会を求めて奮闘した。

真夜中を過ぎ、モンテカルロは最も活気に満ちたときを迎えていた。カジノでは、光り輝くシャンデリアの下で、ギャンブラーたちがルーレット盤の上を走るボールやグリーンのベーズの上を転がるサイコロを見つめていた。この崖の上にある街のあちこちで、酔っ払いたちが多くのナイトクラブでダンスを踊り、酒を酌み交わす一方で、馬の蹄の形をした湾の中で揺れるヨットには、きらめく明かりの下で幸運に乾杯する者もいた。

一九三〇年四月二日、ルネ・ドレフュスは眠っていなければならなかった。休息が必要だった。だが、ホテルの部屋で目を覚ましてしまい、来《きた》るべき〝一〇〇〇のコーナーのレース〟における自分の可能性に対する疑問と闘っていた。まだ開催二年目でありながらも、モナコグランプリはすでに、モンテカルロの丘の中腹の中心、一周一・九七マイル（約三・一七キロメートル）の曲がりくねったコースを走る特別なレースと見なされていた。世界で最も魅力的な、〝民家の周りを回る〟サーキットであり、ここを一〇〇周も回るレースは、ドライバーと車にとって、真の試練の場だった。

前月、ルネとフレデリックは、思いきって、成功を収めたブガッティのレースカーであり、三年前に改良された二・三リッターのタイプ35Ｂにスーパーチャージャーを装備したモデルを購入していた。スーパーチャージャーによって、キャブレターからエンジンの八つの気筒に空気と燃料を圧縮した混合ガスを吹き込むことで、より多くの燃料を送り込むことができ、スパークプラグによって点火された混合ガスが気筒内でより大きな爆発を起こし、ピストンストロークのパワーを高めることができた。ルネは二つの小さなレースに参加し、どちらも優勝した。まるで〝新しい素敵なおもちゃを手に入れた子ども〟のような気分だった。[63]

ブガッティは、彼のファクトリー・ワークス・チームのためにこのモデルのもう一つのバリエーションである、二リッターのタイプ35Cを用意していた。これにもスーパーチャージャーが装備されていたが、さらなる高回転を許すショートストロークのエンジンと低速トルクを生かすための特別なギア比を採用しており、ヘアピンカーブやらせん状の下り坂、上り坂のストレートを擁する一〇〇周のレースでは威力を発揮するはずだった。

夜明け前、眠れずにいたルネの頭には、一つのアイデアが浮かんでいた。彼の車のガソリンタンクは二六・五ガロンで、六〇周したら給油しなければならなかった。もし予備のタンクを装備したら、ピットインをせずにすみ、何分か節約できる。その差がトップフィニッシュにつながるかもしれなかった。

パジャマ姿のまま、階段を下りてチームマネージャーの部屋に急いだ。寝ぼけて不機嫌なフレデリックがドアを開けた。「来てくれ、しなきゃならない作業があるんだ[64]」ルネはそう言うと、早口で自分の考えを披露した。

フレデリックは二〇歳年下の熱心なパートナーをじっと見つめ、最後に言った。「おやすみ、おれはまた寝るよ」

ルネは部屋に押し入った。必要なのは九ガロンのタンクだけだった。

「どこに置くんだ?」とフレデリックは訊いた。ブルドッグのような顎が揺れていた。「トレーラーに乗せて引っ張るのか?」

「違う、違う。コックピットだ。助手席の下に置けば、誰からも見えない」ルネは揺れるガソリンタンクを同乗者として横に乗せることの危険性をまったく考えていなかった。

「そんな単純にはいかない」とフレデリックは言った。「余分なタンクを積んでも重荷になるだけだ。邪魔になる。いずれにしろゴーグルをきれいにしたり、水を飲んだり、さらにガソリンを補給するためにピットインしなければならないんだ」

予備のタンクがなければレースには出ないといってルネはフレデリックを脅した。レースのルールでも禁止されてはいなかった。

二人はモーリスを起こし、夜明け前の議論の行き詰まりを打開しようとした。最後にはフレデリックが言った。「運転するのは君だ」そして三人はうまくいく方法を見つけるためにガレージに向かった。

四月六日、レースの日の朝早く、ルネはカフェオレとクロワッサンの朝食をとってから、遊歩道に設けられたピットに向かった。[65] 明け方の太陽が地中海をキラキラと照らしていた。エンジンから予備タンクの準備に至るまで、彼とフレデリックはすべてをダブルチェックした。

その後、ルネは心を落ち着かせるために散歩をした。人口の少ないモナコの街は、レースを見るために集まった観衆で膨れ上がっていた。[66] グランドスタンド、ホテルのテラス、海上のヨット、漁船、港に停泊しているディンギーヨット、王子の宮殿がある〝モナコの岩〟と呼ばれる丘の中腹、屋根の上、砂の詰まった袋で低い壁を作って補強しているあらゆるコースサイドなど、人々は目に見えるあらゆるところに集まっていた。街全体が自然の円形劇場のようだった。手を伸ばせばほとんど車に触れることができそうな場所もあり、ルネはその臨場感を想像してウキウキしてきた。

ルネはピットに戻り、ヤシの木の下で、コールドチキンとボルドーワインをモーリスと分け合った。オフィシャルがドライバーたちに手を振り、車を所定の位置につけるように指示した。グリッドは抽選で決められており、ルネは四列目だった。一七台の車が参加していた。このタイトなコースを考えると、早めのポジション取りが重要だった。

この年、主催者はパリミュチュエル方式（訳注：当選した投票権を購入した者で、配当金を分け合う方式。主催者は投票代金から運営費を差し引くことができる）、でレースの賭けを行うことにしたため、通りのブースはギャンブラーであふれかえっていた。憲兵をはじめ、誰もが最高のドライバーや車についてうわさやゴシップを披露していた。地元のシロンが二対一で一番人気だった。ルネのオッズは三対一だった。ルネは練習日の最後の何日かで自分に繰り返し問いかけていた。「チャンスはあるだろうか？」と。[67]

一九〇〇年のゴードン・ベネット・カップ以来の伝統として、マシンはドライバーやチームの国籍によって色分けされていた。フランスは青、ドイツは白、イタリアは赤、イギリスは緑、ベルギーは黄色だった。

しみ一つないオーバーオールとヨーロッパのレースで初めて着用されたヘルメットに身を包んだシロンが、ルネをちらっと見ながら通り過ぎていったが、あいさつはなかった。[68] レース当日、もはや彼らは友人同士ではなかった。シロンや他のドライバーはルネの車に予備のガソリンタンクが装備されていることを知っていたが、若い独立系のドライバーであるルネにとって大きな違いとはならないだろうとばかにしていた。[69]

自分のマシンの最後のチェックを終えると、ルネはかがみ込んで、靴紐が三重に結ばれていることを確認した。[70] 練習走行のときには、靴紐がほどけて、クラッチとブレーキペダルに引っかかってしまい、危うく縁石に乗り上げて壁に激突しそうになったのだ。コックピットに体を押し込むと、冷たいコーラの入った魔法瓶から長いストローで一口飲んだ。

フレデリックが車の脇に来た。「序盤は無理をしないで、二〇周まで待つんだ。そうすればエンジンも温まってくる[71]」

ルネは頷いた。そして一人になった。白い布製のヘルメットとゴーグルを調整し、落ち着こうとした。混沌が彼を包んでいた。ラウドスピーカーの雑音、楽団の演奏、グランドスタンドを踏み鳴らす観客の足音、突然沸き起こるエンジン音、咳き込むような排気音。彼はそのすべてを心から締め出そうとした。

　スタートラインでは、スターターのシャルル・ファルーが指を一本上げ、スタートまであと一分であることをドライバーたちに知らせた。[72] フランスを代表するスポーツ紙ロト《L'Auto》の編集者にして、ル・マン二四時間レースの創設者の一人であるファルーは、フランスを代表するモーターレース界の第一人者だった。トレードマークの麦わら帽とエレガントなスーツに身を包み、モナコの赤と白の旗を後ろに持ってスタートに備えた。

　コース脇からモーリスが声援を送った。ルネも母親と妊娠八カ月の妹スザンヌを見つけ、手を振った。そして騒音と激情が混じり合いすべてがかすむ中、レースがスタートした。一七台の車は、控えめにそびえ立つサン・デボーテ教会の前の右カーブに向けて次々と遊歩道を駆け抜けていった。カーブを抜けると、ルネは三速にギアをシフトして、モンテカルロ通りを上っていった。シロンはすでにトップに立っていた。ルネははるか後方にいたが、六〇〇メートルに及ぶ傾斜のある直線を時速一五〇キロで駆け上がっていく車の群れに追い越す余地はなく、その様子はまるで〝色とりどりの大蛇〟のようだった。[73] ルネがタコメーターに目をやると、五三〇〇ｒｐｍを示していた。抑えるんだ。彼はそう思った。エンジンを温存しよう。

　上り坂のわずかなカーブで、ルネはトップをうかがうが、黄色のブガッティと大きな白いメルセデスに阻まれる。そして、後に彼が詳しく語ったところによると、「いったん、二速に戻してから、三速に上げ、四速に上げるか迷ったが、再びギアを戻した」という。崖の上から海を見下ろ

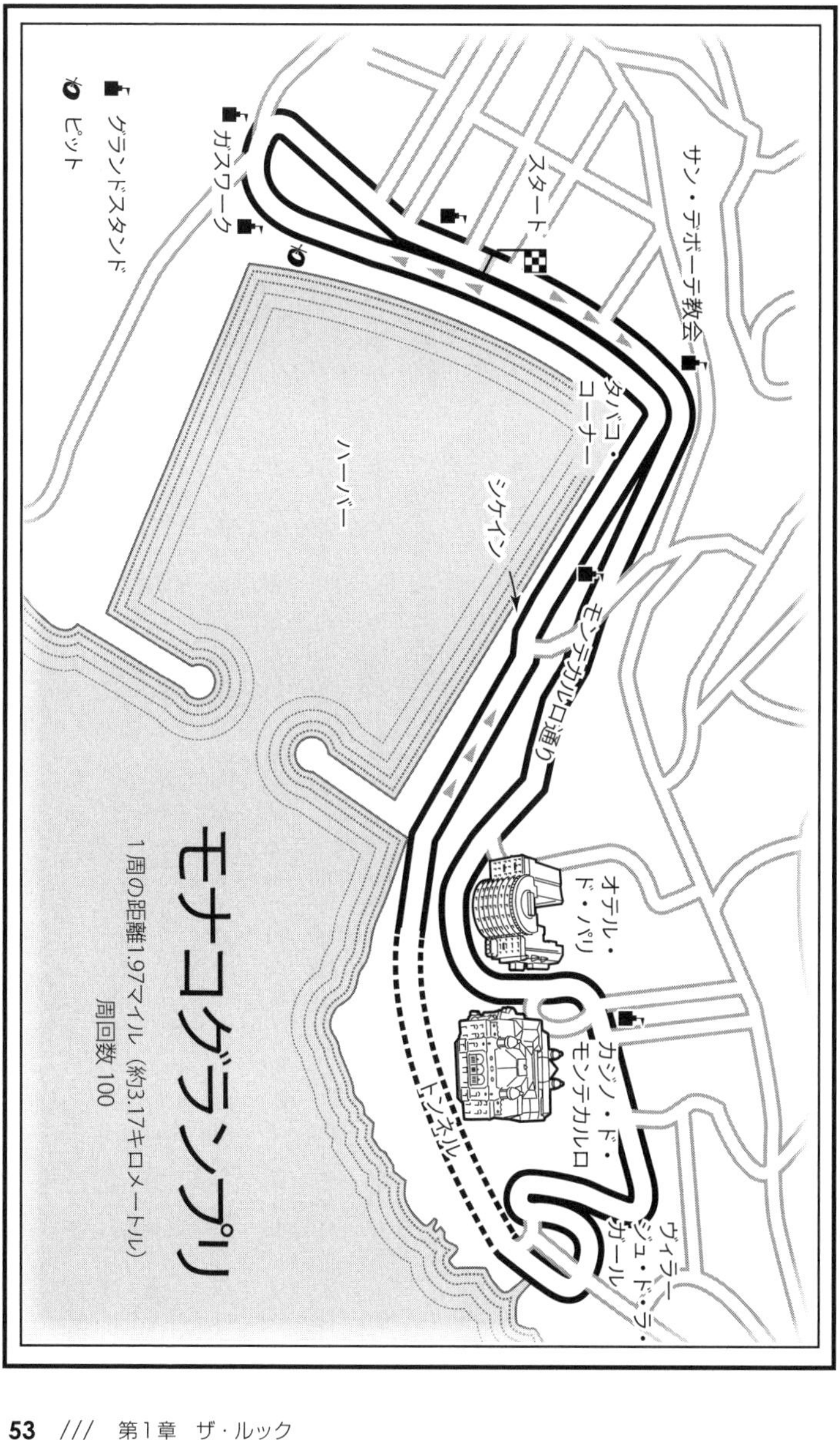
モナコグランプリ
1周の距離1.97マイル（約3.17キロメートル）
周回数 100
サン・デボーテ教会
スタート
ガスワーク
グランドスタンド
ピット
タバコ・コーナー
ハーバー
シケイン
モンテカルロ通り
オテル・ド・パリ
カジノ・ド・モンテカルロ
ヴィラージュ・ド・ラ・ガール
トンネル

す頂上に着くと、彼はオテル・ド・パリに沿って車を傾け、ネオバロック様式の手の込んだ建物であるカジノ・ド・モンテカルロの前にある手入れの行き届いた庭園を通り過ぎた[74]。短い直線に続いて、連続する三つのヘアピンカーブ――右、左、右――を、ある記者いわく「薄暗い、石に囲まれた渓谷に飛び込む」ように駆け抜け、海沿いの鉄道の駅のほうに向かった[75]。これらの狭いカーブを通り抜ける間、彼のブガッティと前の車との間がわずか数センチしかないこともあった。最後の海岸沿いの右カーブを抜けると、アーク灯が揺らめく一二〇メートルのトンネルに入った。緩やかな長いカーブを、アクセルを踏み込みながら進むと、アーチ型の石造りのトンネルの中でエンジン音が頭蓋骨に響いた。誤ったハンドル操作をすれば、ブガッティはトンネルの壁に激突して回転し、彼の人生も終わってしまうだろう。

トンネルを抜けると、タマリスクの木に囲まれた短い直線に入る。彼は集団の最後尾にいた。左右に素早くハンドルを振ってシケインを抜ける。その後、港に沿って走り、タバコ・コーナーを左に曲がって水際を走り、ピットを通過してガスワーク・ヘアピンを曲がるとスタート地点に戻った。

シロンと前年のモナコで優勝したウィリアム・グローバー＝ウィリアムズが記録的なラップタイムで首位を争う一方で、マセラティに乗るイタリアのルイジ・アルカンジェリが二人を追っていた。ルネは我慢しながらも少しずつ順位を上げていった。順位は頻繁に入れ替わるため、リーダーボードの名前も次々と変わり、正しい順位を把握しきれていなかった。観客は、手すりの上に腰かけたり、テラスにぶら下がったり、電柱によじ登ったりして、レースを楽しんでいた。モーター誌のある記者は、次のような記事を掲載して読者を喜ばせた。「鳴り響く排気音、ブレーキのきしむ音、スーパーチャージャーから噴き出すヒマシ油のような青い煙、ドライバーがギアチェンジするときの車の排気音の奏でる轟音。何という興奮の極みだろうか[76]」

一〇周目、ルネは集団の中から抜け出したものの、すでに何人かの競技者を周回遅れにしている首位のシロンとは、ほぼ一分もの差があった。レースから脱落する車が出始めた。マックス・アルコ＝ツィネベルグ伯爵の巨大な七・一リッターのメルセデスＳＳＫは土嚢の山に突っ込んでしまった。マリオ・ボルザッキーニのマセラティは壁に激突した。他のドライバーもブレーキドラムのトラブルやエンジンの故障に襲われた。あるドイツ人ドライバーは、モナコのことを〝悪魔のコース〟だと言って嘆いた[77]。

二〇周目、ルネは三位まで順位を押し上げていたが、シロンとは一分半の差があった。ルネは猛ペースで追い上げた。オーバーオールは汗でびっしょりになっていた。手袋をした手で、容赦ないほど速い交響曲を指揮するようにブガッティを操った[78]。コースを疾走しながら、ほぼ常にギアチェンジを行い、四速で時速一六〇キロまでスピードを上げると、次には一速に落として時速一六キロで走行した。ハンドルをしっかりと握って左右に振り、ブレーキをかけ、またギアをシフトする。平均すると、一二秒に一回のペースでカーブが訪れていた。その間、ガソリンとオイルのゲージを注視し、必要に応じて燃料コック（訳注：ガソリンの供給のための圧力を調整するバルブ）を切り替え、ハンドポンプで圧力を調整した。腕は痛み、指と手のひらには水ぶくれができてしびれてきた。

港に停泊中のヨットからの大砲の轟音が中間地点に達したことを告げる。頑丈なブガッティ――全部で一〇台――だけが走り続けていたが、観客はルネとシロンの一騎打ちだと感じていた。それでもシロンはほぼ一周の差をつけていた。

しかし、周回を重ねるごとに、ルネはライバルとの差を数秒ずつ詰めていった。六〇周を過ぎたあたりで、メインのガソリンタンクの残りが少なくなってきたので、横のシートに据え付けた補助タンクに切り替えた。ガソリンはスムーズにエンジンに流れていく。ピットに入る必要はなかった。シロンにはその必要があった。

七〇周目に入っても、シロンは一分一八秒の差をつけていた。ピット内では燃料補給のための動きがせわしなくなっていた。明らかにシロンが燃料を補給しようとしているサインだった。フレデリックはルネに手を振って、この情報を伝え、先に進むよう合図を送った。その後も周回を重ねたが、シロンはピットインしなかった。ルネはオイルで汚れたゴーグルから前を覗くのがやっとだった。ゴーグルを拭ったり、手を休めたり、息を整えたりするために動きを止めれば貴重な時間を費やすことになる。ガソリンタンクが軽くなったことで、さらに速く走ることができ、より機敏にコーナーを駆け抜けることができるようになっていた。

八三周目、ついにシロンがピットインした。タバコ・コーナーを回って港の直線に入ってきたルネは、道路脇にいるモーリスとフレデリックが飛び跳ねているのが見えた。「彼はあそこにいる。

あそこだ！」[79]ピットと平行して走る直線でスピードダウンしながら、モンテカルロ通りを上っていくシロンを視界に捉えた。シロンは背中を丸めてハンドルを握り、体ごと前に進もうとしているかのようだった。彼は給油に五〇秒を費やした。ルネとの差は一〇秒。手の届くところまで来ていた。確実に追撃が始まっていた。ルネは翼が生えたような感じがした。

　観客の誰もが同じことばを口にしていた。「ドレフュスはいけるのか？」[80]その問いかけに応えるように、ルネは次の二周でさらに激しく迫った。トンネルへのヘアピンカーブの一つで目の前が開けた。スピードを上げてこのチャンスをつかみ、コーナーを抜けたところでトップに立った。三台分後方で、シロンはブルーのヘルメットを脱ぎ、道路脇に投げ捨てた。

　競り合いは続いた。上り坂のストレートで、シロンは優れた加速力を生かしてトップを奪い返そうとするが、そうやって詰めた差もその後のコーナーの連続でまたすぐに開いていった。二人はさらにペースを上げた。八八周目には、ルネは平均時速六〇マイル（約九六キロメートル）という驚異的なスピードを記録し、一周のラップを二分七秒に縮めた。シロンとの差は五秒、そして一〇秒と広がっていった。シロンはアクセルが固まってしまうトラブルに見舞われていた。ルネはその差を二〇秒まで広げた。自分に繰り返し言い聞かせた。「細心の注意を払え……ミスは許されないぞ……お前はモナコグランプリで優勝しようとしているんだ」[81]

　ゴールでファルーがチェッカーフラッグを振ると、ピットからの大歓声がルネを包んだ。フレデリックとモーリスが同時に彼を抱きしめた。ほとんど頭がぶつかりそうだった。見知らぬ人たちが肩を叩き、賭けで大儲けしたことに感謝していた。
シロンは怒っていた。[82]最初はルネを見ようとせず、握手もしようとしなかった。だがルネには好都合だった。ルネの手は水ぶくれのせいでひどく痛かったのだ。モナコのルイ二世からトロフィーを受け取るときも、それを腕にはさむようにして持った。

その後、多くの祝賀会やディナーが待っていた。[83]ルネはシャンパンを山ほど飲み、葉巻を吸い、勝利のスポットライトを浴びた。ロト紙は「ブガッティを駆る若きドレフュスが、堂々とした走りでシロンを破る」と見出しをつけて報じた。[84]各紙は油にまみれた少年のようなルネの顔を一面に掲載した。彼は優勝賞金とスポンサーのボーナスを合わせておよそ二〇万フラン（現在のドルに換算して約一五万ドル）の大金を手にした。[85]しかし、それよりも重要なことは、初のメジャー・グランプリを獲得したということだった。

彼はさらにその後、ランス・グーで開催されたマルヌグランプリでも優勝した。自らの将来に自信を持ったルネは、モルスアイムに行き、ル・パトロンことエットーレ・ブガッティに会ってフランス最高のファクトリーチームへの移籍を申し出ようとした。しかし、モナコで自分のチームが敗れたことに憤慨していたブガッティは面会を拒絶した。この冷遇にルネはひどく傷ついた。[86]

傷心のままニースに戻った彼をアルフィエーリ・マセラティからの手紙が待っていた。[87]彼は新進のイタリアの自動車会社の経営に携わる六人兄弟のうちの一人だった。三叉の銛《もり》のシンボルマークで有名な彼らのレースカーは速く、洗練されていたが、その一方で操縦が難しかった。[88]当時の

UTCONCOLLECTION / ALAMY STOCK PHOTO

1930年モナコグランプリ。疲れ果てたものの勝利に誇らしげなルネ・ドレフュスとスポンサーのエルネスト・フレデリック（左）

関係者は、マセラティの過度に柔軟性に富んだシャーシは「自らのサスペンションのせいで、熱い煉瓦の上の猫のように、飛び跳ねる」と評していた[89]。それでもマセラティは一九三〇年のシーズンで素晴らしい成績を残していた。ルネはすぐにボローニャに向かった。

　ボローニャの今にも崩れ落ちそうなマセラティの工場では、クローゼットのように狭いオフィスで秘書が一人、タイプライターと格闘していた。彼女はルネに手を振ると、工場の労働者と同じ青いダブルのオーバーオールを着た兄弟たちに引き合わせた[90]。兄弟たちはマセラティの社内を案内した後、お気に入りのレストラン、イル・パッパガッロで申し分のないシチューのランチを振る舞った。ルネは翌年のマセラティのリードドライバーとして契約を結び、青年時代の輝かしい希望を現実のものとした。

　マセラティでの初レースとなる一九三一年のチュニスグランプリで、ルネはひどいクラッシュに見舞われ、車はアコーディオンのようになった。暗雲の立ち込める予感が彼を襲っていた。それでも最初のシーズンで十分なレースを繰り広げ、翌年の一九三二年もチームに招かれ、これに同意した。勝利の可能性を感じていたというよりも、単にマセラティの兄弟たちが好きだという理由のほうが強かった。彼らはレースカーの準備にルネを参加させた。「これについてはどう思う?」「それについて話し合おう」というのが彼らのやり方だった。[91] 一緒に設計図を調べ、エンジンの細部まで調整した。田舎町でのテストドライブも一緒に行い、文字どおり道を横切る鶏を避けながらの練習走行だった。そこに見せかけは存在しなかった。兄弟は全員、彼ら自身がメカニックだった。働き者で正直、そして真面目だった。一日の終わりには、一緒に食事をし、ルネはイタリア語でおしゃべりをするまでになっていた。固い絆で結ばれた家族のように感じていた。

　しかし、レースでの不調は二年目のシーズンに入っても解消されなかった。度重なるエンジントラブルに悩まされ、モナコグランプリではブレーキの不具合のせいで家屋に突っ込んでしまった。アウスでは、ベルリンのロキシー・バーでのハヌッセンの不気味な予言が彼の一挙一動に不安を投げかけていた。

五月二二日、日曜日の午後はレーサーも無気力にさせるほどの暑さだった。[92] アヴスに来ていないベルリンっ子はミュッゲル湖やテーゲル湖の涼しい湖畔に逃れていた。それでも大勢の観衆が一二マイル（約一九・三キロメートル）のトラックを取り囲んでいた。子どもたちはよりよい視界を求めて木の上に坐っていた。多くの人々が同じ理由でフェンスの柵を壊していた。グランドスタンドは映画俳優や皇太子、エースパイロット、映画監督、ミュージシャンなどの有名人で埋め尽くされていた。

ルネは口紅のように真っ赤なマセラティを駆って、スタートから飛び出した。[93] 六気筒スーパーチャージャー付五リッターエンジンを搭載したマセラティは、飛行機が滑走路を駆け抜けるような轟音を響かせた。彼がこれまでに運転した最速の車であり、一周目を終えてトップを走っていた。すぐ後ろには二・三リッターのアルファロメオに乗るルディ・カラツィオラ、そしてメルセデスＳＳＫＬ（〝Ｌ〟はＳＳＫの軽量化《leicht》されたバージョンであることを示している）に乗るブラウヒッチュが続いた。

一九三二年のグランプリは、基本的にはフリーフォーミュラで、エンジンサイズや重量、燃料消費量の制限はなかった。このため、ライバルたちはあらゆる種類のマシンを投入することができた。その共通の目的はスピードを上げることで、操縦性についてはあまり重視されていなかった。

ゲオルク・ロプコヴィッツ公は白と青のブガッティＴ54を運転していたが、この車は運転が難しいことで有名だった。彼は南ループの手前の最初のコーナーで二台の車にはさまれてしまった。何とか抜け出したものの、右の草むらを避けようとしてハンドルを急激に左に切りすぎてしまった。時速一二五マイル（約二〇〇キロ）のスピードで走っていたブガッティは、横滑りし、直線を隔てる草むらを横切った。そして車体が跳ね上がり、転がりながら二〇メートル近く走り、木に激突した。車体は押しつぶされた残骸となって、線路脇の土手で止まった。ロプコヴィッツは頭蓋骨を骨折し、二度と意識が戻ることはなかった。

その後もレースは何事もなかったかのように続いた。序盤、ルネは時速一三〇・五マイル（約二一〇キロメートル）でラップレコードを更新したが、アクセルが固まって、減速したいときにもスピードを落とせない状態になってしまっていた[94]。彼は何とか切り抜けて車をコースアウトさせた。そしてピットに戻り、エンジンを切ると、マセラティを自分のスロットに押し込んだ。車を止めると、彼は息を切らせながらチームの面々に向かって言った。「終わった[95]」

「まだだ」とエルネスト・マセラティが反論した。「ラップレコードを記録に残すためには完走しなければならない」メカニックとエルネストはマシンを調べた。エルネストは問題を特定し、シグナルボードからブリキの破片を引きちぎってマセラティのフロアボードの裂け目に詰め込んだ。

「うまくいくわけがない」とルネは言った。

「とにかく完走するんだ」エルネストは懇願した。「アクセルに問題が生じたら、いつでもダッシュボードのボタンでエンジンを切ることができる」

ルネはコースに戻った。北のループか南のループを高速で走っているときにアクセルが固まってしまったらどうしようと考え動揺していた。ギアチェンジしてブレーキを踏み、ダッシュボードのボタンを押すんだ。

長時間のピットインとアクセルのトラブルのせいでルネは最下位まで後退していた。彼は最後まで走りきった――そして生き延びた。ブラウヒッチュがロボットのようなルディ・カラツィオラに僅差で勝利し、ＳＳＫＬのコックピットの中でまるで嵐に襲われたように大騒ぎをしていた。

その後、ホテルでルネはエルネストに会いに行った。[96] アクセルの故障のせいで危うく命を落とすところだったのだ。ルネはチームを去りたいと考えていた。彼の能力があれば、エリートドライバーの中でも新しいチームを簡単に見つけられるはずだった――もっと信頼できる車を擁するチームを。

「クビにしてください」彼は訴えた。

エルネストは同意した。

その夜、ブラウヒッチュはロキシー・バーに電話をし、ハヌッセンに渡された封筒の中の紙切れに何が書かれているのかを確認した。バーテンダーは二人の名前を読み上げた。ロプコヴィッツとブラウヒッチュだった。[97] その予言はあっという間にドライバーたちの間に広まった。

支配できない力が彼らの運命を操っているかのようだった。ルネはロプコヴィッツのように自分の名前が封筒の中にあってもおかしくなかったと考えずにはいられなかった。プロのレースドライバーになるという夢は、この世界における自分の居場所を維持するために、すべてを失うリスクといや応なく結びついていた。その事実に直面しているのは彼だけではなかった。

第2章 レインマスター

一九三二年のアイフェルレースで、ルディ・カラツィオラは、しし鼻のアルファロメオに乗って、一四周目——最終ラップ——を駆け抜けた。ボンの南にある急な起伏のある丘陵地帯、小渓谷、そして森を通り抜け、彼はニュルブルクリンク——ある歴史家は〝道を描くために遣わされた酔っぱらった巨人〟によって作られたコースと呼んでいた——を走るライバルたちに対し、リードを保っていた。[98]

ルネ・ドレフュスだけがかろうじて追いすがり、二〇秒遅れの位置にいた。[99] ルイ・シロンの個人所有のブガッティT51——35Bの後継モデルでより効率的でよりパワフルだった——のうちの一台を運転するルネは、一週間前にマセラティから離れたばかりで、情け容赦ない〝リング〟で戦うのは初めてだったことを考えると、力強いレースを繰り広げていると言えた。

ニュルブルク城の中世の遺跡の周りを巡る全長一四マイル（約二二・五キロメートル）のコースに並ぶ一二万人の観客の中で、レースの後半、このフランス人にチャンスがあると思っている者は、いたとしても、ほんのわずかだった。ルディがミスをしなければチャンスはないだろう。そしてルディはほとんどミスをすることはなかった。たとえ、標高の変化が、彼のギアチェンジと同じくらいの頻度で起こるコースでさえも。洗練されていて合理的、そして冷静沈着なドライバーであるルディは、どのような車を運転していようとも、常にベストな状態を引き出し、それでいて決してその車の能力を過大評価することはなかった。[100]「ルドルフ・カラツィオラは最も人の目をあざむくドライバーだ」当時の関係者はそう記している。[101]「彼は決して少しも急いでいるようには見えない。だが彼の記録を見てくれ！」

予想どおり、ルディがチェッカーフラッグを受けた。レースで唯一驚かされたのは、彼がメルセデスではなくアルファロメオを運転していたことだった。彼は長年にわたり、シュトゥットガルトの会社――メルセデス――のトップスターの一人であり、彼の名前とメルセデスというブランドはほぼ同義語だった。

ルディはメルセデスが好きだったが、勝つチャンスを与えてくれる車なら何にでもその身を捧げた。多くのドライバーと同様、一つの国や会社に対する忠誠心は、たとえそれがモータースポーツ界における自分の地位を確保してくれるものであっても、あまり重要ではなかった。そもそも彼をこの道に招き入れた偶然の騒動がなければ、彼がここまでレースにひたむきであることも、プロとしてレースに臨むことすらもなかったかもしれなかった。

ドイツのアーヘンにあるナイトクラブ、カカドゥでは、バンドが熱狂的なビートを奏でて観客を沸かせていた。[102] 赤い布張りのブースで同僚の横に座っていたルディ・カラツィオラはブランデーを飲みながら煙草を吸っていた。二二歳の彼は、ダンスはあまり好きではなく、ファフニール自動車工場で整備工としてのシフトを終えたばかりでとにかく疲れきっていた。

一九二三年当時、アーヘンはヴェルサイユ条約に基づいて、ベルギー軍に占領されていた。ベルギー軍兵士は街のあちこちにいて、歓迎されぬ存在だった。

整備工のグループとベルギー人将校の間で口論が発生した。その中のドアのように大きな体の将校がクラブ客をかき分け、ブースに向かってきた。ルディは今にも席を立とうと、シートの中でじりじりと体を前に進めていた。

ベルギー人将校がルディの友人の一人を殴ろうとしてまわり込んでくると、彼はブースから飛び出してその将校に殴りかかった。ベルギー人の鼻はクルミのように割れ、床に崩れ落ちた。ルディと友人はカカドゥを飛び出し、迷路のような石畳の道を逃げ、大聖堂の影の下で立ち止まった。息を整えると、自分のしでかしたことの大きさに押しつぶされそうになった。占領軍の兵士への暴行は重罪だった。

「逃げないとまずいぞ」友人はそう促した。「今晩中に」

鋲釘を打ったブーツの音が通りに響き、パトロール隊が彼を探していた。二人の整備工は、肩からライフルをぶら下げたベルギー人兵士の一団が通り過ぎるまで身を潜めていた。アーヘンは小さな街だったので、彼らはすでにルディの特徴をつかんでいるだろう。ルディはしわくちゃの青いスーツを着ていた。整備工の給料では買えないような高価なスーツだった。身長は一八〇センチほどで、怒り肩で腰が細く、がっしりした体格をしていた。[103] 高い額から黒髪をオールバックにし、石炭色の目、しし鼻、そして四角い顎をしていた。

ルディは、ドイツのレマーゲンの川沿いにあるホテル・フュルステンベルク――ルディの家族が経営していた――にいた頃から常に問題ばかり起こしていた。[104] カラツィオラという非ドイツ系の姓からわかるように、一〇〇〇年前のイタリアにルーツを持つ高貴な血統の少年にふさわしく〝ライン渓谷の悪ガキの王様〟というニックネームで呼ばれていた。ルディが一四歳のときに父親が第一次世界で戦死し、母親のマティルダはホテルの経営に忙しいあまり、息子が反抗的になっていくのを抑えることができなかった。彼はホテルの手動のエレベーターでレースをしたり、車のダッシュボードの向こうも見えないような小さい頃から、客のメルセデスを無断で借りてギアをきしませながら運転し、道路からはずれそうになったこともあった。また、ワインの密売をしたり、ホテルのヨットを無断で操縦してライン川を渡る客から金を取ったりしたこともあった。母親はこれらの事件は若気の至りだと考え、その後の騒動についても丸く収めた。

ルディのこれら悪ふざけ――ホテル宛てに大量の自動車カタログをこっそりと注文するなど――

のほとんどには、共通したテーマがあった。最新のスピードマシンのしくみを習得することだった。ルディが成人となったのは、ブリッツェン・ベンツが最高速度記録を樹立し、一九一四年のフランスグランプリで、同胞であるクリスチャン・ローテンシュラッガーが第一次世界大戦前夜にジョルジュ・ボワイヨを破って優勝した時代だった。彼にとって自動車は、学校やホテルの経営よりも、常に最大の関心事だった。母親は他に興味を持つように説得しようとしたが、彼は決して折れなかった。

家族は、ルディが実際に過酷な自動車工場で働くようになれば、意見も変えるだろうと考えた。しかし、ファフニールでの仕事はルディの情熱を高めるだけで、いくつかのレースに出場する機会を与えさえした。[105] レースで速く走れば走るほど、冷静になり、心が落ち着くことに気づいた。人生の他の部分ではなかなか見つけることのできない心の安らぐ瞬間だった。[106]

占領軍兵士に暴行を働いた後、真夜中にオートバイでアーヘンを脱出したルディは、実家に戻って家族を起こした。[107] 彼らは朝食のテーブルの周りに集まった。「何かばかなことをしてしまったの、坊や」と母親が言った。

一家のホテルも占領下のラインラントにあったことから、彼がここに滞在すれば家族もトラブルに巻き込まれる恐れがあった。母親は六万マルクを彼に渡し、姉のヘルタは彼女が列車の中で知り合った、連合国の占領下にはないドレスデンの工場主、S・T・ラートマンの名刺を渡した。ラートマンが自動車関係の仕事を紹介してくれるかもしれない、と言って。

ルディは次の列車に乗って東に向かった。

彼は大きな希望を抱いて、何の変哲もない灰色の長屋の戸口に立った。中年のテオドール・ラートマンは車とは何の関係もない木の人形を作っていた。ルディがレースカーのドライバーになりたいという野心を説明すると、ラートマンは不思議なほど寛大だった。彼は車のセールスマンとしての仕事をルディに見つけてくれ、レースについても何かできることがないか考えてみると約束してくれた。その後の数カ月間で、ルディはたった一台しか車を売ることができず、母親からもらった金もあっという間に使い果たしてしまった。それでもレースカーに対する情熱は失わなかった。ラートマンと彼のドレスデンの仲間がルディのために小さなロードスターを見つけて、スタジアムレースのために借りてくれた。彼らはビールでルディの勝利を祝い、さらにダイムラー自動車のヘルツィグ取締役に紹介してくれた。ダイムラーはメルセデスのレースカーを製造しており、一九二六年にはベンツと合併することになっていた。運命はルディにもう一つの贈り物を用意していた。

その年の終わり、ルディは、煤《すす》だらけのガラス屋根の巨大な倉庫の間のぬかるんだ庭を横切っていた。[108] 降り続ける雨も、オイルや溶接された金属のにおいを消し去ることはなかった。大きな引き戸の向こうで火花が散り、ドラムを叩くような重機の音が聞こえていた。彼は、シュトゥットガルト北東部のネッカー川沿いにあるダイムラーの工場の中心地、ウンターテュルクハイムにいた。

同行していた事務員は大きな木造の小屋の前で立ち止まった。戸口には、ボディがなくタイヤと荒削りの木製のシートだけを取り付けたレースカーの車体が置かれていた。ルディは驚きのあまりことばを失った。ヘルツィグ取締役の事務所で何度も懇願した結果、メルセデスに試乗する機会を得た。

小屋から、青のオーバーオールを着たやせた人物が出てきた。三二歳のクリスチャン・ヴェルナーはすでにレーシングチームの古株だった。彼はルディを面白くなさそうな、無関心なまなざしで見ると、運転席につくよう身振りで示し、自分は助手席に座った。

車で工場の門を出ると、ヴェルナーはぶっきらぼうに命令した。左。右。まっすぐ。あそこ。今度はこっち。三〇分かけて、ルディはネッカー川近くの起伏のある丘で腕前を披露した。直線では速く、カーブではタイトに。雨がオープンコックピットに降り注ぎ、後輪は弧を描くように雨水を飛び散らしていた。

やっとヴェルナーが工場の方向を指し示した。彼は小屋のそばで車を止めた。ヴェルナーは「神のご加護がありますように」とだけ告げると、半分だけ明かりのついた小屋のほうに向かった。

「で、どうでした?」とルディは訊いた。

「階上《うえ》で彼らに話す」そう言ってヴェルナーは消えた。

まるで数時間も経ったように感じた。ヘルツィグがルディを事務所に呼び、セールスの仕事を提示した。

「でも、僕はレースドライバーになりたいんです――」[109]

「ばかなことを言うな」とヘルツィグは一蹴した。「レースは職業じゃない。まずは従業員になるんだ。そうすればいつか好きなだけ走れるようになる」

ドレスデンに戻ったルディはメルセデスのショールームで落胆を露わにしていた。[110] この街の最もにぎやかでファッショナブルな通りにあるショールームには、多くの客が集まってきたが、ルディは一台も車を売ることができなかった。彼はショールームのはす向かいにある豪華なヨーロピアン・ホテルに滞在する若い女性たちを眺めて時間を過ごしていた。なかでも、短く刈り上げた髪、黒い瞳、そして色白の肌をした一人の美女が彼の目を引いた。彼女はこのホテルの常連客で、いつも二階の同じ部屋を利用し、時折、窓際に立って道行く人々を眺めていた。

ルディは彼女と一瞬だけ目が合ったり、微笑みを交わすことが何度かあった。だが、彼女が一人でいることはめったになかった。ホテルのコンシェルジェによると、彼女の名前は、シャーロット・リーマン、通称シャーリーといった。ベルリンの有名なレストラン経営者の娘で、父親のチーフアシスタントと結婚していた。彼女が結婚しているという事実も、彼の情熱を冷ますことはなかった。ある日の午後、ルディは、シャーリーが街にいるときにホテルのダンスパーティーに参加した。彼はゆっくりとしたフォックストロットがかかると予想して、彼女に手を差し出した。しかし、バンドの演奏はタンゴに切り替わった。彼は彼女のそばにいることのスリルに我を忘れていた。

「あまり話さないのね」と彼女は言った。

「いつか僕のレースを見てほしい」ルディは乾いた口から絞り出すようにそう言った。

「どうして？」

「そうすれば、僕のことをもっとわかってもらえるから」

シャーリーはクスッと笑った。このときは二人は何もなく別れた。


メルセデスに入社して以来、ルディはことあるごとに、レースに出るための車を貸してほしいと上司に懇願してきた。[111]ようやく、地元のレースに出るためにツーリングカーを貸してくれた。優勝することでさらに機会が与えられ、速い車を与えられるようになっていった。スーツに糊の利いたワイシャツ姿でショールームでの仕事をこなす一方で、彼はメルセデスチームに同行して旅をし、リードドライバーのヴェルナーやオットー・メルツがグランプリ・レースに出場している間に小さなレースに参加していた。

多くの場合、ルディはトラックや架装されていないシャーシを運転する雇われスタッフにすぎなかった。それでも、彼は偉大なドライバーたちの走りを見たり、この会社のテクニカルディレクターのフェルディナンド・ポルシェに会ったり、レース後のディナーに参加したりするようになった。彼は何歳か年上のオーストリア人ドライバー、アルフレート・ノイバウアーと仕事や遠征先のホテルの部屋を共有するなど、多くの時間を共にするようになっていた。

ルディとシャーリーは親密になっていた。彼女の結婚生活に明るい兆しはなく、最初のダンスパーティー以来、ルディとは気が合うと感じていた。彼女は離婚を申請した。次の年、ルディはドライバーとしてさらに多くの勝利を重ね、メルセデスに貢献した。[112] しかし、彼は満足していなかった。最高の舞台で最も速い車でレースをしたかったのだ――グランプリ。一九〇六年に始まったこの一連のレースは自動車の進化とスポーツをいや応なしに結びつけた。

自動で走る乗り物のコンセプトは、長い間、発明家や科学者の関心を引いてきた。[113] レオナルド・ダ・ヴィンチやアイザック・ニュートンは設計図を描いた。一六世紀には、帆を取り付けた馬車がアムステルダム郊外の道路を走った。一七七〇年代には、フランスの軍事技術者ニコラ＝ジョゼフ・キュニョーが大砲を運ぶための蒸気機関の三輪車を製造した。[114] 六〇年後、イギリスでは蒸気機関車――シャベルを持った少年がエンジンに燃料を補給していた――が時速一二マイル（約二〇キロメートル）で田舎道を走った。農民たちは、家畜が怖がらないように木で道をブロックしたという。

四ストローク内燃機関がすべてを変えた。この発明には多くの生みの親が関わっていたが、一八七六年、ゴットリープ・ダイムラーとニコラウス・オットーがこれを完成させ、動力を運動に変換する小型軽量で効率的な機械を世に送り出した。一八八六年、同じドイツのカール・ベンツがガソリン駆動車の特許を取得した。この車は一気筒の水冷エンジン、三つの車輪、チューブラーフレーム、ブレーキ、そしてバギーシートを備えていた。自動車の登場だった。

欧米では、数十の自動車メーカーが春の雨後の雑草のように湧き出てきた。[115]当初は、種々雑多な車が製造された。運転手は屋根のないシートに座り、ぐらぐらする舵を使って進路を取っていた。エンジンは高い四角の箱の中に取り付けられていた。車輪は大砲用の木製の車輪を固いゴムで覆ったものだった。ブレーキは木のブロックをレバーでタイヤに押しつけていた。球根のような形の銅製のクラクションが歩行者を追い払い、ヘッドライトはまるで提灯のようだった。

エンジンは二気筒、四気筒さらにその先へと成長していき、スピードもどんどん速くなっていった。空気式タイヤやハンドルが登場したが、当時の車はヨットでも操縦するかのような大きさだった。ドラムブレーキが木のブロックに取って代わり、屋根のない車は、その形をより低く、長くしていった。青息吐息のエンジンに潤滑油や燃料をハンドポンプやチューブで供給するために、メカニックが同乗しなければならなかった。

当初の頃の車の運転は、決してのんびりしたものではなかった。それには体力と気力が必要であり、何よりも〝腰から下は燃えるように暑く、腰から上は凍えるように寒い状態〟に耐えることができなければならなかった。[116]

フランス大統領のフェリックス・フォールは、初期の展示会で当時の車を評して「かなり醜く、ひどいにおいがする」と述べた。[117]にもかかわらず、自動車は大衆の想像力に火をつけ、ドライバーが街から街へのロードレースで競い合うようになると、その人気はさらに広まっていった。何十万もの見物客が集まった。まずはパリからルーアン。そしてパリからボルドー、マルセイユ、ベルリン、そしてさらに遠く。レースが始まる前、人々は夜明けの薄明かりの中で車の周りに集まった。そこにはド・ディオンやパナール、ダイムラー・フェニックス、プジョー、ドライエ、ベンツなどあらゆる形、あらゆる大きさの車があった。ドライバーたちは、重い革のコートを着て、潜水用のマスクのように大きなゴーグルをし、ハンドル操作で手が血まみれにならないように分厚い手袋をしてこれらの不格好な獣を操った。レースの主催者は簡潔に説明した。「ここはパリ。ゴールはベルリンだ。できるだけ早く到着するように」――こうしてレースが始まった。[118]

道路標識はなかった。給油するポイントもなければ、まともな地図もない。ドライバーは茶色い埃が雲のように立ち込める中を、道路脇に立っている電柱を頼りに車を走らせた。パンクしたタイヤをはがすのにはナイフが使われた。夜になると車はパドックに入れられ、ドライバーはホテルで眠りについた。ただし眠れるのは、修理が必要ないときだけだった。当時の参加者の一人は、ホテルの部屋にあった衣装タンスをバラバラにして、その破片を使って壊れたシャーシを修理したという。

競争がイノベーションに拍車をかけた。その大きな飛躍の一つが世紀の変わり目に登場したニューモデルの車だった。その車は、ヴィルヘルム・マイバッハが設計し、ダイムラーが製造、同社のニースの販売代理店の代表であるエミール・イェリネックの娘メルセデスがその名前の由来となった。[119]初代メルセデスはエンジン効率からサスペンション、シャーシ、ハンドル、ブレーキに至るまであらゆる面で進歩を遂げていた。この車は時速五〇マイル（八〇キロメートル）以上のスピードを出すことができた。ヴィルヘルム・ヴェルナーが運転したメルセデスは、初めて参加した一九〇一年に開催されたラ・テュルビー・ヒルクライムで他の車を圧倒した。

年々、車――そしてレース――は大きくなり、速くなっていった。そして死の危険も増えていった。一九〇三年五月二四日の夜明け前、二二一台のさまざまな種類の車が、埃にまみれ、観客の集まったヴェルサイユの道を駆け抜け、パリからマドリードへのレースを競った。[120] なかには直線を時速九〇マイル（約一四四キロメートル）で走ることのできる一一リッターエンジンを搭載した巨大なマシンもあった。そんなスピードではハンドルもブレーキも操作できないにもかかわらず。

一台の車がひっくり返って炎上し、また別の車が石の山に突っ込んで爆発した。さらに別の車はステアリングコラムが動かなくなって木に激突した。午後になると、事故の数はさらに増えた。一二名以上のドライバー、メカニック、そして見物人が死亡し、負傷者の数は多すぎて正確には数えられないほどだった。

この大災害は、レースカー・ドライバーたち――さらには一風変わったエンジニアやスリルを求める金持ち連中、自分たちの製品の宣伝に熱心な企業家やその部下たち――が単に頭がおかしいという考えを定着させたかもしれない。しかし、この初期の悲劇こそがドライバーたちにヒーローとしての輝きを与えた。「自動車レースは唯一無二の存在だ」ニューヨーク・タイムズのレース記者、ロバート・デイリーはそう語った。[121]「これほど騒々しく、暴力的なスポーツはない。これほど残酷なスポーツもない」あえてレースに挑戦する者は、ますます栄光と富に包まれるようになっていた。

ドライバーは、自分たちがスピードをマスターした先駆者の一人だと感じていた。死のリスクはあったが、不可能の縁でシーソーに乗る高揚した気分や、霧にかすむ中を疾走するときの風景、エンジンの鼓動が自分の鼓動と一体となっていく感覚のほうが勝っていた。

しかし、悲劇をきっかけに、レースの主催者――特にフランス自動車クラブ（ＡＣＦ）――は、公道でのレースから撤退し、出場できる車を決めるためのガイドラインを設けた、管理されたサーキットでのレースを行うようになった。[122] 一九〇六年、ＡＣＦは、フランスのル・マン郊外に柵で保護された六四マイル（一〇二・九キロメートル）の三角形のサーキットを建設し、レースを開催した。一〇〇〇キログラム以下の車のみが、二日間でこのコースを一二周するレースに参加することができた。

ハンガリーのフェレンク・シスは、タイヤがリムから溶け落ちてしまうほどの猛暑の中、二日間連続でルノーのハンドルを握り、平均時速六三マイル（約一〇〇キロメートル）で走り抜いて、三一名のライバルを破ってトロフィーと四万五〇〇〇フランの賞金を手にした。また彼は、史上初のグランプリ・レースの勝者として歴史に名を刻むこととなった。この後、ルディ・カラツィオラのように、この舞台でさらに大きな名声を得ることになるレーサーも現れた。

MERCEDES-BENZ CLASSIC

1926年ドイツグランプリ。優勝者ルディ・カラツィオラとメカニックのオイゲン・ザルツァー

一九二六年七月九日の金曜日、雨が降りしきる中、ベルリン郊外のアヴス・レースコースの南コーナーで、ルディ・カラツィオラはメルセデスを止めた[123]。数分前、初めて開催されるドイツグランプリの練習走行中に二台の車が衝突した。助けるために車から飛び出したルディは、ねじれ曲がった車の残骸を見て身震いをした。二名の救急隊員がイタリア人ドライバーのルイジ・プラテを救急車に乗せた。プラテのメカニックであるエンリコ・ピローリは地面に倒れたままだった。目を見開き、両手と両足を大きく開いてあおむけに横たわっていた。身動きしない彼の体に雨が降り注ぎ、ほほを伝って涙のように流れ落ちていた。ルディが初めて見る死体を信じられないように見つめている中、救急隊員がピローリの体をシーツで覆った。白のキャンバス

シューズだけがシーツからはみ出していた。

　練習走行は中止になり、ルディはベルリンのホテルに戻った。ピローリの泥にまみれた白いシューズの光景がずっと心につきまとっていた。

　一カ月前、ルディは、元ドライバーで現在はメルセデスのレース部門の責任者を務めるマックス・ザイラーにある提案をしていた。[124] メルセデスのワークスチームは、ドイツグランプリではなく、スペイングランプリに出場することになっていた。会社が輸出市場に対し、自社の車のお披露目をしたいと考えていたからだった。ルディはそこにチャンスを見いだした。メルセデスを代表してアヴスに出場したいとザイラーに言ったのだ。

　数時間にわたってしつこく迫られた結果、とうとうザイラーは折れた。ただし条件があった。ルディに車とサポートチームを提供することを約束するが、あくまでも独立チームとして参加するという条件だった。会社としては、メルセデスのオフィシャルチームが平凡なパフォーマンスを見せるリスクをあえて冒すわけにはいかなかった。同じく優秀な若手ドライバーのアドルフ・ローゼンベルガーも同様に参加することになった。メルセデスのテクニカルディレクターであるフェルディナンド・ポルシェが二人に、パワフルだが気性の激しい直列八気筒エンジンを搭載した二台の車を提供した。メルセデスの愛好家によると、このモデルは〝ドライバーがポルシェ自身と同等の仕事をすること〟を願って設計されたマシンだと言われていた。[125]

　暗い灰色の空に覆われた日曜の午後、ドイツグランプリが開催された。ルディは緊張した面持ちでスタートラインについた。[126]隣には若きメカニックのオイゲン・ザルツァーが座り、準備が整っていた。コースには三九台の車がひしめき合っていた。ルディの練習走行はあまりうまくいかず、まだピローリの姿が頭にちらついて離れなかった。ローゼンベルガーを含む六名のドライバーは、ルディよりも速いタイムを記録していた。スタートの数分前、ルディはグランドスタンドにシャーリーの姿を探した。が、彼女は群衆の中にまぎれていて見つけることはできなかった。

スターターが旗を勢いよく振り下ろした。その音は回転するエンジンの轟音にかき消された。

エンジンの不協和音に加わる代わりに、ルディのメルセデスはエンストを起こしてしまった。

「急げ」ルディはザルツァーに叫んだ。[127]ライバルたちは走りだしていた。「押してくれ！」

ザルツァーはコックピットから飛び降り、メルセデスを後ろから押した。ルディがクラッチを離す。エンジンが始動した。ザルツァーはルディが走りだす寸前にコックピットに飛び乗った。一分以上が経過していた。

ルディは六マイル（約九・六キロメートル）の直線を時速一〇〇マイル（約一六〇キロメートル）で走り抜け、松林を抜けて南側の急カーブに入っていった。

「頼むからスピードを落としてくれ！」ザルツァーが叫んだ。ほとんどシートから投げ出されそうだった。

ルディは轟音とともにカーブを抜け、平行して走る直線に入った。[128]まばらな草むらだけが二つの直線を隔てていた。もうだめだと思ったが、走り続けることにした。針のような形をしたサーキットの、針穴の部分にあたる、傾斜角のついた一八〇度の北側のループで、ルディは必死に差を埋めようとした。

三周目には集団の中央に迫っていた。四周目に入ると霧雨は完全な豪雨となり、ずぶ濡れになって、視界もほとんどなくなった。雨とオイルで濡れたアスファルトの上は、スピードを落とすことでかろうじて走ることができる状態だった。タイヤは水煙を噴き上げていた。

次々とマシンがリタイアしていった。

七周目、北側のコーナーに入ると、もう一台の白いメルセデスが横倒しになっているのが見えた。タイムキーパーのブースは爪楊枝のようにバラバラになっていた。ローゼンベルガーがスリップしてコントロールを失ったのだ。二名のレースオフィシャルが死亡、残りの一名も重傷を負った。メルセデスのドライバーとメカニックは救急車で病院に搬送された。

ガソリンとオイルの補給にピットインしたルディは、チームメイトの様子をポルシェに尋ねた。

「ちょっと怪我をしただけだ」とポルシェは嘘をついた。

それでも、ルディは慌ただしくピットを飛び出し、レースに戻った。次々とラップを重ねていった。自分が何番手を走っているのかもわからなかった。雨が激しく降り注ぐ。反対側の直線では、フランスチャンピオンのジャン・シャサーニュのタルボが、コントロールを失い、二つの直線を隔てる草むらを横切って、ルディの目の前を観客に突っ込んでいった。

シャーリーはグランドスタンドでシャサーニュの妻の近くにいた。スピーカーがクラッシュしたのが彼女の夫だと告げた。彼女の顔は真っ青になり、静かに涙を流した。その姿に圧倒されたシャーリーはサーキットを後にした。

ルディは嵐の中を進んだ。次々と車を追い抜いていったが、自分の順位についてはまったくわからなかった。当時、ドライバーが通過するときに、ピットからのシグナルはまだなかった。雨でレースが休止になるにしても、自分がどの位置にいるのかすらわからなかった。緊張と疲労の中、ザルツァーは「もっと速く！」と言ってルディを急き立てた。彼は直線を抜けると、滑りやすいループを巧みに駆け抜けていった。

二〇周、二四三マイル（約三九一キロメートル）、三時間を走り終え、ルディはついにフィニッシュし、車を止めてゴーグルをはずした。自分が何位なのか、まったくわからなかった。コックピットの中で足が震えていた。もうギアシフトもブレーキやアクセルを操作する必要もないのに、どうしたらいいのか途方に暮れていた。人々が彼の周りに集まり、「ルディ――勝ったぞ！」と告げた。まだ蒸気を出しているボンネットが花で飾られるのを見ながらも、まだ信じられなかった。彼は初めてのグランプリで優勝し、〝レインマスター〟の称号を得た。

ホテルに戻ると、シャーリーがこれからもレースを続けるつもりなのかとルディに尋ねた。危険が多すぎる。「そうだ」とルディは答えた。「そうしなければならない」と。[129]

〝レインマスター〟の称号を得た四年後、ルディはスイスのアローザにある山の中腹にあるシャレーで朝食のテーブルについていた。[130]たった今、配達された手紙を見つめていた。その手紙には一九三〇年一一月の日付とともに、メルセデス・ベンツのシンボルである星と月桂樹が刻印されていた。毎年秋になると、有名なファクトリーチームのほとんどが翌年のドライバーを募集していた。オファーがなされ、契約の交渉が行われた。アヴスでの初優勝以来、ルディはヨーロッパのトップレーサーの一人となり、シャレーの壁にはそれを証明するようにトロフィーや銀の盾が並んでいた。彼は有名になり、裕福になった。そして冬の間をスイスでのんびりと過ごすことができるような最高の条件を提示されると確信していた。

しかし、彼はチームを失ってしまった。その手紙はダイムラー・ベンツのCEOヴィルヘルム・キッセルからのもので、経済危機を理由に彼との契約を更新しない旨が書かれていた。メルセデスはレースから撤退しようとしていた。はっきり言って、このスポーツには金がかかりすぎたのだ。

前年のウォール街で起きた大暴落の影響は、経済的にも政治的にも、アメリカ国内にとどまらず、遠くヨーロッパにまでその波紋を広げていた。[131]戦後の破壊的なハイパーインフレからかろうじて回復したばかりのドイツは、特に打撃を受けた。銀行が倒産し、金融パニックによって生産活動もストップし、輸出も枯渇した。小さな商店や農場、工場、地方自治体など、多くが破産し、自殺者が急増した。無料食堂が街角に設置されたが、ここでさえ食料が不足していた。絶望した人々はうさぎを飼育したり、つつましい家庭菜園で野菜を栽培したりした。

MERCEDES-BENZ CLASSIC

サーキットを訪れたルディと妻のシャーリー

レースでの勝利と家族の富のおかげで、ルディはここまで危機の影響をほとんど感じていなかった。彼は、シャーリー――今は彼の妻となっていた――と共にシュトゥットガルトを訪れ、ダイムラー・ベンツの経営陣を翻意させようとした。

ルディはキッセルのオフィスでキッセルと二人きりで会った。四五歳のCEOは背が高く、細身で、きちんと手入れされた口ひげをたくわえていた。[132] 一九二六年のダイムラーとの合併前は、ずっとベンツ&カンパニーに在籍し、合併会社の舵を取るようになってからは、数字や人材、そして政治的な風向きを見抜く目でこの会社を新たな高みへと導いてきた――世界恐慌に見舞われるまでは。

ルディがどんなに主張を押し通そうと

しても、キッセルは、レースが贅沢であり、そのような余裕はないこと、国内販売の急落、輸出市場の崩壊、労働力の半減、利益の低迷などを理由に譲らなかった。

あきらめたルディは、オフィスを後にし、アルフレート・ノイバウアーに会いに行った。ノイバウアーは、シャーリーと共にファイルキャビネットが並ぶ自身のオフィスでルディを待っていた。彼はルディとは八歳しか違わなかったが、ルディにとっては父親のような存在になっていた。〝現代のファルスタッフ（訳注：ウィリアム・シェイクスピアの喜劇『ウィンザーの陽気な女房たち』に登場する架空の人物）〟と呼ばれるノイバウアーは、大きく、丸く肉づきのよい顔をしていた。[133] 飲んだり食べたりするのが好きで、魅力的で、人をからかったり、自らを誇示したりすることも好きだった。また虚栄心も強かった。しかし、シェイクスピアの登場人物との類似点はそこまでだった。

一九二〇年代半ば、オーストリアで行われたヒルクライムレースで、新人のルディ・カラツィオラを含むチームメイトの後塵を拝した後、ノイバウアーは別の仕事をしたほうがよいと悟ったのだった。婚約者のハンジーはさらに率直だった。「アルフレート、一つだけ問題があるわ。他のドライバーは狂ったように運転をするけど、あなたの運転はまるで……夜警のようよ[134]」

ノイバウアーはドライバーというよりも、常に優れた戦術家だった。[135] また彼は、コースやドライバー、平均ラップなど膨大なデータを記憶し、あらゆるマシンのすべてを熟知するマスターオーガナイザーだった。ヒルクライムで無残に敗れた後、レース用のゴーグルとオーバーオールをトレンチコートとストップウォッチに替え、チームマネージャーに就任した。彼は自身の役割を再構築し、特にフラッグシグナルとチョークボードを使ってドライバーにライバルとの順位や、残りの周回数、そしてピットインのタイミングなどを知らせるシステムを考案した。これはグランプリ・レースにおいては画期的なシステムで、一九二六年のドイツグランプリでルディが何も知らないうちに優勝していたことに触発されて考え出されたものだった。このレースの後から、二人は切っても切れない関係となり、協力し合うことで、他の追随を許さないほどの数の勝利を積み上げていった。

今、ルディはノイバウアーのオフィスの椅子に崩れるように座り込んだ。「終わった」とルディは言った。「全部終わりだ[136]」

シャーリーが立ち上がると言った。「メルセデスのために運転できないのなら、彼らなしでやるしかないわ」ノイバウアーは怪訝な顔をした。シャーリーはアルファロメオの名前を口にした。ノイバウアーはそれをばかげたアイデアだと思った。しかし、ルディは真剣に考えた。どんな形であれ、レースに出たかった。それがすべてだった。ノイバウアーは怒り狂った。興奮して、ほほの色がまだらになっていた。「だが……そんなことはできない……敵のところに行くようなものだ。裏切りと言ってもいい」

「レースドライバーとしてのキャリアをあきらめろというのか？」

ルディとシャーリーが去った後、普段からやり手として知られるノイバウアーはキッセルに働きかけた[137]。もし、チームの運営に金がかかりすぎるのなら、一九三一年シーズンはルディ一人がメルセデスの代表として参加してはどうだろうか？　新車の開発にコストがかかりすぎるというなら、ルディに最新のＳＳＫを買わせること——もちろん割引価格で——を認めたらどうだろうか？

ノイバウアーが自身でルディを管理することを申し出て、少人数のスタッフも確保した。もし、会社がこのスタッフの給料と経費を負担してくれるなら、賞金はルディと会社とで分け合うことになる。メルセデスは負けるわけにはいかなかった。そしてルディが一九三〇年だけでも、一二ものレースで優勝していることを考えれば、会社は得をするかもしれなかった。ルディなら会社の限られた投資が賢明であることをすぐに証明してくれるはずだった。

一九三一年四月一二日、イタリア北部の街、ブレシアでは、イターラ、ビアンキ、マセラティ、フィアット、アルファロメオといったイタリアの国産エンジンの回転音が鳴り響いていた。[138]ルディが所有する白いメルセデスＳＳＫＬは数少ない外国からの挑戦者のうちの一台だった。九八台のマシンがクレモナまで駆け抜ける、このミッレミリアは、世紀の変わり目に行われていた都市間ロードレースを彷彿とさせる、アマチュアからプロまで参加できる一〇〇〇マイル（約一六〇〇キロメートル）のレースだった。

参加者は、ボローニャを中心に8の字を描く一般道のコースを走り、ブレシアを出発してローマまで南下した後、アペニン山脈ののこぎりの刃のような尾根を再び北上し、ブレシアまで戻ってくることになっていた。ルート沿いには、大都市から小さな集落に至るまで、レースを一目見ようとする見物客が並んでいた。イタリアはモータースポーツの人気が高く、ミッレミリアは国の誇りといっても過言ではなかった。

　昼夜を問わず走るレースは距離がありすぎて事前に偵察するのは不可能だった。コース上には、村や不毛の谷、そして名前のない交差点が無数に存在した。イタリア人だけが、このしばしば不誠実なコースの隅々までを熟知し、長いレースに必要とされるサポートを得ることができた。少なくとも主催者はそう考えており、歴史もそれが正しいことを証明していた。彼らは、明らかにアルフレート・ノイバウアーのような男の存在を見落としていた。彼はすべての行程を図表化し、そのシーズンに彼の管理するドライバーだけが利用できる移動式の補給所をコースに沿って設置していた。[139]

　メルセデスに乗ったルディはパワーの面で有利であり、直線を時速一二〇マイル（約一九三キロメートル）で駆け抜け、タツィオ・ヌヴォラーリやジュゼッペ・カンパーリの運転するアルファロメオをバックミラーに見ていた。[140]ルディはこの早い段階でのリードを最初の二〇〇マイル（約三二〇キロメートル）の間、維持した。シエナの南では、暗闇に覆われる中、ローマまでの曲がりくねった道の途中でヌヴォラーリに追い越され、首位を奪われた。前年の勝者であるヌヴォラーリは、〝マエストロ〟や〝空飛ぶマントヴァ人〟など多くのニックネームを持つことで有名だった。[141]勝利に対し貪欲なあまり、骨折した両足をギプスで固めてバイクレースに参加し、勝利したこともあった。

夜の間にルディは六位まで順位を下げ、さらにずるずると後退していった。しかし、あきらめずに反撃に出て、再びリーダーボードに上がってきた。アドリア海のアンコーナ付近、中間地点を過ぎたあたりでは三位に浮上した。しかし、アルファロメオはレースを支配していた。炎のようなヌヴォラーリが首位、陽気で大食い、オペラ歌手を務める声の持ち主として知られるピンク色の熊のような大男、カンパーリが二位を走っていた。彼はミッレミリアで二回の優勝経験があった。

夜明けの太陽が地平線から昇り、深い霧が立ち込める中、ルディはＳＳＫＬのスピードをさらに上げ、ついにトップに立った。イタリア人のライバルたちは、ハイウェイの直線で彼に追いすがろうとしたが、彼はこれを振り払った。残り二五〇マイル（約四〇〇キロメートル）を切ったところで、振り返ることなく、二位のカンパーリに一一分以上の差をつけてフィニッシュした。ドイツ人ドライバー――ドイツの車――が初めてミッレミリアで勝利した瞬間だった。

ルディがイタリアから帰国してまもなく、キッセルはルディにある頼みごとをした。[142] ある複雑な構造のカスタムメルセデスの納入が遅れていた。ミュンヘンに拠点を置く、非常に特別な顧客との間に生じている問題を円滑に解決するため、キッセルは有名なドライバーであるルディにこの車を直接納入してほしいと頼んだのだった。

ルディは、防弾ガラスで守られ、サイドパネルには装甲が施され、グローブコンパートメントには拳銃の隠し場所を備えた七・七リッターの黒のコンバーチブルのメルセデスを運転して、シュトゥットガルトからミュンヘンに向かい、ヤコブ・ワーリンが経営する地元のメルセデス・ベンツ・ディーラーに立ち寄った。そこで車は洗車され、ピカピカに磨かれた。

ワーリンを伴ったルディは、約束の午後五時にそのメルセデスを、かぎ十字の旗が掲げられた石造りの大邸宅の前に停車させた。ルディは、顧客の印象をよくするため、スーツを着てネクタイを締めていた。顧客はアドルフ・ヒトラーだった。

一九三〇年の帝国議会選挙の前に、このナチ党指導者は、ドイツを再び偉大な国にすることを約束して、国じゅうを飛びまわっていた。民主主義政府が意見の衝突と経済の不振を招いていたことから、彼の集会には多くの聴衆が集まっていた。初期の支持者が公然と自慢していたように、「大惨事を引き起こすために役立つものはすべて……我々と我々のドイツ革命にとってはよいことだ」と公言していた。[143] 選挙の結果が集計されると、ナチスは圧倒的な新勢力として浮上した。[144] 投票前、ナチスは帝国議会で一二の議席を保有する最小政党だったが、投票後は一〇七議席を確保し、第二の勢力となった。

ヒトラーの扇動的な考えや方法は有名だったが、ルディはこのドイツにおける新興勢力の指導者に会ってみたいと思っていた。もっともそれは単なる好奇心でしかなかった。帝国議会選挙はレースドライバーにはあまり関心のあることではなかった。

ナチ党の全国本部である、褐色館の階段で彼らを待っていたのはヒトラーの私設秘書ルドルフ・

ヘスだった。ヘスはルディとワーリンを広く天井の高い書斎に連れていった。ヒトラーは机の前に座っていた。後ろの壁には等身大のヘンリー・フォードの肖像画が飾られていた。ヒトラーは車好きで有名で、このアメリカの大物実業家を崇拝していた。

ヒトラーはすぐに椅子から立ち上がった。ルディはこれまでに彼の写真を何度も見たことがあったが、想像していたよりも背は低く、ずんぐりしていると思った。ヒトラーはルディのミッレミリアでの勝利を褒めたたえた。これはドイツの勝利だ！ ルディが答える前に、ヒトラーはイタリアについての質問を連発した。列車はどうだったか？ 生活環境は？ 民衆はムッソリーニを崇拝しているのか、それとも嫌っているのか？ ルディは時速一〇〇マイル（約一六〇キロメートル）での視界の悪さについてジョークを飛ばしたが、ヒトラーの質問は止まらなかった。

彼は外に止めてある真新しいメルセデスには興味がないようで、二人を褐色館の中へと案内した。彼は、ナチスがクーデターを起こした一九二三年のビアホール一揆のときの血まみれの旗や、赤い革製の椅子が並ぶ広々とした議場――かつて自ら党員に演説を行った演壇があった――を見せてまわった。最後に案内されたのは、地下室と党員カードを含むナチ党の書類が納められた巨大なスチール製の金庫の並ぶ廊下だった。「これまでに党員は五〇万人に達している」とスタッフの一人は語った。

待ちきれなくなってきたルディは、やっとのことでメルセデスについて話す瞬間を見つけた。「この車をお見せするために来ました。素晴らしい車だと思っていただけるでしょう[145]」ヒトラーは三〇分後にメルセデスのガレージに行くことを約束し、ルディとワーリンはその場を後にした。時間どおりに、ヒトラーは数名の護衛とユリウス・シュレックという男と共にやって来た。この蛇のように細い目をした筋肉質の元兵士は、ナチスの自警武装集団である親衛隊（ＳＳ）の初代リーダーだった。[146] ワーリンがメルセデスの特徴について説明する間、シュレックは時速二〇マイル（約三二キロメートル）以上で走行しないようルディに指示した。「我が党の敵は、事故さえもすぐに対抗宣伝に使うだろう」とシュレックは語った。

この警告を頭に置いて、ルディはヒトラーの運転手としてミュンヘン市内をゆっくりとしたペースで走った。この車の素晴らしさに驚嘆したヒトラーは、これこそがドイツの職人技の真の証しだと称賛した。ルディはナチスのリーダーをディーラーに委ね、納車を完了させた。

ミュンヘンを後にしたルディは、ヒトラーの存在――あるいは外見――が、自分に大きな影響を与えるとは思わなかった。それでもこの出会いは彼に深い印象を残した。[147] 未来がどうなろうと、ナチスのリーダーがレースの支援者であることは確かで、ルディにとって重要なのはそれだけだった。

一九三一年のミッレミリアでの優勝の後、ドイツグランプリをはじめとする多くのレースに優勝したルディだったが、彼とメルセデスは袂を分かつことになる。世界的な不況はまったく衰えを見せず、自動車販売台数の激減によって、メルセデスをレースチームのスポンサー――たとえ利益を分け合う形であっても――として引き留めるのは困難になっていた。それでもノイバウアーはルディをチームに引き留めようとして、アメリカでのレース参戦を約束した。しかし、そのことばには何の保証もなく、メルセデスが他の自動車メーカーについていくための投資さえしないことを知っていたルディは、この申し出を断った。「僕は運転しなければならないんだ、わかるだろ？」[148]彼はそう言って、アルファロメオと契約した。

一九三二年にこのミラノのチームに加わったとき、ルディの頭の中にあったのは勝利ということばだけだった。[149]長い間、三六〇〇ポンド（約一六三〇キログラム）のメルセデスSSKL――彼自身、機関車を操るようなものだと例えていた――に慣れ親しんできた彼は、初めてアルファロメオを運転したとき、喜びを抑えることができなかった。「バレリーナのように軽やかな足取りだ」と彼は設計者のヴィットリオ・ヤーノに対しその操縦性を称賛した。[150]タツィオ・ヌヴォラーリをはじめとする新たなチームメイトたちは、ドイツ人にこのような俊敏で軽量の車を操れるのかと懐疑的だった。しかし、ルディは彼らが間違っていることをすぐに証明してみせた。一九三二年のアイフェルでルネ・ドレフュスを下してつかんだ勝利は、彼にとってイタリア製のマシンでの最初の勝利となった。その後もすぐに勝利を重ねていった。

スーパーチャージャーを搭載した深紅のアルファロメオP3モノポスト（シングルシーターの意味）を駆って、ルディとヌヴォラーリはグランプリを席巻した。ヌヴォラーリがフランスグランプリで優勝し、ルディはドイツグランプリを制した。彼はモンツァや、多くの小規模レース、ヒルクライムレースでも優勝した。シーズン中、ルディはヌヴォラーリに次いでヨーロッパ・チャンピオンシップの二位にランクされた。彼らはまさに世界の頂点にいた。[151]

第3章
スピードクイーンと老ガリア人戦士

パリの人気日刊紙ル・ジャーナルの記者であるジャック・マルシラックはランチの準備の整ったパリのおしゃれなレストランに到着した。アイルランドや北アフリカの反乱を取材してきた著名な記者であるマルシラックの次の仕事は、アメリカの女性相続人にしてラリードライバーのルーシー・オライリー・シェルの冒険に同行することだった。トレンチコートを腕にかけたマルシラックはランチタイムの客たちを眺めていた。

女性の声が喧騒の中で響きわたった。「じゃあ、彼らの車が四回も溝にはまったら、どうするの？」英語だった。[152]「それって、本当にレースを放棄する正当な理由なの？」三五歳、細身の体に血色のよい顔、青い瞳、赤褐色の髪をショートカットにしたルーシー・シェルは、その部屋を支配していた。それどころか、彼女は、都会のレストランでオートクチュールに身を包んでいようが、ガレージで油にまみれたオーバーオールに身を包んでいようが、その一六三センチメートルの身長で、自身が存在するあらゆる場所を支配した。彼女の会話の相手である夫のローリーは、反論しなかった。ローリーはあらゆる面でルーシーとは正反対で、彼女が活発でおしゃべりであるのに対し、控えめでもの静かだった。

ルーシーはレストランの奥にいるル・ジャーナルの記者を見つけた。満面の笑みを浮かべながら近づいていくと、完璧なフランス語で言った。「お待たせ！　こんなところにいたのね。紹介するわ。今、ラリーのことを話してたの」席につくと、マルシラックは来《きた》る一九三二年モンテカルロ・ラリーで彼がシェルの車の〝バラスト（車を安定させる重り）〟の役割を果たすことについて説明を受けた。

一九一一年に初めて開催されたこのレースは、参加者とその車に対する究極の耐久テストだった。[153]あるジャーナリストはこのレースのことをこう言った。「まったくしみ一つない評判を有する立派なドライバーが、絶対に象などいるはずのないフランスの主要な道路を、ピンクのパジャマを着た象がうろついているのを見る瞬間がある。[154]それがこのラリーの肝心なところだ」冬に行われるこのラリーでは、車とドライバーの双方をいかに限界まで追い込むかという新たな趣向が常に用意されていた。一九三二年のラリーでは、参加者は自らが選んだ一九の遠く離れた地点――ノルウェーのスタバンゲル、スペイン南部のジブラルタル、ギリシャのアテネ、スコットランド北部のジョン・オ・グローツ、シチリア島のパレルモなど――からスタートすることになっていた。[155] そしてゴールはいつものように、モンテカルロだった。

走行距離が長ければ長いほど完走が困難になり、ドライバーが獲得するポイントも高くなった。ドライバーは平均時速二五マイル（約四〇キロメートル）以上をキープしていることを証明するために、一定の時間内に各コントロールステーションに到着しなければならなかった。一見、マルシラックにはこの速度が遅いと思えたが、睡眠、食事、給油、修理、道間違い、アクシデントなどを考えると、このペースを維持することさえ非常に難しいのだとルーシーが説明した。

シェル夫妻は、北極圏から一〇〇マイル（約一六〇キロメートル）、モンテカルロからは二三〇〇マイル（約三七〇〇キロメートル）離れたスウェーデンのウメオから出発する二番目に長いルートにチャレンジすることにした。ほぼノンストップの旅は四日間の日程となるはずだった。各チームはモナコに到着すると、最終的な勝者を決定するために、ドライビングスキルと車の信頼性を試す一連の複雑なテストを受けなければならなかった。マルシラックは、決して優美な花のような繊細な性格ではなかったが、このような冒険には臆病になっていた。特に路面が凍結した状態であることを聞いてからは。運転手が女性であることも、彼をさらに不安にさせていた。幸いなことに、彼はその不安を心の中に隠し、なぜ思春期の少年二人の母親である女性がこのような危険な競技に参加するのかを尋ねることはなかった。もし、それを口にしていたら、彼は別の車を探さなければならなかっただろう。

昼食から一週間後の朝五時、シェル夫妻はマルシラックを迎えるためにル・ジャーナルのオフィスに着いた。[156] 極地探検の準備はできていた。ルーシーは防水性のロングジャケットにウールのズボン、膝まである茶褐色の革のブーツというでたちだった。一週間前に昼食の席で会ったとき、マルシラックは、ローリーが血色の悪い葬儀屋のように見えた。今、毛皮の裏地のついたコートにブーツを履いたローリーは元気な巨人に見えた。

彼らの黒のブガッティT44は、中型のツーリングカーでボディにシルバーと赤のラインが施され、泥除けのフェンダー、サイドにはスペアタイヤ、正面のバーには三つのヘッドライトが取り付けられ、彼らと同様、出発の装備は整っているようだった。[157] 車の中には、長く苦しい期間を乗りきるための用具――食料品、工具、つるはし、シャベル、ロープ、タイヤチェーン、溝から車を持ち上げるための滑車装置など――が積み込まれてあった。あまりにも多くの荷物を積んでいたため、マルシラックは後部座席の旅行かばんや毛布、カメラ機材の山の下に身を潜めなければならなかった。そこにさらに一九三〇年のこのラリーの勝者であるエクトル・プティ――ウメオのスタートラインまで同乗することになっていた――が乗り込んだ。プティは、「北に向かうホッキョクグマでもこんなには荷物をかついでいない」とジョークを飛ばした。

「いつ寝るんだ?」とマルシラックは尋ねた。

「全員が疲れて運転できないときよ」とルーシーは運転席から答えた。そんなときは、彼らは道端にブガッティを止めて車の中で寝た。

ルーシーも夫と同様に運転した。彼女はあらゆる点で夫と同様に粘り強く、夫よりも少しだけ速かった。五日間、昼となく夜となく走り続け、ウメオまでの旅も最後の行程を迎えていた。多くのライバルたちがすでに引き返し、レースがスタートする前にギブアップしていた。[158]そんな中、ある選手にはそのチャンスすらなかった。近づいてくる馬車を避けようとハンドルを切り、車を横転させて死亡した。

シェル夫妻と同乗者たちは、ウメオから数百マイル離れたスンツバルを出発したところだった。ルーシーは後部座席でまどろみ、ローリーが運転し、マルシラックがナビゲーターを務めていた。マルシラックは自ら運転しようとは思わなかった。周囲はまだ暗く、一〇センチの黒い氷に覆われた道路には濃い霧が立ち込めていた。「本当にこの道で大丈夫か？」ローリーが訊いた。さらにもう一度。「曲がるべきだったのでは？」

マルシラックは車内ランプの青っぽい光に照らされる地図を見つめていた。「いや、これでいいんだ」数秒後、タイヤチェーンがグリップを失い、車が右にスライドした。一瞬、空中を滑空するような感覚を味わい、次の瞬間、雪だまりの中に突っ込んでいた。

車内にいた全員が気を取り直したとき、彼らは車が傾いていることに気づいた。車は少しの動きでも揺れた。四人は注意深く車から這い出すと、懐中電灯で損傷を調べた。車は大丈夫なようだったが、車体の半分は雪の中に埋まっており、手持ちのウインチでは引き上げるのに力不足だった。午前一時、氷点下三〇度、一番近い村からでも少なくとも一二マイル（約一九・三キロメートル）離れた松林の中で立ち往生してしまった。

プティとマルシラックは、助けを求めるために農家を探そうと、身を刺すような風の中を歩きだした。ルーシーとローリーは固くなった雪をつるはしとシャベルで掘ろうとした。一時間が過ぎた。さらに二時間。プティとマルシラックが森で狼の鳴く声を聞いて、あきらめて戻ってきた。シェル夫妻は雪だまりの中にかろうじてくぼみを作った程度だったが、それでも掘り進めた。他のライバルたちがしたように、スタートをする前にレースをあきらめるという考えは誰も口にしなかった。シェル夫妻にとってはごく普通の一日だったのだ。

奇跡的に二人の森林作業員が人里離れた道路に現れ、助けに戻ることを約束してくれた。一時間後、巨大な除雪機を積んだトラックがやって来た。さらにもう一台のトラックも到着した。ひげを生やした無骨そうな顔つきに毛皮の帽子をかぶったスウェーデン人が、ブガッティの下の雪を取り除き、車を雪だまりから救い出してくれた。四人は、かたことのスウェーデン語でお礼を言うと、車をスタートさせた。凍てつくような寒さの中で、エンジンは不安げな動きをしていたが、やがて落ち着いた。

彼らは再び、夜を徹して進んだ。ウメオまでの一〇〇マイル（約一六〇キロメートル）の間、何度か道に迷った。小さな街の分岐点には道路標識がないことも多かった。シェル夫妻が道を尋ねてドアをノックしても、扉を開けずに閉じこもってしまう村人もいたが、ほとんどの人々は、快く道を教えてくれた。

最後は、ルーシーがハンドルを握り、ヘッドライトが猛吹雪を切り裂く中、雪のトンネルをくぐり抜けるように車を操った。これは両親が彼女に望んだ人生ではなかった。彼女に「イエス」と言わせることは、「ノー」と言わせるよりもはるかに難しかった。

裕福な両親の一人っ子として育ったルーシーはあらゆる恩恵を受け、甘やかされて育ったと言ってよかった。[159] 自分の欲しいものは何でも手に入れることができた。しかし、この溺愛は、彼女を怠惰に陥らせることはなく、むしろ自らの野心を追求する自信を植えつけた。

彼女の父、フランシスス・パトリック・オライリーは一八四〇年代の大飢饉から逃れてきたアイルランド系移民の息子として、ペンシルベニア州レディングで育った。[160] 彼は、初めは建設業で、さらにその利益を故郷の不動産や工場に投資して財を成した。裕福になった彼は、四六歳になると人生の次のステップへと踏みだし、世界中を旅することにした。一八九六年一月、彼はアンリエット・セレスティン・ルーと彼女の故郷であるパリの南の街ブリュノワで結婚した。それからわずか九カ月後、パリの病院でルーシー・マリー・ジャンヌ・オライリーがこの世に生を受けた。

ルーシーは青春時代をアメリカとフランスの間を行き来して過ごした。彼女は明らかに成金《ヌーボー・リッシュ》であり、それを公言してはばかることはなかった。ある伝記作家は、彼女の魅力的な性格について、「アメリカで育ち、独立心を培ったが、その容姿も気質もまぎれもなくアイルランド人のままで、その天性の魅力と快活さは、強靭な勇気と頑固な決意、そして無頓着なほどの率直さと結びついている」と記している。[161] どの国に対し最も忠誠心を感じるかと質問されると、彼女は「自分はアメリカ人です」と答えた。[162] しかし、その率直な答えとは裏腹に、彼女はどこにいても自分の家にいるような気がしないという感覚を抱いていた。少なくともパリでは、「フランス人でなければ、外国人である」というような、人々の態度にとげとげしさを感じていた。[163]

彼女のグランド・ツアー――裕福な階級の人々がヨーロッパじゅうの芸術、文化、そして上流社会を経験する儀式――は、一九一四年の第一次世界大戦勃発により早々に中止となってしまったが、決して結果が伴わなかったわけではなかった。旅行中、彼女はセリム・ローレンス・〝ローリー〟・シェルと出会った。

両親がアメリカ人だったにもかかわらず、ローリーはフランス人の精神を持っていた。外交官の息子である彼は、スイスのジュネーブで生まれた。その後、家族はブリュノワの近くに住んでいた。ローリーには、わずかな遺産しかなく、エンジニアとしての訓練を受けたものの、仕事にあまり興味を持てなかった。ルーシーの父は「彼の人生は快楽の追求だけで成り立っているように見える」と言って、二人の交際に反対した。[164] しかし、彼女は人のアドバイスに耳を貸すような人間ではなかった。

戦争の初期、彼女はしっかりと仕事に就いていた。パリの陸軍病院で看護師として働き、あらゆる種類の恐怖、特に砲弾による負傷――手足の切断ややけど、顔面に受けた傷、榴散弾を浴びた死体など――に苦しむ兵士の治療を手伝った。彼らの傷と苦しむ姿は、彼女の心に強く焼きついた。[165]

一九一五年四月、ツェッペリン型飛行船がパリ爆撃を始めてから一カ月後、ルーシーと彼女の母親は、ローリーと彼の兄弟と共にアメリカへと旅立った。ペンシルベニア州レディングの新聞の取材に応えて、ルーシーはドイツの侵攻がもたらした災厄に怒りを露わにし、米国の支援に感謝した。またフランスはまだ負けていないと断言し、「非常に深刻な傷を負った兵士でさえ、ベッドの中で痛みに苦しみ、錯乱してうめき声を上げながらも、前線に戻って愛する国のために戦わせてほしいと懇願した」と語った。

二年後、ルーシーとローリーはフランスに戻り結婚した。[166] 休戦協定の後、二人はパリ――アーネスト・ヘミングウェイは、この時代のパリを〝移動祝祭日〟と言い表した――で暮らした。当時、パリに殺到したアメリカ人居住者の一人は「毎日がキラキラと輝く休日のようだった」と語っている。[167] モンパルナスでの自由奔放なパーティー。酒と芸術、文学とセックス、カフェとキャバレー。当時のパリでは、F・スコット・フィッツジェラルド、コール・ポーター、エズラ・パウンド、ココ・シャネル、マン・レイ、パブロ・ピカソらの才能が花開いていた。その興奮に対抗できるのはベルリンだけだった。それは素晴らしい瞬間であり、ルーシーはパーティーを盛り上げた裕福なアメリカ人の中心にいる一人だった。二人の子ども――一九二一年にハリー、その五年後にフィリップ――が生まれても、彼女がおとなしくなることはなかった。[168] それどころか、彼女はますます活動的になっていった。

狂騒の二〇年代《ローリング・トゥエンティーズ》の特徴を定義するならば、スピードに対する愛と言うことができるだろう。[169] ヨーロッパとアメリカでは、フライング・キロメーター・トライアル、ヒルクライム、サーキット・

レース、都市間ラリーなどあらゆる種類のカーレースの開催が急速に増加していた。ローリーとルーシーは、最初は観客として、やがてドライバーとしてこれらのシーンに魅了されていった。ルーシーの家族の資金のおかげで、彼女は最新かつ最高の車を買うことができた。そして時間が許すかぎり、それらの車でレースに参加することができた。

ルーシーは〝鉛の靴〟、ヴィオレット・モリスや〝ブガッティ・クイーン〟ことエレ・ニースのような他の革新的なスピードクイーンの足跡をたどった。[170] 彼女たちは、男性を相手にするものであれ、女性だけのレースであれ、耐久レースや長距離のスピード記録などにおいて、ことのほか優れていることを証明していた。

一九二七年、ルーシーは、初めてのレースとしてパリ郊外のモンレリ・オートドロームで開催された第一回ジュルネ・フェミニン・ド・ロトモビルに出場した。[171] この〝自動車レディスデイ〟は大人気を博し、ルーシーもレースに夢中になった。一九三〇年代の初めには、ブガッティT35、タルボM67、アルファロメオ6Cなどで多くの優勝を飾り、ヨーロッパの女性トップドライバーの一人になっていた。[172] レース用のオーバーオールを着た彼女の写真が撮られることはほとんどなく、新聞や雑誌にはハイヒールを履き、ミンクのショール、真珠を身につけ、完璧にドレスアップした姿が紹介された。彼女は、速く走ることと、その一時間後にはファッションショーのランウェイを歩くことを求められた。ショーのためのお飾りだった。上流階級特有の雰囲気や女性であるがゆえにタフネスに欠ける点については、彼女はどちらも苦労することはなかった。あるときは、レースの前に腕を数カ所骨折してしまい、医師からは棄権を勧められたものの、腕に分厚いギプスをつけてレースに出場し、もう少しで勝利するところだった。[173]

彼女のお気に入りは、モンテカルロ・ラリーだった。ある記者は、このラリーへの挑戦を評して、〝トラブルを求める〟人々には魅力的なレースだと語った。[174] 一九二九年、彼女は一人でモンテカルロ・ラリーに出場し、総合八位、女性では一位となり、クープ・デ・ダム（レディース・カップ）を獲得した。次の二年間はローリーと組んでラリーに出場した。一九三一年にはスタバンゲルから出発して、三位に入賞した。二人はいつも星条旗を掲げて走り、毎年、アメリカ人として最高位を獲得していた。

一九三二年一月一六日土曜日、午前三時三四分、ウメオからブガッティで走りだす前のルイ・シロンの笑顔をポン、ポンと音を立てるカメラマンのフラッシュの光が捉えた。[175] 間隔を置いて、ライレー、サンビーム、ラゴンダ、トライアンフ、フォード、スチュードベーカー、クライスラーといったさまざまなメーカーの車がスタートラインに並んでいた。数百名のスウェーデン人が彼らに声援を送り、そのほとんどはスキーやスケートで駆けつけていた。レースオフィシャルがナンバー57のシェル夫妻のブガッティに「紳士諸君、二分後に出発です」と告げた。

ルーシーは、〝紳士諸君〟ということばは無視した。ハンドルを握ってスタートの合図を待った。スタートすると、着実に、そしてゆっくりと運転した。フルスロットルで飛び出していく他の参加者とは明らかに違っていた。路面は三〇センチ近い氷に覆われており、表面はキラキラと輝いていた。スパイクや軍用タイヤがなければ、運転することはもちろん、立っているのもやっとだった。不用意にハンドルを切れば、スピンして溝に突っ込むことは確実だった。実際、マルシラックは、クラッシュすることは「ベルモットや紅茶を飲むのと同じくらい簡単だった」と記している。

タルボが彼らを追い越していった。曲がり角で姿を消す前に、タルボのヘッドライトが左に、そして右にふらついた。船が波のうねりに突っ込むような鋭い音がしてライトが消えた。しばらくすると、ルーシーは道路脇のくぼみに奥深く突っ込んで立ち往生している車の横に止まっていた。タルボのチームは大丈夫だと手を振り、ルーシーは運転を続けた。負傷している場合を除いて、ドライバーが他の競技者を助けることはルールによって禁じられていた。

何度か道路脇の溝に突っ込んだにもかかわらず、シェル夫妻の車はカットオフタイムの一五分前にスンツバルに到着した。この街で最もしゃれたホテルの中にあるコントロールルームで大急ぎでサインをして、ハムサンドイッチにかぶりつくと、二三〇マイル（約三七〇キロメートル）先のストックホルムに向けて出発した。雨と雪、みぞれ、そして霧が待っていた。その中を渓谷に覆われた田舎道を進んだ。後部座席のマルシラックは、車が前後左右に激しく揺れるさまを、カクテルシェーカーの中に閉じ込められているような感覚に例えた。脳までも砕けそうだった。

彼らは地元の交通機関――バスやそり、ときにはスケートで移動する家族連れなど――と同じ道を走っており、そのことがこの旅をより苛立たしいものにしていた。ブレーキを使うと、確実に制御不能の横滑りが待っていたが、シェル夫妻はブガッティを完璧な技術で操っていた。ほとんどスピードを落とすことなく、氷の上をタイヤを滑らせるようにして次々とターンをこなしていった。マルシラックにとって、より厳しいコンディションになればなるほど、ルーシーの笑みが広がっていくのが印象的だった。

日曜日の午前一時五〇分、ストックホルムに到着した彼女らは、足を伸ばして短い休憩を取り、燃料を補給した。一〇以上のチームがすでに脱落していた。その後、再び出発し、デンマーク行きのフェリーに乗るためにスウェーデンの松林を南西に進んだ。全員が疲れ果てていたが、先が見えないほどの吹雪の中をひたすら前進した。時折、溝にはまって立ち往生し、何とか脱出しようとしている車を追い越した。

数メートル先しか見えない、曲がりくねった道を何時間も運転することはドライバーを疲弊させた。次第に感覚がなくなり、集中力も衰え、ミスも増えていった。道路脇での事故がその証拠だった。シェル夫妻のブガッティは数時間の間に三回もスピンして制御不能に陥った。幸いなことに、それでも車体がへこんだり、タイヤチェーンがはずれてしまったりという結果ですんだ。

午前六時、北欧の日の出の数時間前、彼女らは少し休むことにした。納屋の近くに車を止め、二人はフロントシートで体を寄せ合い、すぐにまどろみ始めた。マルシラックは後部座席で居心地のよい位置を求めて身をよじらせていた。そして――

「七時！　すぐにレースに戻るわよ」
その直後に、ヘッドライトの取り付け部分がはずれてしまった。暗闇の中ではレースを続けることはできず、助けを探すのも簡単ではなかった。暗闇の中で最寄りの街を見つけることができたとしても、その日は日曜日で、週末はどの店も閉まっており、おまけに誰もスウェーデン語を話すことができなかった。いくつか口汚いことばを吐いた後、二人は、ワイヤーを使って、即席でヘッドライトの取り付け部分を直し、これに希望を託すことにした。修理にはかなりの時間がかかった。地図によると、ヘルシングボリのフェリーポートまでは一五〇マイル（約二四〇キロメートル）以上あった。最終のフェリーが出発する午後一時四五分までにそこに到着しなければならなかった。
「もう二度と止まらないわよ」とルーシーが宣言した。すでに午前九時を過ぎていた。彼女は車輪の深いわだちのある道を時速四〇マイル（約六四キロメートル）で疾走した。幸いなことに、今は太陽の光が行先を照らしていた。大きな森の横を通り過ぎていく間、何マイルもの道のりを、周りがぼやけて見えるほどのスピードで進んだ。海岸に近づくと、ルーシーは何度も時計をチェックした。フェリーが出発するまであと一時間だった。
四五分
三〇分
一五

一〇

エーレスンド海峡が見えた。そしてフェリーも。

ローリーがスパートをした。生き残ったライバルたちはすでにフェリーに乗っていた。煙突からは黒い煙が噴き出している。マルシラックは自分の時計を確認した。まるで『八十日間世界一周』の主人公、フィリアス・フォッグが、たかがフェリーのスケジュールのためにすべてを台無しにしそうになっているような気がした。

ブガッティが渡り板の近くで急停止すると、ルーシーが飛び出して叫んだ。「待って、船長！止まって！」

何とか間に合った。

船首が灰色の流氷を突き破って進む際に激しい音がしていたが、三〇分の航海の間、彼女たちは丸まって船内で眠った。

デンマークのオーデンセでは、スタバンゲルからスタートしたドライバーから情報を収集した。彼らも悪路を走りその結果、ノルウェーからは二チームだけがたどり着いていた。あるドライバーの車は紐と銅線で蝶ネクタイのように精巧に固定されていた。やせ細り、くぼんだ目をしたドライバーたちはまるで死の手に触れられたかのようだった。

デンマークに入ると道路の状態はかなりよくなり、シェル夫妻とマルシラックは問題なくドイツに到着した。国境で、彼女たちはブラックコーヒーをがぶ飲みしてハンブルグに向かって急いだ。そしてそこからさらに三七五マイル（約六〇〇キロメートル）先のブリュッセルに向かった。彼女たちは疲れ果てていたため、いつもどの国を走っているのかを思い出すのに苦労するほどだった。ちゃんとしたベッドで寝て、入浴したのは――あるいはブーツを脱いだのさえ――一週間も前のことだった。みんな不潔で、服は悪臭を放っていた。マルシラックがル・ジャーナルに電話をするためにホテルに入ったとき、ホテルのスタッフは彼をまるで物乞いであるかのような目で見た。彼はすぐに車に戻った。

昼も夜も、何時間も何時間も、ルーシーとローリーは運転した。後部座席でうたた寝をしても疲れはほとんど取れなかった。ラリーもこの段階になると、〝耐久レース〟ということばが新たな意味を持ってくる。ルーシーは運転していないときでも、運転中の夫が寝てしまわないように注意を払わなければならなかった。彼女はローリーが意識を失ってしまうことを心配して、しつこく質問を浴びせかけた。

「ローリー、ちょっと凍ってると思わない？」彼女はベルギーに向かう途中で尋ねた。

「いいや、これは融雪だよ。滑りはしない」彼女はローリーを見た。「本当だよ」彼は優しく言った。「でも、君がそうしてほしいなら、スピードを緩めよう」

一行は、ブリュッセルからパリのチェックポイントを目指し、二〇〇マイルを走り、暗い雲が立ち込め、まとわりつくような霧雨が降る午後、ようやくパリに到着した。翌日の午前一〇時から午後四時までの間にモンテカルロに到着しなければならなかった。まだ六〇〇マイル（約九六〇キロメートル）以上残っていた。

フランスの首都から南に向かう高速道路は滑りやすかった。ルーシーとローリーは運転のシフトを一時間ごとに交代するように短縮していたが、それでもハンドルを握っているときの反応は鈍くなっていた。会話も不明瞭で、目は数十分の一秒だけ眠りについては目を覚ましていた。窓を開けて新鮮な空気を入れても、頭を振っても、拳を握りしめても疲れを和らげることはできなかった。

土砂降りの雨が降る中、ポプラ並木を走り抜けた。ローリーがルーシーに休んでくれと頼むといつも、彼女は大丈夫だと不平を言うものの、最後にはハンドルを渡すのだった。カーブを大きく膨らんでしまったり、左に横滑りしたり、道を間違えたりといった小さなミスもあった。それらが積み重なっていったが、事故につながることはなかった。

他のドライバーはそれほど幸運ではなかった。デンマークのあるチームのドライバーは、道路脇でヘッドライトを修理しているところを、雨とフロントガラスが曇っていたために前が見えなくなっていた別の車に衝突され、死亡した。

水曜日の朝、山地を越えてモナコへ向かった。雨が舗装道路に降り注ぎ、霧がモンテカルロの美しい段丘を覆い隠していた。シェル夫妻のブガッティがゴールラインに予定どおりに現れたとき、彼女たちは征服を果たした英雄のように堂々としていた。スウェーデンからスタートした参加者のうち、ゴールしたのはわずか半分だった。

短い休憩をはさんで、勝者を決める〝柔軟性テスト〟が行われた。エンジンをトップギアにした状態で一〇〇メートルを最も遅い時間で走行し、その後一〇〇メートルを最も速い時間で走行したチームが追加ポイントを獲得するというものだった。何マイルにもわたる激しい戦いの末に勝者を決める方法としては茶番のようなものだったが、それがラリーというものだった。決してフェアではなく、いつも最後まで慌ただしかった。

テスト中は、ローリーがブガッティを運転し、ルーシーは助手席にいた。彼女は緊張のあまり、ストップウォッチを押し忘れるほどだった。ブガッティが一〇〇メートルの直線を四速のまま時速三キロメートルで走る間、彼女はエンストしてしまうと思い、夫にエンジンにガソリンを送るよう促した。しかし、ローリーは何とか無事に、這うようなスピードで進んでみせた。次に彼は半円を描いてターンすると、アクセルを踏み込んで同じ距離を全速力で走り抜けた。同じくウメオからスタートしたモーリス・ヴァッセルがオチキスＡＭ２でベストタイムを出して優勝した。シェル夫妻は七位でフィニッシュした。

ラリーの精神に夢中になり、ルーシー・シェルに畏敬の念を抱いたマルシラックは、パリのすべての人々に読んでもらうために、この冒険を記事にした。彼は五回にわたるシリーズを次のことばで締めくくった。「夢は終わった。また人生を始めなければならない」記事は、パリの列車脱線事故や、内閣の再改造、そして〝自身の力のみ〟でドイツを再興させると約束した〝民族主義者のリーダー〟であるヒトラーの記事とともに一面を飾った。[176]

ADATTO ARCHIVES

1936年モンテカルロ・ラリーのゴール、モナコに到着したルーシー・シェルと彼女の夫

幸運にもそれらのトラブルとは——今のところは——無縁だったルーシーは、モンテカルロ・ラリーで女性初の優勝者になるという野望をかなえるための車を見つけることだけを考えていた。

機は熟していた。

古風なグレーのスーツに丸いフェルト帽をかぶった長身の中年男性が、セーヌ川左岸を歩いていた。[177] 一九三二年の春、パリの庭園には桜の木やチューリップの花壇に花が咲き誇っていた。しかし、シャルル・ワイフェンバックは花のにおいをかいではいなかった。鉄の棒のようにまっすぐに背筋を伸ばして歩く、ほほがこけて突き出た顎をした六一歳のこの男は、制服を着忘れた将軍のような雰囲気をまとっていた。

アンヴァリッド大通り五九番地で、ドライエ自動車の製造責任者を長年務める〝ムッシュ・シャルル〟ことワイフェンバックは、正面玄関からアパルトマンのビルに入った。[178] 彼は会社の取締役会に向けてさまざまなことを考えていた。会社の将来について大きな決断をしなければならなかった。もし将来があるとして。

「三〇年代は、差し迫る破滅を暗示する時代だった」とある歴史家は記している。[179]「第一次世界大戦とその後遺症の中、国を率いるために多くのことをした偉大な老弁護士ポアンカレの姿ほど、この当時のフランスを言い表しているものはない。疲れ果て、病に倒れた彼は、ロレーヌの田舎の家に引きこもり、震える手で窓を開き、東の地平線を眺め、〝彼らがまた来る〟と感じていた」

その朝、ワイフェンバックはドイツ軍を恐れていなかったかもしれない。[180] しかし〝空洞の時代〟として知られるその後の一〇年には多くの苦難が待っていた。失政続きの政治家は、税金の高騰、国家予算の不均衡、失業率の上昇、外国人に対する嫌悪、有害な社会問題など、次々と押し寄せる問題を抑えるのに苦労していた。[181]

わずか数年前まで、フランスの自動車産業は三五〇ものメーカーを擁していたが、今はわずか数十社にまで減少していた。世界大恐慌とそれに続く輸出市場の崩壊によりその地位は低下し、ビッグスリー――プジョー、ルノー、シトロエン――でさえも、苦境に陥っていた。[182] 安定した品質の車を製造していることで知られた、堅実で保守的な社風のドライエも自動車やトラックの生産台数が以前の数分の一にまで減少して窮地に立たされていた。何とかしなければならない。さもなければ、大幅な人員削減を実施しなければならないだろう。

マルグリット・デマレ夫人は、ワイフェンバックを優美なアパルトマンに迎え入れた[183]。今は亡き彼女の夫レオンと共に、創業者の名を冠したこの会社を一八九七年に買収した、彼女の弟のジョルジュ・モランもその場にいた。ジョルジュとマルグリットは、今は筆頭株主となっていたが、ずっと以前から、この会社の日々の経営を、この会議に出席している取締役である甥たちに委ねていた。

アパルトマンのダイニングルームのテーブルに集まった取締役らは、二つの選択肢を採択にかけようとしていた。一つは、ドライエが乗用車の生産をやめ、トラックやバス、消防車といった実用車の生産に集中するという案だった。もう一つは、大量生産によるコスト削減によって明るい時代を迎えることを期待して、積極的な拡大政策を追求するという案だった。会議の前にワイフェンバックと取締役らは両方の案を詳細に調査していた。そして大きな資本を必要とするものの、拡大を追求することこそが、精力的な製造責任者の性《さが》であった。

熟慮の末、マルグリット・デマレ夫人が意見を述べた。「中型のツーリングカーの大量生産には大きな投資が必要だというのですね。ジョルジュも私もその規模の投資をすることはできません。ですが、この会社を失いたくはありません。そこが問題です[184]」実用車の生産だけでは、会社を減亡から救い出すことはできなかった。

彼女は自らひらめいた第三の選択肢を提案した。「大量生産ができないのなら、少ないながらも高品質の車を作ればいいわ。レースに勝ってブランドの知名度を上げ、より豪華で高価な車を売る。それが今日の決定事項よ」

進軍命令を受けたワイフェンバックは、バンキエ通り一〇番地の工場に戻った。ドライエはレースに復帰することになった。レースこそは創業者のエミール・ドライエが一八九六年パリ－マルセイユ往復レースに参加し、その名を知らしめた場所だった。そのときドライエはまだ創業二年目だった。当時のフランスのメーカーはプジョーのようにダイムラーのエンジンを使用していたが、ドライエは自社製のエンジンを一から作り、特許を取得したタイプ1モデルを初の一〇〇パーセントフランス製の自動車としてパリで発表した。[185] 後部に横置きされた二気筒のエンジンは六馬力だった。[186] この車には、電気点火（当時はプラチナチューブをブンゼンバーナーで加熱する方式が一般的だった）、自動キャブレター、エンジンを冷却するためのラジエーターが初めて採用された。発表当時、その設計は称賛を集めたものの、売り上げにはほとんどつながらなかった。[187]

当時五三歳で、かつてはトゥールでレンガの製造機械を作る仕事をしていたドライエは、タイプ1をレースで披露する必要があると考えた。さらに自社から参加する二台のうちの一台を自ら運転するつもりだった。彼は弱気とは無縁の男だった。

一八九六年のこのレースは、九月二四日にヴェルサイユをスタートし、一〇日間で一〇六二マイル（約一七〇九キロメートル）を走破した[188]。初日、三二台の参加者が舗装道路を走り、ときには当時にしては身の毛のよだつような時速二〇マイル（約三二キロメートル）のスピードで疾走した。翌日は雷雨と強風が吹き荒れ、コース上には木々が倒れていた。ボレの三輪自動車がそれに衝突した。さらに別の木がエミール・ドライエの車の行く手を塞いだ。彼は地元の農家からのこぎりを借りて、その木を三つに切り、真ん中の部分を取り除いた。

この遅れによって、彼は一六位まで後退したが、パイロットの草分け的存在であるエルネスト・アルシュデックが運転するもう一台のドライエが六位をキープしていた。雨は降り続いた。日を追うごとに脱落する車が増えていき、ある車はブンゼンバーナーが炎を維持することができなくなり、また別の車は衝突により、変わった例としては、怒った雄牛に正面から突進されることによってリタイアしていった。

完走したのは半数以下だった。平均速度は時速一四マイル（約二二キロメートル）、アルシュデックは七位でゴールし、エミール・ドライエは一〇位となった。しかし、何よりも自分の車の耐久性を証明できたことが重要だった。そして車を求める顧客が殺到した。

翌年の後半には、生産の拡大が望まれたが、ドライエはそれを達成するための健康を損ねてしまった[189]。彼は会社をパリの二人の実業家――ジョルジュ・モランとレオン・デマレ――に売却した。モラン家はパリのゴブラン地区――皮なめし工場や染色工場などの工場が多くあった地域――でろうそくの製造会社を経営していた。新たなオーナーは自動車工場をトゥールからバンキエ通りに移した。
エミール・ドライエは引退する前に、二八歳のシャルル・ワイフェンバックを製造責任者として採用し、この会社の将来にさらにもう一つの大きな足跡を残した。ワイフェンバックは、不足していた経験を勤勉さと、優秀な人材を雇ってやる気にさせる能力で補った。彼の指揮の下で会社は発展した。[190]
一九〇二年、ドライエはレースから撤退した。レースに費用をかける必要はもうなかった。彼らが製造した新型乗用車はそれ自体の魅力で好調な売れ行きを上げていた。他の大部分の自動車メーカーに先んじていくつかの型破りな特徴——シャフト駆動トランスミッション、オーバーヘッドカムシャフト、V6（二つの三気筒列をバンク角三〇度で配置）を採用したエンジン——を搭載していたが、ドライエは主にその堅牢性で知られる、きわめて保守的な車を製造していた。〝ドライエのように頑丈な〟ということばこそが、この会社のセールスポイントだった。[191]
ワイフェンバックは自らの本能に従って国内および海外の市場を開拓し、さらにトラックやタクシー、郵便ヴァン、農機具、ボートも製造した。[192]
一九一三年までに、同社は年間一五〇〇台を製造するようになって、フランスの自動車メーカーの上位一〇社に入るまでになり、オーナーらにもかなりの利益をもたらした。〝ムッシュ・シャルル〟がこの成功を支えたことは間違いなかった。彼はハンマーのように不愛想で、現実的なリーダーだった。[193]ワイフェンバックは工場近くにオフィスを構えたが、デスクにいることはほとんどなかった。常にスタッフの先頭に立って、文字どおり、速足で工場内を歩きまわった。従業員に残業を頼むときは、自らも遅くまで残った。従業員は家族のようなものだった。彼は材料や精密な工具、製造方法に最高の品質を求めた。非効率性を根絶し、あらゆる機会にスケールメリットを採用した。彼ほど〝タフだがフェア〟というモットーを体現した経営者はいなかった。

一九二〇年代に入り、安価な大量生産の車が一般的になっても、ドライエは、多くの人々が寛大にも〝地味な優雅さ〟と呼んだ高価なモデルを引き続き製造した。しかし、実際には、彼らはそのラジエーターキャップ――ヘルメットをかぶったガリア人戦士――に象徴されるように過去に囚われていた。ドライエの車は、耐久性と安全性に優れていたが、それらはもはや目を見張るものではなかった。

イギリスの自動車史家シリル・ポストゥムスは、「このどこにでもある製品は、サイドウィンドウとリアウィンドウ、リアトランクは閉所恐怖症になるほど小さく、メッキの施されたキャップもないむき出しのナット、荷馬車なみのスプリング、ライスプディングのようなどろっとしたパフォーマンス、重いハンドルを備えた、地味で背が高いセダン」と語った[194]。フランスの自動車史家フランソワ・ジョリーは、ドライエの想像上の顧客を、〝派手さのかけらもない四角い箱の中に厳粛に座っていることに居心地のよさを感じる〟中産階級の、〝黒のスーツに白のつけ襟、黒のネクタイ、ソフト帽姿の田舎の公証人〟だと表現した[195]。当時、ジョリーは、ドライエが〝葬送の行列で運転するのに最適な車〟を作ったと結論づけた。つまり、この会社は世界的な不況に拍車をかけられるように、人々から忘れ去られようとしていたのだ。

〝おばあちゃんのカフェオレにベンゼドリン錠をこっそり入れたことで、感動的な変身を遂げた〟と、マスコミは皮肉に満ちたコメントを報じたにもかかわらず、一九三二年初め、マルグリッド・デマレは船を正しい方向に進めるための確固たる計画を打ち出した。[196] 彼女の戦略は、同じ頃にエットーレ・ブガッティがドライエの製造責任者に示唆したものと呼応していた。「シャルル、長年にわたって君は素晴らしい車を作ってきたが、それは顧客にアピールするものではなく、スピードも出ない。君がそれらの車を消防車のように重く作ったからだ。もし君の車がもっと軽くて速ければ、再び成功するだろう」ブガッティはそう言うとともに、ワイフェンバックに再びレースに参戦するようアドバイスした。[197]

ドライエがレースに出なくなってからは言うまでもなく、設計面で大きな成功を収めてからも長い年月が経っていた。ワイフェンバックがそのようなリスクを冒すとは誰も考えておらず、ある評論家が言ったように〝三〇年間の冬眠から目覚めて〟経営の再建に成功すると信じている者もほとんどいなかった。[198] しかし、ワイフェンバックは会社を救うためなら、喜んで賭けに出るつもりだった。

パリ郊外の有名なサーキット、モンレリに太陽が明るく照りつける中、型もモデルも表示していない、奇妙な見た目の車がトラックから出てきた。[199] シャーシは長く、コンクリートの上にそびえるように立っていた。薄いボディは、前が平たい楕円形で、後ろはカブトムシのお尻のように伸びていた。真ん中に不格好に突き出ているハンドルを握っているのは、元テストパイロットで、レースカー・ドライバーとしてもそこそこの成功を収めているアルベール・ペローだった。ぎりぎりまでエンジンの調整を監督していたのは、こざっぱりとしたスーツに身を包み、ふさふさとした口ひげを生やした同年代の男で、その視線はいつも遠くを見つめているようだった。彼の名前はジャン・フランソワといった。

　会社の方向転換を決定した取締役会の直後、ワイフェンバックは、新時代の速く俊敏な車へと会社を導く役割をフランソワに託した。そうはいっても、彼は必要な資金を自由に使うことを認められたわけではなく、問題を研究するための無制限の時間を与えられたわけでもなかった。例によって、ワイフェンバックは実用的で経済的な解決策を迅速に生み出すことをフランソワに期待した。一九三三年初めのこの日、モンレリに登場した奇妙な自動車は、彼の努力の最初の成果だった。[200]

　ボンネットの下には、ドライエが一九二八年に三トントラックのために初めて製造したタイプ１０３エンジン——ドライエの工場にはまだ製造設備が残っていた——の改良版である三・二リッター直列六気筒エンジンが搭載されていた。

　タフでパワーがあり、フルスロットルで長時間走行することができるトラックエンジンは、ほとんどの乗用車のエンジンが対応できないことをやってのけた。

モンレリの試作車に搭載された〝トラックの息子〟であるエンジンは、独立したフロントサスペンションを備えた軽量のシャーシと組み合わせてあった。[201] これは車輪が互いに独立して動くことを可能にしたドライエ初の車であったが、ドライエでの採用は遅れていた。このサスペンションの目的は、路面の状況にかかわらず、間断なくやってくる、車の走行を妨げる不必要な動きから、ホイール、タイヤ、ブレーキなど走行部品の挙動を落ち着かせ、よりスムーズに運転できるようにすることだった。当時、このようなサスペンションは流行りとは言えなかったが、フランソワは以前の雇用主の下でこのサスペンションの設計をしていた。

黒い布製のヘルメットに白のドライビングスーツを着たペローは、コンクリートのトラックに飛び出していった。[202] 車はすぐに時速七〇マイル（約一一二キロメートル）――まだ当時のドライエのスピードの範囲内だった――を超えた。さらにスピードメーターの針はさらに高くなり、ペローはおよそ時速一〇〇マイル（約一六〇キロメートル）を維持して走った。その後三時間、彼はこの平均速度を維持し、モンレリのバンクのあるサーキットを五〇〇キロメートル走り抜いた。

他のメーカーは同じような距離をもっと速い車で走らせていたが、ドライエにとって、この成果は、魔法を使ってカメをウサギに変身させたようなものだった。サーキットを訪れていた人々は、不格好な見た目の車の性能に驚き、「あれはいったい何なんだ？」と同行していたメカニックに尋ねていた。[203]

「えーと、ムッシュ……あれは私共の新しいドライエです。いずれパリのサロンに出品されるでしょう」

シャンゼリゼ大通りの脇に建つグラン・パレで行われた一九三三年のパリモーターショー、すなわちサロン・ド・ロトモビルで、ドライエは大成功を収めた。[204] ワイフェンバックは新しいデザインの方向性を示す二つのバージョンの車を発表した。[205] いずれも〝スーパー・ラグジュアリー〟と称し、滑らかなボディと三角形のフロントグリルは、フランスの有名な板金職人の手によるものだった。多くの自動車メーカーと同様、ドライエもボディ以外をすべて自社で製造しており、顧客は自分の選んだ車体製造業者に特注のボディを注文することができた。

最初のバージョンであるタイプ１３４は、二・一リッター四気筒エンジンと独立したフロントサスペンションを搭載し、ホイールベースが一一二インチ（約二・八四メートル）と短めのシャーシに搭載されていた。[206] もう一つのよりパワフルなタイプ１３８は、モンレリでテストされた試作品と同じ仕様で、直列六気筒三・二リッターエンジンを搭載し、１３４と同じサスペンションで、ホイールベースが一フィート（約三〇センチメートル）長くなっていた。フランスのモータースポーツ専門誌は、この二つのデザインを絶賛した。

サロンの期間中、ペローはこの日のためにパリから駆けつけた記者や観客の前で、モンレリでの五〇〇キロメートルの走行を再現してみせた。

買い手が現れるのにそう時間はかからなかった。ルーシー・シェルはドライエのプレゼンテーションに魅了された人々の筆頭だった。彼女は早速バンキエ通りの工場を訪れた。

ワイフェンバックがオフィスで書類に目を通していると、秘書が覗き込んで来客を告げた。アポイントはなかったが、どうしても彼に会いたいと言っていた。

「名前は?」とワイフェンバックは訊いた。[207]

「ルーシーとローリーのシェル夫妻です」と秘書は答えた。

ワイフェンバックが招き入れる前に、ルーシー・シェルが夫を従えてオフィスに入ってきた。ワイフェンバックはこの夫婦のことはうわさに聞いていた。ルーシーはパリのレースシーンでは有名な存在だった。

「私たちのことは聞いたことがあると思います。私はルーシー・オライリー・シェル、こちらが夫のローリーです」彼女は答えを待つことなく続けた。「ドライエの新しいスーパー・ラグジュアリーの外観が気に入ったので、次のシーズンのラリーで使いたい。タイプ１３８は大きすぎるから１３４を」

彼女の横ではローリーが従順そうにほほ笑んでいた。彼はルーシーの会話の進め方に慣れていた。彼女は続けた。今のところは１３４で十分だが、ドライエがスポーツカーやラリーカーとしての可能性を高めるためには、１３８の直列六気筒エンジンをより小型で軽量の１３４のシャーシに搭載すべきだと考えていると説明した。

「お尋ねしてもいいかしら?」と彼女は言った。「そのことはまったく検討していないのですか?」

「おっしゃるとおりです」ワイフェンバックはすでに交渉に入っていることを察知してそう言った。「残念ですが、それは不可能です。うちのエンジニアは忙しくてそのような特別のプロジェクトを引き受けることができません。いずれにしてもあなたはタルボを運転するんだと思ってました」

「タルボとの契約は終了しました、ムッシュ・ワイフェンバック」と彼女は答えた。一つのメーカーに長くとどまるつもりはなかったのだ。「そのことはみんな知っています。だからここに来たんです」

ワイフェンバックは一瞬躊躇した。特にオフィスにまで入ってきた彼女の強烈な個性に圧倒されていた。ローリーはまだ一言も発していなかった。「できることはタイプ134スーパー・ラグジュアリーのラリーカーをご用意することです」とワイフェンバックは言った。「少し高価になるかもしれませんが」

「必要ならいくらでも払います」とルーシーは言った。取引が成立し、二人は握手を交わした。

ワイフェンバックは明らかにしなかったが、ジャン・フランソワはすでにルーシーが提案したように138の三・二リッターエンジンを134のシャーシに搭載することを検討していた[208]。なぜなら、ドライエ自身が翌シーズンのスポーツカーレースに参戦することになっていたからだった。

大きな野望が渦巻いていた。

第2部

第4章 クラッシュ

一九三二年八月一四日に開催されたコマンジュグランプリでルネ・ドレフュスは今季初優勝を目指していた[209]。一五周目、残り一周を迎えて、ブガッティT51は二位を走るジャン＝ピエール・ウィミーユに四〇秒の差をつけていた。すると突然の雨が降りだした。頭上を覆う雲から、西のピレネー山脈を見渡す丘の中腹のグランドスタンドの観客に雨が降り注ぎ、路上を濡らした。土砂降りの雨は、降りだしたときと同じようにあっという間にやんでしまった。

数マイル離れたガロンヌ川沿いの道を飛ばしていたルネは、土砂降りになっていることすら知らなかった。数分後、彼はグランドスタンド脇の上り坂、右カーブ前の長いストレートを走っていた。時速一〇〇マイル（約一六〇キロメートル）で滑りやすいカーブに入ったとき、ブガッティが横に滑るのを感じた。観客が息を呑んだ。彼はハンドルを切って、ギアをシフトし、コントロー

© THE BUGATTI TRUST

1932年コマンジュグランプリでブガッティをクラッシュさせるドレフュス

ルを取り戻そうとした。一〇〇〇分の一秒、路面のグリップを取り戻したと思ったとき、左後輪が段差にぶつかった。タイヤがわずかに跳ね上がっただけで、航空物理学がその効果を発揮した。

ブガッティはフロントエンドを上に向けて急上昇し、きりもみ状態で宙を舞った。コックピットから放り出されたルネは舗装道路の上を、まるで水面を切って跳ぶ石のように跳ねて横切った。車はコース脇のアカシアの木に衝突し、記者席の前でよろめくように停止した。

呆然とし、混乱したルネは立ち上がろうとした。コースオフィシャルが彼のもとに駆け寄ると、彼は倒れた。顔面は血まみれだった。

救急車がルネを地元の病院に運んだ。意識がもうろうとする中、医師がオーバーオールを切り裂いて脱がし、診察した。いくつかのひどい裂傷と脳震とうを起こしていたものの、命に別状はなかった。彼が目を開けるとウィミーユが病室に入ってきた。ルネは「勝ったのか?」とつぶやくように言い、再び気を失った。[210]

目が覚めたとき、ライバルはまだ病室にいた。隣のベッドで頭を包帯で覆っていた。二四歳の彼も同じポイントで事故を起こしていたのだ。彼もルネもフレディ・チェンダーがシャンパンのボトルを持って病室に入ってくるまで誰が優勝したのか知らなかった。チェンダーはルネとウィミーユに三分遅れて三位を走っていたが、それでも優勝したのだった。

「ありがとう」とチェンダーは言った。[211]「一杯やろうじゃないか」

その後一週間、ルネは病院で過ごした。あの恐ろしい事故を何度も思い出していた。

モータースポーツは常に死と背中合わせだったが、レースカーが多くのコースで時速一二〇マイル(約一九三キロメートル)以上のスピードで走るようになった現在ほど、このことを実感することはなかった。死という存在は、ルネがかつて言っていたように、〝彼らの周りを漂っていた〟。[212]ドライバーは皆知っていた。ブレーキの故障、コース上の破片、あるいは相手のドライバーの動きのどれが原因であっても、死はいつでも彼らの誰かを連れ去っていくことを。彼らは秒速五五メートルで走行しており、ほんの少しのミスが命取りとなる可能性があった。救急車が〝ボーン・コレクター〟と呼ばれたのにはそういう理由があった。[213]

ドライバーは死を親密なものとさえ考えていた。何度もそれを見てきたし、何度もそれは近づいてきた。[214]コーナーを曲がる速さと、死に至る可能性の高さを天秤にかけて測っていた。[215]

死を恐れていてはパフォーマンスを発揮することはできず、そのため彼らは死を恐怖としてではなく、どこか尊敬すべきものとして見ていた[216]。あるドライバーは死やクラッシュにより障害を負うことに直面してもレースに参加することを、〝自らのありのままの姿を木に彫って見せる〟ようなものだと言った[217]。それでもルネはコマンジュでの事故に動揺していた。これまでのレースでここまで死に近づいたことはなかったのだ。

ルイ・シロンが見舞いに訪れた。賞金を山分けするために、彼はT51をルネに提供していたが、これを修理するか別の車をルネに渡すと約束した。「受け取りに戻ってこい」それが彼のアドバイスだった。

ルネはレースカードライバーとしての人生を愛していた[218]。エンジンをいじることや週末の移動、競争、サーキットのそれぞれのカーブを追い込むたびに、そしてレースを重ねるたびに上達していくことを愛していた。

また名声を楽しんでいた。新聞の見出しを飾ることや、行く先々で注目されることを楽しんでいた。彼は若くして裕福になっていた。特別に注文したスーツや、バーの支払い、友人、そして女性へのプレゼントなど、彼の浪費を抑えることができるのは兄のモーリスだけだった。魅力的な応援団がピットやレース後のホテルに集まってきたが、ルネ自身もそういった華やかな世界が嫌いではなかった。

ドライバーのコミュニティは家族のようなものだった[219]。優秀なドライバーはチーム間を移籍することが多かったし、ルネがアヴスで成し遂げたように、多くの独立系のドライバーがさまざまなメーカーの車を運転して成功を収めていた。彼らはレースの合間に派手なカブリオレを運転して一緒に移動し、同じ豪華なホテルに泊まり、同じ高級レストランやしゃれたバーで食事をしたり酒を飲んだりした。また同じメーカーのシャツを着ることもあった。通常、レースの後は、タキシード着用のパーティーが催され、彼らは、サインを求める人々から逃れて一カ所に固まっていた。冬にはアルプスで一緒にスキーをして次のシーズンを待ちわびた。彼らのガールフレンドや妻たちも多くの場合友人同士だった。

この兄弟のような集団の中には個性的でどんちゃん騒ぎ好きな者が大勢いた。[220] タイのビラ王子は木製のねじ巻き式のおもちゃの車を一揃い持って旅をしており、ドライバーたちはこれを使ってホテルのロビーでよくレースをしたものだった。いつもパイプをくゆらせていたイタリアのカルロ・フェリーチェ・トロッシ伯爵は鳥小屋付きの中世の城を所有していた。またルネの友人であるスタニスラ・ツァイコウスキーは、ペルノーを飲んで酔っ払い、しまいには真夜中にホテルのドアをノックして「警察だ、開けろ！」と騒ぐ始末だった。あるとき、ホテルでのレース後のパーティーで、ルディ・カラツィオラのペットのモリッツ――金色の長い毛をしたダックスフント――がいなくなったときには、狂ったような捜索が行われ、犬がホテルの脇の川に落ちているところを発見すると、ルネと各チームのドライバーたちが川に飛び込んでこの哀れな動物を助けた。

彼らは奇妙な友情を共有していた。[221] ある夜は共に笑って過ごし、翌朝には互いを打ち負かすために全力を尽くす。それが相手をコースからはじき出すことになろうとも。ヌヴォラーリはあるとき事故に巻き込まれ、相手のドライバーが謝ろうとすると、そのドライバーに「お涙ちょうだいはやめよう。モーターゲームは子どもの遊びじゃない。いつかやり返してやる」と言ったという。[222]

ルネは、何よりも運転が好きだった。[223] マシンとのバランスが取れ、世界に他に何も存在せず、すべてがクリアになった状態でハンドルを握っている感覚が好きだった。ニースでブガッティに乗って最初にレースに出場したときにはなかった危険が現実のものとなっていたにもかかわらず、ルネにとってレースに戻ること以外に選択肢はなかった。

退院後、ルネは、このシーズンもブガッティT51でいくつかのレースに出場したが、いずれもリタイアという結果に終わった。それでも、マセラティからの離脱後は独立系のドライバーとしてまずまずの成績を収め、グランプリドライバーの中では五位にランクインした。新型のアルファロメオP3にはかなわなかったものの、レースを重ねるごとに、ルイ・シロンやブガッティのファクトリーチームをたびたび負かすようになっていた。適切なマシンと適切なチームがあれば、ヨーロッパチャンピオンという野望も夢ではなかった。

秋も深まる頃、彼はバルトロメオ・コスタンティーニにランチに招待された。第一次世界大戦のエースパイロットとして活躍した〝メオ〟・コスタンティーニは、戦後はブガッティでレースに参戦し、いくつかの大きなレースで勝利した後、ブガッティのチームマネージャーになった。昼食を食べながら、コスタンティーニはルネにチームに加わるようオファーした。「準備はできている」ルネは穏やかにそう言った。[224] 実際には椅子から飛び上がりたいくらいうれしかった。

翌日、ルネは契約書にサインをし、ついにエットーレ・ブガッティと面会した。トレードマークの茶色の山高帽をかぶった〝ル・パトロン〟は丸く肉づきのよい顔に青い目をした五〇代前半の男だった。[225] 最も特徴的なのはその手だった。長くエレガントな指が絶えず動いていて、ルネにオーケストラの指揮者を思い出させた。二人が契約締結を祝って握手をすると、ルネは喜びで顔を輝かせた。彼はニースの家族に電話をして成功を伝えた。その知らせは、あっという間にドレフュスの一族じゅうに知れわたった。

その夜彼は、今はパリに住み、レインコートの事業をしていた兄のモーリスとお祝いをした。彼らの喜びに満ちた会話と乾杯のグラスの音で、すぐにレストランじゅうがこの素晴らしいニュースを知ることになった。

一九三三年の初め、ルネはモルスハイムのホテル・ハイムの一室に引っ越した。[226] アルザスの村をブガッティの街と言うのは、控えめな表現だった。ここはブガッティの領地だった。レストラン、食料品店、ドラッグストア、学校などがあったが、これらはすべて一九〇九年にエットーレ・ブガッティが染色工場を自動車工場に転換するという決定をしたことに支えられていた。[227] 初年度には、熟練した機械工、大工、そして金属細工師を雇って五台の自動車を製造した。それらはすべてが芸術品だった。
モルスハイムの工場には、いたるところにル・パトロンの刻印が見られた。磨き上げられたオーク材でできた真鍮製のドアノブのついた扉には〝MADE BY BUGATTI〟と刻印された鍵が取り付けられていた。エンジンブロックとブレーキドラムは鋳物工場で製造されていた。自家発電所が電気を供給していた。工場内の作業所ではシート用にレザーが手縫いされ、ウィンドウ用のガラスが作られていた。工具さえもブガッティ仕様にカスタマイズされていた。ル・パトロンにとって最も重要なものは、利益の追求ではなく、このような細部へのこだわりだった。[228]

ルネはほとんどの日をチームマネージャーのメオ・コスタンティーニと過ごし、あるマシンに取り組んだ。彼らはキャブレターやさまざまな燃料組成を試した。さらにダイナモメーター上でエンジンを動かし、シャーシレイアウトを調整した。マセラティの兄弟たちもルネに製造の舞台裏を見せてくれたが、ブガッティのチームマネージャーから受けたエンジニアリング教育と比べると、ほんのわずかな部分でしかなかった。

ピレネー山脈のふもとに位置するフランスの地方都市ポーで一九三三年のグランプリシーズンが始まることになっていた。少し前には、ドイツのパウル・フォン・ヒンデンブルク大統領が新首相を指名したとのニュースが入った。その人物がレースカーの世界に一石を投じることになるのをブガッティはすぐに知ることになるのだった。

二月一一日、ベルリンでアドルフ・ヒトラーは、ベルリンモーターショーが開かれるカイザーダムの〝名誉の殿堂〟に足を踏み入れた。[229] 黒のスーツに身を包んだ彼が明るく照らされた高い演壇の上に立つと、会場は静寂に包まれた。

彼がドイツのリーダーとなってわずか一二日しか経っていなかった。ナチ党は、松明を掲げて首都をパレードをして祝った。フランス大使のアンドレ・フランソワ＝ポンセは自身の回顧録『The Fateful Years』の中で、このときの様子を「彼らは巨大な列を作り……ティーアガルテン公園の奥深くから現れ、ブランデンブルク門の下を通過した。彼らが振りかざす松明は火の川となった」と記している。[230] 茶色のシャツに身を包み、革の長靴を履いた兵士は潮のようにフランス大使館を通り過ぎ、ヴィルヘルム街を進むと、声を上げながら翼を開いたような形の大統領公邸の前を横切っていった。その窓からは老齢のヒンデンブルク大統領が杖をついてパレードを見守っていた。隣にはヒトラーが立ち、その瞳はパレードの光で輝いていた。

新首相は、自身の支配を強固にするために迅速に動いた。[231] 彼は新たな国会選挙を要求し、政敵を排除し、数千人を逮捕した。ユダヤ人への攻撃を許可し、ラジオ局を占拠し、選挙運動の資金調達のために企業のリーダーを陣営に取り込んだ。[232] また共産主義者の暴力に対する恐怖を煽り、ワイマール憲法で保障されている報道の自由、集会の自由、家宅捜索のための捜査令状の必要性などの個人の自由を制限することを目指した。

この嵐のような行動を締めくくるかのように、彼は自動車産業の発展を促すために、首相とし

ヒトラーと彼の"未来の機甲部隊"（一列目左から右へ）ベルント・ローゼマイヤー、ルディ・カラツィオラ、アドルフ・ヒトラー、ハンス・スタック、アドルフ・ヒューンライン（制服）、エルンスト・ヘン。（二列目左端）マンフレート・フォン・ブラウヒッチュ

SUEDDEUTSCHE ZEITUNG PHOTO / ALAMY STOCK PHOTO

て公の前での初めての大々的な演説を行うことにした。背が高くて肩幅も広く、流れるような美しい髪をし、おおらかで颯爽とした態度のマンフレート・フォン・ブラウヒッチュはヒトラーを紹介するのには理想的な人物だった。メルセデスの要請によりルディ・カラツィオラも出席していた。

拡声器で増幅され、情熱で声を震わせたヒトラーは、自動車産業を抑圧していた税金や規制を緩和し、自動車産業の成長と発展を航空産業と協調させ、全国的な高速道路システムを整備し、国際的なモータースポーツを支配すると宣言した。ダイムラー・ベンツのヴィルヘルム・キッセルら業界のトップたちは彼のことばに熱心に聞き入っていた。「この重要な任務はドイツ経済再建のためのプログラムの一部でもあるのだ！」と新首相は叫んだ。[233]

人々を奮い立たせるようなことばで、ヒトラーはモーターショーの開会を宣言した。その後、ヒトラーに随行して展示会場を回っていた人物の中に、アドルフ・ヒューンラインがいた。彼は、ヒトラーから国家社会主義自動車軍団（ＮＳＫＫ）の指揮を任されていた。ヒトラーは自動車産業の再生をドイツ復興という約束を果たすための柱として考えるだけでなく、将来の戦争に備えて帝国を強化するための要因と考えていたのだ。ＮＳＫＫの目的は、自動車技術を有する軍団を養成することにより、機械化された軍隊の基礎を確立することだった。[234] ヒューンラインがしばしば語っていたように、当面、彼らは単に〝国家防衛力〟の一部にすぎなかった。[235]

ヒトラーがベルリンモーターショーでした約束のおかげで、ダイムラー・ベンツの販売見通しは大幅に明るくなった。さらに彼らは、あらゆる機会を有利に利用する必要があると考えた。三月にシュトゥットガルトの本社で行われた取締役会で、キッセルはこれらの目標の達成とすでに構築されたヒトラーとの緊密な関係をいかに維持していくかを強調した。その日の最初の議題の一つは、反ナチスの政治的発言をしたダイムラー・ベンツの弁護士を解任することだった。

この一〇年間で、ヒトラーが権力に近づけば近づくほど、ダイムラー・ベンツはヒトラーに接近していった。ダイムラー・ベンツのミュンヘンにおけるディーラーの責任者、ヤコブ・ワーリンは、ナチスのリーダーと長年にわたって友情を育んできた。一九二三年のクーデターが失敗に終わる前、ワーリンはヒトラーに最初のメルセデス――歴史家のエバーハルト・ロイスが〝力、強さ、権威、そして優位性〟の象徴と記した一台――を提供した。[236] 彼はその後もヒトラーの国境を越えた政治的キャンペーンのために割引価格で車を提供し、ファシストのリーダーの〝親友〟を自称した。[237]
ヒトラーが権力を握っている間、ダイムラー・ベンツはナチ党の新聞に広告も出していた。また彼らは最も成功した有名なドライバーたちを訪問させることで、ヒトラーのご機嫌を取ろうとした。取締役はナチスのために資金を調達し、党の高官に再軍備の際には会社を利用するように働きかけた。[238] キッセルは、ワーリンを仲介役として、この台頭しつつある政治勢力に、ダイムラー・ベンツが「これまでアドルフ・ヒトラーとその友人たちに注いできた関心を弱める理由がないこと、すなわち、これまでと同様、将来においてもヒトラーがこの会社を信頼することができるということ」を知ってもらうように努めた。[239]
ヒトラーが首相に就任した今、ヒトラーがダイムラー・ベンツを必要とするよりはるかに多くダイムラー・ベンツがヒトラーを必要としていた。一九二八年に乗用車とトラックの販売が半減する中、キッセルは政府の支援こそが危機を脱出するための最善の道であると信じていた。[240] またナチスが労働組合をつぶそうとしたことも、ダイムラー・ベンツの利益に貢献した。さらに決定的だったのは、大型トラックの受注が増加していたことだった。これはヒトラーがヴェルサイユ条約に反してドイツの再軍備を図ろうとしていることを明らかに示していた。[241] 飛行機のエンジンや戦車の試作品がすでに発注されていた。本格的な製造に移行すれば、多くの工場の余剰生産能力を埋め合わせて、ダイムラー・ベンツの収益の改善に大きく貢献することになるはずだった。[242]

レースへの復帰は次なる重要なステップだった。国際的な舞台での勝利は、マーケティング上の大成功をもたらすだろう。キッセルは、一九三四年の新たなフォーミュラのためにレースカーを製造する――そしてドライバーとスタッフのチームを運営する――には多額の費用が必要だと理解していた。国際自動車公認クラブ協会（ＡＩＡＣＲ）が決めた新しいフォーミュラは、時速一四〇マイル（約二二五キロメートル）の速度制限と、ドライバー、燃料、オイル、水、タイヤを除いた最大重量を七五〇キログラムに制限することを主な目標としていた。キッセルのスタッフは、自分たちがグランプリで君臨するためには、最低でも年間一〇〇万マルク（現在の価値に換算すると七七五万ドル）が必要だと試算した。国からの資金援助がなければ、この野望を実現することは不可能だった。すでにメルセデスのドライバーであるブラウヒッチュが、個人的にダイムラー・ベンツのために資金を提供するようヒトラーに打診していた。「私が権力を握った瞬間に、資金を受け取ることになるだろう」ヒトラーはそう約束した。[243]

〝帝国のレーシングカー〟を作るためには、資金が必要なことに加え、もう一つの問題があった。[244]不況にあえいでいたドイツの自動車メーカー四社（ホルヒ、アウディ、ＤＫＷ、ヴァンダラー）が最近合併してできたアウトウニオンも、自らのレース計画に関する国の資金援助を働きかけていたのだ。[245]彼らはすでに新しいフォーミュラの車を設計するためにフェルディナント・ポルシェと契約を交わしていた。優秀なエンジニアであるポルシェは、モーターショーの後に送った手紙の中で、ヒトラーの〝心の底からのスピーチ〟と〝自動車産業の技術と決意をドイツ国民のために役立てたい〟というヒトラーの決意を称賛し、自身の魅力を振りまいてアピールした。[246]

三月一〇日の取締役会で、キッセルはヒトラーに宛てた書簡の草稿を提出した。[247] その中で彼は、〝親愛なるドイツ帝国首相閣下〟に対し、グランプリに積極的に参加するためには国からの資金援助が必要であり、ダイムラー・ベンツのみがその資金を受けるにふさわしいと記した。[248]「当社の歴史の中で、我々のブランドはスポーツイベントにおいてドイツに払われるべき敬意に対し、しばしば、大きな貢献をしてきました。当社はそのためにあらゆる技術と知識を捧げるつもりであり、将来のスポーツイベントにおいてドイツの国旗を代表することができれば名誉なことだと考えています」キッセルはそう締めくくった。

彼らはすぐに答えを受け取った。帝国は一〇〇万マルクの資金を提供することになった。だが、その資金はダイムラー・ベンツとアウトウニオンで分配することになった。さらに、アドルフ・ヒューンラインがグランプリ活動の監督をすることになった。

ダイムラー・ベンツは、チームを維持するために必要だと考えていた資金の半分しか受け取れなかったが、それを受け入れるしか――そして、新しいフォーミュラに従った勝利をもたらす車を作るしか――選択肢はなかった。[249] 新しい首相のご機嫌を取ることは、資金を費やす価値があることが約束されていた。

キッセルは、新しいレーシングカーのドライバーの採用を始めるよう、取締役会に動議を提出した。マンフレート・フォン・ブラウヒッチュは加入に前向きだった。またメルセデスのベテランドライバー、ハンス・スタックとの交渉も続いていた（彼は最終的にはアルファロメオと契約した）。大きな問題はルディ・カラツィオラだった。彼は一九三三年も自身のチームで参戦することを約束していたが、アルフレート・ノイバウアーがメルセデスに最初に相談することなしには、他のファクトリーチームと契約しないことを彼に確約させていた。新しいフォーミュラ・イヤーにドイツ最高のドライバーをチームに招聘することは最優先課題だった。

一九三三年四月二〇日木曜日、ルディは白地に青いストライプの塗装を車体横に施した二・三リッターのアルファロメオに乗ってモナコの街を疾走していた。[250] その少し後ろにはルイ・シロンが続いていた。彼の車は青地に白のストライプ――フランスとドイツのパートナーシップの証しだった――が施されていた。この二台は新たに結成されたチーム、スクーデリアCCを象徴する裏返しになった二つのCの文字をシンボルとしてつけていた。

前年の秋、ルディとシャーリー・カラツィオラ夫妻は、スイスアルプスのアロサにあるシャレーでシロンと彼の長年のガールフレンド、アリス・〝ベイビー〟・ホフマンをもてなしていた。ベイビーはアメリカ生まれで、飛行機で世界を飛びまわる裕福な両親のもとで育ち、スイスの巨大製薬会社ホフマン・ラ・ロッシュの後継者、アルフレッド・ホフマンと結婚していたが、モーター

MERCEDES-BENZ CLASSIC

スクーデリアCCでパートナーを組んだルディ・カラツィオラとルイ・シロン

スポーツに夢中になり、やがてシロンに夢中になった[251]。彼女は五つの言語を流暢に話し、当時、彼女を知る人は、彼女はその五つの国の個性、すなわち〝フランス人の魅力、ドイツ人の忍耐力、アメリカ人のビジネスセンス、スウェーデン人のセックスアピール、そしてイタリア人の激しい気質〟を持ち合わせていると語った[252]。

　二組のカップルはこれまでにも多くの時間を共に過ごしていた。シャーリーは他の訪問客に対し、マントルピースの上に置かれた、額に入ったベイビーの写真を見せて、ルディの〝秘密の恋人〟だと冗談を言っていたほどだった[253]。成功したシーズンを送ったにもかかわらず、二人はそれぞれのチームから――シロンは個人的な衝突を理由にブガッティから、ルディはワークスチームを解散することを決定したアルファロメオから――解雇されていた。シロンは言った。「なあ、何で他人のために勝たなければならないんだ。自分たちのチームを立ち上げるほうがよっぽどスマートじゃないか？」[254]こうしてグランプリ界における最も偉大なドライバー二人の間で、それぞれのイニシャルにちなんだ〝スクーデリアＣＣ〟が誕生した。[255]

ルディとシロンがモナコの練習走行の二四週目にピットの前を通過したとき、ベイビーとシャーリーがタイムを計測していた。グランプリでは、最初の三日間の練習走行でのベストタイムによってレース当日のスターティンググリッドが決定された。初日、ルディとシロンは、何よりもアルファロメオをテストすることに意識を集中した。シロンはこれまでにアルファロメオを運転したことがなかったが、黒い雲が立ち込める空の下で、二人はその日の午前中、二分三秒という最速タイムを何とか叩き出した。タツィオ・ヌヴォラーリと彼のイタリア人ライバル、アキーレ・ヴァルツィが一秒遅れ、ルネ・ドレフュスは三秒遅れのタイムだった。

午前中の最後の走行までは空は晴れていたが、海上には霧のカーテンがかかっていた。[256]ルディはシロンの後を追いながら、コークスクリューターンを抜け、海沿いを走っていた。彼はシロンがあっという間にイタリアのレースカーになじんだことに驚いていた。二人はトンネルを抜けた。太陽の下に戻ったルディはシケインを素早く通過すると、左に曲がるタバコ・コーナーに向けてストレートを加速した。ミラーをちらっと見ると、シロンの姿はどこにも見えなかった。

ルディはわずかにブレーキをかけ、バックミラーでチームメイトの行方を確認しようとした。突然、彼のアルファロメオが横滑りした。フロントブレーキの片方しか利いていなかった。時速七

○マイル（約一一二キロメートル）で遊歩道と海を隔てている低い石の欄干に向かって車が滑っていった。
時間はゆっくりと流れた。彼はギアをダウンした[257]。海に飛び込むよりもタバコ・コーナーに突っ込むほうが生き残る可能性が高いと判断し、欄干から離れるようにハンドルを切った。ハンドルを強く握ったまま、コントロールを取り戻そうとした。

だが、スピードが速すぎた。

マシンは路上を左、そして右へと蛇行した。

石段が近づいてくる。さらに近づく。

やっとルディはコントロールを取り戻した。が、遅かった。どうすることもできなかった。

アルファロメオの右のホイール、さらにサイドパネル全体が壁に激突した。白い金属のボディが石にぶつかってつぶれた。車は数十フィートの距離を横向きに進み、激しく揺れて止まった。

ルディは呆然としていた。だが大丈夫だと思っていた。こめかみから血が流れていたことに気づいておらず、大腿骨が完全に骨折していることにも気づいていなかった。ただ、体にぴったりとまとわりつく車から自由になりたいとだけ考えていた。ショックのあまり痛みを忘れ、何とか運転席から立ち上がった。

観客が何人か、上のほうの道路から彼に向かって階段を駆け下りてきた。大丈夫だ。ルディはそう思った。車が大破してしまったこと以外は何も問題はない。ルディの背後でキーという音を立てて車が止まる音が聞こえた。シロンが自分のアルファロメオから飛び出してきた。

ルディは一歩前に進もうとした。だが、爆発するような痛みに襲われた。右足を骨折したルディは、そばに来て支えてくれたシロンのおかげで何とか道路に倒れないでいられた。

シャーリーとベイビーは、ピットで二台のアルファロメオが二五週目を終えて戻ってくるのを待っていた。もう来るはずだった。二人は、何か恐ろしいことが起きたのではないかという不安に駆られた。

ルディはカフェから持ってきたシンプルな木製の椅子に乗せられてコースから運ばれた。[258] ショック状態のまま、まっすぐ椅子に座っていた。血が目に流れ込んでくる。コースを周回するレースカーのすすり泣くような音が耳をつんざいた。やっと救急車が到着すると、クルーがルディを担架に乗せ、救急車に運び込んだ。モンテカルロの道路のあらゆるでこぼこを通るたび、カーブを抜けるたびに足に痛みが走った。何かが間違っていた。ルディにそれを聞く勇気はなかった。

病院に到着すると、まずレントゲン室に運ばれ、次に外科病棟に運ばれた。医師が来るのを待つ間、高い窓から風にそよぐ梢を見つめていた。周りのすべてのものは消毒された白とガラスでできていた。さっきまで感じていた痛みは、今は絶え間ない激痛となって彼を飲み込んだ。顔には汗がにじみ、険しい表情で顎を引き締めているさまが、苦しみを物語っていた。

ようやくトレンティーニ医師が到着した。彼は背が低く、血色の悪い顔をしていた。ルディは本能的に彼が嫌いになった。どちらも相手の国のことばを少ししか話せず、意思の疎通は困難だった。ルディはただ、折れている足を早く治してほしかった。なぜすぐできないのか不思議でならなかった。

トレンティーニ医師と彼のアシスタントが窓際に立って、レントゲン写真を見ていると、シャーリーがシロンとベイビーと共に部屋に入ってきた。「彼らに僕の足を思いきり引っ張るように言ってくれ」とルディは三人に言った。[259]彼は、他のドライバーが、このような負傷が原因で片方の足がもう一方よりも短くなってしまったという話を聞いていた。ルディにとって、そんなことは受け入れがたかった。

トレンティーニ医師は、シャーリーを病室から連れ出し、レントゲン写真を明かりに照らして見せた。「見てください、奥さん。大腿骨と脛骨全体が完全に粉砕されています。ご主人は二度と運転することはできません」[260]

シャーリーは気を失いそうになった。ベイビーはシャーリーが医師から言われたことを聞いて気を失ってしまった。

三日後の日曜日の午後、ルディは病院のベッドに横たわっていた。右足はつけ根まで不格好な石膏で固められていた。シャーリーはベッドのかたわらに座っていた。見舞客からの花束があらゆるスペースを埋め尽くしていた。二人はラジオでレースの実況を聞き、ヌヴォラーリとヴァルツィの熱戦を伝えるフランス語の放送を何とか聞き取ろうとしていた。

最終ラップ、ゴール付近でヌヴォラーリの駆るアルファロメオのエンジンが動かなくなって炎に包まれた。[261] ヌヴォラーリは車から飛び出してゴールまで押そうとしたが、黒煙に包まれ阻まれた。ブガッティを駆るヴァルツィがあっけなく優勝し、マリオ・ボルザッキーニ、ルネ・ドレフュスと続いた。ルイ・シロンは大きく離れた四位だった。

迅速に相談に乗ってくれたイタリア人の専門家のおかげで足を切断しなくてすんだことを含め、あらゆる幸運にもかかわらず、ルディは自身の回復が進まないことにただ愕然としていた。[262] レースこそが自分の属する世界なのだ。そこが自分の居場所だった。

彼の足がもう二度とバランスを取り戻すことはないということは明白な事実だった。永久に足を引きずり、一度に数歩歩くことしかできなくなる可能性も高かった。レースはもはや過去の栄光にしか見えなかった。

モンテカルロのカジノでは、ルネと、ヴァルツィをはじめとするブガッティのチームメイトらがロブスターを食べ、勝利を祝っていた。一人の記者が祝宴に乱入してきたが、彼らはルディ・カラツィオラについて何も語らなかった。仲間のクラッシュを見るのはいつも悲しいことだったが、そのような災難について思い悩むことは、自分たちも同じ災難に苦しむ可能性を高めるだけだった。記者が、コンディションを維持するために彼らが何をしているかを訊くと、ヴァルツィは、口に煙草をくわえたまま、足早に立ち去った。

「彼にウィンタースポーツについて訊いちゃだめだ」とルネはそっけなく言った。[263]「手足を骨折することをひどく恐れてるんだ」

テーブルは笑いに包まれ、夜は更けていった。

モナコで三位に入賞した後、ベルギーグランプリに出場したルネは再び三位となった。[264] ディエップとニースでは二位だった。彼は優勝から遠ざかっていた。これは単にブガッティのマシンがアルファロメオやマセラティに比べてタイムにおいて後れを取っていたことが理由だった。

レースとモルスハイムでの生活の繰り返しの中で、ルネは恋に落ちた。〝ジュシュ（フランス語で「愛しい人」の意味）〟と呼ばれたジルベルト・ミラトンは、レースコースに足繁く通う、若く裕福な女性の一人で、最新ファッションのモデルをしながら、自身の豪華な白のドラージュでコンクールデレガンス（訳注：自動車の優美性を競うコンクール）にも参加していた。[265]

一九三三年初めに二人は出会った。[266] 快活でユーモアに富み、しかも頭の回転が速いシュシュはとても目を引く存在だった。背が低く黒髪の彼女は、部屋の中で誰もが注目するような独特の存在感を放っていた。ルネはこれまでにも女性とつき合ったことはあったが、本当に彼の関心を引いたのは彼女が初めてだった。二人は、可能なかぎり、フランス中部のヴィシー近郊の温泉町シャテル＝ギヨンにある彼女の家で会ったり、レース場で会ったりするようになった。

ブガッティとの最初の――そして熱望していた――シーズンが終わりを迎えようとしているとき、ルネは幸福で満たされていた。ドイツの政治状況について耳にしていたことは気に入らなかったが、それが自分の人生に与える影響は、どこか遠くのもののように感じていた。ムッソリーニが支配するイタリアで暮らしていたとき、彼はファシストとその活動を目の当たりにしてきた。一九三一年五月のある夜、彼とマセラティ兄弟はボローニャのカフェ・サン・ピエトロのテラスにいた。[267] そのとき、テアトロ・コムナーレ・ディ・ボローニャから大勢の観劇客が通りに殺到した。マセラティらと同じテーブルにいたジャーナリストのコラード・フィリッピニは、何が起きているのかを確かめようと席を立った。彼は不安にさせるような知らせを持って戻ってきた。指揮者のアルトゥーロ・トスカニーニが、イタリア国家ファシスト党を公式に賛美する曲「ジョヴィネッツァ」で演奏会を始めるように――今や公共の場では当たり前になっていた――という命令を拒んだのだ。[268] その場に居合わせ、トスカニーニの反抗的な態度に腹を立てたムッソリーニ内閣の大臣の一人が、劇場を出て行こうとする年老いたマエストロを襲撃するようファシスト党員に命じた。彼らはトスカニーニを取り囲み、倒れるまで殴り続けた。ルネはイタリアに長く住んでいたので、これまでにも気取って歩きまわるファシストをよく見てきたが、彼らのことを無害なおろか者だとみなしてきた。[269] トスカニーニが襲撃されたことで、ルネはこの制服を着た黒シャツ隊員をまったく違った目で見るようになった。

ナチスという人種はさらにひどく思えた。特にユダヤ人に対する態度は。フランスには反ユダヤ主義の思想がその文化に深くはびこっていた。それが最も顕著に見られたのはフランス陸軍大尉アルフレド・ドレフュスの裁判だった。彼は明確な証拠がないにもかかわらず、軍事機密をドイツに漏洩したとして告発され、一八九五年に反逆罪で有罪とされた。一九三〇年代には、この

〝ドレフュス事件〟は遠い昔の歴史となっていたが、少数民族であるユダヤ人に対する偏見は一般的なものとなっていた。フランスのイエズス会員の一人は、このことを「反ユダヤ主義は、潜在的かつきわめて一般的に深く信じられている」と語っている。[270] 歴史家のオイゲン・ウェーバーはさらに、「人々は意識的にユダヤ人を悪く考えたり、避けようと思ったり、もちろん、自分の子孫にユダヤ人と結婚してほしくないとわざわざ考えたりする必要はなかった。無意識のうちにそうしていたのだ」と語っている。[271] ユダヤ人はフランスのパスポートを持っていたが、多くの同胞からは〝他国人〟と見られていたのだ。

こういった状況にもかかわらず、そしてルネがフランスで最も有名なユダヤ人の姓を名乗っていた（縁戚関係はなかった）という事実にもかかわらず、彼自身が偏見に直面することはほとんどなかった。ルネは子ども時代をニースの緊密なコミュニティの中で育った。[272] 父親は保守的なユダヤ人家庭の出身だったが、ルネ自身はシナゴーグに通うことはなく、バルミツバー（訳注：ユダヤ教の成人式）を受けることもなかった。どちらかというと、彼と彼のきょうだいは母方の家族と過ごすことが多かったことから、カトリックに親近感を持っていた。どちらの宗教も彼には何の印象も与えなかったし、必要があれば――そういうことはなかったが――自分のことを無神論者と名乗っていたかもしれない。レースドライバーとして、自身の血筋がその未来に影響を与えることはなく、そんなことがあるとは想像すらしていなかった。

「彼らは脅威が存在していることを知っていた」あるフランス人のエッセイストは当時のユダヤ

人についてそう語っている。「しかし、彼らは砂の中に頭を埋めていた」[273] こういった状況の中にあって、ルネの心を占めているのはレースのことだけだった。

ルネがドイツの脅威を察知していたとしても、それはレース場でのことであった。そこではより速い車へのあくなき追及の結果、とんでもない災いがすぐそばまで迫っていた。九月一〇日、ルネとバルトロメオ・コスタンティーニはモルスハイムの食堂で昼食をとりながら、モンツァグランプリのメインレースの前に行われる予選レースの様子をラジオで聞いていた。[274]

ミラノの北に位置するアウトドローモ・ナツィオナーレ・ディ・モンツァは超高速のオーバルサーキットで、すでに〝死のサーキット〟として評判になっていた。

突然、ラジオのアナウンサーが静かになった。最初のうちは、電波が途切れただけのことだろうとルネは思っていた。だが、コスタンティーニは事故があったと確信していた。しばらくすると、モンツァからの電話によってサーキットの南のカーブで事故があったというニュースがもたらされた。ジュゼッペ・カンパーリのアルファロメオP3がコントロールを失い、左にコースをそれてバンクしたカーブに突っ込んだのだ。[275] 誰からも愛されたこのイタリア人は即死した。

カンパーリを避けようとしたマリオ・ボルザッキーニはブレーキを強く踏んだ。しかし、彼のメカニックはフロントブレーキをはずし、スピードを高めるためにスムーズトレッドタイヤをマセラティに装着していた。逃れる術《すべ》はなかった。車はコンクリートの擁壁を越え、ボルザッキーニは木に叩きつけられ背骨を骨折した。彼は病院で死亡した。

中止を求める抗議があったにもかかわらず、午後には決勝レースが行われた。八周目、トップを走っていたスタニスラ・ツァイコウスキーがバンクで横転し、燃えさかるブガッティの下敷きになってしまった。数人の観客が彼を引きずり出そうとしたが、すでに遅すぎた。

翌日、モンツァに急遽建設された、三人のグランプリチャンピオンの追悼碑にベニート・ムッソリーニが花を捧げた。イタリアの指導者はモータースポーツの熱烈なファンだった[276]。一九二七年、ファシスト政府が管理する銀行が、経営難に陥っていたミラノの自動車メーカー、アルファロメオを創業者のニコラ・ロメオから買収していた。ムッソリーニは自身も数台のアルファロメオを所有し、航空エンジンや軍用機器を製造する契約を通じて彼らのレースを支援した。ヒトラーが熱心に追求していた、国家がレースをサポートするモデルを彼も構築していた。

アルファロメオ・チームの実際の責任者は誰なのかという質問に対しては、二年前のモンツァでの出来事がその答えを教えてくれていた。プラクティス中、アルファロメオのドライバー、ルイジ・アルカンジェリがコース外に飛び出て、木に激突して死亡した。チームメイトは〝ロマーニャのライオン〟に敬意を表してこのレースの出場を取りやめようとしたが、ムッソリーニがその感傷的な行為を押しとどめた。「スタートするんだ――そして勝て！」彼はドライバーにそう命令した[277]。

この狂ったような勝利の追求の結果、さらに三名の命が失われ、黒衣の未亡人たちが葬儀で悲しみにくれることとなった[278]。このときの様子をジャーナリストは古き良きレースの終わりとレースの歴史における最悪の大惨事として報じた。

ルネはツァイコウスキーと非常に親しかったことから、彼の死に深い衝撃を受けた[279]。ツァイコウスキーは、明るく、心の広い美食家で、運転同様、ゴルフも得意だった。二人はよく一緒に車で旅行をした。翌週、ルネは友人の葬儀に参列した。遺族は彼の車の焼け焦げたハンドルをフランスとイタリアの国旗に包んで、棺桶の上に置いた。その光景にルネは恐怖を覚えた。


右足をギプスで固められたルディ・カラツィオラもこの日のレースの実況を聞いていた[280]。彼はボローニャのリッツォーリ整形外科医院──街の南にある丘の中腹の古い修道院の中にあった──の病室にいた。この病院の院長ドクター・ヴィットリオ・プッティは外科医として、この分野では卓越した人物だった。

これまでの五カ月間、ルディはほとんどベッドに横たわり、シャーリーとトランプをしたり、窓の外を眺めたりして過ごしていた。レースがあるたび、ラジオで聞いていた。シーズン半ば、ルイ・シロンはエンツォ・フェラーリが立ち上げたチームに参加した[281]。アルファロメオがファクトリーチームをレースから撤退させたため、スクーデリア・フェラーリにマシンを託したのだった。やがて有名になる跳ね馬のバッジをつけたP3モノポストを駆って、シロンはスペイングランプリをはじめとする二つのレースで優勝を飾った。そのような機会を失うことは、ルディにとっては拷問に近かった。また走りたい。彼はただそう願った。

回復状況は、不確かなままだった。足の検査をするたびに、ドクター・プッティは「まあ、大丈夫だ」と言うだけだった。[282]

九月の終わり、プッティはルディのギプスをはずし、二人の看護師が車いすの彼をレントゲン室に連れて行った。ルディは長い闘いもやっと終わると思ったが、プッティはその夜、まだしばらくはギプスが必要だと告げた。一〇月下旬、再びギプスがはずされた。ルディは松葉杖で歩こうとしたが、そのためには大きな努力を必要とした。レントゲンを撮ってみると、右足の軟骨がちゃんと治っていないことが明らかになった。シャーリーが病室にいることを確認したうえで、プッティは手術を勧めた。だが、ルディは拒絶した。彼は足を元に戻す必要があると実感していた。手術をして、さらに数カ月ギプスをして過ごすのには耐えられなかった。

「いずれにしろ、運転はできないのよ！」シャーリーは叫んだ。彼女の宣言はルディを動揺させた。モナコでの事故以来、誰も、彼の大腿骨の骨折がドライバーとしてのキャリアの終わりを意味すると伝えていなかったのだ。彼の右足は今や左足よりも五センチも短かったが、ルディは常にこの困難を克服できると確信していた。プッティが、歩けるようになる可能性は十分あるとアドバイスしたとき、ルディは体の中に冷たいものが広がるのを感じた。

シャーリーは、人生には他にもいろいろなことがある、レースに出ることができなくても幸せになれると言って説得しようとした。だが、ルディは彼女を黙らせた。「手術はしない」と彼はプッティに言った。それでも、すぐに退院することを条件に再びギプスをはめることに同意した。

二人はスイスのルガーノにある友人の家に引っ越した。湖を見下ろすテラスで休息を取る合間に、ルディは少しずつではあったものの、なるべく多くの時間を自分の足で歩いて過ごそうとした。松葉杖を使っていたにもかかわらず、足を振り出すたびに股関節に痛みが走った。シャーリーは、転んだときに備えて、彼の脇を歩いた。

一一月中旬、ノイバウアーが彼を訪ねてきた。ルディはゆったりとしたズボンの下にギプスを隠していた。二人はハグを交わし、テラスに出た。ルディは彼の一挙手一投足——そして表情——がチェックされていると感じていた。

いつものように、ノイバウアーは単刀直入に切り出した。ヒトラーは、ダイムラー・ベンツの一九三四年シーズンの新車開発を支援していた。ブラウヒッチュとイタリアのチャンピオン、ルイジ・ファジオーリはすでにチームと契約していた。ノイバウアーはルディがまた運転することができるのか知りたがった。彼を必要としていた。

「もちろん、できるさ」とルディは言い、大胆にも契約条件について尋ねた。[283] ノイバウアーはその質問を無視した。ルディがシュトゥットガルトに来て——おそらく一月に——そのことを話し合う必要があると言った。その後、二人は楽しい午後を過ごした。会社が開発している車のことも、すでに絶対的な権力を握っているスポンサーのこともほとんど話さなかった。それは彼らの世界ではないし、彼らの関心事ではなかった。彼らはただメルセデスのサポートが続くことを願うだけだった。

ノイバウアーがドイツに戻った後、ルディは友人を通じて、ルディがレースに戻る可能性は低いとノイバウアーがキッセルに報告したことを知った。ルディを見捨てて、彼らはもっと若く健康なドライバーを探そうとしていた。

医師は一二月にギプスをはずした。ルディは杖を手に、シャーリーがもう一方の手を握り、毎日少しずつ長く歩こうとした。彼は強さを取り戻しつつあったが、不ぞろいの足で歩くのは難しく、股関節の痛みも消えなかった。

一九三四年一月初旬、彼とシャーリーはシュトゥットガルトに向かった。シャーリーは彼が再びレースに出ることを受け入れていた。ルディは、キッセルとのミーティングで運転できるほど健康になったと訴えた。キッセルは納得しなかったが、その夜ノイバウアーと相談することを約束した。

ノイバウアーはグラフ・ツェッペリン・ホテルのルディの部屋に直接やって来た。「元気になったのか？」と彼は訊いた。[284] キッセルと会ったときと同じように、ルディは足を引きずっていることを隠し、歯を食いしばって痛みに耐えた。彼は運転できるようになったと誓った。ノイバウアーはレース中に何百回とブレーキやアクセルを踏むことができるのかと彼に問いただした。「途中で使い物にならなくなったりしないという保証はあるのか？」

シャーリーが怒って、彼らの新しい車のほうが先に〝使い物にならなくなる〟かもしれないと言った。最後には、ノイバウアーも妥協案をルディに提示した。五月、マシンをテストする準備ができたら、練習走行に参加すること。そこで合格すればチームに加わることができるだろう。
翌日、ノイバウアーはウンターテュルクハイムの工場に彼を連れて行き、新車を見せた。[285] 一連の巨大な作業場を通り過ぎると、周囲を高い有刺鉄線のフェンスで囲まれた小さな建物に到着した。守衛がゲートを通す前に、彼らの身分証明書をチェックした。作業はすべてトップシークレットだと、ノイバウアーは告げた。ワークショップの中で、ルディは初めて新しいグランプリカー、W25のエンジンと全体のデザインを目にした。
一九三四年のフォーミュラの背後にある理論は単純だった。ファクトリーチームがよりパワフルなエンジンを求めるならば、路面を捉えるためにシャーシや他の部品はより重くする必要があった。したがって重量を七五〇キログラム以下に制限することで、スピードも制限されることになった。しかし、ダイムラー・ベンツの設計部門の責任者、ドクター・ハンス・ニーベルは違う考えを持っていた。[286] 彼は、軽量なシャーシと旋回、停止、操舵能力を有する製品を備え、高速走行中も路面を捉えることができる設計が可能であれば、フォーミュラは基本的に無制限のエンジンサイズを認めていると解釈したのだ。そのような走行性能を達成することは決して簡単ではなかった。フェラーリに関する歴史家であるブロック・イェイツが記したように、それまで「車は、多少進化したP3でさえ、ばかでかいエンジンを据え付けるための粗野な四輪のプラットフォームでしかなかった」のである。[287]
メルセデス・エンジンのプロトタイプは、スーパーチャージャー付三・三リッター直列八気筒エンジンで、ルディは、ダイナモメーター上に設置されたこのエンジンを目にしたとき、真のサラブレッドを見ているような気がした。[288] メルセデスは、決して革新的なデザインではなかったが、超精密な構造と多くの改良のおかげで、アルファP3よりも五〇パーセントも高い馬力を実現した。

ニーベルはできるかぎり軽量な合金を使用した洗練されたプラットフォームにエンジンを搭載しようとした。W25はシングルシーター――メルセデスにとっては新たな領域だった――の他、油圧ブレーキを採用していた。前輪と後輪に独立したサスペンションを備え、またギアボックスとディファレンシャルギア（クランクシャフトから後輪に動力を供給する部品）を一つのユニットに統合するという先進的な設計がなされていた。これによって、重量配分が改良され、ドライバーがコックピットでより低い位置に座ることが可能になった。W25はバランスがよく、かつ、路面に対しより密着した感覚を約束した。すべてが正しく調整されれば、W25はグランプリ史上最速のレースカーとなるはずだった。

これまでよりも回復に対する意欲を強く抱いたルディは、アロサに戻った。明るい冬の日が続く中、太陽の光を足に浴びて過ごした。夜はシャーリーと散歩に出かけ、その都度、少しずつ歩く距離を伸ばしていった。もう二度と痛みを感じずに動くことはできない事実を受け入れていた。真の問題は、W25のコックピットで五〇〇マイル（約八〇〇キロメートル）ものレースを耐え抜くことができるかだった。

二月二日、シャーリーは友人たちと日帰りでスキーに出かけた。彼女はあまり乗り気ではなかったが、一〇カ月もの間、ルディの世話をしてきたシャーリーに、ルディが少なくとも一日ぐらいは休暇を取るべきだと言って説得したのだった。[289]その日の午後、彼は雪が積もった丘を、足を引きずって歩き、駅までシャーリーを迎えに行った。約束の時間になっても彼女もスキー仲間も現れなかった。彼は家に帰った。

日が沈んでも、彼女が戻ってくる気配はなかった。ルディは、帰ってくるシャーリーがよく見えるように、明かりを消したシャレーの中に座って彼女を待った。午後一〇時、彼女のスキーツアーを案内していたガイドが訪ねてきた。彼を一目見たルディは蒼白になった。ガイドが口を開いた。雪崩があり、シャーリーはそれに巻き込まれたと言った。彼女は雪崩をかわす代わりに、その前に身を投げ出したように見えたという。彼女の友人は彼女が心臓発作を起こしていたのだと信じていた。彼女は心臓が弱かったのだ。彼はそのことを知らなかった。シャーリーはこの世を去った。

彼女を失い、レースも失ってしまえば、彼の人生には何も残らなかった。

第5章 一つのこと

ドライエの工場では、ハンマーの音が鳴り響き、工作機械がうなり声をあげ、圧縮空気がシューという音をたてていた。研磨された金属、オイル、グリース、ラッカー、そして重労働に携わる男たちのにおいが空気中に充満していた。ルーシー・シェルは、彼らの間を大股で通り過ぎ、再びシャルル・ワイフェンバックのオフィスに向かっていた。[290]彼女は怒っていた。注文したタイプ134の納入が間に合わず、一九三四年の一月に行われたモンテカルロ・ラリーに出場できなかったのだ。しかもワイフェンバックは彼女が依頼していたのと同じモデルを、同じラリーに参加するファクトリーチームのドライバー、アルベール・ペローに提供していた。ペローは一一四台中二四位という惨憺たる結果に終わっていた。[291]

「あれはあくまでもテストだ」と言って、ワイフェンバックはルーシーをなだめようとした。このときワイフェンバックは、女性だけのサン・ラファエル・ラリーで彼女のライバルである、マドモアゼル・ゴノーとマダム・ネノの二人に同じ〝テスト用〟の138スペシャルを提供するつもりであることを明かして、さらにルーシーの怒りの火に油を注いだ。

この二人の女性は長年のドライエの顧客なのだと、ムッシュ・シャルルは説明した。納得してもらうしかなかった。

しかしルーシーは納得していなかった。[292]彼女はサン・ラファエル・ラリーにパワーの劣るドライエ134で出場し、二人の138スペシャルを打ち負かして総合四位になることで自身の主張を証明してみせた。

ルーシーがムッシュ・シャルルとバトルを繰り広げている間、毎日の新聞の見出しは、混乱に陥っているフランスの様子を報じていた。[293]政府は倒壊寸前で、首相や内閣は通常の数年単位ではなく、数カ月単位で交代を繰り返していた。サン・ラファエル・ラリーが開催される少し前、右翼勢力の集団がコンコルド広場で警察と衝突した。ファシストによる反乱が起きると信じている者もいた。抗議行動が鎮圧された結果、一五名が死亡し、数百名が負傷した。「フランスは現代世界の要求に応えるために社会および政治システムを調整することに失敗したようだ」ニューヨーク・ヘラルド・トリビューン紙はそう報じた。[294]

富に恵まれていたルーシーはレースに集中することができたが、フランス――各国の間における力関係――についても心配もしていた。彼女は生粋ののアメリカ人ではなく、生粋のフランス人でもなかった。だが、大人になってからの人生の多くをパリとその周辺で過ごしてきた。第一次世界大戦ではフランス軍に従軍した。息子たちもフランスで生まれ、彼女と同じように英語と同じくらい流暢にフランス語を話すことができた。ルーシーは、血気盛んなファシストのドイツに対抗するためには、フランスが足並みをそろえる必要があると信じていたが、さすがに彼女の強固な自信をもってしても、彼女自身がそれに対し何らかの役割を果たすことができるとは考えていなかった。代わりに彼女のエネルギーは、自らが愛するスポーツを支配する男たちと対等に競い合うことに注がれていた。

アメリカの女性はすでに選挙権を得ていたが、フランスではまだ認められていなかった。[295] 髪をボブにして、膝上の長さのスカートを履き、奔放に自由を謳歌するフラッパーはほとんどが神話のようなものだった。乱交は売春とみなされ、避妊は禁止されていた。女性は子どもを産み、家事を担当し、夫や両親に言われたとおりにすることを期待されていた。裕福な女性は、金のために働くことは期待されておらず、労働することは、〝ダム・ド・シャリテ（女性による慈善活動）〟とみなされていた。人生において、ルーシーは毎日、こういった女性のあるべき姿のモデルと闘わなければならなかった。

モータースポーツの世界で、ルーシーは、その初期から性差別に満ちた、一般の社会よりも一層、男性支配の強い世界に立ち向かわなければならなかった。[296] その先駆者であるカミーユ・デュ・ガストは、〝女性的な興奮〟を理由に特定のイベントへの参加を禁止された。[297] 主催者は、当時の初期の女性ドライバーが、いかに競い合うかよりもむしろ、どんな服を着るべきか――ばかばかしいことに、彼女たちのスカートが頭の上までめくれ上がらないようにするという理由で――に信じられないほど多くの時間を費やした。ルーシーがモータースポーツに関わるようになったときにも、女性がレースに参加するという概念どころか、女性が車を運転するという考え自体もほとんど認められていなかった。ラ・ヴィ・オトモビル誌によると、〝女性は本質的に弱く、繊細で〟、車をスタートさせたり、タイヤを変えたり、ブレーキングをしたり、ハンドルを操作したりといった、筋肉を使う作業には向いていないとされていた。[298] 別の評論家は、女性は自動車のパワーや操作性能には関心はなく、〝美的な要素に注目しているにすぎない〟と述べていた。[299] 世界で最も過酷なシチリアの公道耐久レース、タルガ・フローリオのスペシャリストだったエリザベス・ジュネックのようなスピードクイーンらは、このような主張がばかげたものであることを証明した。しかし、多くのレースでは、依然として女性の参加は全面的に禁止されており、交代のドライバーとしてだけ参加をを認めるレースもあった。女性はグランプリイベントでは珍しく、ファクトリーチームは女性の参加を拒んでいた。

男性のレースカー・ドライバーたちも女性ドライバーに対し、相応の評価を与えることはほとんどなかった。あるドライバーは「コース上では、彼女たちがおれたちを追いかけているが、コースの外ではおれたちが彼女たちを追いかける番だ」とジョークを飛ばしていた。[300] ルイ・シロンは、レース中に女性ドライバーを追い抜くとき、よく投げキスをした。ルーシーは、彼女が入っていくあらゆる部屋で、そして彼女が参加するあらゆる競技会でこのような偏見を経験していた。これを打ち破るためには、自分自身の望むことを最高の能力で強引に実証するしかなかった。

パリ－サン・ラファエル・ラリーの後、ルーシーは再び、バンキエ通りのドライエの工場を訪れた。このとき、彼女ははっきりと言った。男性女性を問わず、〝この国で最高のドライエのドライバー〟であることを証明するために、パリ－ニース・ラリーに参加する138スペシャルを必要としていると。[301] ワイフェンバックはこれに同意した。これは彼女の勝利を新しい車の宣伝に利用したいと考えたからだったが、もう一つの理由もあった。[302] 彼は、ルーシー・シェルのことを気に入ったのだ。彼女は、ワイフェンバック自身がそうありたいと思っているのと同じくらい、頑固で闘争心があり、辛抱強かった。

三月二四日土曜日、ルーシーはパリ－ニース・ラリーのスタート地点に到着した。[303] 彼女はカメラマンに対し、他の五名のスピードクイーンたち――参加者は全体で四〇名だった――と共に、自分の車の前で腕を組んでポーズを取っていた。帽子を少し斜めにかぶり、黒のぴったりとしたジャケットのジッパーを首までしっかりと閉め、ヒールを履いたルーシーは、最新の春物ファッションのショッピングの後にシャンゼリゼ大通りに飛び出してきたかのようだった。その後、彼女はレース用のオーバーオールに着替えた。

モンテカルロ・ラリーを圧倒的かつ延々と続くマラソンに例えるならば、パリ－ニース・ラリーは、一〇種競技のような性格を持っていた。一九二二年に初めて開催されたこのレースは、参加する車のスピード、スタミナ、柔軟性、ブレーキング、路面走破性能、加速力、そしてこれらを最高の状態で発揮するドライバーの能力に焦点を当てるために、数多くのイベントを用意していた。

ルーシーは朝霧の中、ファーストステージをスタートした。三〇分後には空も晴れ、七五〇キロメートル先のマルセイユを目指して着実に南に向かって走っていた。途中で雨が降ることもあったが、南の港町に夕暮れが訪れる頃には、規定時間内で走り抜いていた。

翌日、マルセイユのミシュレ大通りの坂道で行われた一キロメートル加速テストでは三位に入賞した。月曜日にはニースまでの二〇〇キロメートルを再び予定どおりに完走した。午後と翌日に行われた五〇〇メートルフライングスタート・コンテストでは八位となり、ブレーキとハンドル操作のテストでも好成績を収めた。

パリ－ニース・ラリーのファイナルステージ、ラ・テュルビーのヒルクライムで、ルーシーは、スタートから飛び出していった。すべてのドライバーたちにこのレースの性格を思い出させる石碑が置かれた最初のカーブにも臆することはなかった。一九〇三年四月一日、レース界の華やかな先駆者の一人であるエリオット・ズボロウスキー伯爵は、ハンドスロットルにカフスボタンを引っかけてしまって、スピードを落とすことができず、そのカーブを曲がり切れなかったのだ。彼のメルセデスは、ごつごつした壁に激突した。マシンから体が飛び出して石に叩きつけられた衝撃で〝頭が胸腔にめりこんで見えなくなった〟という証言もあった。[304]

ズボロウスキーの命を奪ったカーブを通り過ぎると、ルーシーはコースの中で最も勾配の急なセクションの一つを加速していった。ひまわり色の住宅とヤシの木に囲まれた道路は、海岸から遠ざかって北へと向かった。彼女は緩やかなＳ字カーブと長い直線の連続を１３８スペシャルの能力を最大限に引き出して走った。勾配がまた急になり、グラン・コルニッシュ自然公園と海岸線にはさまれた頂上に鷲の巣のように位置するエズの街を過ぎ、ゴールに向かって走った。ひたすら前に進むだけで、通り過ぎていく景色を味わう余裕はまったくなかった。彼女は蛇のように曲がりくねったこのコースを全体の一〇位のタイム――五分二六秒六――でフィニッシュした。

ルネ・ドレフュスはヒルクライムレースにだけ出場し、三分四五秒のコースレコードで優勝し、ジャン＝ピエール・ウィミーユから〝ラ・テュルビーの王〟の称号を奪還した。彼は四輪駆動四・九リッターのブガッティで勝利し、ある記者はその走りを〝酒場の喧嘩屋の風格〟だったと称した。[305]

翌日、ニース自動車クラブでは、レースの主催者が優勝者を表彰した。ルーシーは総合で八位、エンジンクラスで一位、女性ドライバーでも一位となり、クープ・デ・ダム（レディースカップ）を獲得した。彼女の〝見事な運転技術〟は、〝完璧〟な１３８スペシャルとともに称賛を浴びた。[306]彼女とルネはダイニングルームの前の壇上に立ち、トロフィーを掲げた。

二人は、うわさに聞く以外には互いのことをほとんど知らなかった。[307]同じモーターレースの世界にいながら、同じレースに出場したことはなかった。ルネはむしろ彼女の息子たちのほうをよく知っていた。彼らはいつもレース場の脇やピットにたむろし、普通なら追い払われてしまうような場所でも母親のおかげで入ることができたのだ。

このとき、ルネとルーシーの間では、ラ・テュルビーの隠れた危険なポイントや、ヒルクライムレースで時間だけと闘うことの難しさについて多くの議論が交わされた。ルーシーはドライエの138の話をしてルネを喜ばせ、ルネはブガッティのハンドルが固くて坂の途中で腕が折れるんじゃないかと思ったと話した。ルーシーもルネも、いつか二人が協力して、グランプリというもっと大きな舞台で表彰台に立つことになるとは夢にも思っていなかった。今のところ、ルーシーはやっと完璧なドライエを手に入れたことに満足していた。

六週間後の五月八日、ドライエの名前を湾曲したボンネットにブロック体で描いたジャン・フランソワの最新作がモンレリ・オートドロームにその姿を現した。若きエンジニアは、基本的に138スペシャルをベースに、三・二リッターエンジンに高性能ピストンなどの改良を加えて出力をアップさせ、さらに戦闘機の機体に似せ、空気力学の原理を応用したアルミニウム製のシングルシーターのボディにバブルルーフのコックピットを組み込んだ。[308] 有名な板金職人のジョセフ・フィゴーニがデザインしたボディは、フランスのトリコロール――赤、白、ブルー――に塗られていた。ワイフェンバックは、記録を更新し、会社のために見出しを飾るような特別な車を製作するよう命じていた。

パリから一五マイル（約二四キロメートル）離れたオルレアンに向かう途中の緑豊かな丘の上

1934年に世界記録を更新したドライエ138

に位置する、巨大なコンクリート製のボウルのようなモンレリ・サーキットは、記録に挑戦する場として人気が高かった。[309] 楕円形のコースは昼夜を問わずレースをすることができ、田園地帯に囲まれているため、エンジンの爆音もさえぎることができた。このレース場は、フランスの実業家であり、人気のある新聞ラエロ＝スポーツのオーナーでもあったアレクサンドル・ランブランの出資により一九二四年に建設された。一年後にロードコースを追加すると、ランブランはここでフランスグランプリを開催するよう働きかけた。

ドライエはこのオートドロームで四八時間世界記録の更新を狙っていた。先月、ルノーが四八時間で八〇三七キロメートル（約四九九三マイル、カリフォルニア州ロサンゼルスからサウスカロライナ州チャールストンを往復する距離に相当）を走って平均時速一六七キロメートル（約一〇三マイル）

を記録しており、この当時のタイトルホルダーから世界記録を奪い取ろうとしていたのだ。午後四時、ペローはスタートした。[310] フランソワは、四時間ごとに燃料を補給し、ドライバーを交代させればいいように、四〇ガロンのガソリンタンクを、先を切り詰めた円錐形の尾部に搭載した。マルセル・ドームとアルマン・ジロが交代のために控えていた。

一二時間後、ドライエは、オートドロームを平均速度一八三・七キロメートルで順調に走行した。走行距離は二二〇四キロメートルを記録し、当時の国内クラスレコードを更新した。エンジンの回転数は三八〇〇ｒｐｍを楽々と記録した。一五時間に及ぶ走行で、大容量の燃料タンクのボルトが緩み、燃料漏れを起こした。だがフランソワは落ち着いていた。一時間ごとにピットインしなければならなかったものの、補助タンクに頼ることができた。やがて、ドライエは三〇〇〇－五〇〇〇キロメートル圏内の国内記録を更新し、さらに二四時間の世界記録も更新した。

五月一〇日の昼になっても、ドライエは快進撃を続け、周回を重ねるたびに難なく記録を破っていった。[311] ワイフェンバックとドライエのスタッフはグランドスタンドの裏にあるカフェ、ラ・ポティニエールでここまでの一連の成功を祝っていた。会社のタイムキーパーが、丸テーブルが迷路のように並ぶ中を縫うようにして近づき、このままのペースでいけば一万キロメートルの記録更新も狙えるとワイフェンバックに告げた。「行け」ということばが返ってきた。

午後四時、疲れて重い目をしたフランソワが見守る中、ドライエが八四六四キロメートルを平均時速一七六キロメートルで走り抜き、ルノーの持つ世界記録を楽々と更新した。[312] 深夜零時すぎ、三人のドライバーは、一万キロメートルを走破し、もう一つの世界記録も更新した。ドライエはその〝トラックの息子〟のエンジンの耐久性で、合計で一一のクラス国内記録と四つの世界記録を樹立した。

ジャン・フランソワは、ドライエの長年のエンジニアであるアメデー・バレの影からようやく抜け出すことができた。フランソワは自動車業界では、異色の経歴の持ち主だった。家具製造で有名なフランスの町ルヴェルで育った彼は、カトリックの神学者を輩出したことで有名な大学で教育を受け、三〇歳の誕生日を迎える頃には、リヨンのベック・オートモーティブの設計部門を率いていた。[313] 彼の先進的な試作品も、同社を倒産から救うことはできなかったが、ドライエで職を得るうえでは、有力な履歴書代わりとなった。フランソワが、自身がベックでデザインした車体に乗ってバンキエ通りに到着すると、ワイフェンバックはすぐに彼を雇い入れた。その後の一〇年間、彼は旧弊的な考えのバレの下で、忠実なアシスタントの役割を務めてきた。

最高だった。記録的な成功を収めた翌日、ロト紙はフランソワの役割について特集し、「申し分のないフランスの老舗企業が我々を魅了するためにレースに戻ってきた」と報じた。[314]

シャンゼリゼ大通りにあるドライエのディーラーで行われた成功を祝うパーティー――ルーシー・シェルも出席していた――では、同社のオーナーであるジョルジュ・モランがフランソワと三人のドライバーを祝福した。彼は台座の上に置かれた、記録を更新した車を指さし、「我々の車は速くないと言われてきた。今日、この車は世界で最も速い車になった」と述べた。[315]

ルディがいなくても、モータースポーツ界はあらゆる面で進歩を続けていたが、彼は依然として、毎日の理学療法で脚の強化に励んでいた。一九三四年五月下旬にはW25を運転することになっていたが、まだ動かない足を引きずって部屋を横切るのがやっとの状態だった。

シャーリーの葬儀の後、ルディはスイスのシャレーに引きこもり、過去の栄光を示すトロフィーなどに囲まれて過ごしていた。[316] 悲しみのあまり、自分自身の世話もできなくなっていた。ルイ・シロンとベイビーは頻繁に彼のもとを訪れ、彼に食事をさせ、一日に一回はシャレーを出て散歩に行くよう勧めた。彼は日が暮れてからしか外に出なかった。杖をついてよろけながら歩くところを人に見られたくなかったのだ。シロンがパリに戻っているときは、ベイビーだけが残ることもあった。自らが課した牢獄の中でほとんど朽ち果てそうになっている中、シロンが、モンテカルログランプリで過去の彼の栄光を称えてコースを一周することを提案し、ルディもこれを受けた。このレースは新しいフォーミュラとなって最初の重要なレースだったが、ドイツ車は参加していなかった。

四月初旬、何千人もの観衆が拍手を送る中、ルディはメルセデスのオープンカーでコースを一周した。[317] 途中で右足が痛み、ブレーキとアクセルをどちらも左足で操作しなければならなかった。ハーバーに戻ってくると、スターティンググリッドにマシンが集まり、エンジンを始動させていた。[318] ルディは、車の横に立ち、フィールドの向こうに目をやった。そこには、シロン、ヌヴォラーリ、ヴァルツィ、ドレフュスの他、一二名のレーサーの姿があった。その中に入りたいと痛切に思った。レースの二周目が終わる前に彼はコースを後にした。

「自分にとっては、カムバックしかなかった……それができなければ、人生に意味はない」アロサに帰ってきたとき、彼はそう記した。[319]「レースカー・ドライバーは鋼鉄の生き物を制御する意志であり、そのために考え、そのリズムに合わせる。そしてその頭脳は、この鋼鉄の心臓と同じスピードと正確さで動かなければならない。さもなければこの怪物に支配され滅ぼされる。私は運転しなければならない。他には何もない」

ルディがカムバックの準備を進めている間、ダイムラー・ベンツの設計部門の責任者ハンス・ニーベルは、ブラウヒッチュともう一人のドライバー、エルンスト・ヘンネをW25のテストに送り出した。[320]ブラウヒッチュは最初の走行でマシンをだめにしてしまった。ヘンネも同様にクラッシュした。それぞれのホイールスピードを制御するディファレンシャルギアにいくつか調整を加えることで、問題は解決した。その後、ブラウヒッチュともう一人のドライバー、ルイジ・ファジオーリが驚異的なタイムを叩き出した。

五月二四日午前六時、ルディがW25のテスト走行のためにアヴスにやって来た。報道陣を避けるため明け方のスタートを希望した。[321]直近でレースカーのハンドルを握ったのは一年以上も前だった。しくじるのではないかという恐怖を感じていた。

後ろの部分が短く白く塗装された光沢のあるアルミのボディ、次第にドライバーから離れていくような形のヘッドレストを備えたシングルシーターのマシンは、速く機敏な印象を与えた。[322] ルディは、ピットから歩いて疲れてしまうこと——そして姿を見せること——を避けるため、自身のカブリオレをW25の横に止めた。トレードマークの白いオーバーオールを着て、スカーフをしっかりと首に巻き、古い革製のレーシングシューズを履いたルディは、どこから見てもかつてのレースカー・ドライバーそのものだった。[323] 唯一の違いは、手にしていた杖だった。ルディはノイバウアーや彼のクルーが、その一挙手一投足をチェックしているのを感じていた。彼らが、かつてのスタードライバーが永遠にその輝きを失ってしまったのかを知りたいと思っているのは明らかだった。

二人のメカニックが、ルディが狭いコックピットに収まるのを助けてくれた。すぐに股関節が痛み始めた。シートは、昔の体の寸法に合わせてぴったりに作られていたが、今の右足が短い体に合わせて、アクセルとブレーキの位置を調整しなければならなかった。ハンドルを握っているルディの横顔を会社のカメラマンが撮影したが、すぐに追い払われてしまった。

ルディはゴーグルを下げ、人差し指を上げて、メカニックにエンジンをスタートさせるよう指示した。エンジン音の残響が心臓の鼓動を速くさせる。クルーが離れた。

ルディはギアを一速にシフトし、最初にグランプリで優勝したコースをゆっくりと走り始めた。北のループの後のストレートに戻ってきたとき、勝利の拳を突き上げたい気分だった。彼は再び運転していた。

周回を重ねるごとにスピードを上げ、スーパーチャージャーの噴き上げる音がどんどん高くなっていく。四周目には、コース脇の木々がぼやけて見えるほどのスピードで走っていた。車はとてつもなく速く、そしてパワフルだった。

あるメルセデスのドライバーは、W25の走りを〝氷上で車を高速で走らせるようなもの〟だと例えた。[324]アクセルを踏みすぎたり、ハンドルに力を入れすぎたりすると、後輪がスピンしてあっという間にコースから飛び出してしまうのだ。ルディは卓越した技術で一周目からマシンをコントロールしていた。

八周目を終えたところで、ノイバウアーがピットインの合図を出した。ルディがセッションの様子を話し合う前に、一人の記者が近づいてきて彼を祝福した。「最後のラップで時速二三五キロメートルを記録しましたよ」その記者は、手帳の走り書きを見ながらそう言った。[325]「昨日よりもいいタイムです」

「素晴らしい」とルディは簡潔に言った。何よりも彼自身が自分のパフォーマンスに驚いていることを誰も知らなかった。これを成し遂げるために彼が耐えた痛みを誰も知る必要はなかった。

ノイバウアーは彼をチームに誘った。そのためには国家社会主義自動車軍団（ＮＳＫＫ）に入隊しなければならなかった。ルディはＮＳＫＫがＳＳのようなナチスの恐ろしい準軍事組織であることを知っていた。一九三四年のシーズンが本格的に始まる前に彼は入隊した。

七月一日、フィゴーニがデザインしたボディを搭載したシングルシーターのドライエ138が再びモンレリのコースを走っていた。今回は記録を達成した車が列をなし、八万人の観客の前をゆっくりと走っていた。パレードは本番であるフランスグランプリの前に長く待たされる観客のための気晴らしのイベントだった。ファンは、灼熱のパリからすべてのレースの母であるこのレースを観戦するためにやって来た。モータースポーツ誌はこのときの観客の様子を「人の重さで沈み込んだ老朽化した車、後部まで乗客を詰め込んだ乗り合いバス、イスパノやロールスロイスなどがそこかしこにいた」と伝えている。[326]それらの車は、オートドロームへ続く道路で歩行者と合流した。誰もが長い午後に備えて昼食を用意していた。ドイツのシルバーボディのレースカーが自国以外で初めてレースに参加するとあって、フランスやイタリアの車との戦いは、壮絶なものとなることが約束されていた。

モンレリ・オートドロームに設置されたスピーカーからレーサーの到着が告げられた。ルネ・ドレフュスがブガッティT59を駆ってコースに飛び出してきた。かぎ十字の旗で覆われたメルセデスとアウトウニオンのマシンがこれに続いた。ルネは、この冬の間、ドイツが一九三四年シーズンであらゆる手段を駆使して勝利を追求するつもりであることを、新聞記事を集め読んで知っていた。ロト紙のある記事は、ニュルブルクリンクでテストされているアウトウニオンの〝奇妙なシルエット〟の車が〝手ごわい競争相手になる〟だろうとを報じていた。[327]この記事は事実を控えめにしか伝えていなかった。

春先に、アウヴスでデビューして観客を驚かせたのがPヴァーゲン（ポルシェ・カー）だった。[328]V16エンジンを搭載したうえでロードハンドリング性能を改善するために、ポルシェはこれまでの常識を覆して、エンジンを車の後部に搭載した。ドライバーは車体のかなり前に座ることになった。ハンス・スタックはこの流線型の流星を駆って、三つの世界記録を更新し、時速一六八マイル（約二七〇キロメートル）を記録していた。

新しいメルセデスについてもうわさが流れていた。モータースポーツ誌は、そのスピードについてモンツァのサーキットで行われたテスト走行での驚異的な速さについてこれまでの説明を繰り返していた。観客らは「引き裂くようなエキゾーストノートは、あの有名なメルセデスSSKのブロワーギアの遠吠えよりもさらに刺激的だ」と語った。[329]

ルネが後に記したように、ドイツの首相が「ドイツの車こそが最高で、最もパワフルで、最も速く、そのすべてである」と考えていることは明らかだった。[330]ルネは同じことをエットーレ・ブガッティに言うことはできなかった。ル・パトロンはこのオフシーズン、〝高速鉄道車両〟の製造に取り組んでいた。四基の一三リッターエンジンを搭載した一〇七席の流線型の車両は、通過したときに駅舎の窓を吹き飛ばすほどの速さだった。新しいフォーミュラのために設計されたツーシーターのタイプ59はピアノ線を使用したワイヤーホイールとブガッティの伝統的な馬蹄形のラジエーターを備えた美しいデザインだったが、運転が難しく、しばしば飛び跳ねてギアがはずれることがあった。[331]ブガッティはルネに「残念だが、慣れるしかない」と言うだけだった。[332]

ブガッティを操ることは、ロードコースとオートドロームサーキットを組み合わせたここモンレリでは一層難しかった。ルイ・シロンは、このサーキットのことを、「通常の路上で見られるあらゆる種類のコーナーやカーブ、こぶ、くぼみも科学的に設計されていることに加え、コンクリート製の楕円形のバンクを高速で通過しなければならない。しかもそこもまたでこぼこしているのだ」と語っている。[333] 練習走行中、ルネは一二・五キロメートルのコースでドイツ車の圧倒的な優位性を目の当たりにした。彼らはスタートから飛び出し、ストレートではさらに速かった。すべてが独立したサスペンションで路面をしっかりと捉え、誰も見たことのないようなスピードで走っていた。

ドライバーが前方に座っていたため、アウトウニオンの車は特に革新的だったが、ドイツの車のデザインはどちらも流線型で、未来への飛躍を宣言しているようだった。[334] これまでの伝統的なドイツの白とは異なる光沢のあるアルミのボディは、さらにこの車の未来的な印象を強調し、すぐに〝シルバーアロー〟というニックネームがつけられた。ルネは、モンレリのスターティンググリッドで彼らの横に並ぶと、自分の乗るブガッティがまるでクラッシックカーであるかのような錯覚に陥った。

ドイツのドライバーはモンレリでの勝機を大胆に語っていた。レースの前日、マンフレート・フォン・ブラウヒッチュは記者に「明日は勝つだろう。なぜなら我々は最強のチームだからだ」と語った。[335] この〝我々〟は自信に満ちあふれたブラウヒッチュ自身のことだったが、海外の報道陣はルディ・カラツィオラのレース復帰と彼の勝機に強い関心を寄せていた。

誰が勝者になろうとも、報道陣はアウトウニオンかメルセデスが、ナチスがますます非人道的な行為を増していくドイツに優勝のトロフィーを持ち去るものと確信していた。

日曜日の新聞は、すべてが同じ事件を報じていた。〝血塗られた抑圧の日〟とル・マタン紙は題した。[336]詳細は定かではなかったものの、ベルリンとミュンヘンの通りを、重装備の部隊が占拠したことは、〝重大な事態であることを示唆していた〟。電報によると、突撃隊——二三〇万人のメンバーを抱え、ヒトラーが権力を発揮するうえで大きな推進力となったナチスの組織——のリーダーであるエルンスト・レームが逮捕され、前首相のクルト・フォン・シュライヒャー将軍は逮捕令状に抵抗したために自宅の玄関先で殺害された。他にも数百人が逮捕されるか、絞首刑に処され、射殺され、あるいは自殺に追い込まれた。[337]これが後に、〝長いナイフの夜〟として知られる事件であり、ヒトラーはナチ党の中でも外でも、ライバルを排除していった。

メルセデスとアウトウニオンが祖国に対し抱えていた、当然とも言える恐怖が、語られることはなかった。ヒトラーが誰を捕えようとしているのか……あるいはなぜそうしようとしているのかを知ることはできなかった。いずれにしろ、ブラウヒッチュが後に記したように、そのような「不安を知らせるニュースも、ヒトラーのレースに対する情熱と比べると、すべて無視できるもの」でしかなかった。[338]ルディも同様だった。彼らには走るべきレースがあった。

エンジンに命が吹き込まれた。ドライバーたちのあらゆる思いは、ある記者が〝バンシー（訳注：アイルランドの民話に出てくる泣き叫ぶ妖精）の叫び声〟と呼んだメルセデスのスーパーチャージャーの音――オートカー誌は世界で最もうるさい自動車と呼んでいた――にかき消された。[339]メルセデスのドライバーは、騒音を緩和するために耳に綿を詰めていた。スターターフラッグが振られると、色とりどりの車の一団が壁の低い直線を轟音とともに走り抜け、オートドロームからロードサーキットへと続く狭い道を通過していった。[340]

ルディはコースの西の端にあるカーブでトップに立った。メルセデスとアウトウニオンのマシンは鋭いカーブでもスムーズに路面を捉えていたが、他の車は、不安定に路面を跳びはねていた。しかしオーバル・ボウルに戻ってきたときには、緋色のアルファＰ3を駆るシロンがトップに立っていた。彼はほとんどがフランス人で占められたスタンドから、不協和音のような声援を受けていた。シロンのフェラーリのチームメイトであるアキーレ・ヴァルツィがそのすぐ後ろに、さらにその後ろにルディが続いていた。ルネは八位だった。

先行するマシンが平均時速九〇マイル（約一四四キロメートル）という驚異的なスピードを記録する中、多くのマシンが次々と故障していった。最初に脱落したのはアウトウニオンのＰヴァーゲンで、一時間後には、ブラウヒッチュのＷ25が、そしてマセラティが脱落していった。一四周目、ルイジ・ファジオーリのメルセデスがよろよろとピットに入ってきて動かなくなった。二周後、ルディはコースのはるか端のほうでメルセデスを見捨てざるを得なくなった。これでメルセデスチームはすべてレースからリタイアし、ドイツのラジオ解説者は黙り込んでしまった。「強大なドイツの攻撃も夏の日差しにただ溶けていった」とシロンは後に語ったという。[341]

一七周目、ルネのブガッティのエンジンに不具合が生じ、長いピットインによって問題――プラグの故障――は解決したかに見えたが、次のラップでマシンが動かなくなってしまった。その後、もう一人のチームメイトもすぐにリタイアした。

シロンは猛スピードでP3を駆り、アクセル全開で、砂埃を上げて四〇周のレースの勝利に向けて邁進した。アウトウニオンのハンス・スタックがこれを追っていた。彼のエンジンはそのしわがれた音で地面を揺らし、まるでリボンの道路の上を走っているようだった。三二周目、彼もメカニカルトラブルでリタイアし、シルバーアローの最後の一台もレースから離脱した。

レースはドイツ車にとっては必ずしも大失敗ではなかった。銀色の戦隊が、不可能と思われるスピードでコースを走ったのを見た誰もが、初期のトラブルさえ解決すれば、彼らが無敵の存在となると信じていた。

シロンは平均時速八五マイル（約一三六キロメートル）を記録して優勝した。ヴァルツィが二位、そしてもう一人のフェラーリのドライバーが三位に入った。フェラーリ・チームと彼らのアルファロメオP3が上位を独占する結果となった。

地元フランスの観客は、自国のドライバーが優勝したことを喜んだが、シロンがイタリアの車を駆っていたことを考えると、喜びもほろ苦いものとなった。レースに出た唯一のフランス車であるブガッティは一台も完走できず、レース中も一度もトップに迫ることはなかった。このレースは国としての恥であり、フランスの車がグランプリで勝利するために、特にシルバーアローを打ち破るために、何かしなければならないという声が高まっていった。

二週間後、雲に覆われた七月の空の下、ドイツグランプリを観戦しようと一五万人の観客がニュルブルクリンクに集まった。[342]最も近くの町アーデナウは、彼らの総統が生み出した新たなレースカーを見るために押し寄せた群衆を収容するには小さすぎた。多くの人々は、松林に囲まれた丘陵地で野営をし、ナチスの連隊は、レースの開始にタイミングを合わせて、ベルリンから数週間をかけて行進を繰り広げた。

ルディ・カラツィオラはスターティンググリッドから、ニュルンベルクの集会に匹敵する壮観を特等席で見ていた。かぎ十字の旗の列がグランドスタンドの上に翻っていた。スタート地点では革長靴を履いた兵士が行ったり来たりしていた。〝ナチスのモータースポーツ最高責任者〟であるアドルフ・ヒューンラインの到着を告げるために、シュトゥーカがサーキットの上空を低空飛行していた。爆音が弱まっていくと、ブラスバンドがコース上を行進し、これにメルセデスのオープンカーに乗ったヒューンラインが続いた。その通り道には黒のヘルメットをかぶったＮＳＫＫのオートバイ部隊が並んでいた。ヒューンラインはそのような敬礼には慣れていた。第一次世界大戦で大隊長を務めていた彼は、ヒトラーのドイツは〝決して屈せず、決して降伏しない〟ということばを聞いて、一九二〇年に軍を辞めナチスに入党した。[343]ビアホール一揆の後、ヒューンラインとヒトラーはランツベルク刑務所で六カ月間を共に過ごしていた。ヒューンラインは前月の粛清を生き延び、さらにヒトラーと親しくなっていた。

　ヒューンラインの車が、レースの間はタイムキーパーのベースとなる建物に到着した。彼は車から降りると、階段を上ってナチスの高官が待つ屋上の観覧席に向かった。国歌が流れる中、全員が立ち上がった。観衆は、巨大なかぎ十字旗がグランドスタンドに掲げられる中、「ドイツよ、ドイツよ、すべてのものの上にあれ、この世のすべてのものの上にあれ」と歌い上げた。

　国家斉唱が終わると、勲章に飾られた軍服姿のヒューンラインが進み出て、レースの開始を宣言した。肩をいからせて直立し、姿勢だけで数センチ高く見せようとしているかのようだった。五二歳のヒューンラインは小柄で、険しい決然とした表情をしていた。顎は垂れ、金色っぽい茶髪を薄くなった丸い頭の後ろに向かって流していた。見た目は笑っていても石を噛んでいるような印象を周囲に与えた。知識人というよりは、率直で荒っぽい〝行動派〟として知られていた。[344] ヒューンラインは、全国の自動車クラブをナチスの支配下に置き、自動車教習所を開設して、ヒトラー青年隊を含む数十万の会員を勧誘することで、ＮＳＫＫの使命を迅速に実行し、〝ドイツのモータリゼーションのための戦い〟を精力的に推進した。[345]

　一九三四年のモータースポーツシーズンが始まる前、ヒューンラインはメルセデスとアウトウニオンと会合を持ち、ドイツの勝利を最大化するためにレーススケジュールを検討していた。彼らは、ヒューンラインの意向に沿って、ＮＳＫＫを〝未来の機甲部隊〟としてモーターショーや政治的なイベントなどで宣伝するために、どのレースを走るかといったことから、レース以外でも妻や恋人にどれだけ愛情を注ぐかに至るまで、あらゆる要求に従った。[346] ドライバーたちの名声は完璧なプロパガンダであり、勧誘のためのツールだった。その見返りに、ナチス政府は、この二つの自動車会社の金庫に金を注ぎ込み、ダイムラー・ベンツだけでも九〇万七〇〇〇マルクを提供した。[347] これは再スタート後のチーム予算の四〇パーセントに相当し、ヒトラーが約束した額の二倍の金額となっていた。

ナチス政府と二つの会社との共生関係は、再軍備——ヴェルサイユ条約の条件があったことから秘密裏に進められていた——の動きの中で、きわめて強力なものとなっていた。[348] 陸軍は一〇万人だったその兵力を三〇万人にまで増強していた。空軍のパイロットは民間の航空学校でひそかに訓練を受け、海軍は巡洋艦や潜水艦を建造していた。ドイツ経済全体が、ヒトラーに戦争の道具を提供する方向に舵を切っていた。ダイムラー・ベンツとアウトウニオンはすでに軍用トラック、装甲車、飛行機のフレーム、戦車の生産を増強していた。他にも多くの工場が稼働していた。海軍と空軍は、自動車メーカーのエンジンを必要としており、ダイムラー・ベンツのエンジニアは、技術の進歩を部門間で共有していた。シルバーアローの設計におけるエンジン出力の向上や空気力学上の知識は、戦闘機の開発においても同様に利用することができ、その逆もまた可能だった。

軍用の大砲が轟音を打ち鳴らし、レースが始まった。[349] ピットから大きなシグナルボードを抱えて見守っていたノイバウアーは、一度は粉々になった脚で一七二ものコーナーを駆け抜けるルディを見て、彼がいかにタフな男かということを思い出していた。〝リング〟でのアイフェルレースは一五周、ドイツグランプリでは拷問のような二五周を走らなければならなかった。

観衆はルディの復帰を称賛していたが、彼はまだ勝利を手にしていなかった。メルセデスの同僚たちと同様、彼自身もドイツが世界におけるかつての地位を取り戻すのを見ることを望んでいたものの、「モータースポーツはもはや個人的な成功のためのものではなく、帝国の成功と名誉のための終わりなき戦いである」というNSKKのプロパガンダは、彼の思いとは相反するものとなっていた。[350] ルディがNSKKに属しているのは、それが単にチームのために走ることとの条件だったからであり、目的のための手段でしかなかった。彼は自分自身のためだけに勝ちたいと思い、事故の後にゲームのトップに戻ってきたことを証明したかった。ドイツグランプリの派手さや華やかさには、まったく関心がなかった。

彼のW25は、メカニックが〝WW〟と呼ぶ新しい燃料のおかげでさらに速くなっていた。[351] メチルアルコール八六パーセント、アセトン八・八パーセント、ニトロベンゾール四・四パーセント、エーテル〇・八パーセントからなるこの燃料は、ロケット燃料のようなものだった。

最初の一二周で、ルディはトップのハンス・スタックに迫っていた。[352] 一三周目、長いコーナーでスタックを追い抜き、コースレコードを樹立した。しかし、あまりにも激しくW25を攻めたため、ピストンが過熱して動かなくなり、リタイアを余儀なくされた。スタックがアウトウニオンに勝利をもたらした。ルディは失望した。が、このレースは、かつての炎を失っていないという確信をルディに与えてくれた。

ヒューンラインにとっては、最初にチェッカーフラッグを受けたのがドイツ車だったということだけが重要であり、帝国の栄光について長々と演説を繰り広げた後、この素晴らしいニュースを恭しくヒトラーに電報で伝えた。

その後、シルバーアローが次第にレースを制するようになり、ドイツに次々と勝利をもたらした。モンツァで行われたイタリアグランプリでは、スタックが再び首位に立った。[353] 一〇周目を終えたところで、ノイバウアーがフラッグを振り、ルディにスピードを上げるよう指示した。すでに激しい痛みを感じていたルディだったが、それでも指示に従った。二〇周。三〇周。四〇周。ブレーキをかけるたびに、太ももにナイフを突き立てられるような痛みに襲われた。五九周目、彼はトップに立った。

スタックは、タイヤ交換と給油のためピットに入った。ルディは今度こそ勝てると信じ、このまま走り続けたかった。しかし負担はあまりにも大きかった。残り五七周——二時間以上——を残して、彼はピットインした。ファジオーリ——すでに自分の車は故障していた——に交代してもらうために、何とかことばを絞り出すのがやっとなほど疲れ果てていた。メカニックは、ルディを車から出すために持ち上げなければならなかった。立つことさえできなかったのだ。

ファジオーリが一位でフィニッシュし、ルディと勝利を半分ずつ分け合ったが、ルディにとっ

MERCEDES-BENZ CLASSIC

新しいW25メルセデス

ては慰めにならなかった。レースを完走できなければ、チームの中に居場所はなく、生き甲斐すら失うことになるだろう。

一九三四年のシーズンが終わりに近づくにつれ、ルネ・ドレフュスもひどい成績の連続に悩まされていた。[354]七月二九日のベルギーグランプリで唯一の勝利を挙げたのがやっとだった。レースの四八時間前、ベルギーの税関が国家主義的な一手として、三〇〇〇リットル以上のアルコール燃料に多額の関税を課したことから、ドイツ勢はレースを棄権していた。ルネは三番手を走っていたが。前を走っていたアルファロメオがマシントラブルでリタイアした。つまり、彼の勝利は棚ぼた式に手に入ったものだったのだ。翌週のニースでは、コーナーに入る際にブガッティがエンストして、藁の壁に突っ込んでしまった。ブガッティの一員であることを誇りに思っていたルネだったが、ブガッティT59はアルファロメオP3に比べて明らかに劣っていた。[355] そしてシルバーアローに比べるとまったく勝負にならなかった。フランスのマスコミは一九三〇年のモナコで見せたような活躍ができないルネを非難した。まだ二九歳だったにもかかわらず、彼の髪はグレーになり始めており、〝老人〟というあだ名で呼ぶ者もいた。[356]

ジャーナリストのジョルジュ・フレシャールは、コマンジュでの事故以来、彼が以前とはすっかり変わってしまったと言って批判し、それが不運によるものなのか、度胸をなくしてしまったせいなのかわからないと述べていた。[357] 正直に言えば、ルネは以前のような燃えるような思いを失い、あまりにも慎重になっていたことを認めざるを得なかった。[358] 友人のスタニスラ・ツァイコウスキーの焦げた遺体を埋葬したことが、彼の心に恐怖の種を蒔いたことは間違いなかった。

ルネは一連のみじめな成績と批判にうんざりし、二日酔いの状態でヴィシーグランプリのスターティンググリッドに現れた。[359] 兄のモーリスはそのような状態でレースに参加することをきつくとがめた。結局ルネは四位という残念な結果に終わった。

八月下旬に行われたスイスグランプリで、ルネは、彼自身――そして彼の愛するレースというスポーツ――に対し、自分がまだ一流であることを証明することに集中した。エットーレ・ブガッティは新たに開催されるスイスグランプリに参戦するつもりはなかった。だが、ルネが彼を説得し、チームの中から唯一参戦することになりベルンに向かったのだった。「ルネ・ドレフュスを応援したい」とロト紙はコメントした。[360]「だが悲しいかな、イタリアやドイツに対抗して、我が国のカラーをまとって戦うのは彼一人だ……このような状況で彼が勝てるとは思えない」

石畳の街ベルンのいたるところが、レースのために着飾っていた。[361]ケーキ屋のウィンドウには、レースをテーマにした菓子が並び、険しい青い山々の前をシルバーと赤の車が走る姿を印象派の絵画に似せたタッチで描いた公式ポスターが、あらゆる壁に貼られていた。スイスアルプスを臨む一九世紀の荘厳な宮殿であるベルビュー・ホテルの前の旗竿にはドイツやイタリア、イギリス、そしてフランスの旗が翻っていた。

いつもどおり、全員が同じホテル――今回の場合は、ベルビュー・ホテル――に宿泊していたが、ルネは、他のドライバーがそれぞれのチームからほとんど離れようとしないことに気づいていた。[362]ドイツ人はドイツ人同士、イタリア人やフランス人も同様で、一緒になることはなかった。

練習日も同様だった。シルバーアローはロープで囲われ、覗き見されないように厚手の布で覆われていた。エンジンフードが開けられるたびに、カメラマンは追い払われた。メカニックは有利な情報を相手に与えないよう口をつぐんでいた。ドイツのチーム、特にメルセデスは、ピットに小さな軍隊を連れてきたかのようだった。ピットインにおける給油やタイヤ交換のための〇・五秒でさえ、勝利のためのあらゆる努力、あらゆる優位性を追求した。それはドイツ帝国のためだけではなく、トップフィニッシュに与えられる政府からのボーナスのためでもあった。

八月二六日のレース当日、郊外のブレムガルテンの森を縫うようにして走る四・五マイル（約七・二キロメートル）のコースに面したスタンドは威圧的な熱気に包まれていた。[363]ドイツグランプリと同じように、かぎ十字の腕章をつけた何千もの観衆が集まり、大歓声で他の観客を黙らせていた。

ハンス・スタックが序盤から先頭に躍り出た。ルネは、コーナーを中心に果敢に攻め立て、ヌヴォラーリとシロンを抜いて二位まで上がったものの、スタックのPヴァーゲンには及ばなかった。ゴールまで五周というところでエンジンがオーバーヒートし、ピットインを余儀なくされ、コースに戻ったときには、もう一人のアウトウニオンのドライバー、アウグスト・モンベルガーに抜かれていた。

ルネは三位でゴールしたが、ピットインの混乱によって、親仏派、親ブガッティ派の観客は彼が二位でゴールをしたものと思っていた。スピーカー越しにアナウンサーが正しい最終順位を告げた。「いや、ドレフュスは二位だった」とルネのファンが叫んだ。[364]モンベルガーに対する侮辱と受け取った親独派のファンが暴れだし、観客席で喧嘩が発生した。暴動を収めるため、レース主催者はルネにマイクの前で彼が実際には三位だったことを認めるよう頼んだ。[365]これらの出来事はルネをひどく落胆させた。国と国の間に広がる溝によって、彼の愛するスポーツは失われてしまった。レースは、個々のドライバーというよりも国と国との戦いの場になりつつあり、ナチスは明らかにその戦いを制するための投資をしていた。

レース後、ルイ・シロンがルネに対し、来年はエンツォ・フェラーリのチームに加わるかもしれないとほのめかした。数日後、ルネはメオ・コスタンティーニとブガッティでの自分の将来について話し合った[366]。コスタンティーニは、ルネにとどまるよう説得しようとはしなかった。エットーレ・ブガッティはルネのことをドライバーとして尊敬し、個人的にも気に入っていた。だが、袂を分かつときだった。

　ブガッティのチームマネージャーであるコスタンティーニは、いくつかアドバイスをしてくれた。チャンピオン・ドライバー時代の数少ない名残である硬くなった大きな手を見つめながら、いつものように落ち着き、それでいて核心を突く口調で話した。「ルネ、ある一つのことを克服すれば、君は世界で最も偉大なドライバーの一人になれるかもしれない。それはアグレッシブさが足りないということだ。君は堅実で、安全を求めすぎる[367]」このままではそのうち成功を手にすることができなくなるだろうと、コスタンティーニは続け、ルネに闘争心を持つようアドバイスした。ここまで、彼は偉大なレーサーになることはできなかった。その忠告は深く心に突き刺さった。ルネにはコスタンティーニの言っていることが正しいとわかっていた。

ルネは、エットーレ・ブガッティが作った時計と、スクーデリア・フェラーリからの移籍のオファー、そしてシュシュとの婚約を報じる社交面の記事を携えて、モルスアイムを後にした[368]。

一二月八日の結婚式の二週間前、ルネはシュシュと彼女の家族と過ごすために、シャテル＝ギヨンを訪れた[369]。彼らは街の中心にある〝ラ・パラドゥ〟という名の豪華な邸宅――二つの尖塔があり城と見間違うほどだった――で暮らしていた。シュシュと彼女の父は、二つのことについて話し合いたいとルネに言った。[370] まず、シュシュの父ジルベール・ミラトンは、ルネにモータースポーツから引退して自分の製薬会社に入社してほしいと提案した。裕福な暮らしを送ることができ、リスクも少ない。おそらく将来的にはそうします、とルネは答えた。彼はレースを続けたかった。この申し出は驚くものではなかったが、二つ目の申し出は驚くべきものだった。二人はルネにカトリックに改宗してほしいと言ったのだった。

厳しい要求だったが、ルネは、よく考えたうえで同意した。シュシュを幸せにしたかった。そしてレースこそが自分にとっての信仰であることを知っていた。それ以外に自分を定義するものは必要なかった。

婚前契約が成立し、結婚式の準備が進んだ。[371] ルネはフィアンセへのプレゼントを買うためにパリへ向かった。しかし、彼の不在中、ジルベール・ミラトンが心臓発作で急死した。倒れたとき、彼は煙草を手に、ダイニングルームのテーブルに一人座っていたという。

ルネは急いでシャテル＝ギヨンに戻った。二人は葬儀の数日後に予定どおり結婚式を行うことにした。招待客は近親者に限られた。ルネは黒の喪服を着ていた。黒のドレスを着たシュシュは式の間、ずっと泣いていた。二人は新婚旅行をキャンセルしてミラトン一家と過ごすことにした。世界が不吉な兆しに満ちていた時代、自ら選んだかどうかにかかわらず、自分たちの生まれた家柄によってアイデンティティが決められる人々にとって、それは将来に対する凶兆だった。

第6章 影

一九三五年五月、リビアのトリポリに向かうフェリーの船上では、多くのドライバーたちがバーに集まり、思い出と笑いを分かち合っていた[372]。そこにはルネ・ドレフュスが、スクーデリア・フェラーリの新たなチームメイト、タツィオ・ヌヴォラーリとルイ・シロンと共にいた。メルセデスのマンフレート・フォン・ブラウヒッチュとルイジ・ファジオーリは、新シーズンの最大のライバルであるアウトウニオンのハンス・スタックと新たなチームメンバー、アキーレ・ヴァルツィの向かいに立っていた。いっとき、彼らはかつてのような友情を楽しんでいた。

一人でいることを好んだルディ・カラツィオラはこっそりとその場を去った。星のない夜で、にわか雨がデッキを濡らしていた。彼は船尾のデッキで、灰色の防水シートがかけられたW25の横にたたずんでいた。煙草を吸いながら、シャーリーのことを考えていた。彼はこの冬、アロサを離れて過ごした。二人が共に過ごした思い出があまりにも強すぎたのだ。彼はアメリカで過ごし、インディアナポリス500にも参加した。また、パリでルイ・シロンとベイビーと共に過ごしたこともあった。手すりのそばで、彼は船のスクリューが海上に作る泡でできた二本の流れを眺めていた。バーからかすかに漏れてくる酒盛りの声を聞きながら、次のグランプリ・レースでは自分たちの中の誰が死ぬのだろう——そしてそれにどういう意味があるのだろう——と考えていた。

一九三四年一二月、ベルリンは自らの目的を明らかにした。ヨーゼフ・ゲッベルス率いる国民啓蒙・宣伝省がしつらえた演壇から、アドルフ・ヒューンラインは新たなフォーミュラでの最初のシーズンにおけるドイツの成功を祝っていた。彼は、ドライバーとナチスの高官に向かって「レースは、現在および将来において常にモータースポーツの最高の体現であり、国際競争における国家の最高の成果である」と宣言した。[373]

負けじとばかりに、業界の他の指導者たちも、自らの成果の重要性を強調した。全国自動車クラブの会長は、シルバーアローの優れた性能は、〝国民全体の生産能力の高さの証し〟であると語った。[374]アウトウニオンの幹部も負けてはおらず、Pヴァーゲンを製造した技術者や労働者を「ドイツの血と土を有する偉大な男たちの共同体であり、粘り強い意志と猛々しい心、そして限りないエネルギーを持ち、ヒトラー王国のために働き、その先頭を誇らしげに行進している」と評した。[375]

ルディは知っていた。こういった連中が、ドイツの大規模な再軍備に向けて共に歩んでいるのだ。一九三五年三月、ヒトラーはすでにほとんどの人々が知っていることを世界に向けて発表した。[376]彼はヴェルサイユ条約に定められた軍事的制約にはもはや従わないと宣言した。徴兵制を復活させ、五〇万人規模の軍隊を目指し、ドイツの空軍と海軍の本格的な整備に向けて動きだした。これらすべてはドイツ国内で増え続ける暴力の嵐とときを同じくして行われていた。

ルディや彼の同僚のメルセデスのドライバーが皆、ユダヤ人を含む〝帝国の敵〟に対する残虐行為について知っていたことは間違いないが、彼らは、そのような考えを普段は脇に追いやっていた。ブラウヒッチュは、自伝の中で、プリンツ・アルブレヒト街にあるゲシュタポ本部の前を通るとき、内部で行われている恐ろしい出来事に関するうわさを知り、不愉快な気分になったと語っている。彼は「ユダヤ人は皆、ドイツを破壊しようとする共産主義者なのだ」と自分自身を納得させようとし、絞首刑や銃殺に関するうわさは大げさなものなのだと自分に言い聞かせた。[377]それでも、この通りを避けることが最善だと判断し、その後は別の道を通ることにした。「自分には関係ないことだ」ブラウヒッチュは不安を抱きながらも正直にそう記している。有名なレースカー・ドライバーとして、彼は〝人生は美しく〟、それを失わないことが一番なのだと記していた。ルディもまた、ファウストと同じように悪魔と取引をしていた。

彼は、エンジンをスタートさせるたびにリスクを負っていることを考えると、背筋に凍るような寒気を感じた。気がつくと何時間もデッキにいた。レースに出るしか選択肢はないとわかっていた。勝つためにすべてを犠牲にするしかなかった。そして唯一恐れていたことは、自分の体力的問題で、より速く、よりパワフルなマシンが要求されるレースで新たな世代のライバルたちと対等に戦うことができないのではないかということだった。

船がトリポリに停泊すると、空気は暑さに揺らめき、赤い砂塵が町全体に影を投じていた。白い家々が立ち並び、人々でにぎわう狭い通りを馬車が走り抜け、ウアダン・ホテル＆カジノに到着した。星の形をしたこのホテルは、豪華な庭園と噴水を備え、ヨーロッパ大陸の落ち着いた雰囲気のホテルに比べるとエキゾチックな楽園のようだった。[378]

イタリアの保護領であり、〝イタリアの第四の海岸〟と呼ばれていたリビアは、元イタリア空軍大臣のイタロ・バルボ総督により統治されていた。[379] バルボは〝ファシスト政治家〟であると同時に、〝大西洋を単独で横断した英雄〟という二つの顔を持っていた。[380] 彼はレースを愛し、自身の芝居がかった感性とムッソリーニの寵愛のもと、トリポリグランプリを最も豊かで、華やかなレースの一つにしていた。

このコースのカンチレバー構造（訳注：一端が固定され、他端が自由端とされた構造）のグランドスタンドは、それ自体が目を引く存在であった。郊外に位置する八・一四マイル（約一三キロメートル）のサーキットは、塩田を横断して地中海と並行して走り、青く輝く湖を通り過ぎ、砂丘やヤシの木立を周回していた。[381] ほぼ四角い形をしたコースは、ドライバーが、長く緩やかなカーブに沿って全速で走ることを可能にした。このため、時速一四〇マイル（約二二五キロメートル）以上のスピードでコーナリングする際につきものの道路の外側への横滑りを読み誤ると、非常に危険な状態が待っていた。当時のモータースポーツライター、ジョージ・モンクハウスが指摘しているように、この手のコントロールされたドリフトには、〝秒単位のタイミングと非常に冷静な頭脳は言うまでもなく、繊細なバランス感覚とタッチ、絶妙なスロットルの使い分け〟が求められた。[382] これを実行できるドライバーは一握りしかいなかった。

一九三五年のレースは、スタートから〝世界最速のサーキット〟の名に恥じない展開となった。[383] 砂漠の暑さにさらされたコースは、マシンのタイヤを天使の髪の毛のように切り裂き、ドライバーはピットインを繰り返して順位を目まぐるしく入れ替えていた。最初はファジオーリがトップに立ち、次にカラツィオラ、さらにヴァルツィ、スタックがトップを奪うといったように。

フランスとイタリアのファクトリーチームは、平均時速一二〇マイル（約一九三キロメートル）を維持して走るシルバーアローに大きく引き離されていた。ルディは三度のタイヤトラブルに見舞われたが、メルセデスのクルーは二分以上かかっていたピットインの平均タイムを四〇秒――しばしばそれ以下のタイム――まで短縮した。[384] これは軍事的な作戦のように、すべての動きが計画され、調和が図られ、何千回と練習されていた。

スピード誌は、彼らの規律ある効率性を〝一九一四年のヴィルヘルム二世の軍隊〟になぞらえた。[385] メルセデスのドライバーがピットインしなければならないとき、ノイバウアーは赤い十字が描かれた白い旗を振った。[386] ドライバーはスパークプラグがオイルで汚れるのを防ぐために一二〇ヤード（約一一〇メートル）手前でエンジンを停止しなければならなかった。W25は慣性走行で静かにピットインし、ドライバーは正確な印に合わせてブレーキを踏んでマシンを止めた。タイヤジャッキ、加圧燃料ホース、スペアタイヤ、スターターはすべて事前に位置が決められていたため、ラインからずれると――たとえ一インチ前後にしても――貴重なタイムを数秒失うことになった。

そして、しみ一つない真っ白なジャンパーを着た三人のメカニックが動きだす。ノイバウアーがそれぞれの仕事を指示していた。「1番は左後輪の準備をし、3番はドライバーにきれいなゴーグル、フロントガラスを拭くセーム革、グラスに入った水を渡す。その後は燃料を入れる。その間、1番と2番は車をジャッキアップして、後輪を交換する。1番は電動スタートを準備して、エンジンを始動させるんだ[387]」

ノイバウアーはドライバーのそばに立ち、レースの状況を伝えるとともに華麗なドライビングを気前よく称賛した。その一方で彼は、クルーにタンクを満タンにさせ、新しいタイヤをカッパーハンマーで必要な回数だけ叩いて固定させていた。

この作業の迅速さは、ライバルたちに対してメルセデスに大きなアドバンテージを与えた。ルディが言っていたように、これこそが〝勝利の秘訣〟だった[388]。多くのエンジニアやメカニックがこの冬、W25のパワーと信頼性を高めるために努力してきたという事実も大きく貢献していた。

残り五周で、アウトウニオンのヴァルツィがトップを走り、ルディは数分遅れの二位にいた[389]。ルディは、ヴァルツィが飛ばしすぎているとわかっていた。ときが来るのを待った。二周後、意地の悪い暑さがタイヤを襲い、ヴァルツィはスピードを落として緊急ピットインを余儀なくされた。彼がコースに戻ってきたときには、ルディはヴァルツィの後方数台分まで迫っていた。彼はチャンスが来るまで辛抱強くへばりつき、そしてスピードを上げてトップに立った。

ルディが海に沿って猛スピードで走り抜けフィニッシュしたとき、追ってくるものはいなかった。エンジンを切り、ゴーグルをはずした。ノイバウアーは舗装されたコースを、タップダンスを踊りながら近づいてきて、ルディをW25から引っ張り出した。二人のメカニックが彼を肩の上に乗せた。誰もが彼の背中を叩き、握手しようとしていた。

　勝ったのだ。

「太陽があった。人々が……すべてが素晴らしく、明るく、フレンドリーだった。そして私は戻ってきた」ルディは後にそう記した。[390]「そう、それは本当に驚くべきことだった。私は戻ってきた。そしてまたこれからも戦うことができるのだ……影は去ったのだ」

　ドイツの新聞は、ダイムラー・ベンツのプレスリリースをほぼ忠実に再現するような見出しで、この勝利を報じた。彼らのマシンは〝世界で最もタフなコースの一つ〟で、〝絶対的な優位性〟を発揮し、すべての挑戦者を〝完膚《かんぷ》なきまでに打ち負かした〟のだ。[391]〝老練な〟ルディに関しては、〝回復し、素晴らしい状態〟にあり、〝信じられないほどの勇気と忍耐力〟と〝正確な戦術〟で勝利を収めたと称えた。

　一カ月後の六月中旬、ルディはアイフェルレースに出場するため、ニュルブルクリンクに戻ってきた。[392] 残り三周で、アウトウニオンのベルント・ローゼマイヤーがルディをリードしてグランドスタンド前を走り抜けた。元オートバイレーサーの新人ドライバーは、弱冠二五歳、背が高くブロンドの髪をしたハンサムな男だった。ワット数で測れそうなほどの笑顔をした彼は、同時に生意気で大胆、ドライバーとして生まれつきの才能を持っていた。

　この年は、ローゼマイヤーにとってはアウトウニオンでの最初のシーズンだった。そしてこの日、グランプリドライバーとしてはわずか二戦目だったが、悪名高い難関コースで、さらに運転が困難なことで悪名高い車――特にコーナーではリヤエンジンのせいでしばしば後部がスピンした――を駆って、トップを走っていた。

　ルディは彼にぴったりとくっつき、その動きを研究した。そしてついにライバルのコースマネジメントの弱点に気づいた。サーキットの最後の部分にあるツバメの尾のような形のコーナーを抜けるとき、ローゼマイヤーはいつも早めに五速に入れるのだった。最終ラップ、ルディは四速をほんのわずか長く維持したまま、アクセルを踏んだ。コーナーを出たところで、ローゼマイヤーがルディをブロックしようとした。が、無駄だった。拳を突き上げ、ルディがトップでフィニッシュした。

　ピットで、彼は車のシートの上に立った。周囲に集まってきた群衆の間から頭と肩だけが見えていた。勝者にジークハイルの敬礼をする人々の腕が、まるで波のようだった。ルディも敬礼をして応えた。[393] 彼の勝利は、ニュルンベルクの集会のときと同じように第三帝国を祝福するものになっていた。しかしルディは、勝利は自分の、自分一人のものだと思っていた。

エイフェラーホフ・ホテルでのレース後のパーティーで、ルディは新人ドライバーの〝登場〟を皆が祝福しているのを見ていた。ローゼマイヤーはまさにルディが恐れていたような有望な新人だった。その事実を自ら確かめるかのように、老練なチャンピオンはカクテルからスワールスティックを抜くと、ローゼマイヤーのテーブルに近づいた。「よくがんばったな、坊や。だが、これからはサーキットを回るだけで満足してちゃだめだ。もっと頭を使え」[394]そう言うとルディはスワールスティックを渡した。「これでギアチェンジの練習をするんだな」ローゼマイヤーは感情を表に出さなかった。こうして苦い確執が生まれた。

レース界の高みに戻ってきたのは、以前より暗く、冷酷なルディだった。彼は、同時にうぬぼれてもいた。[395]当時、あるジャーナリストはドイツチャンピオンと話すためには、誰もがはしごが必要だと語った。[396]

一九三五年の夏の間、ルネとシュシュ・ドレフュスはグレーのアルファロメオのカブリオレに乗って毎週のようにドライブをしていた。[397]ルネの妻は、ベイビー・ホフマンの指導を受けて、タイムキーパーの役割を学んでいた。ベイビーはルネのチームメイト、ルイ・シロンとどこへ行くにも一緒だったので、シュシュとベイビーの二人もすぐに仲よくなった。シロンとベイビーが、一九三三年のモナコグランプリとその後のシャーリーの死までカラツィオラと共有していた関係を埋めるかのように、四人は緊密な関係を築いていた。

シルバーアローの躍進により、彼らがサーキットでの勝利を祝ってディナーを楽しむこともほとんどなかった。スクーデリア・フェラーリのチームメイト、〝イル・マエストロ〟・ヌヴォラーリでさえも、メルセデスとアウトウニオンには歯が立たなかった。モナコでは、ルネはルイジ・ファジオーリのW25に追いつくことさえできなかった。レースの後、〝アブルッツィの強盗〟と呼ばれていたファジオーリは、勝者に与えられる黄色いバラの花束を肩越しに投げた[398]。まるで何度も手にしてきたそんなつまらないものにかかずらっている暇はないと言わんばかりだった。

二位に甘んじたルネは、報道陣に対して将来に希望があると無邪気に語った。だが、アヴスでも、銀色の戦隊は一位から三位までを独占し、再びルディが勝利を収めた。

フランスグランプリでは、主催者であるフランス自動車クラブ（ACF）がモンレリのロードコースにシケインを追加してスピードをダウンさせ、エンジンのパワーよりもスキルが有利になるようにした。ルディが再び優勝し、ブラウヒッチュが二位となった。メカニカルトラブルのため、アルファP3はいずれもレースの半分も持ちこたえることができなかった。

フランスにとってはまた悲惨な結果となった。フランスのメーカーはおろか、フランス人ドライバーも誰も完走することができなかったのだ。その後、新聞の風刺画にはメルセデスのメカニックがピットで奮闘している様子と、ルディ・カラツィオラがフランス車の墓場を見下ろしている姿が描かれた[399]。ロト紙のシャルル・ファルーは、この結果を〝フランス自動車産業の大いなる惨

1935年フランスグランプリで優勝したルディ

状〟と表現した。[400] アントランシジャン紙のジョルジュ・フレシャールは、ドイツの勝利の〝痛ましい教訓〟について、「フランスはいったいいつになったら対応すべきときが来たことを理解するのだろうか」と問いかけた。[401]

ACFは臆病者の道を選び、一九三六年のフランスグランプリを名目のみの開催とすることにした。[402] フランス車が再び大敗を喫することを避けるため、シルバーアローのようなフォーミュラモデルの参加を認めないこととし、スポーツカーのみを対象に行うこととしたのだった。参加者はスーパーチャージャーの使用を禁止され、ツーシーターでフェンダー、フロントガラス、ホーン、バックミラー、そしてライトやセルフスターターを含む完全な電気システムを装備する必要があった。

ベルギーグランプリは、アルデンヌのはずれにあるスパ・フランコルシャンで行われ、ルネは再び、ドイツ勢とバトルを繰り広げた。[403] しかし、コーナーでリードを広げようとしても、彼らの前に出ることはできなかった。彼らの加速は比べるもののないほどだった。レース後、勝利を収めたのはまたもやルディだった。彼は、長いリハビリの後、〝驚異の年〟を楽しんでいた。

その日、ルネはずっとシルバーアローの後ろを走っていたため、有害な排気ガスのせいで体調を崩してしまった。[404] ＷＷ燃料はクロロホルムのようで、ルネは三一周目でリタイアを余儀なくされた。ピットインしたルネは、歩道に手足を広げて元気を取り戻そうとした。その後、目がまだ焼けるように痛かったことから、顔をミルクに浸し、のどの痛みを和らげるためにグラス一杯のミルクを飲んだ。ドイツ車の牙城を崩そうとして挑んで失敗した悔しさはそう簡単に晴らすことはできなかった。

新しいサスペンションやエンジンの改良を施しても、Ｐ３は勝てなかった。スクーデリア・フェラーリにチャンスがあるのは、ポー、マルヌ、ディッペなどドイツ勢が参加を拒否したレースだけだった。ポーではヌヴォラーリが、他の二つのレースでは、ルネがルイ・シロンとの接戦を制して優勝した。

レースとレースの間、ルネとシュシュは、エンツォ・フェラーリが故郷で経営する小さなショップのある、北イタリアのモデナに滞在した。フェラーリがレースを訪れることはほとんどなかったため、ルネや他のドライバーは個別にマシンの走行状況を彼に報告していた。三七歳、一メートル八〇センチを超える長身で、威圧感のあるローマ鼻、豊かな黒髪をオールバックにしたフェラーリは、堂々とした存在感を放っていた。[405] だが、その声音はまるでシルクのように柔らかかった。その力強い存在感ゆえ、注目を集めるために大きな声を出す必要はなかったのだ。

かつてはアルファロメオのドライバーであり、ディーラーのオーナーでもあるフェラーリは、マセラティ兄弟に触発されて、一九二九年一一月にイタリア車による自らのレースチームを立ち上げた。彼はジュゼッペ・カンパーリとタツィオ・ヌヴォラーリを説き伏せて最初のドライバーとした。四年もしないうちに、スクーデリア・フェラーリはアルファロメオのファクトリーチームを事実上引き継ぐことになった。モデナのトレント・エ・トリエステ通り一一番地にある二階建ての石造りの建物にあるフェラーリのショップでは、ミラノの工場からマシンが運び込まれ、レースの準備が行われていた。

新たなフォーミュラとシルバーアローの躍進により、アルファロメオはそれまでの優位性を失い、スクーデリア・フェラーリもそれに伴ってつまずきを見せていた。ヴァルツィは一九三五年のシーズンを前にチームを去り、アウトウニオンのドライバーというポジション——それはヌヴォラーリが望んでいたものだった——を獲得した。二人のライバル関係は伝説と言ってよかった。彼らは、最初はオートバイレーサーとして競い合っていた。ヌヴォラーリはマントヴァの田舎で育ち、一方のヴァルツィはミラノの裕福な家庭に育った。ヌヴォラーリがコース上で感情を露わにするのに対し、ヴァルツィは冷徹で計算高く、相手のどんな弱点でも利用する情け容赦のないドライバーだった。[406] 二人は同じチームにいることに耐えきれず、ムッソリーニが間に入って、〝イル・マエストロ〟ことヌヴォラーリをイタリア代表としてアルファロメオに残すことにしたのだった。[407]

ルネはそういったいざこざには関心はなく、単純にスクーデリアの一員となれたことを喜んでいた。最初、彼はルイ・シロンと仲がよかった。その後ルネは、四三歳にして反射神経もレースに対する意欲も失っていないヌヴォラーリを大いに尊敬し、好きになっていった。ヌヴォラーリは、記者にいつ引退するのかと訊かれると、「君は、私が引退する前にとっくに死んでいるだろう」と答えたという。[408]

ヌヴォラーリからはコースの内外を問わず、学ぶことが多くあった。ルネは、かつてメオ・コスタンティーニからアグレッシブさが欠けていると言われたが、アグレッシブさにかけてはヌヴォラーリこそが第一人者だった。その半面、レース以外ではヌヴォラーリは遠慮がちで控えめな男だと、ルネは感じていた。[409] 常に煙草をくわえていて、肉を食べず、一日一二時間の睡眠を取り、アルコールもめったに飲まず、飲むとしてもワインだけだった。結婚して二人の息子をもうけていた彼は、献身的な家庭人でもあった。

身長一六五センチメートルのヌヴォラーリは、葦《あし》のように痩せていて、骨の上に引き締まったたくましい筋肉を備え、運動に関する生体構造の授業に使えるような体つきだった。[410] 刈り上げた白髪混じりの髪の下には、ライバルたちを悩ます、深くくぼんだ目、大きく歯を見せた笑顔、花崗岩のような顎があり、決して感情を隠すことはなかった。ヌヴォラーリはまったくごまかしのない男だった。

また、彼は恐れを知らなかった。直前のレースの事故のせいでギプスをしながらもレースに参加したことも何度かあった。レース中、叫び声を上げ、マシンの横を叩き、そうするとより速く走るかのようにコックピットを揺らした。生まれながらのバランス感覚と器用さを駆使し、彼が事実上発明した四輪ドリフトを用いて、信じられないスピードでコーナーを回っていった。ある歴史家は「狂人のように運転し、頻繁にクラッシュし、まるで重荷を背負った獣のように自分の車をむち打った」と語っている。[411]「彼は当時の隠語で言う、昔ながらのガリバルディーノ――威勢のよい、すべてを出し尽くして勝利をつかむタイプのドライバー――だった。そんな自暴自棄なスタイルから、死の願望に取り憑かれているとか、パガニーニのように悪魔と契約したといううわさが広まるほどだった」

七月二八日に行われたドイツグランプリをインフルエンザで欠場したルネは、勝利のための不屈の意志を披露するヌヴォラーリの教えを目の当たりにしていた。トレードマークであるレモンイエローのセーターに、足首をしばったブルーのズボン、そして首の周りにトリコロールのスカーフを巻いたヌヴォラーリが車に乗り込んだ。[412]幸運のお守りである金のカメの甲羅をぶら下げたチェーンをシャツの中にたくし込んでいた。彼は恐れるべき存在というよりも、むしろダンディに見えた。

ライトが赤から黄色、そして緑へと点滅すると、その雰囲気は一変した。ヌヴォラーリは雨に濡れたニュルブルクリンクのサーキットをマシンを駆り、最初のストレートでシルバーの車をブロックするようにP3を走らせた。最初のコーナーを、他の車が大きくスライドする間に、緋色の大鎌で切り裂くようにカットした。「コリ（行け）！」と叫びながら、ギアを三速に入れ、アクセルを踏んだ。[413] 一周目を終えた時点で、首位のルディ・カラツィオラに一二秒差の二位につけていた。

ヌヴォラーリは、周回を重ねながら、参加している二〇台のマシンの中で唯一のライバルであるメルセデスとアウトウニオンとバトルを繰り広げた。[414] 太陽が顔を出し、路上が乾いてきた。シルバーアローの卓越したスピードに対抗するため、ヌヴォラーリは、ブレーキを使わないというこのサーキットの伝説に忠実に従った。

何度となく、ブラインドコーナーでシルバーアローを追い抜くものの、ストレートに入ると、バックミラーにシルバーアローが迫ってくるのを見ていた。松に覆われた谷間のコースを上り下りしながら、トップ争いを演じていた。それはまるで雄牛の群れを相手にするマタドールのような気分だった。

彼は中盤でトップに躍り出たものの、その後ピットインを余儀なくされた。ローゼマイヤー、ブラウヒッチュ、そしてルディも同様にピットインした。上位四台がピットインしたことで、観客は誰が先頭で飛び出してくるのか、心配そうに見守った。四七秒後、ブラウヒッチュがサーキッ

1935年ドイツグランプリで、"空飛ぶマントヴァ人"ことタツィオ・ヌヴォラーリがピットクルーを急かしている様子

トに戻った。ローゼマイヤーとカラツィオラが三〇秒後にこれに続いた。ヌヴォラーリはまだだった。

興奮のあまり、フェラーリのピットクルーが燃料ポンプを壊してしまい、代わりにキャニスターからガソリンをタンクに注がなければならなくなってしまった。マシンの横で跳びはね、激しい身振りで罵倒し、顔をしかめながら、ヌヴォラーリはクルーを急がせた。最終的に、二分一四秒後、彼はコースに戻った。順位は六位と大きく引き離されてしまった。

彼は草むらにはみ出すようにして鋭くコーナーを回り、藁の俵でできた障壁をかすめるようにして貴重な秒数を稼いだ。多くのコーナーをドリフトとサイドスリップでクリアし、ブレーキはほとんど踏まなかった。イタリア人ジャーナリストのジョバンニ・ルラーニは、彼のドライビングを「インスピレーションに富み、恐れを知らず、誰にも触れることのできない走り」と評した。[415] 残り三周を残して、ヌヴォラーリは二番手につけていたが、ブラウヒッチュとの差は約一分もあり、逆転はほとんど不可能と思われた。ヌヴォラーリは二〇周目には一一秒差まで迫り、次の周ではわずか四秒差に迫った。ルラーニが〝非情な死のダンス〟と表現したように、ブラウヒッチュはタイヤ交換をせずに走り続けることを決断した。[416] ヌヴォラーリはコース上でアルファロメオを鞭打った。もう少し……あともう少し。

コースの周辺に配置されていたスピーカーがレースの様子を伝えた。馬の形をしたカルーセル・ターンでは、「ヌヴォラーリがブラウヒッチュに迫る」とアナウンスされた。[417] ゴールまで六マイル（約九・六キロメートル）の地点で、自信満々だったドイツ人ドライバーのタイヤがバーストした。ヌヴォラーリが首位に躍り出ると、アナウンスが「ヌヴォラーリが抜きました！」と叫び、およそ四〇万人のドイツ人観客を唖然とさせた。数秒後、ヌヴォラーリはチェッカーフラッグを受けた。

タイムキーパースタンドにいた自動車軍団指導者のアドルフ・ヒューンラインは、ナチスの勝利を告げるために用意されていたスピーチ原稿を丸めて捨てた。ニュルブルクリンクのレーススタッフは、ドイツの勝利を確信するあまり、表彰台に掲げるイタリアの国旗を探すのに苦労したほどだった。ドイツの新聞はこの敗北を〝不運〟のせいにしたが、誰もが真実を知っていた。[418] あるイギリスの新聞の論説委員は、「勝利を左右するのはマシンではなく、人間なのだということをあらためてヌヴォラーリが証明した」と記した。[419]

この重要な教訓は、かつてと同じレベルで戦おうと必死になっていたルネにとっても得るものがあった。また、彼はナチスという対外強硬主義者のショーをこれ以上見せられることに、もううんざりしていた。

その秋、ルーシー・シェルは、故郷のブリュノワで輝くばかりの新型ドライエのハンドルを握っていた。パリの南東一八マイルに位置するこの美しい町は、かつてはフランス国王の狩猟場で、森となだらかな丘に囲まれていた。[420] 二世紀以上にわたり、首都パリに住む裕福な人々は、この地域に彼らの成功、高貴な血統あるいはその両方のモニュメントとしての不動産や邸宅を購入していた。イエール川に面したヴァレ通りには豪邸が立ち並び、ルーシーとその家族も〝ラ・レリー〟の二六番地に住んでいた。

ルーシーが新しい車を運転していても、驚く者はおらず、それを速く走らせていることに驚く者もいなかった。しかし、その日、ブリュノワの住民は、自分たちが目にしたツーシーターのコンバーチブル・ロードスターにかなり驚かされた。それはドライエの工場から直送された最初の車、タイプ135だった。[421]

ジョセフ・フィゴーニ――モンレリで記録を更新した、空気力学を応用したボディを製造したのと同じ板金職人――がデザインした、曲線を描く車体の下には、凶暴なエンジンが隠されていた。過去一八カ月にわたって何度もルーシーに勝利をもたらし、一九三五年モンテカルロ・ラリーで三位に入賞させたエンジンのデザインを、ジャン・フランソワはさらに発展させた。三・五リッターの新しいエンジンは、先代のエンジンと同様、頑丈でありながら、より大きな馬力を発揮した。[422]重要なことは、フランソワがシャーシを改造して、長くなったホイールベースと低くなった最低地上高のシャーシを採用したことだった。またサスペンションも改良されていた。

フランソワがこのタイプ135を作り終える前に、ルーシーは、ワイフェンバックの事務所を訪れ、自分と友人のために一二台を注文していた。[423]「はいどうぞ、ムッシュ・シャルル。この注文であなたが走らせたい二台分の費用を賄うことができるでしょ。だから、フランソワに私たちにできるだけのことをするように頼んでくれない？」と彼女は言った。[424]感謝の気持ちとして、ワイフェンバックは、完成した最初の135をルーシー・シェルに届けることを約束した。彼女がこれまでのキャリアの中で運転してきた乗り心地の悪い車と比べると、ドライエはストレートでもコーナーでも、バランスの取れたスムーズな乗り心地を提供した。

ルーシーはラ・レリーのアーチ型の門を通り抜けた。複雑な錬鉄製の門から、ステンドグラスの窓に描かれた庭園の風景、生木の内部に彫られたような船小屋に至るまで、三階建てのベル・エポック期の邸宅のあらゆる細部が、所有者の裕福さを物語っていた。[425]結婚後、ルーシーとローリーは成功した実業家からこの邸宅を購入して自分たちのものにし、数えきれないほど多くの車を格納するために巨大なガレージを作った。今ややんちゃなティーンエイジャーになった息子のハリーとフィリップもここで育っていた。二人は経験豊富なメカニックよりもエンジンの内部のことをよく知っていた。

一九三六年のモンテカルロ・ラリーの準備をすると同時に、ルーシーはレーシングチームを結成して彼女のドライエを走らせる計画を立てていた。[426] 裕福な家庭に育った彼女には資金があった。ワイフェンバックはやっと信頼できるサポーターであることを証明してくれた。彼女は何年にもわたって自らイベントに参加してきたことで、自身のチームを率いる経験も間違いなく有していた。自分の道を切り開きたいという野心は決して失われることはなかった。他のドライバーたち――たとえばルイ・シロン――は何年にもわたって成し遂げてきた。彼女にもできるはずだった。

「ヌヴォラーリを車に乗せろ！」モンツァのグランドスタンドの観客が叫んだのは、タツィオ・ヌヴォラーリが徒歩で戻ってきたときのことだった。[427] 一九三五年九月八日、イタリアグランプリの途中で、彼のアルファロメオは、アウトウニオンのマシンと首位争いをしている最中に故障してしまった。地元イタリアの観客は、ルネが運転し、二位につけていたもう一台のアルファロメオをヌヴォラーリに引き継がせるよう求めた。[428]

二周後、給油のためにピットに入ったルネは、エンツォ・フェラーリからヌヴォラーリにマシンを譲るように言われた。それは質問ではなかった。ヌヴォラーリがチームキャプテンであることを考え、ルネは迷わず身を引いた。イタリアの観衆は、ルネがそれまで素晴らしいレースを繰り広げ、多くの人々が、彼が勝つ可能性があると考えていたにもかかわらず、同国人が優勝するチャンスを与えるよう求めたのだった。[429]

アウトウニオンのハンス・スタックに次いで二位でフィニッシュしたヌヴォラーリは気前よく賞金をルネと分配したが、このレースはまたもやナショナリズムがグランプリに影響を及ぼしていることを物語っていた。ルネは、どんなによいレースをしても、イタリアのファンは彼を応援してくれないと感じていた。彼らはイタリア人がイタリアのマシンで勝つことを望んでいたのだ。

さらに悪いことに、モンツァで彼は、群衆から嘲笑やあからさまな反ユダヤ主義の発言を浴びていた。[430]イタリアとドイツのファシストは、このような人種的な憎しみの水門を開いていた。

レースの一週間後、ヒトラーは毎年恒例のニュルンベルク集会でこのような憎悪の法制化を発表した。この年、すでに殴打や逮捕、隔離といった熱狂的な反ユダヤの波は最高潮に達していた。レストランや公共の場所には、〝ユダヤ人お断り〟という看板が掲示されていた。[431]ニュルンベルクで、ヒトラーは二つの新しい政策を決定した。[432]ユダヤ人から選挙権を含む市民権をはく奪する「帝国市民法」と、ユダヤ人と非ユダヤ人の結婚や性的関係を禁じた「ドイツ人の血と名誉を守るための法律」である。

集会を締めくくるために、一〇万の兵士、飛行機や爆撃機、大砲を含む大量の機械化部隊が戦争ゲームのようなショーを繰り広げた。この示威行動は、ヒトラーがフランスと国境を接する工業地帯ザールを併合し、東側の国境を確保するなど、国際的な舞台でその力を誇示していたのと同じ時期に行われていた。

一〇月三日、ムッソリーニは、〝アフリカの角《つの》〟にあるアビシニア（現在のエチオピア）に侵攻し、ヨーロッパの平和をさらに脅かした。実効的な権限を持たない国際連盟はファシストの武力侵攻が止まらないことを警告するだけだった。そしてフランスとイギリスの中途半端な抗議は、ムッソリーニをさらにドイツに近づけることになった。この対立は、グランプリ・レースはこのようなトラブルとは無関係であるという見せかけさえをもはぎ取った。「通常、政治は、本誌の管轄外である」とモータースポーツ誌の編集者は記した。[433]「しかし、自動車レースというスポーツが脅かされている場合はその限りではない。自動車レースは基本的に平和なスポーツであり、多くの人々は平和を望んでいると考えるからだ」

ムッソリーニの侵攻は、シーズンの終了とときを同じくして行われた。ルディ・カラツィオラは、シーズン中に行われた七つのグランプリ・レースで何度かの優勝と入賞を果たし、ヨーロッパチャンピオンに輝いた。[434]メルセデスのチームメイトであるファジオーリとブラウヒッチュが総合ポイントで二位、三位と続いた。ヌヴォラーリは四位、ルネは二勝を挙げ、多くの入賞も果たして五位となった。ルネは記者に対し、ヌヴォラーリはインスピレーションを与えてくれる存在であり、特にどんなに劣勢にありリスクを背負っていても、あらゆるレースをリードしようとする彼の〝絶えることのない熱意〟に大きな影響を受けたと語った。[435]賞金の面では、ルネはチームの中でトップだった。

毎年恒例のチーム間のドライバーの入れ替えがすぐに始まった。[436] ルネは翌シーズンもスクーデリアの一員としてレースに参加することを確信しており、エンツォ・フェラーリも彼の加入を認めていた。ルネとシュシュはモデナでアパートを購入しようと物件探しを始めていた。しかし、すぐに政治的状況がすべてをひっくり返してしまった。

ムッソリーニがイタリア人だけのチーム編成を要求したのだった。またイタリア国内の感情も、フランス人ドライバーが赤のチームカラーをまとうことに反対だった。ましてやドレフュスという名字のドライバーであればなおさらだった。ルネがユダヤ教を信仰していたかどうかは関係なかった。ルネの兄のモーリスもカトリックに改宗し、カトリックの信仰に真摯に取り組んでいたが、彼の宗教的な選択に疑問を抱いた反ユダヤ主義者によって、「お前の名前はドレフュスだ。だからお前はユダヤ人だ」と言われたという。[437]

ルネはモデナの本社でフェラーリに会った。工場のにおいが部屋の中にも漂い、金属を削る音がうるさかった。

何も話すことはなかった。フランスに戻って、フランスのチームのドライバーになるのがベストだとフェラーリはアドバイスした。ルネは、気に入らなかったが、この決定を受け入れるしかないとわかっていた。彼とシュシュは荷造りをし、アルファロメオのカブリオレを売り払って、パリに向けて出発した。

その後、ルネはメルセデスがルイ・シロンと契約したことを知った。彼が加入することになった理由の一部にはルディ・カラツィオラの推薦があった。このことはルネにさらにショックを与えた。一九三五年の成績では、ルネのほうがシロンを上回っていたことは誰の目にも明らかだったのだ。多くの人は、適切なマシンがあれば、ルネはサーキットのトップ3ドライバーの一人になれると考えていた。ヌヴォラーリ——ムッソリーニ政府の意向により、本人の希望に反してフェラーリに残留することを余儀なくされていた——を除けば、ヨーロッパ最高のチームの一員としての地位を得るに値する人物は、ルネ以外に考えられなかった。[438]

それが暗示していることは明らかだった。ルネはユダヤ人であり、ユダヤ人ドライバーはメルセデスやアウトウニオンといったシルバーアローの代表にはなれないのだ。ヒトラー自身がドイツ人ではないシロンの加入を認めた一方で、アウトウニオンでは、ハンス・スタックがユダヤ人を祖父に持つテニス界のスター、ポーラ・フォン・レズニチェクと結婚したことから、チームから追放されそうになっていた。だが、スタックがヒトラーと密接な関係にあったことから、彼は追放を免れた。ドイツで唯一の著名なユダヤ人ドライバーであるアドルフ・ローゼンベルガーは、Pヴァーゲンの開発初期にポルシェに資金提供していたにもかかわらず、スタックほど幸運には恵まれなかった。[439]ローゼンベルガーは競技ライセンスを取り上げられ、〝人種的不名誉（ユダヤ人がアーリア人と関係を持ったことを意味する）〟を理由にナチス親衛隊に逮捕され、強制収容所で殴打される扱いを受け、その後アメリカに亡命した。

ルネは、ノイバウアーが自分を雇おうとしていたことを聞いていた。ルネがユダヤ人の息子であることを指摘されると、ノイバウアーは「ユダヤ人かどうかは、彼らが決めることだ」と辛らつに言い放ったという。[440]〝彼ら〟、すなわちヒトラーらは自分に都合のよいときは、その人物の出自を見逃すこともあったが、〝ドレフュス〟という名のドライバーをナチスの旗印の下でレースに参加させることを決して認めないであろうことは厳然とした事実だった。

その年の一〇月、ルネはコンコルド広場を見下ろす、シャンデリアのきらめくホールで開催された毎年恒例のＡＣＦのディナーパーティーに出席した。ＮＳＫＫの代表団をはじめとする世界中のモーターレース界の重要人物に囲まれたルネは、フランスグランプリでの〝見事な〟優勝に対するルディ・カラツィオラへのメダル授与に続く、タキシード姿のＡＣＦ関係者による長々としたスピーチに耐えていた。[441]ある者は、国際連盟がヨーロッパの平和を保証するだろうと語り、また別の者は、ドイツの〝偉大な成功〟を称えたが、露骨なまでの政府の支援について触れる者はいなかった。また別な者はフランスにまともなマシンがないことを嘆き、特にブガッティが翌年はグランプリに参戦しないことを悲しみ、「我々は自分たちの色が褪せていくのをあきらめるしかないのだろうか?」と問いかけた。ヨーロッパの醜悪な政治によって、大きな恩恵を受けるドライバーがいる一方で、取り残されて漂流するドライバーがいることを誰も語ろうとはしなかった。ディナーで席を共にしていたルディとルネはまさにその分裂を象徴していた。

一九三六年のグランプリ・レースに参加するためには、ルネにはたとえあったとしてもわずかな選択肢しか残されていなかった。競争力のあるフォーミュラカーへの投資が行われるようになった今、独立チームとしてレースに参加することは不可能だった。彼は乗る馬のいない騎手だった。

「さあ、行くわよ」という喜びに満ちた声とともに、ルーシー・シェルはドライエ135を駆って、アテネからエレウシスまでのヤシの木の並木道を駆け抜けた[442]。背後には、月明かりに照らされたアクロポリスの白い廃墟が遠くにかすんで見えた。ギリシャの首都を出発すると、ルートは曲がりくねった未舗装の道路に変わり、オリーブの木立を抜けると雪に覆われた山へと続いた。時折、野生のキツネが何匹かヘッドライトに照らされて現れ、暗闇の中に散り散りになって消えていった。一九三六年一月二五日、モンテカルロ・ラリーがいよいよ始まった。ルーシーとローリーがモナコに到着するまで、残り二四〇〇マイル（約三八六二キロメートル）だった。二人は、自らの経験とこの新しい車で、ついに勝利をものにし、ルーシーはラリーで優勝する初めての女性ドライバーとして名を残すことができると信じていた。

アテネを出発した一八組の選手たちは暖かい天候に恵まれた[443]。例年であれば雪深い山々――このルートをこのラリーの中でも最も困難なルートにしている理由の一つだった――も簡単に越えることができた。ラリサの近くで、道路はいくつかの湿地帯と低地を横切った。そこには、荒れ果てた塹壕の列が傷のように残り、砲弾を受けた穴があばたのように見えるなど、第一次世界大戦の傷跡が生々しかった。彼らは何度か、二フィート（六〇センチメートル）近い深さの小川を渡った。

　ブルガリアとユーゴスラビアに入ると、道路は泥のわだちの中を進むような状態にまで悪化した。次のコントロールポイントに予定どおりに到着するためには、小渓谷や自分たちの車を飲み込むほどの大きさの穴を縫うようにしてよけ、ほとんどずっと体が震え上がるようなスピードで走らなければならなかった。彼らのドライエは、まるでフロント独立サスペンションやエンジンの耐久性テストを楽しむかのように、これらの危険と絶え間ないギアシフトに必死で取り組んでいた。[444] カーブではタイヤが道路にぴったりと貼りつき、直線では飛ぶように進み、スムーズに動作する六気筒エンジンは最高時速一一五マイル（約一八五キロメートル）で自由に走らせてくれと懇願していた。ケーブルブレーキは頑丈で、ステアリングは外科医のメスのように正確だった。

　後に１３５を入手したオートカー誌は、手放しにこの車を称賛した。「マシン全体が反応し、ほとんど生きているようで、エンジンは他の車や実際の道路状況に応じてドライバーが何をしたいかに正確に応え、制御装置は必要な操作を正確に行った[445]」

　ハンガリーに到着したシェル夫妻は、ブダペストに向けて整備された道路を走った。[446] そこからさらに、夜になったことに気づかないほどの濃い霧の中、ウィーンへ向かった。ザルツブルグへ向かう途中で雪が降ったものの、ドライエはチェーンなしでもしっかりと路面を捉えていた。

　数日後、およそ一〇〇〇マイル（約一六〇〇キロメートル）を走破して、予定どおりモンテカルロに到着した。

その年、性能テストには二つのパイロンを配した8の字のコースを全速で回るテストが含まれていた。[447] シェル夫妻は一分五秒四のタイムでトップに立った。その後、他のライバルたちはそのタイムに及ばず、このままラリーが終わると思われたが、ルーマニア人ドライバーのペトレ・クリステアがフォードV8で一分五秒フラットで走り、このラリーを制した。彼のタイムがアナウンスされると、シェル夫妻は顔を青くした。長年の悲願であった勝利は、またも彼女らの手をすり抜けていった。

二人はクリステアがブカレストの模擬コースで四〇〇回以上練習していたことを知った。彼はまた、ステアリングホイールがどちらか一方に完全に回転したときには、ホイールが自動的にロックするようにフォードを設計していた。これによってパイロンにおける一八〇度のターンが容易になった。あるジャーナリストは、その器用さをバッタのジャンプに例えた。クリステアと彼のパートナーのイオン・ザンフィレスクは、ルールを破ることなく、最大限に拡大解釈して改良を施し、第一五回モンテカルロ・ラリーを制した。シェル夫妻は二位に甘んじた。ドライエは予想以上のパフォーマンスを発揮したが、わずかに及ばなかった。

翌月のパリ－サン・ラファエルでは、ルーシーは惨憺たる成績に終わった。[448] 唯一の慰めは、チームメイトのジェルメーヌ・ルオーが優勝したことだった。ルーシーは自身の新しいスポーツカーレース・チーム、ブルー・バズのドライバーにこの二八歳のフランス人女性を起用していた。

ルーシーは、いつも好成績を収めていたもう一つのレース、パリ－ニース・ラリーでさらに不振に襲われた。[449]このラリーにはルーシーに加え、ブルー・バズからローリー、ルオー、さらにベテランフランス人ドライバーのジョセフ・ポールもドライエで参加していた。ルーシーのポイントごとの到着順位は順調だったものの、その間に行われたテストが惨憺たる結果だった。五〇〇メートルレースでは、フィニッシュ地点を示すペナントを見落とし、早くにスピードを落としてしまった。別のテストでは、与えられた時間内にドライエをスタートできないトラブルに見舞われた。すでに大きなペナルティを受けていたので、リタイアすることも考えたが、ラ・テュルビーのヒルクライムで少しでも不利を取り戻すことを期待してニースまで走り続けることを決めた。ルオーは、自分の番になると、跳びはねるように丘を駆け抜けた。豹革のコートを着て愛犬を従えた彼女は、スピードクイーンのような華やかさをまとい、ルーシーと同じように強烈な競争心を持っていた。

　ルーシーがスタートする前、スピーカーからルオーの素晴らしいタイムが告げられた。ルーシーはこの若いドライバーの記録を上回ろうとして、危うく大事故を起こすところだった。危険なコースのカーブで、スピードを出しすぎてスピンしてしまい、もう少しで崖から落ちるところだったのだ。三四人中三三位という成績だった。ローリーが優勝したものの、彼の妻には少しも慰めにはならなかった。

　これらの敗北――特にモンテカルロ・ラリーでの敗北――に、ルーシーはひどく落胆した。四〇歳を目前にして、モンテカルロ・ラリー女性初の優勝者となる可能性は限りなく低くなっていることがわかっていた。しかし、彼女は決して休むことなく、次の目標を探し求めた。一九三六年、二つの出来事――一つはモータースポーツ、もう一つは国際問題――が彼女の目に飛び込んできた。

二月一五日、主要なレーシングカー・メーカーの代表からなる国際自動車公認クラブ協会（AIACR）は、冬期に行われた協議の結果、一九三七年から一九三九年までに適用されるグランプリ・フォーミュラを発表した。[450] 最大重量を七五〇キログラムに制限していたこれまでのフォーミュラは、マシンのスピードを制御するうえで役に立たないことが証明され、ドイツのメーカーの優位性につながるだけだった。年々、彼らのエンジンは大きく、パワフルになっていた。一九三六年のシーズン、メルセデスはスーパーチャージャー付四・七リッター・エンジンを搭載し、アウトウニオンは六リッターの巨大なエンジンを搭載していた。これらの貪欲な獣は六〇〇馬力を超えるパワーを誇っていた。

新たなフォーミュラは、エンジンの容量を制限し、より多くのメーカーが参加できるように、幅広いサイズのマシンを認めるものだった。AIACRは、重量とエンジン容量の比率をスライドさせる方式を提案した。スーパーチャージャーを搭載していないエンジンの最大容量は四・五リットルとし、最低重量は八五〇キログラムとされた。スーパーチャージャー付の場合、同じ最低重量八五〇キログラムながら、エンジン容量の上限は三リッターとなった。燃料は自由に選択できた。

フランスモータースポーツ界の重鎮、シャルル・ファルーは修正されたフォーミュラを茶番だと考えていた。無限の資金を与えられているドイツが、予想よりもはるかにパワフルなスーパーチャージャー付エンジンを製造していることは確実だった。設計の複雑さは言うまでもなく、これらの車が燃焼する燃料の量や種類を考えると、そのようなレースカーは〝もはや自動車ではない〟とファルーは語った。[451] さらに、彼は、彼自身の努力にもかかわらず、母国フランスが、ドイツのシルバーアローに対抗する手段を持ち合わせていないことを嘆き悲しんだ。

一九三四年のフランスグランプリにおける大失態の後、ファルーはフランスのメーカーがグランプリカーを製作することを支援するための基金、フォン・ド・コースの設立を支援していた。[452] 各地域の自動車クラブが集まって運営する委員会が管理するこの基金は、ラペルバッジを販売することで二二万五〇〇〇フランの資金を集めた。この資金はブガッティ、ドラージュ、SEFAC（Société d'Étude et de Fabrication d'Automobiles de Course：レースカー研究製造協会）――まだ実際の車をレースに参加させていない生まれたばかりの国営のレースカーメーカー――の間で分配された。この資金は大した金額ではなく、メルセデスがいくつかのエンジンに費やした金額よりも少なかった。ブガッティはその一部で工作機械を購入したと言われている。

一九三五年のモンレリでは、ドイツ勢が表彰台を独占し、観戦していたフランス政府の閣僚は激しいブーイングを浴びた。ファルーは、自国のグランプリの希望を〝どん底〟から救うために、運転免許証を発行するたびに一〇フランの手数料を徴収するアイデアを提案した。一九三五年一二月、政府は〝ミリオンフラン〟基金に関する法案を承認したが、資金調達には最低でも一年かかり、その資金をどう分配するかについての議論もまだ始まったばかりだった。資金が調達できる頃には、フォーミュラレースカーの製造にはほとんど役に立たない可能性があった。ルーシーは、ロト紙に掲載されたファルーの記事やその他のニュースを読んで、すぐに何かをしなければならないと思った。

ルーシーが自らのやるべきことを強く意識したもう一つの出来事は、一九三六年三月、ナチスドイツが非武装地帯であるラインラントを占領したことだった。ヒトラーが、再軍備を公言したのと並行して、ヴェルサイユ条約にあからさまに違反したのだった。これはヒトラーによる一種の瀬戸際政策であり、戦争につながる可能性があったが、フランス政府は、すでに散発的な暴動や、予算の枯渇、低迷する経済によって窮地に陥っていたため、何もしないことを選択した。パリのアメリカ大使館からワシントンに送られた書簡には、「フランスは平和を望み、戦争を恐れている。その恐怖を隠そうとはせず、その結果を受け入れるしかないだろう」[453]ベルリンを拠点とするアメリカ特派員、ウィリアム・シャイラーは自身の日記にこう書いている。「ヒトラーはまんまと手に入れた！　フランスは進軍するつもりはない。今晩、ヒトラーやゲーリング、ブロンベルク、フリッチェの笑顔を国立歌劇場のロイヤルボックスで見たとしても不思議ではないだろう」[454]

ルーシーは、第一次世界大戦における看護師としての従軍経験を通じて、執拗なドイツの攻撃がヨーロッパを荒廃させてきた様子を目の当たりにしてきた。彼女は、ドイツとの戦いで倒れた数えきれないほどのフランス兵の傷や精神的な苦痛の手当てをしていた。彼女とドイツの間には悪感情しかなかった。モーターレースの世界では、ドイツのシルバーアローが、ナチス至上主義に傾倒した政権のための鳴り響くようなプロパガンダを生み出していることは言うまでもなく、フランス製のマシンの勝利の可能性をつぶしていた。

新たなフォーミュラの発表と、ドイツのラインラント進駐を受けて、ルーシーはある決断を下した。[455]ドライバーとしてのキャリアを終え、チームの運営に専念するときが来ていた。当時、ブルー・バズはスポーツカーレースとラリーのみに焦点を当てた限定的な活動しかしていなかったが、彼女はその先にあるものを目指したいと思っていた。ルーシーは思いきってグランプリでの勝利を目指すことにした。グランプリでチームを率いる最初の女性になるはずで、それ自体が価値のある取り組みだった。さらに重要なことは、後に彼女がパリ・ソワール紙に語ったように、〝フランスの威信〟を高め、無敵の支配を誇っていたナチスに対し、彼らの時代は終わったことを示すことを目的としていたのだった。結局のところ、モータースポーツの世界で彼らに挑戦しようと立ち上がるものは誰もいなかったのだ。

ルーシーは、すでになじみとなった道を通ってバンキエ通りに向かい、ワイフェンバックを訪ねた。

「今日はどうしました、マダム・シェル?」と彼は尋ねた。[456]「次の二台の準備はほぼ完了しています。すぐにモンレリに集まってお披露目を行うことになっています……他に何かお望みでも?」

「ええ、とても簡単なことです、ムッシュ・シャルル。一九三七年のフォーミュラに適合した四・五リッターのレーシングカーを作ってください。その車でグランプリに参戦することにしました」

ワイフェンバックはことばを失った。

彼女は、自らが選んだチーム名〝エキュリー・ブルー〟(チーム・ブルー)を彼に披露した。それは、王政の初期に遡って伝統的にフランスを代表する色を純粋に呼び覚ますものだった。「これは私の車になります」ルーシーは続けた。「デザイン、製造、開発、そしてレースそのものに至るまで、何から何まで私がプロジェクトの資金を提供します。フランスの他の自動車メーカーでは決して手に入れることのできない機会を提供します。さあ、どうしますか?」

第7章
素晴らしい物語

ルーシー・シェルが、その日シャルル・ワイフェンバックのオフィスを後にしたとき、彼には考えなければならないことが山のようにあった。誰か別の人間がグランプリカーを一から作るよう頼んだのだったら、笑い飛ばして、オフィスから追い出していただろう。彼はビジネスマンだった。デマレ夫人が彼にレースで勝つ車を作ってほしいと指示したとき、それは、その車を見た観客が週末の公道レースで自分が走ることを想像するようなスポーツカーを意味していた。グランプリカーは、一般のドライバーにはあまりにもパワフルで扱いづらかった。さらに年間を通しての維持管理はもちろん、設計や製造にも非常にコストがかかった。ダイムラー・ベンツやアウトウニオンのような企業にはそのような投資をする余裕があった。彼らは多数の工場、多数のエンジニア、莫大な資金、そして明確な政府の支援を有する巨大な産業複合体であり、それに比べるとドライエはガリバー旅行記に出てくるリリパット人のような存在だった。

しかし、ワイフェンバックはルーシーからのこうした要求を期待している自分に気づいていた。そして、この話を聞いたとき、チャンスが訪れたと思った。二〇代の若者だった頃、彼が東南アジアでの仕事に旅立とうとしていたときに、ドライエの製造責任者の職に応募しようとしている友人とばったり会った。[457] ワイフェンバックが受けてきた技術的な教育は限られており、三輪自動車のレオン・ボレを手掛けていたラヴァッスという会社に三年間在籍していただけだったが、一念発起してドライエでの仕事に応募してみた。その結果、彼はその職を勝ち取り、友人がワイフェンバックの代わりに海外での職に就くことになった。

表面上は、ルーシーの提案は突飛だったが、彼女の資金援助があればグランプリカーの設計開発には一フランもかからないはずだった。取締役会は彼に〝ブランドの知名度を上げる〟ことを求めていた。もし価値のある車を作ることができれば、その宣伝効果からだけでも、今までとは異なる思いがけない利益を得ることができる。[458] 何よりも、ワイフェンバックは、フランスをモータースポーツ界の正当な台座に復帰させるというアイデアが気に入った。[459] ルーシーがチームのために選んだ愛国的な名前が、彼の決意を決定的なものにした。

彼はジャン・フランソワに開発を指示した。二人とも、スーパーチャージャー付の三リッターエンジン——特にドイツの経験豊富なエンジニアが作ったエンジン——が、四・五リッターのスーパーチャージャーなしのエンジンよりもはるかに大きな馬力を発揮することを知っていた。[460] フォーミュラを決めた者は、スーパーチャージャーの優位性をエンジンの大容量化によって均等化していると考えていたが、その比率は明らかに間違っていた。

スーパーチャージャー付のエンジンを作ることは、非常にコストがかかり、時間のかかる作業で、彼らには経験もなかった。ルーシー・シェルは裕福だったかもしれないが、そこまで裕福ではなかった。さらに、ワイフェンバックはグランプリ・サーキットで戦うというアイデアに興奮していたかもしれないが、だからといって、突然世界をバラ色の眼鏡で見ていたわけではなかった。どんな設計であっても、それが一般の人々が購入する車の基礎として役立つのでなければ、やる価値はなかった。スーパーチャージャー付のエンジンは、その高い燃料消費量ゆえに、通常のドライエの製造モデルではほとんど役に立ちそうもなかった。

フランソワが提案したのは、フォーミュラの定める最大容量四・五リッターのV型一二気筒エンジンだった。彼はスポーツカーのデザインを手掛けていたので、それをグランプリモデルに応用することも可能だった。ワイフェンバックは、軽量で効率的、耐久性があって製造や修理が簡単であること、そして一般のガソリンを燃料とする車であることを要求した。[461]

それからの数日間、フランソワはデュプランタン・レストランでノートにデザインをスケッチしながら、ランチをとっていた。[462]彼が鉛筆でおおまかなデザインを描いている間は、集中するあまり、外のペレール広場の喧騒も消えてしまったかのようだった。ときには興奮して、白いテーブルクロスにまで殴り書きをしてしまうこともあった。それはただのスケッチで、しかもエンジンだけだった。他にもシャーシやサスペンション、ブレーキ、ステアリング、トランスミッション、空気力学的ボディなど一〇〇〇近くのことを考えねばならなかった。しかし、確固たる目的を持ったスタートだった。

一九三六年春、ルネ・ドレフュスはドライエの競争相手、タルボ・ラーゴのために働き、ほとんどの時間をパリ郊外の西、シュレンヌにあるきれいなオフィスで過ごしていた[463]。彼のオフィスのドアの上には、美しい文字で〝チームリーダー〟と記されていた。ルネのレース仲間が新シーズンに向けて準備をしている間、彼はスーツとネクタイという姿で、スポーツカーレースに出場するためのファクトリーチーム設立に取り組んでいた。

誰から尋ねられても、ルネは自身の将来について前向きに答えた。あと一人ドライバーを雇えばよく、新しいマシンの準備も順調で、レースのスケジュールもすべて決まっていた。「まだやるべきことはたくさんある」と記者に明るく宣言していたが、五月初旬の初挑戦に向けて準備は整っていた[464]。

しかし実際には、彼はジミー・ブラッドリーという経験の浅いドライバーのお守りを命ぜられていた。ブラッドリーはオートカー誌の編集者の息子だったのだ。さらに厄介なことに、彼らのマシンは依然としてトラブルに悩まされていた。

前年の秋、ルネは、ほとんど選択肢がなかったこともあり、タルボのレースチームのキャプテンになることに同意した。タルボの社長のアンソニー・ラーゴの話を聞いていて、ルネはそれがよいアイデアだと思った。ラーゴは四〇代前半のおしゃべりでハンサムなイタリア人で、数カ国語を操る魅力的な一流の実業家だった。[465] ムッソリーニの国家ファシスト党の創設メンバー五〇名の一人であるラーゴは、国民の戦士から独裁者へと変貌を遂げたムッソリーニに抵抗するようになった。ラーゴは彼を殺そうとした黒シャツ隊員に手りゅう弾を投げつけて、暗殺から逃れ、イタリアから逃亡した。一九二三年、パリで工学を学んだ後、イギリスに移住した。そして驚くほどの勢いで、一〇年も経たないうちに、取締役会から会社を任せられるまでの実業家に上りつめた。

ラーゴはタルボを自らの力の源泉にしようと考えていた。一九〇三年に設立されたタルボは、初期のモーターレースを席巻し、〝無敵のタルボ〟と呼ばれていた。[466] 第一次世界大戦後、再編や合併が相次ぎ、それまでの会社は混乱に陥った。フランスとイギリスの工場はどちらも自動車を製造しており、しばしば互いに競合することがあった。当時のサンビーム・タルボ・ダラック（STD）という名前自体が、同社が集中力を欠いていたことを物語っており、一九三四年には倒産に陥った。新たなオーナーがフランス部門の売却を準備していると、ラーゴは、わずかな給料と利益の一部を払うならば、シュレンヌの工場を再生させると申し出た。一九三五年末までに、彼は会社の大陸部門を完全に所有し、自身の名字を社名に加えていた。彼は、自身の資金を一切使うことなく、手際よく取引を実現させたのだった。

会社を復活させるための戦略に関し、ラーゴの考えは明確だった。それは、経費を削減し、より軽量で魅力的な車を製造することで、ロト紙で明言していたように、「国際的なイベントで、タルボが長年にわたり輝かしい地位を維持してきた場所に、近い将来、復帰する」というものだった。[467]タルボは、どのチームにも採用されなかったトップクラスのグランプリドライバーであるルネにプロジェクトを率いさせ、エンジニアたちには一九三六年のシーズンに向けて、六気筒T150の四リッターバージョンの準備を進めさせていた。これには、フランスグランプリ——主催者がシルバーアローの活躍を阻止するために、再び国際的なフォーミュラを放棄していた——への参戦も含まれていた。[468]

このとき、フランスグランプリに関し、マルヌやコマンジュなど、スポーツカーのみで行われる他のフランスのレースと同様に、名目だけのグランプリではないかと盛んに議論された。年々注目を集めるようになってきていたポーだけが七五〇キログラムのフォーミュラルールで行われたが、ドイツのチームが参戦しなかったことから大幅に規模が縮小されていた。さらに、ムッソリーニは、国際連盟が彼のアビシニア侵攻を受けてイタリアへの制裁強化を続けていることを理由に、イタリアチームのフランスでのレース参加を拒んでいた。またしても、政治がスポーツに優先されたのだった。

五月二四日、ルネはビジネススーツからオーバーオールに着替え、タルボにとって初めてのレースとなるマルセイユ三時間レースに出場した。[469]彼のブルーのT150には、スポーツカーの仕様に合わせてマッドガードとライトが取り付けられていた。記者はそのフラットで実用的なデザインを平底船に例えた。

ミラマ・オートドロームでは、ルネとチームメイトのアンドレ・モレルが一〇台のドライエ135と一台のブガッティを相手に、誰が三時間で最も長い距離を走破するかを競った。ドライエのうち二台はファクトリーチームだったが、三台はルーシー・シェルの〝ブルー・バズ〟で、そのうち一台はローリーが運転していた。レースが始まる前、ラーゴはルネを脇に引き寄せた。「とにかくできるだけ速く走るんだ」と彼は言った。[470]「故障してもかまわないから」二人とも自分たちの車が信頼できないことをわかっていた。ラーゴがこのレースで証明したかったのは、タルボがレースに復帰したということだけだった。

ルネは与えられた命令に従った――さらにそれ以上のことをやった。[471]一周目の五キロメートルを終えた時点で、三〇〇メートルの差をつけてトップに立っていた。時速一二五マイル（約二〇〇キロメートル）で走り、ラップレコードを記録した。しかし、五周目にエンジントラブルでリタイアし、モレルも同様のトラブルに見舞われリタイアした。ドライエは、ファクトリーチームのドライバー、ミシェル・パリ（レースネームはアンリ・トゥールーズ）が優勝し、二位にはローリー・シェルが入った。

レースの二日後、パリ郊外の飛行機工場でストライキが発生した。[472]そこからストライキや座り込みは街じゅうに広がり、やがて国じゅうを包んだ。経済は行き詰まり、フランの価値も急落した。革命が勃発し、共産主義の赤潮が優勢になるかのように見えた。フランスのどの地方もその影響を免れなかった。ラーゴはタルボを救うため、多くの債権者と交渉しなければならなかった。パリだけでも三五万人の労働者が仕事を放棄して街頭を行進した。カフェやデパートは閉店し、美容師はハサミを捨て、靴磨きはブラシを捨てた。

エットーレ・ブガッティは、ずっとスタッフを自分の子どものように考えていた。「何も心配することはない」と、ストライキが起きた後も話していた。[474] しかし、やがてモルスハイムの従業員が反発して工場を占拠し、ブガッティの立ち入りを拒否した。[473]絶望したブガッティは、二六歳の有能な息子ジャンを残してパリへと旅立った。

ストライキのため、ル・マン二四時間レースは史上初の中止となった。六月二八日、ACFは、わずかな観客だったものの、何とかモンレリでフランスグランプリを開催した。だが、グランプリよりも同じ日に行われた競馬のレースのほうが、観客が多かったという。

ルネは三台のタルボを率いていた。九台のドライエ135が参加し、さらにジャン・ブガッティが自らデザインした新たなスポーツカーで参戦した。タルボやドライエよりも幅広く、長いマグネシウム合金のボディは、流線型の戦車のようだったので、ブガッティはこれをタイプ57Gタンクと名づけた。[475] ベテランの元フランスチャンピオン、ロベール・ブノワとジャン＝ピエール・ウィミーユがドライバーを務めた。

「君たちの仕事は、可能なかぎりブガッティの先を走ることだ」とラーゴはルネに指示した。[476]「それだけ頼んだぞ」

一〇時になると、三七台のスポーツカーがスタート地点に斜めに並び、ドライバーたちは少し離れたところで前かがみになって、ル・マン・スタイルのレース開始に向けて、ダッシュする準備をしていた。[477] 銃声とともに、ルネは自分の車に駆け寄った。コックピットに乗り込み、エンジンをスタートさせると真っ先に飛び出した。マルセイユ三時間レースと同様、最初のラップをトップで終えたが、レースは一〇〇〇キロメートルの距離があり、どんなに速く走ったとしてもゴールまで八時間はかかった。

ルネは二周目でブノワに抜かれ、さらにウィミーユにも抜かれたが、かなりの距離にわたってブガッティを追いまわした。彼はまたラップレコードも更新した。中間地点を前に、三台のタルボは燃料経路の詰まりやスパークプラグの不調、プッシュロッドのずれなど、立て続けに小さなメカニカルトラブルに見舞われ、大幅な遅れを余儀なくされた。

結局ブガッティのウィミーユが優勝し、ドライエはミシェル・パリが二位となった。タルボは八位、九位、一〇位だった。ラーゴはこの結果に興奮していた。チームのキャプテンが初めてＴ１５０の比類なきスピードを証明したのだった。だが、ルネは違うことを感じていた。彼は勝ちたかった。真のグランプリの舞台で勝利を収めたかった。

七月五日に開催されたマルヌグランプリでは、ルネは再び、序盤でライバルをリードし、ランス・グーの四・八マイル（約七・七キロメートル）のサーキットを二三周するレースで、これまでで三番目のラップレコードを記録した。[478] ラーゴは、勝利を手にしたと信じて、サイドラインで祝福をしていた。しかしその二周後、ルネはピットから数百ヤードの地点で草むらに突っ込んでしまった。クランクシャフトが破損し、エンジンが停止してしまったのだ。またもやウィミーユがタンクで優勝した。

このレースでドライエのファクトリーチームは二度のクラッシュに見舞われた。主戦ドライバーであるパリは三一周目の急コーナーでコースアウトして転倒し、背中の骨を折った。病院に運ばれ一命をとりとめたものの、半身不随になってしまった。数周後、チームメイトのアルベール・ペローが路面から溝に落下した。彼の135はぺしゃんこになり、ペローも打撲を負い、ショック状態だったが一命をとりとめた。ドライエはドライバー二人を失うことだけはかろうじて免れた。

その後のディナーで、ルネはウィミーユに、ブガッティが翌月のコマンジュに参加するつもりなのかと尋ねた。ルネはそれまでにタルボがマシントラブルから解放されることを願っていた。「もちろんさ」と生意気なライバルは答えた。[479]「また君が負けるところを見にいくよ！」

一九三二年のコマンジュでの事故の後、病室を共にして以来、ルネはこの痩せて寡黙なドライバーのことがあまり好きではなかったが、それは彼らがそれぞれの将来について話したことがきっかけとなっていた。[480] そのとき、ルネにはレース以外に何も考えられなかった。ウィミーユは政治の世界に入りたいと考えていた。ルネが、どういった基盤を代表するのか――誰が彼に投票するのか――と尋ねると、ウィミーユはただ、「女性」と答えた[481]。彼は自分のハンサムで武骨なルックスと魅力に自信を持っていたのだ。有名で裕福なフランス人競馬ジャーナリスト――ニューヨーク・ヘラルド・トリビューン紙に寄稿もしていた――を父に持つウィミーユは、スポーツの世界に簡単に足を踏み入れることができた[482]。謙虚さとは無縁の男だった。

八月九日、二人はコマンジュで再び相まみえた[483]。一一周目に先頭のブガッティを抜こうとしたルネだったが、フロントのスタブアクスルが突然折れてしまった。車輪がはずれ、タルボはコースを横切って、藁の俵でできた障壁をかすめ、民家に激突して停止した。コックピットから出てきたルネは無傷だったが、動揺していた。時間と経験のおかげで、彼は偶然の働きというものを信じなくなっていた。クラッシュを避け、幸運を手にするためにはタルボを去る必要があると確信していた。

一九三六年のシーズンを一勝もできずに終えたルネは、グランプリ・レースから除け者にされているも同然の状態に激しい怒りを覚えていた。フェラーリのオフィシャルチームに所属していたならば、今頃はニューヨークで開催されるヴァンダービルトカップ――かつてアメリカで有名だったレースを復活させたものだった――に向けて出発していただろう。しかし、彼は、ストライキが続き、ドイツに対する不安が高まるパリに留まっていた。将来に不安を感じていた。フランスと同じように。

ルネがフランスでスポーツカーレースに参戦していた頃、グランプリ・レースは、ドイツの自動車メーカー二社の争いとなっていた。一九三六年五月一〇日、トリポリグランプリの終盤で、ルディ・カラツィオラは大きく離された四番手にいた。[484]これがルディにとってはシーズン二戦目だった。モナコでは優勝していたが、この高速のメラハ・サーキットではトップを走るハンス・スタックに追いつくことはできなかった。スタックと同じくアウトウニオンのPヴァーゲンに乗るアキーレ・ヴァルツィだけがトップに迫っていた。六リッターエンジンを搭載し、操作性を向上させたアウトウニオンを誰も止めることができなかった。

イタロ・バルボ総督と共に、高いブースから観戦していたのは、ヒトラーの側近であるフィリップ・ボウラーとマルティン・ボルマンの二人のナチス高官であり、彼らの存在は、アビシニア侵攻以来、ドイツとイタリアの枢軸がいかに緊密となったかを示す証拠だった。[485]

スタックがピットを通過するとき、チームマネージャーのカール・フォイエルッセンがグリーンフラッグを振って、スローダウンを指示した。スタックのリードを考えると、賢明な戦略だった。スピードを出しすぎて事故を起こすリスクを冒しても意味がなかった。しかし、スタックが驚いたことに、ヴァルツィがすぐに迫ってきた。二人はチームメイトだったので、ヴァルツィにも同じように減速するように指示があったはずだった。数秒後、彼はスタックを追い抜くと、もう後ろを振り向かなかった。最終ラップで、彼はコースレコードを更新した。

スタックは四・四秒遅れでフィニッシュした。ピットに入るやいなや、取りはずし可能なハンドルを手に、彼は〝血まみれの豚〟（訳注：血の色の赤はイタリアを示す）ことヴァルツィが自分のレースを盗んだと言って叫んだ[486]。アウトウニオンのメカニックはスタックを落ち着かせようとし、ヴァルツィにはスローダウンする指示は出されていないとスタックに告げた。それどころか、彼はレッドフラッグを振られ、スピードアップするよう指示されていた。カンカンに怒ったスタックは、チームマネージャーに詰め寄り、説明を求めた。

フォイエルッセンは彼を脇に寄せて、静かに言った。「私は厳しい指示を受けていた」

スタックは混乱した。何の指示？　誰からの？

「ベルリンとローマが決めたんだ。可能なかぎり、イタリアのレースではイタリア人が勝つべきだと。たとえ、ドイツの車を運転していようとも」スタックはハンドルをチームマネージャーの足元に投げつけて、嵐のように去った。

二人の会話に関するうわさは、ノイバウアーにも伝わり、その後、ルディを含むメルセデスのメンバーにも伝わった。その夜、バルボ総督は毎年恒例のレース後のパーティーを開催した。騒動が起きることは間違いなかった。

ルディは、ルイ・シロンとベイビーと共にパーティーに現れた。シロンがメルセデスに加わった今、彼らはまた切っても切れない関係になっていた。ルディがシロンをチームに勧誘したのは、シロンのガールフレンドと多くの時間を過ごせるようにルディが画策したものだった。シロンは気づいていなかったが、ルディはベイビーのことが好きになっていたのだった。彼女はいつも元気いっぱいだった。[487]そして彼女は友人としてルディの最悪の時期をずっと見ていた。その年の春早く、ルディはパリで彼女に愛を告白していた。「君のような女性と、もう一度結婚したい」ベイビーは〝素敵な若い女性〟を見つけたほうがよいとだけ答えた。[488]

トリポリ王宮に到着すると、そこには『千夜一夜物語』の世界が広がっていた。虹色の軍服を着て儀式用の三日月刀を携えた地元の兵士が、白馬に乗って錬鉄製の門の両脇で見張りをしていた。宮殿に続く広い階段には、さらに多くの兵士が並んでいた。アルフレート・ノイバウアーはその光景を〝白亜のムーア様式のファサード、銃眼の設けられた壁、星空を背景に金細工のようにそびえ立つ柱〟と表現した。[489]光に包まれた庭や噴水の上にある大理石のテラスでは、楽団が音楽を奏でていた。きらめく長いプールには、半裸のダンサーが水の中でくるくると回っていた。

ディナーパーティーは、大きなホールで催された。そこでは馬蹄形のテーブルに座った一五〇名以上のゲストが大皿に盛られた料理や飲み物を前にしていた。バルボ総督がカーブの中心に座り、右――ヴァルツィが座るべき勝利者の席――にはハンス・スタックが座っていた。オードブルの後、バルボは立ち上がってシャンパングラスを持った。彼は、スタックを見ながら「今日の勝者に乾杯」と言った。[490]

だいぶ落ち着いていたスタックは、抗議しようとした。結局レースに勝ったのはヴァルツィなのだと。バルボは譲らなかった。「私を騙すことはできませんよ、ヘル・スタック。ヴァルツィを先頭に立たせるためにあなたが後退したことははっきりと見ていました。私はそのようなつまらない取引は好きではありません。まったく好きではない。政治はスポーツから排除されるべきです。そしてもう一度強調させてください。このグランプリの真の勝者はあなただと思っているということを」

いくつか離れた席で、グラスが割れる音がした。ヴァルツィが嵐のようにホールを飛び出していった。その夜、彼は初めてモルヒネに手を出した。それは彼の人生を破滅させる薬だった。

その光景を見て、戸惑いを覚えながらも、ルディは、今となっては政治とレースは切り離せないものだと受け入れていた。彼のナチスに対する考えはまだ曖昧なままで、ヒトラーが戦争をしようとしているという友人からの警告を受けて、中立国であるスイスに永住することを決めていた。[491]それでもなお、ルディがレースに出場するためには、ナチスに従う必要があり、ナチスの英雄を演じなければならなかった。ルディは表彰台に立つと、「ドイツよ、ドイツよ、すべてのものの上にあれ」と高らかに歌い、グランプリドライバーたちを〝グレイハウンドのように速く、革のように強く、クルップ（訳注：当時のドイツの代表的な鉄鋼会社）の鋼のように強い〟と称えるドイツ帝国のプロパガンダにも甘んじて登場した。[492]

翌週のチュニスで、ルディはシーズン二勝目を挙げたが、ヨーロッパチャンピオン――そしてドイツチャンピオン――として君臨する彼に、ベルント・ローゼマイヤーが敢然と挑戦しようとしていた。二人の戦いは、メルセデスとアウトウニオンがヒトラーを喜ばせ、モータースポーツの隅々までを支配するための舞台となった。

SUEDDEUTSCHE ZEITUNG PHOTO / ALAMY STOCK PHOTO

“リング”で後部にエンジンを搭載したPヴァーゲンに乗るベルント・ローゼマイヤー。1936年

六月一四日、アイフェルレースの七周目、ニュルブルクリンクのコースには霧が立ち込め、ニュルブルク城は白い雲の中に姿を隠していた。[493]霧はグランドスタンドにも広がり、スコアボードやシグナルシステムも見えなかった。ジェットコースターのような山間のコースは、視界が五〇ヤードにまで落ちていた。ベルント・ローゼマイヤーはスピードを落とすことなく、先の見えないコーナーを攻め、二位の赤いアルファロメオに乗ったヌヴォラーリとの差を広げていた。

　コースに並ぶ観衆にアウトウニオンのV16エンジンの轟音が聞こえた。すると突然、霧の壁を切り裂いてシルバーのマシンが現れ、あっという間に霧の中に消えていった。オートカー誌は、「雲の中、山道を手探りで走るのは驚くほど危険なドライブに違いない」と報じた。[494] さらに、ゴールでは、「誰もマシンが近づいてくるのが見えず、アウトウニオンのスタッカートの叫び声が聞こえてくるとやっと、観衆はローゼマイヤーにやまびこのように響きわたる声援を送った」と続けた。

この勝利は、ローゼマイヤーにとってこのシーズンの初勝利だった。彼のドライビングは、見る者すべてを魅了した。レースジャーナリストたちは、一〇年前に、ルディが雨のアウスで勝利したときにつけられた〝雨の達人《レインマスター》〟にちなんで、彼のことを〝霧の達人《フォグマスター》〟と呼んだ。その後、ローゼマイヤーの陽気な笑顔が新聞の表紙を飾り、彼は〝ローゼマイヤーという名の稲妻〟と呼ばれて注目を浴びた。[495]

ローゼマイヤーは歩くようになる前から、父親がガレージで自動車を分解しているのを見てきた。[496] 九歳のとき、どうしても運転したいとせがんだため、両親は車のペダルに木のブロックをはさんで彼に運転をさせた。一六歳のときには、小遣いをためて、最初のオートバイである二〇〇ｃｃのＤＫＷを購入した。ところが街中《まちなか》でスピード違反を繰り返したため、警察に免許を取り消されてしまった。「鳥が空を必要とし、魚が水を必要とするように、ベルント・ローゼマイヤーにはオートバイが必要だった」と彼は記していた。[497]

一九三四年春、アウトウニオンは彼をオートバイチームに採用した。彼はすぐに多くの勝利を手にした。その年の秋、アウトウニオンは彼をレースカーチームのトライアルに招待した。記録によると、彼は目立つことが大好きで、とっておきの勝負スーツか、新しい革のレーシングスーツを着てトライアルに参加したという。グランプリカーを運転したことがなかったにもかかわらず、二番手のタイムでフィニッシュし、チームメンバーの座を確保した。

いったんハンドルを握れば、優れた反射神経、どう猛なドライビングスタイル、天性のバランス感覚を持つローゼマイヤーは、多くの部分でタツィオ・ヌヴォラーリを彷彿とさせた。あるレースでは、ブレーキが利かなくなりコースアウトしてしまったが、住宅と電信柱の間を通り抜けてクラッシュを免れたこともあった。両側にわずかな隙間しかなかったが、ローゼマイヤーは何とか通り抜けたのだった。ある記者は「高速で走るラクダが針の目をくぐるようなものだ」と語った。[498]

一九三五年九月二九日、彼は、ブルノ郊外のマサリク・サーキットで開催されたルーキーシーズン最後のレースであるチェコスロバキアグランプリでグランプリ初優勝を飾った。その後の祝賀パーティーで、彼は女性飛行士のエリー・バインホルンと出会い、恋に落ちた。すでに有名人だった二八歳の彼女は、チェコの街で最近の冒険飛行についての講演をしていた。せっかちなローゼマイヤーは出会ってすぐに結婚を申し込んだ。新聞は二人を〝世界最速のカップル〟と称した。[499]一九三六年七月、ローゼマイヤーがニュルブルクリンクで優勝した一カ月後、二人は結婚した。

ローゼマイヤーは、ナチスの理想の生きた体現者だった。歴史家のアンソニー・プリチャードは「彼が存在しなければ、ナチスは彼をゼロから発明しなければならなかっただろう」と述べている。[500]彼はオートバイのレースに参加していたとき、腕にかぎ十字の腕章をつけ、多くの野心的な若者と同様、ナチス親衛隊（SS）の一員となった。[501] アイフェルレースでの勝利に対する褒章として、ハインリヒ・ヒムラーはじきじきに、彼を親衛隊の上級指導者に昇進させた。

ルディ・カラツィオラは依然としてドイツ最高のドライバーだったが、ローゼマイヤーと比べると足の不自由な老いたベテランでしかなかった。新聞は、ローゼマイヤーのことを〝光り輝く少年〟、〝勇敢なファイター〟、〝行動の男〟、〝危険を冒しながらも自信に満ちあふれている〟と評した。[502] 頭から足の先までアーリア人の理想とされる彼のルックスは、誰もが注目せずにはいられなかった。〝美しきブロンドのベルント〟、魅力的ないたずらっ子と報じられたこともあった。[503]〝いつまでも記憶に残る、まばゆいばかりのベルント、世界のエースレーサーの中の若きジークフリート〟と評されることもあった。[504]

妻のエリー——サハラ砂漠に不時着しても生き残り、ヨーロッパからオーストラリアまで単独飛行を成功させるような、これまでの固定観念を打ち破る〝ドイツのヒロイン〟——と共に、二人は、〝アーリア人の血〟の優位性を証明する、ドイツ帝国のおとぎ話のような存在だった。[505] 颯爽としたレーサー・ドライバーと、冒険好きな飛行士は、〝ダス・トラムパー《Dus Traumpaar》（完璧なカップル）〟と見られ、同時にかつてないほどに人々の想像力をかきたてた。

二人が結婚した一三日後、ルディはドイツグランプリで再びライバルと相まみえた。[506] ローゼマイヤーは、レースの前半で大きなリードを奪い、その後、誰も彼に迫ることはなかった。最終ラップでは観客に手を振り、二位に四分もの差をつけてゴールした。カメラマンの前では、エリーからのキスで堂々の勝利を締めくくった。興奮したアドルフ・ヒューンラインがトロフィーと月桂冠を彼に手渡した。

授賞式の間、ルディは厳しい顔つきでローゼマイヤーのかたわらに立っていた。ベルリンで行われたオリンピックによって、二人の間の高まりつつあるライバル関係はいったん棚上げになったものの、スポーツが国家間の関係においていかに強力な力となっているかを世界に示すことになった。

八月一日、アドルフ・ヒトラーは、三〇ものトランペットが奏でる音色に合わせて、かぎ十字で飾られたコンクリート製のコロシアム、オリンピアシュタディオンに到着した。[507] 上空には飛行船ヒンデンブルク号が浮かんでいた。彼が競技場を横切ると、一一万の観客の多くが手を上げ、雷のように「ジークハイル」と叫び、観客席を揺らした。

フィールドの中で白いドレスを着た少女がヒトラーを出迎えた。少女は花束を手渡し、ひざまずいてお辞儀をした。その後、ヒトラーは、作曲家リヒャルト・シュトラウスが率いる三〇〇〇名の聖歌隊が〝オリンピック賛歌〟を歌う中、階段を上ってバルコニーに向かった。

ヒトラーが着席すると、四九カ国の選手団が入場してきた。彼らはドイツの指導者の前を行進し、手を上げてオリンピック式の敬礼をしたが、それは驚くほどナチスの敬礼に似ていた。最後にヒトラーはマイクの前に立ち、開会を宣言した。二万羽のハト――表面上は国家間の平和の象徴だった——が空に放たれた。最近勃発したスペイン内戦に巻き込まれた人々にとっては、彼らの約束は偽りにしか見えなかっただろう。

　スタジアムの上には、オリンピック旗がはためいていた。やがて深い鐘の音が鳴り響き、それに続いて大砲の轟音が鳴り響いた。鳩はパニックに陥った。白いランニングシャツにショートパンツ姿の華奢なドイツ人ランナーが、聖火を手に競技場を一周し、マラソンゲートの脇の階段を駆け上がって、三脚に据えられた聖火台に聖火を灯すと炎が立ち上がった。

　それから二週間の間、オリンピックはベルリンを——そして世界の多くの人々を——魅了した。何百万もの人々が競技の様子をラジオ放送で聞き、ニュース映画で見た。ナチスの高官は、毎晩、豪華なパーティーを開き、外交官、ジャーナリスト、スポーツ選手、有名人、大物実業家などの要人をもてなした。あるゲストは、「シャンパンが水のように流れていた」と語っている。[508] 航空大臣のヘルマン・ゲーリングは、飛行機によるスタント飛行やルネッサンスの衣装をテーマにしたパーティーを開催した。

　大会期間中、ヒトラーは常に存在感を放っていた。「顔を歪め、選手たちのパフォーマンスを熱心に見守っていた」とフランス大使は記している。[509]「ドイツ選手が勝つと、大声で太ももを叩いてゲッベルスを見ながら笑い、負けると、表情が硬くなってしかめ面をした」アスリートに対する国家の強力なサポートに支えられ、ドイツはポイントランキングを独占していた。ナチ党の新聞、デア・アングリフは、ドイツのメダル数について、「これほどの喜びに耐えることは非常に難しい」と誇らしげに報じた[510]。

さらにナチスは、最悪の軍国主義と人種差別主義的な本能を隠して、〝新しいドイツ〟を誇示してみせた。彼らは兵士に私服を着用することを許可し、「ユダヤ人と動物はお断り」と書かれた看板を隠し、新聞でのアーリア人以外への痛烈な攻撃を保留にし、さらに先の粛清では焼き払ったユダヤ人が著した書籍を図書館に戻しさえした[511]。ナチスはフェンシング選手のヘレン・メイヤーのみ、ユダヤ人選手としてオリンピックチームへの参加を認めていたものの、これは人権侵害に対し各国がボイコットの姿勢を示したことに対する形だけの譲歩でしかなかった。ドレスデンに住んでいたユダヤ人教授のビクトール・クレンペラーは自身の日記の中で、外国人が「全世界を、愛情をもって包み込む第三帝国の復活、繁栄、新しい精神、団結、安定と偉大さ、そしてもちろん平和を求める精神を目の当たりにしている」という印象を受けたと記している[512]。しかし、クレンペラーは騙されなかった。同じ日の記述の中で、彼は、「私はオリンピックがスポーツではなく——少なくともこの国では——完全な政治的イベントとなり、醜悪なものとなったと感じている」と記している。これは控えめな表現だった。ナチスのプロパガンダではスポーツ選手を〝外交政策の最前線に立つドイツのための戦士〟と繰り返し呼んでいたのだ[513]。

ベルリンを離れた後、ロト紙のコラムニストは、このオリンピックによる〝偉大な教訓〟として、「競技での成功は、今や国家の威信や権力と密接に絡み合っている。スポーツの時代は今や神話となってしまった。それを残念に思うか認めるかはともかく、もはやそれを変えることはできない」と記した[514]。一九三六年のスポーツ界は、ベルリンオリンピックに始まり、ニューヨークのヤンキースタジアムでマックス・シュメリングがジョー・ルイスを一二ラウンドでノックアウトしたことや、ヨーロッパじゅうのサーキットでシルバーアローがレースを席巻していることなど、ドイツの無敵ぶりが際立っていた。

メルセデスやアウトウニオンと戦うためにグランプリに参戦するマシンは言うまでもなく、自動車を設計するためには、芸術家のひらめきやメカニックの演繹的な忍耐力、さらには冶金学、電気、物理、数学、空気力学、製造、そしてもちろんエンジニアリングなど、多くのことが要求された。

エットーレ・ブガッティのように、本能的に何がうまくいくかを見分けられる天才もいた。しかし、ほとんどの人にとって、生まれながらの洞察力を学術的な研究や長い修行によって補強する必要があり、さらには自動車史家のL・J・K・セトライトが述べたビジネスの本質的な真実を理解する必要があった。セトライトは、「自動車はモノではなく、モノの集合体であり、腹立たしいことに互いに干渉し合う多数の部品が相互に支え合っている複雑な複合体である。これらが相反して作用することを排除する方法を見抜き、他のすべての部品の性能を可能なかぎり損なうことなく、それぞれの部品がさまざまなタスクを可能なかぎりうまくこなせるような方法を見つけることのできる者が、自動車を設計することができる」と語っている[515]。

本能、研究、経験。この三つすべてが、ドライエがグランプリカーと呼んでいたタイプ１４５へのジャン・フランソワのアプローチに影響を与えた。さらに彼は自身の実用主義的な考えもエッセンスとして加えた。

すべてはエンジンから始まった。デュプランタン・レストランで最初にスケッチをしたときから、V12エンジン——ドライエはボートレースに参加していた時代を最後にV12エンジンを作っていなかったにもかかわらず——は当然の選択だった。ヘンリー・フォードは、エンジンには「牛の乳首よりも多くのシリンダーを持つべきではない」という考えを持っていたが、彼は少数派だった。多くの人々がV12エンジンのデザインを高く評価していた。[516] 組み立ては複雑だったものの、一般的にはスムーズに走り、より高い回転域を可能にし、同じ容量の六気筒エンジンよりも大きなパワーを発揮した。[517] あるドライバーはV12を「苺のムースとクリームの調和に例えられる独特の脈動」と表現した。[518] そこには滑らかで甘美な何かがあった。

実績のある方法を採用し、フランソワは二つの六気筒エンジンを六〇度の角度をつけてセットした。[519] それぞれのシリンダーの口径は七五ミリメートルで、これは第一次世界大戦の有名なフランスの野砲（〝スワサント・キャーンズ〟または〝75s〟）の口径と同じだった。最大容量は四・五リッター、シリンダーのピストンストロークは八四・七ミリメートルで、ドライエ１３５のエンジンと比較して約四分の一短くすることに成功した。

しかし、二つのエンジンはまったくの別物であり、フランソワは古いトラックのエンジンをベースにドライエ１４５のエンジンを開発することはできなかった。彼は新たな領域に足を踏みだす必要があった。最初のひらめきはカムシャフトの設計だった。彼のＶ12エンジンは実際には三つのカムシャフトを備えていた。中央の一つは吸気バルブを操作して燃料と空気を送り込み、残りの二つはエンジンからの排気バルブを操作するために各シリンダーバンクの側面に配置されていた。この設計変更によりエンジンの空気の取り込みがよくなり、より効率的に動作するようになった。クランクシャフトも同様に性能を最大限に引き出すよう設計された。またその他の独自の取り組みとして、従来のアルミニウムに代えてマグネシウム合金で鋳造したワンピースシリンダーブロックを設計し、三五パーセントの重量削減を実現させた。

ツインマグネトー、二四個のスパークプラグ、ウォーターポンプ、オイルポンプ、燃料ポンプ、三つのキャブレター、タイミングギヤ、ローラーベアリングなど、エンジンを作るためには、これらをはじめとする数十もの部品が必要だった。フランソワの初期のシンプルなスケッチは、何十枚もの設計図へと変わり、製造現場に送るための計画が完成する頃には高層ビルを建築できるほどの量の設計図を描いていた。

フランソワは、どれだけ優れたエンジンを組み上げてチューンアップしても、四・五リッターエンジンでは、最大で二二五から二五〇馬力しか発揮できないことを知っていた。[520]これはドイツチームが製造する可能性の高い三リッターのスーパーチャージャー付エンジンでカスタム燃料を使用した場合の数値のほぼ半分だった。しかしこれが新しいフォーミュラだった。ムッシュ・シャルルはグランプリカーから、スポーツカーや街や田舎へのお出かけ用の高級クーペまで、あらゆる車に搭載できるエンジンを求めていた。それがドライエのやり方だった。

スピードと耐久性の記録更新で成功を収めた〝トラックの息子〟のエンジンのように、タイプ145エンジンも、効率性、汎用性、強靭性を備えていた。長いレースではこのような資質が重要視された。だがこのようなエンジンも路面を軽快に走るシャーシがなければ意味がなかった。シャーシの設計において、フランソワはタイプ135――その飛躍的な革新性はオーバルコースから上り坂まで、あらゆるコースを制覇する結果を残した――のデザインを忠実に反映した。[521]剛性の高いラダーフレーム構造のツーシーターのシャーシは、先代モデルよりも少し低く、全長はわずかに長くなっていた。しかし、これらの違いは些細なものだった。フロントサスペンションは独立式で、ケーブル式のドラムブレーキを採用し、エンジン位置を後ろに配置することで車重を均等に分散させている点も135と共通していた。「ここに野心的な革新性はない」とある批評家は記した。[522]「ただ洗練されたチューニングや開発、耐久性の基礎となる磨きのかかった最先端の論理があるだけだ」製図技師とエンジニアからなる小さなチームが、広げると縦横が数フィートの長さにもなる設計図を大量に作成した。ドライエは社内でシャーシを製造していなかったため、フランソワはコーチビルダーを雇わなければならなかったが、この車のボディは軽量で実用的なものになるはずだった。

工場は、四台の145モデルをエキュリー・ブルーから受注していた。ストライキと蔓延する労働争議のため、製造は遅れていたものの、最初のシャーシは一九三六年の秋の終わりには予定どおりに組み立てられ、一九三七年の初めにはエンジンをテストする準備ができるはずだった。完成した車の重量は、フォーミュラの最低基準を満たすために約八五〇キログラムとなり、春の終わりまでに完成するはずだった。この設計が成功したかどうかは、モンレリのサーキットで証明されることになることになった。

それまでに、ルーシーは優秀なドライバーを見つけなければならなかった。

一九三六年九月、ルーシーは、北アイルランドのベルファストで開催された王立自動車クラブの一九三六年ツーリストトロフィーで自身の運営するチームでの最初のシーズンを終えた。[523] 彼女の二台のドライエ135は優勝することはできなかったが、フランス国外での初めてのレースに出場することで、新たな第一歩を記録した。

パリ－ニース・ラリー終盤のラ・テュルビーのヒルクライムでスピンして優勝のチャンスを逃して以来、ルーシーはチームの運営に専念するという思いを貫いてきた。[524] 彼女の役割は、ドライバーへの対応、ドライエとのパートナーシップの管理、メカニックやサポートスタッフの組織づくり、活動全般に対する資金調達など多岐にわたった。

その努力は報われた。チームの最高のドライバー――夫のローリーとジョセフ・ポール――は、フランスグランプリやフランスで開催されたいくつかのスポーツカーレースで好成績を収めた。チームは今、専用のガレージ、二台の輸送用トラック、移動式のマシンショップを所有していた。

マルヌでの二度のクラッシュの後、ワイフェンバックはファクトリーチームを持たないことを決めていた。このことは、エンツォ・フェラーリとアルファロメオとの間の取り決めと同じように、レースでドライエを使用するのはルーシーのチームだけであるということを意味していた。

北アイルランドから戻ったルーシーは、一九三七年シーズンに向けた準備を始めた。[525] 彼女はラリーやスポーツカーレースにドライエ１３５で参戦することを計画していた。グランプリに関しては、最終的な詳細をめぐって議論があったため、新しいフォーミュラの導入は一九三八年まで見送られた。ジャン・フランソワは書きためた設計図の束を実際のレースカーにするために、解決するべき課題が多くあり、それはルーシーにとっても都合がいいことだった。それでも彼女は、自分のチームを勝利に導くグランプリチャンピオンを探し、採用することを始めようと考えていた。

そのようなドライバーは少なく、チームに属していないドライバーとなるとさらに少なかった。ルーシーには人を鼓舞する力があったが、たとえ、ヌヴォラーリやシロンが女性から指示されることに我慢できたとしても、テストもまだの開発中の独立した計画に飛びつくとは考えられなかった。彼女が必要としていたのは、自分の存在を証明しようと必死になっている人間だった。

一人の名前――一人だけ――が頭に浮かんだ。ルネ・ドレフュスだった。彼がタルボに満足していないのは誰の目にも明らかだった。ブガッティに彼の居場所はなく、イタリアのチームもドイツのチームも彼を採用しようとしなかった。ルーシーとルネは、ルーシーが自身のスポーツカーチームを結成して以来、頻繁に顔を合わせる機会があったが、一九三四年のパリ－ニース・ラリーで優勝者としてテーブルを共にして短い会話を交わした以外にはほとんど交流はなかった。それでもルーシーはルネのレースを何十回となく見ていた。彼は報道陣の多くが評するように、〝技術と知性〟を兼ね備えたドライバーであり、〝ラインをキープする方法を教室で教えられるほどの優れた正確性〟を備えていた[526]。レーサーとしては〝冷静で、測ったような正確な動きをし、天使のように忍耐強かった[527]〟。ルーシーは、彼が今も勝利に対する情熱の炎を持っているならば、どんなレースにも勝てるスキルがあることを知っていた。そして彼女こそが彼の心に火をつける存在にほかならなかった。

　ルーシーはブリュノワの自宅で仕事をするのが好きだった[528]。客を招いて見事な装飾が施された二階建ての応接間でお茶やアルコールでもてなしたり、広大な敷地や屋敷の裏手にあるガレージを案内したりしていた。しかし今回は違った。駆け出しの若いドライバーをスポーツカーチームに誘うのとはわけが違った。ルネは、今は運に恵まれていなかったかもしれないがトップグランプリドライバーだった。多くの偉大なチームでレースに参加していた。ブガッティ、マセラティ、そしてアルファロメオ。多くの世界最速の男たちのチームメイトだった。立派な家もまばゆいばかりに輝く車が並んだガレージも、彼の心を動かすことはなさそうだった。

　ルネを口説き落とさなければならなかった。彼女は、部屋に入った瞬間から、エネルギーと情熱、そして将来に対する期待をアピールし、ルネを圧倒した。ルーシーは彼に参加を要請するというよりも、なぜ参加すべきかを熱く語った。ジャン・フランソワとドライエは、速く信頼性の高い車を作れることを証明していたし、新しいフォーミュラのための彼らの設計には、あらゆる注意が払われていた。彼女の資金があれば、ルネやドライエが必要としているものは何でも手に入った。「あらゆる面でプロフェッショナルであることが重要よ」とルーシーは言った。[529] ルネには給料が支払われ、他のドライバーを選ぶ権限を与えられ、さらに開発を助け、新しい車のテストドライブをする自由が与えられた。

最も重要なことは、彼らは協力してフランスを勝利の輪の中に戻し、ドイツの無敵のシルバーアローに一矢を報いることができるということだった。

一九三六年秋のこの日に、どんな会話が交わされたのかは記録に残っていない。ひょっとしたらルーシーは、自分が成功を追い求めるアウトサイダーであることを話したのかもしれない。彼女はフランスではフランス人ではなく、アメリカではアメリカ人ではなかった。階級意識の高いヨーロッパではにわか成金であり、男性が支配するスポーツの世界に身を置く女性だった。そして暖炉や家庭よりもガレージやサーキットを好む妻であり、母親だった。きっと彼女は、彼女に向けられる何千もの悪意のこもったまなざしや囁きについても話したことだろう。

おそらく彼女は、彼自身もアウトサイダーであるという事実について彼に注意を促したかもしれない。彼女は彼がフェラーリ・チームから追い出されたことを知っていた。またドイツチームが決して彼を採用しないことも知っていた。彼のスキルと経験も、ドレフュスという名の持つ意味を考えると、ほとんど役に立たなかったのだ。彼が自身をユダヤ人と見ているかどうかは問題ではなかった。彼らがそう見ていたのだ。彼がグランプリに出場している唯一のユダヤ人であることもその理由の一つだった。彼がそのような侮辱に満ちた囁きを耳にしておらず、そのようなまなざしに気づいていなかったとしても、それは間違いなく存在していた。

二人が協力すれば、自らに有利な局面を切り開くことができ、グランプリの頂点に立つアウトサイダーとなることができた。想像してほしい。その旅は簡単ではないだろう。ルネはラ・テュルビーに出場した頃のどう猛さを取り戻さなければならなかったし、彼をグランプリ・レースの世界に羽ばたかせた一九三〇年のモナコで優勝した頃の大胆不敵さを取り戻さなければならなかった。ルーシーがそういったことを話したかどうか、あるいはその必要があったかどうかはともかく、ルネはこの〝話のうまい〟魅力的な女性にすっかり心を動かされていた。[530] そして最後には、いつものようにルーシーの思いどおりになった。

第3部

第8章
ラリー

夏季オリンピックが終了した後、メルセデスチームはレースを離れてマシンの整備を行い、八月二三日のスイスグランプリの準備を進めていた。一九三六年のシーズン、彼らは再設計されたW25に苦戦していた。エンジニアはホイールベースを短くする一方でエンジンサイズを大きくした。これにより、マシンは印象的な外観となったが、レースのたびにコントロールに苦労し、故障が頻発していた。ある記者は、〝オオカミの皮をかぶった羊〟と評していた[531]。

ベルント・ローゼマイヤーは連勝を続けていた。イタリアの海辺の街ペスカーラで開かれたコッパアチェルボでは、直線で時速一八〇マイル（約二八九キロメートル）を記録し、ライバルたちを圧倒した。また彼は、一二七のカーブを有する並木道を駆け上がる、ヨーロッパ有数の困難なレース、フライブルク・ヒルクライムでも勝利を収めた。彼のチームメイトであるハンス・スタックは優勝候補だったものの、彼がユダヤ人と結婚していることを揶揄するポスターが街じゅうに貼られたことから、実力を発揮することができなかった。ポスターには「ユダヤ人の奴隷。スタックの出番はない」と書かれていた。[532]

スイスグランプリに向けて、記者たちはルディ・カラツィオラのことを、全盛期を過ぎたドライバーと見ていた。[533] 老いたライオンは若きライオンに道を譲るべきだ。彼らはそう言い立てた。ルディは彼らが間違っていることを証明するつもりだった。W25の操縦性の調整がその助けになると考えていた。

短いダイヤモンドのようなブレムガルテン・サーキットの最初の二周で、ルディは先頭を走り、わずか二秒差でローゼマイヤーがすぐ後ろに続いていた。[534] 三周目にローゼマイヤーが追い抜こうとすると、ルディはそれをブロックした。四周目、ルディは再び追い抜こうとするローゼマイヤーをW25でブロックした。コースオフィシャルが青旗を振ってルディに道を譲るように合図するが、ルディはこれを拒んだ。若造に抜かせるつもりはなかった。

クラッシュを予想した観衆は息を飲んだ。二台のシルバーアローが平均時速一〇〇マイル（約一六〇キロメートル）を超えるスピードを保ちながら、三〇センチの間隔でサーキットを駆け抜けていた。その後数周にわたって、ルディはわずかにリードを保った。さらに多くのオフィシャルが青旗を振っていた。ルディは厳しい表情でローゼマイヤーをブロックし続けた。彼がミスすることを願いながら。しかし、ライバルは完璧な運転をした。九周目、ついにルディはスイス人のリードオフィシャルがサーキットの端に立って青旗を振っているのを目にした。このままルディが従わなければ、次の周回でコースアウトを命じられるかもしれなかった。渋々ながらルディは道を譲った。

次の直線で、怒ったローゼマイヤーが大声で叫びながら抜き去った。彼はラップレコードを更新し、さらに次々とレコードを更新した。ルディはペースを維持することができずに後退した。レースの中盤にはリヤアクスルが破損しリタイアを余儀なくされた。またもやアウトウニオンが勝利を手にした。四台のメルセデスのうち、完走したのは一台だけだった。

その日の夜、一九世紀に建てられた、スイスアルプスを望むベルビュー・ホテルで、ルディはセレモニーのディナーに出席するため、金箔が施されたエレベーターに乗っていた。エレベーターは途中の階で止まり、ローゼマイヤーと妻のエリーが乗ってきた。タキシードに身を包んだ二人のドライバーはレースの後、ことばを交わしていなかった。その表情から、ローゼマイヤーの腹の虫が収まっていないのは明らかだった。

「やあ、坊や」とルディが言った。[535]「よくやったな。おめでとうと言わせてもらっていいかな?」

エリーが先に反応し、ルディが彼女の夫を危険にさらしたと言って非難した。ローゼマイヤーが彼女のことばをさえぎった。「おれがよくやったって? そう言ったのか?」その声は上ずっていた。「あんたがずっとおれの邪魔をしなければもっとうまくやれたさ!」

ロビーに到着すると、二人のドライバーはエレベーターを降りて、集まってきた人々が見守る中、互いに罵り合った。二人はやっと離れたものの、その夜の間、互いに距離を置きながらもずっとにらみ合いを続けた。

九月一三日、イタリアグランプリではローゼマイヤーが圧倒的な強さを見せつけた。わずか二年目にしてグランプリで五勝を挙げたローゼマイヤーは、ルディをヨーロッパチャンピオンの座から引きずり下ろした。記者たちは彼を〝驚くべきドライバーであり、圧倒的なまでのハンドルさばきの達人〟と評した。[536]

シーズンが終わり、スイスのシャレーに戻ったルディは次のシーズンに備えていた。メルセデスは新しいエンジニアのルドルフ・ウーレンハウトを採用し、七五〇キログラムのフォーミュラが採用される翌年のためにW25を新たなマシンに改造することを託した。その準備が整えば、ルディはメルセデスの冬の練習コースであるモンツァへ向かうことになっていた。

彼はベイビーにそこに来てほしかった。[537]彼女一人で。ルイ・シロンは、一九三七年はチームには戻らなかった。彼はメルセデスで悲惨なシーズンを過ごした後、ドイツグランプリでマシンを横転させてけがをした肩の治療のために、ベイビーとパリに戻っていた。彼女の不在は、ルディに自分がどれだけ彼女と一緒にいたかったかを再確認させた。シロンは親友の一人だったが、ルディは、たとえ親友を裏切ってでも、ベイビーを妻にする価値があると信じていた。

その年の秋、シーズン中の足への負担から回復した後、ルディはベイビーにプロポーズするため、パリへと旅立った。僕らは明らかに互いに好意を抱いている、と彼は言った。シロンはプレイボーイだから、ベイビーとの結婚には抵抗している。君は、一生愛してくれる男と幸せになる価値がある。ルディはそう言った。だが、ベイビーはプロポーズを断った。

冬の間、孤独なルディは新聞や雑誌で、社交欄の注目を浴びていたベルント・ローゼマイヤーと彼の新婚生活についてしばしば目にしていた。彼らはどこへ行くにも、群衆をかき分けるために警察のエスコートが必要なほどだった[538]。さらに彼らは、南アフリカのケープタウンで開催されたレースに参加し、その後、二人で南ローデシアのビクトリアの滝を訪れた。ローゼマイヤーはパイロット免許の取得を目指して訓練もしていた。二人はベルリンでボクサーのマックス・シュメリングとパーティーをしているところや、アルプスでスキーをしているところをスクープされた。このセレブカップルはいたるところで目撃されていた。一九三七年のシーズンを展望するスポーツ誌のページで、ローゼマイヤーは評論家たちの一番人気だった。ルディはそんな状況に耐えられなかった。そしてベイビーなしでは生きていけないと思った。

「来年の予定だって?」ルネはアントランシジジャン紙のジョルジュ・フレシャールの質問を繰り返した[539]。「来年は走るよ。必ずね」

「どの車で?」とフレシャールは尋ねた。それは〝うわさの季節〟と呼ばれる一〇月のことだった[540]。ルネはパリで朝食を食べながらインタビューを受けていた。

「それはまだ秘密だ……だが、言えるのはタルボとの契約はもう切れたということだ」

ルネはそれ以上明かすことなく、インタビューを終えた。彼は、ルーシー・シェルのために運転することを約束していたが、その選択をしたことに疑問を感じてもいた。たしかに、ドライエはスポーツカーでは素晴らしい成績を収めていた。シャルル・ワイフェンバックとエンジニアのジャン・フランソワは、自分たちのしていることをしっかりと理解していた。ドライエは、ブガッティやタルボよりもストライキをうまく乗り切っていた。パリのサロンで、タイプ135をベースにした彼らのツーリングモデルは、〝美人の中でもとびきりの美人〟と称賛され、好調な売れ行きを示していた。[541]

そしてルーシーは自身の財産をフォーミュラカーの設計に注ぎ込んでいた。間違いなく、彼女は勝利を目指していた。ルネは彼女の大胆さと揺るぎない情熱を気に入り、フェラーリがイタリアでアルファロメオと組んだように、フランスでドライエと共にチームを組むという彼女のアイデアについて、後に、「野心的ではあったが、彼女の言うことは筋が通っていると思った」と記している。[542]

それにもかかわらず、彼は叶わぬ夢に賭けているのではないかという不安も抱いていた。ドライエは実質的にゼロからグランプリカーを作ろうとしていた。そういった冒険には生みの苦しみがつきものだったし、最悪の場合、大幅なオーバーホールが必要だった。それらのことを解決するには時間がかかった。さらにチームの組成とピットクルーの問題もあった。メルセデスのノイバウアーはこれらがいかに必要不可欠であるかを証明していた。ルーシーにはグランプリで戦った経験がなかった。

数週間が過ぎ、ルネの不安は強くなっていた。[543] タルボを辞めるのが早すぎたのではないかとも思った。アンソニー・ラーゴがT150の問題を解決してくれるかもしれなかった。あるいは、またブガッティに応募できたかもしれなかった。しかし、ジャン＝ピエール・ウィミーユが昨年ブガッティでいくつかの成功を収め、ヨーロッパでトップ10には入れなかったものの、フランス人ドライバーの中でトップの成績を残していた。[544] ルネは自分が自慢できるような成績を残していないことを知っていた。彼はフランス人ドライバーのリストからも完全に姿を消していたのだった。

不安を感じながらも、後戻りはできず、他に選択肢もなかった。グランプリに復帰するには、ルーシー・シェルに賭けるしかなかった。この冒険が成功につながるのなら、自分がまだ十分やれることを自分自身に証明しなければならなかった。彼は挑戦を決意した。

一九三六年一二月一〇日、AIACRによる新フォーミュラに関する最終的な決定が下された数日後、シャルル・ワイフェンバックとルーシー・シェルがエキュリー・ブルーの結成を発表し、ルネの決断をモータースポーツ界の誰もが耳にすることになった。[545]

このチームがドライエの代表として、翌年のあらゆるスポーツカーレースに参戦し、一九三八年にはグランプリ・レースにも〝出馬〟することになるとワイフェンバックは宣言した。さらに、ルーシー・シェルがこのチームの〝ボス〟となり、ルネ・ドレフュスが〝メインドライバー〟となることを発表した。最後に彼は、「レースの物語は、商業や産業の物語であり、人生そのものの物語である」と語って締めくくった。[546]

マシンの設計について、ワイフェンバックはあまり語ろうとはしなかった。新しいフォーミュラ・シーズンに向けて、やるべきことがたくさんあったが、完成させるための時間はまだ一年以上あった。そして、この年の大みそかの日、フランス政府が〝レース基金〟に関する驚くべき発表を行い、ルーシーのレースカーを準備する計画を大幅に早めることとなった。

ミリオンフランプライズ。一〇〇万フランという、明解で切りのいい数字は、すぐに関心を呼び、新聞の見出しをにぎわせた。一二月三一日、公共事業大臣である老練な政治家アルベール・ベドゥースは、すべての運転免許に一〇フランの手数料を課し、さらに自動車関連業界からのスポンサーを得たことによって、このレース基金の総額が一四八万フランに上ったことを発表した。ベドゥースは、このレース基金の目的は、各自動車メーカーが新しいグランプリのフォーミュラカーを作る取り組みを鼓舞し、支援すること、そしてモーターレース界におけるフランスの地位を取り戻すことにあると語った。

レース基金の委員会は、フランスの自動車メーカーなら誰でも参加できるコンテストを検討した。実施に関する多くの議論と政治的な論争の末に、委員会は二つのコンテストを考案した。最初のコンテストは、一九三七年三月三一日までに、モンレリのサーキットコースをスタンディングスタートから一六周――二〇〇キロメートル――走り、最も速くゴールしたものに四〇万フランが贈られることになっていた。優勝するには新しいフォーミュラの基準を満たし、平均時速一四六・五キロメートルを記録することが求められた。この数字は一九三四年のフランスグランプリでルイ・シロンが記録した平均時速の記録を二パーセント上回るものだった。

この数字は混乱の果ての官僚的な妥協のたまものであるようだった。特にシルバーアローや最新のアルファロメオならこの平均速度を簡単に超えることができたことを考えると、なおさらだった。

さらに、挑戦者にはエンジンの容量制限（スーパーチャージャー付の場合は三リッター、なしの場合は四・五リッター）を一〇パーセント超過することが認められていた。これには多くの関係者が首をかしげた。主催者側の説明では、自動車メーカーがフォーミュラの基準を満たす期限である三月より前に期間が設定されていたことを考慮して、このように制定されたということだった。しかし、ブガッティのＴ59が三・三リッターのスーパーチャージャー付エンジン（制限にぴったり合致していた）を搭載していたことを考えると、賞金がブガッティへの贈り物以外の何物でもないことは明らかだった。他のフランスメーカーでは間に合わせることはできなかったのだ。

二つ目のコンテストの勝者には一〇〇万フランというビッグな賞金が与えられることになっていた。ルールはエンジン容量の超過を除いて、最初のコンテストと同じで、期限は一九三七年八月三一日だった。

この発表の数日後、タルボとＳＥＦＡＣが〝ミリオンフランレース〟への参戦を表明した。[547] タルボのアンソニー・ラーゴは、「運を試すつもりだ」と記者に語った。[548] エットーレ・ブガッティは、一つ目のコンテストについては、「短期間で適応しなければならない」というそつのない発言にとどめた。だが、二つ目のコンテストについては、より直接的だった。「一つだけ確かなことがある。私は戦いに行く。そのための準備をし、勝つために努力する」と語った。

ドライエに関しては、ワイフェンバックが最低平均速度に対し難色を示し、最高のパフォーマンスを競うコンテストのほうを選ぶつもりだった。しかし八月の期限は厳しいと感じていた。

「それでも一〇〇万フランのほうに挑戦することに決めるんですね」ロト誌はそう問いかけた。

「そのとおりだ」とワイフェンバックは答えた。「ドライエは間違いなく参戦するだろう。我々はすでに課題に取り組んでいる」

ミリオンフランレースが始まった。ある歴史家は、「このレースはフランス国民の想像力をかきたてるものであり、後にも先にも、このようなモータースポーツイベントが成功したことはなかった。人間の最も深い本能や感情——スポーツに対する情熱、技術や勇気に対する称賛、愛国心など——に基づいて演じられる国家規模のドラマであり、すべては、あらゆる動機の中でも最も魅惑的な〝金銭欲〟という動機によって火をつけられた大釜の中で沸騰している」と興奮気味に記した。[549]

その後まもない一九三七年一月中旬、ルネは、エキュリー・ブルーでの最初の冒険に取り組むため、ドイツの港町ハンブルクに向かった。[550] ルーシーはルネがこれまでに走ったことのないレースでエキュリー・ブルーでのデビューを飾ってほしいと考えていた。それはモンテカルロ・ラリーだった。ルネはローリーのパートナーとして、ドライエ135で参加することになった。

当初、ルネはラリーへの参加に消極的だった。[551] 彼はレースカーのドライバーであって、ラリーのドライバーではなかった。レースカーのドライバーとラリーのドライバーは明らかに別の人種だった。中距離走者がマラソンに参加するようなものだった。しかし、よく考えてみると、どんなことでももとんでもなく楽しいことになるかもしれないと思った。平均時速二五マイル（約四〇キロメートル）でモンテカルロまでの二三〇〇マイル（約三七〇〇キロメートル）を走ることは、より狭いコースを、四倍近いスピードで縫うように走ることに慣れたルネにとっては、簡単な〝長い散歩〟のように思えた。また信じられないほど素晴らしい景色を見たり、自分以上に車を愛しているローリーとの友情を培ったりすることも楽しいだろうと思った。

ハンブルクで、ルネはキャンバストップのドライエ135のハンドルを握り、ローリーと共にスタート地点であるノルウェーのスタバンゲルへ向けて一〇〇〇マイル（約一六〇〇キロメートル）の旅を始めた。[552] ルネはその道中で車の感触を確かめたいと思っていた。彼らは何とかデンマークとの国境にたどり着いたところで雪の壁に阻まれた。北欧をブリザードが吹き荒れ、道路は通行不能となっていた。ハンブルクへ引き返した後、貨物船ビーナス号に乗り込み、ノルウェーの西海岸に到着した。航海の途中、ルネは座席で丸くなり、真っ青な表情をしていた。胃は、足元

1937年モンテカルロ・ラリーに出場するルネ・ドレフュスとローリー・シェル

の甲板のようにうねっていた。外では乾いた氷のように冷たい風が音を立てて吹き荒れ、泡まじりの波が船体に打ちつけていた。北海のすべてが、自分をその深みへ飲み込もうとして立ち上がっているかのように見えた。何隻かの船がノルウェーの海岸線で沈みそうになり、彼らの船はそういった船を助けて乗客を乗せるために停止しなければならなかった。

ローリー・シェル――彼は経験豊かな船乗りのような男だった――は、ルネが気力を回復する必要があると考えた。彼は上陸した後には、さらなるトラブルが待っていると断言した。スタバンゲルに到着すると、すぐにスタートしなければならなかった。二人とも、ほぼ一日、睡眠も取らず、食事もしていなかった。それでも一月二六日午後一時、毛皮の裏地付きの黒革のトレンチコートに身を包んだルネは、スタートラインに立つことに興奮していた。主催者から地元の人々、三〇名のドライバーたちまで誰もがフレンドリーで、特に太陽が出てきてからは熱狂的に応援してくれた。

ルネは最初の一時間を平均時速四〇マイル（約六四キロメートル）で走った。彼はこの小さなドライエの走りが気に入った。エンジンのパワーには欠けていたものの、それを機敏な動きで補っていた。ブレーキはタイトで、ハンドルの反応もよかった。まさにいい感じだった。

やがて、道がぬかるみ、スケートリンクのようになってきた。ルネはスピードを落としたが、リビエラの太陽が降り注ぐ通りで運転を教わっていたときには経験したことのない感覚——まるで135が足元でスピードを出すように主張しているような感覚——を味わっていた。

彼とローリーはタイヤにチェーンを装着したが、その先の道のりは悪くなる一方だった。クリスチャンサンのコントロールポイントまでの最初の行程は、ノルウェーの海岸を囲むように松が生い茂る厳しい風景の中、一八五マイル（約二九七キロメートル）を走らなければならなかった。二人は雪だまりで身動きの取れなくなった多くのライバルたちを抜き去っていった。ほとんどの選手が予定よりも遅れていた。そのうちの二台は完全にリタイアした。

ルネが山道を攻めていると、早々に空が暗くなった。彼は手に汗を握るハンドルさばきで、ドライエがコースからはずれないように奮闘していた。急なカーブの続く下り坂を走るときにはさらに用心しなければならなかったが、何とか災難を免れた。二人はクリスチャンサンのチェックポイントに予定よりも数分早く到着した。一一名のドライバーが予定より遅れ、ポイントを失った。

少し休憩した後、二人は雪の回廊を切り開いたような道に戻った。固く積み上げられた雪の壁が、頭上にそびえたっていた。コントロールを失えば、コンクリートのトンネルの中でクラッシュするようなものだった。ルネはルーシーのラリードライバーとしての功績にあらためて尊敬の念を覚えた。

クリスチャンサンから六〇マイル（約九六キロメートル）の地点で、135のチェーンがはずれ、ブレーキドラムに絡まってしまった。ルネは雪の回廊の壁の近くに寄せて車を止めた。彼とローリーが真夜中にチェーンをはずそうと作業していると、北極圏の寒さが手足の感覚を失わせ、顔にかみついた。一〇分が過ぎ、そして三〇分が過ぎた。チェーンをはずすのに必死になっている中、ライバルたちは狭い道路で彼らを避けるためにスピードを落としていた。時間が刻々と過ぎていった。最後には二人はペンチでチェーンを切った。

一時間近く遅れていたが、オスロまでの一五〇マイルの道のりで挽回しようと、ライバルたちが踏み固めていった雪の溝の上をたどって彼らはスピードを上げた。彼らが呼ぶところのこの〝路面電車の線路〟からタイヤがはずれるたびに、テールエンドがアクロバットを演じていた。

彼らはコントロールポイントの締め切り時間に六分遅れて到着し、三点のペナルティを受けてしまった。レースに参加している全チームが不運に見舞われないかぎり、一位通過のチャンスはなかった。まさにラリーのきまぐれな一面だった。

ローリーとルネはスウェーデンを進み、さらに海岸線に沿ってデンマークに向かって走った。ルネはドライエを信頼することを学び、あらゆるターンや下り坂で訪れる事故のリスクを受け入れることを学んだ。雪だまりに突っ込んだ場合は、雪をかき分けて脱出するだけだった。時間が経つにつれ、彼らは自信を深めていった。

ルネは、ナビゲーションに関しては、あまり自信がなかった。氷と雪がほとんどの標識を覆っており、ローリーが寝ている間にルネが道を間違え、彼が起きてから気づくということも何度かあった。

ある交差点で、ルネは自分の方向感覚に自信を失ってしまった。ローリーを肘でつついて助けを求めた。

「どっちに曲がりたい、ルネ?」とローリーは訊いた。[553]

「左」

「右に曲がるんだ、ルネ」

こういった光景が何度となく繰り返された。ルネがどの方向を選んでも、ローリーは別の方向を指示した。そして二人は次第に難なくスケジュールどおりにチェックポイントを通過するようになっていた。

スタバンゲルを出発して四〇時間後、デンマークのフェリーの上で、二人は二時間だけ誰にも邪魔されずに睡眠を取り、その後、再びレースに戻った。疲れ果て、数分おきにあくびをしながらも、モンテカルロ・ラリーを一一回も走っている相棒の賢明な指導を受けて、ルネは運転を続けた。「今日なら、グランプリ・レースのスタートに立っているほうがまだましだろうな」[554]フランスの高速道路の滑りやすい直線を走っているとき、数台のトラックがスリップして道路脇から溝に落ちているのを見て、ローリーはそう冗談を言い、ルネも同意した。[555]ある意味、このラリーはグランプリ・レースよりもはるかに危険だった。特にこの年は、ここ数十年で最悪の吹雪が吹き荒れる中でレースが行われていた。

苦難に耐え、夏と間違えるほど暑い快晴の日、彼らはモンテカルロに到着した。ルネとローリーは加速とブレーキングの一連のテストでも好成績を収め、総合五位でフィニッシュした。もう一人のドライエのドライバーである、ルネ・ル・ベーグが優勝した。

一六回目を迎えたこのモンテカルロ・ラリーは過去最高にハードな大会だったとの声もあった。スタバンゲルを出発した競技者のうち、モンテカルロに到着したのは半数にすぎず、他のスタート地点を出発した競技者に比べわずかに少なかった。ルーシーは彼女の新しいドライバーが直面した試練についてよく知っていた。[556]ラリーの後、彼女はルネを、海辺の丘の上に立つ、モナコ外来植物園の隣にある広大な邸宅に招待した。そこでルーシー、ローリーとルネの三人は、〝呪われたチェーン〟の話や、その他の身の毛のよだつような瞬間の話をした。[557]地中海のほとりでリラックスしていたルネは、これらの冒険譚を十分に楽しんでいた。しかし同時にルーシーがグランプリ・レースで彼をどれだけの困難に追い込もうとしているのかも理解し始めていた。

一九三七年二月、ルディ・カラツィオラは、モンツァに最新のメルセデスのフォーミュラカー、W125のテスト走行に行く前に、ベイビーに会うためパリに向かった。[558] 回復したルイ・シロンはスキーをするためにオーストリアに出かけていたが、新聞記事によると、このシーズンはどのチームにも属さないということだった。

ルディは再びベイビーにプロポーズした。自分たちは似合いのカップルだとルディは言った。彼は彼女が望む生活を約束した。安定していながらも、モータースポーツのスリルも味わえる。彼は彼女のためにスイスのルガーノ湖のほとりに豪邸を建て、そこで残りの人生を二人で過ごすつもりだった。

今回もベイビーはプロポーズを断った。彼女を失うことをシロンが知れば、シロンが結婚してくれると信じていたのだ。傷心のルディはイタリアへと旅立った。

モンツァでは、メルセデスのエンジニア、ルドルフ・ウーレンハウトが驚くべき結果を示してみせた。わずか六カ月で、ウーレンハウトはメルセデスのフォーミュラカーを一新させていた。[559] それは誰にとっても驚くべき成果であり、管理者としての経験が浅く、地味なツイードのジャケットを好んで着る若干三〇歳の控えめなエンジニアが達成したとはとても信じられなかった。

ウーレンハウトがメルセデスレーシング部門のテクニカルディレクターとして採用され、三〇〇名のエンジニア、技術者、メカニックを受け継いだとき、彼らの多くは、一九三六年モデルの性能に落胆していた。ウーレンハウトはその秋、問題点を探るため、スーパーチャージャーを搭載した二台のW25をニュルブルクリンクに持ち込み走らせた。テストを秘密裏に進めるため、数人のメカニックだけが彼と行動を共にした。

ウーレンハウトはレースカーを運転した経験がなく、最初はカタツムリのようなペースで走りだした。しかし、その後何日かかけて、数千マイルを――しばしばトップスピードで――走るうちに、何をすべきかについて十分に理解するようになっていた。まず最初に、起伏のある路面で、ゆがんだり振動したりするボックスセクションシャーシを、ニッケル、クローム、モリブデン鋼の合金でできた、より強固な楕円形のチューブラーフレームに交換した。[560] さらにホイールベースを一フィート（約三〇センチ）長くして安定性を高めた。ブレーキを改良し、フロントとリアのサスペンションをオーバーホールし、スプリングを柔らかくして高速走行時のトラクションを向上させた。

エンジンについては、直列八気筒のままとしたが、容量を五・六六リッターと大幅に増やし、クランクシャフトも改良した。ウンターテュルクハイム工場でのテストでは、五八九馬力という驚異的な記録を残した。最大重量七五〇キログラムを維持するために、車のほとんどは最先端の軽合金で作られていた。

それからの数週間、ルディはW125をテストした。[561] タイヤは道路に密着し、これまでに乗ったどのマシンよりも速く走った。一速で時速八八マイル（約一四〇キロメートル）に達し、二速では時速一三七マイル（約二二〇キロメートル）、三速で時速一五九マイル（約二五五キロメートル）、四速のトップギアでは、時速一九九マイル（約三二〇キロメートル）まで加速した。[562] 彼はこれらの結果に満足した。ついにベルント・ローゼマイヤーとアウトウニオンに対抗できる新たな武器を手に入れたのだった。

ルディがイタリアで新型のメルセデスをテストしている間、ルネとエキュリー・ブルー・チームは、二台のトラック――それぞれがドライエ135を積んだ屋根付きのトレーラーをけん引していた――に乗ってパリから南に向かっていた。[563] トレーラーの側面にはチームのマスコットであるブリティッシュ・ブルドッグが描かれていた。ルーシーが二匹のブリティッシュ・ブルドッグを飼っていて、これに夢中だったのだ。

チームが向かっていたのはポーグランプリだった。[564] 今回もドイツやイタリアのチームは出場していなかった。ACFはフランスのレースではスポーツカーしか参加できないことをこの年も決定していたため、これに抗議した海外のチームは参加を拒否していたのだ。

練習走行で記録的なタイムを叩き出したジャン＝ピエール・ウィミーユが人気を集めていた。彼のブガッティT59はグランプリ用に作られていたが、スポーツカーのレギュレーションを満たすために、スーパーチャージャーを取りはずしてあった。ルネの練習走行のベストタイムは五秒遅れという惨憺たる結果だった。決勝の行われた二月二一日、雨の降る午後、ジャン＝ピエールがトップに立ち、その後一度も首位を譲ることなく優勝した。ルネは一分遅れの三位でフィニッシュした。

次にルネは、ミッレミリアに出場した[565]。このレースもルネには初めての経験だった。ルディ・カラツィオラが、このイタリアの一〇〇〇マイルレースを制覇した唯一の外国人ドライバーとして称えられていた。四月の雨が降りしきる中で行われた前半、ルネは好調な走りを見せていた。彼はフェラーリのドライバー、カルロ・ピンタクーダに一三分差の二位につけていた。このような長いレースでは、克服できない差ではなかった。ルネはアドリア海近くのコースでイタリア人を追って走っていたが、山間部の滑りやすいカーブに差し掛かったときだった。道路の端に近づきすぎたため、タイヤがフロントガラスとバイザーに泥を跳ね上げた。一時的に前が見えなくなった彼は、道路を飛び出して岩にぶつかり、車は転倒してしまった。投げ出されたルネは、数カ所の傷、そしてプライドが傷ついたことを除けば、無事だった。農民が二匹の雄牛を使って車を路上に戻してくれたが、レースはリタイアしなければならなかった。

ルネがトップに迫る走りを見せ、チームメイトのローリーが三位でフィニッシュしたことで、彼らはフランスのチームとしてミッレミリア史上最高の成績を収めた。山岳地帯で積極的に攻めすぎたことがルネの失敗の一因だったが、ルーシーにしてみれば、臆病になるよりはよっぽどましだった。

三月二七日、ポーグランプリでの勝利の余韻に浸っていたジャン＝ピエール・ウィミーユは、再びブガッティT59――今度はスーパーチャージャーを元に戻した――を駆って、レース基金の最初のステージに挑戦した。彼は、モンレリのサーキットを、平均時速一四六・五キロメートルを超えるペースで好スタートを切ったが、マシントラブルにより、定められた一六周を終える前にリタイアしてしまった。翌日も同様のトラブルに見舞われた。すると、競争が見せかけだったことを証明するかのように、委員会は、エットーレ・ブガッティの〝過去の偉大な努力〟を称えて、三月三一日の期限を延長した。[566]

記者がドライエのワイフェンバックに延長についての意見を求めたところ、彼は異議を唱えた。[567]タルボのアンソニー・ラーゴはさらに辛辣で、委員会はブガッティに四〇万フランを渡して、見えすいた公平さを装うことをやめるべきだと語った。ルーシーは報道陣に自身の意見を述べることはなかった。ブガッティのための委員会の努力は、スポーツ――そして世界――を定義する旧態依然たる男中心の社会を示す一つの例であり、そのことに彼女は何も感じなくなっていた。

四月一二日、ブガッティは再挑戦した。[568]ジャン＝ピエールは好スタートを切り、一周目を五分一七秒で走った。一六周の平均時速で目標を達成するためにはわずか一〇秒の遅れだった。彼はこのロスタイムを挽回し、平均時速一四六・七キロメートル、一時間二一分四九秒五で二〇〇キロメートルを完走した。基準となるタイムを、何度か瞬きするほどのわずかな時間（正確には四・九秒）だけ切った記録だった。

ロト誌は〝ブラボー、ジャン＝ピエール〟と称えた。[569] 目標速度を達成することの難しさに恐怖を感じなかったかという質問に対し、ブガッティを駆ったジャン＝ピエールは「まったくだ」と答えた。

一九三六年のシーズン中、ジャン＝ピエールは正確かつ感情を排したドライビングスタイルでルネを打ち負かしていた。彼は、ルネがタルボで走っているときの惨めな成績について、ことあるごとに揶揄しており、二人は敵対関係にあった。

ジャン＝ピエールは今、シャンパンのコルクを開けて成功——疑わしいものだったが——を祝い、八月までに一〇〇万フランも手にすると豪語した。

ルネはその前に賞金を奪い取ろうとしていた。ワイフェンバックとルーシーもブガッティを打ち負かすことを決意していた。だが、彼らのグランプリカーはまだ準備できていなかった。

四月に入っても、ジャン・フランソワは新しいエンジンの開発に苦労していた。[570] 年明け早々、鋳物工場でマグネシウム合金のシリンダーブロックを鋳造していたが、製造の過程で気泡が発生してしまった。冷却すると、表面が穴だらけで、圧力をかけると水を保持できなかった。まるで白アリが巣を作っているようだった。ドライエは鉄でブロックを鋳造することには慣れていたが、マグネシウムを扱うのは初めてだったのだ。

春も遅くなった頃、フランソワはやっとエンジンの組み立てに成功した。しかし、テストベッドでの試験中に別の問題が生じた。またもやマグネシウムブロックに問題が生じ、今回はブロックを固定しているスタッドボルトのスチールとは異なる速度で膨張・収縮したため、加熱されると、エンジン自体がはずれてしまうのだった。

特にブガッティが四〇万フランを獲得した後、自身の進捗の遅れに失望したフランソワは、デザイン全体をあきらめることも考えた。ワイフェンバックのぶっきらぼうな励ましも実を結ばなかったとき、ルーシーは自ら励ましのことばをかけた。「うまくいくまでがんばるのよ」

第9章
翼を開いたカブトムシ

五月、ルネはトリポリグランプリでマセラティに乗り、スターティンググリッドの最後尾にいた。[571] 一・五リッターの赤のヴォワチュレット（訳注：フランス語で小型車の意味）は、前方のドイツチームや元のチームメイトが運転するアルファロメオのグランプリカーと比べるとおもちゃの車のようだった。

ルーシーは、スポーツカーのレースが行われていない週末には、ルネにヴォワチュレットクラスのレースに独立した立場で出場することを認めており、一九三七年のシーズン中は、マセラティがいくつかのレースでルネに車を提供していた。[572]

トリポリグランプリで、主催者はヴォワチュレットの出場を認めることで三〇台の出場枠を埋めていた。もっともこの小さな車が大きなグランプリカーに対抗できるチャンスはなかったが。ルネはヴォワチュレットで参加する一一名のうちの一人で、出場者のほとんどが若いドライバーだった。ヴォワチュレットクラスの優勝者にも賞金が贈られたが、その金額は全体の優勝者の三分の一だった。それでも、パリでレースの実況を聞いているよりは参加するほうがはるかにましだった。

バルボ総督がイタリア国旗を振り下ろしたとき、メラハ・サーキットの気温は三八度を超えていた。[573] ドイツのシルバーアローとアルファロメオのグランプリカーの一団は、スタートで出遅れたルネのマセラティが高速コーナーに入る頃には、とっくに姿を消していた。彼が一周目のラップを終える頃、厚い砂の靄《もや》によって視界がさえぎられてしまった。

マセラティは軽快で力強い小動物のようで、途中までルネはヴォワチュレットクラスのトップを走っていた。

砂の靄の中を、フォーミュラカーが何度も何度もうなりを上げて追い越していった。ときには時速一七五マイル（約二八〇キロメートル）を超えていることもあった。それでもルネはクラス優勝を飾り、かつて自分をトップグランプリレーサーにしたスキルと強靭さを見せつけた。

メルセデスは初のレースとなる新型のＷ１２５を駆ってレースを席巻した。メルセデスの元メカニックである二八歳のヘルマン・ラングが優勝し、バルボ総督の宮殿で行われた祝賀会の主役となって、ルディとマンフレート・フォン・ブラウヒッチュを大いに悔しがらせた。一年前、ラングは彼らの車を整備していたのだ。チームのみんながバーでドリンクを手にしたとき、ブラウヒッチュは「全員にシャンパンを……ああ、ラングにはビールを」と言ってからかったという。[574]ルネのことやマセラティでの彼のクラス優勝に注目する者はいなかった。

スポーツカーやヴォワチュレットのレースの合間に、ルネはしばしばバンキエ通りのドライエの工場を訪れ、ドライエ145の開発状況を確認していた。ジャン・フランソワはシリンダーの漏れ、バルブの緩み、構造上の弱点をすべて修正するまでエンジンの調整を続けた。[575]マグネシウム製のブロックの重さは、鉄製のブロックの半分だった。135のエンジンと同じくらいの重さでありながら、V12エンジンは五〇パーセント増しのパワーを提供し、一〇〇〇rpm以上速く回った。

六月初旬、ルネはベイビー・ホフマンから電話を受けた。一人でディナーに来てほしいということだった。奇妙な申し出だった。特にベイビーとルネの妻シュシュがスクーデリア・フェラーリのときからの親友だっただけに。ルネが着くと、ベイビーはスーツケースに荷造りをしていた。

「ルイとは別れる」と彼女は言った。[576]「ルディと結婚するつもりよ」

ルネは彼女を説得しようとはしなかった。これは彼女の人生だ。が、一方で彼女が望むように祝福することもできなかった。ルイ・シロンは彼の親友の一人だった。また、ルネは、ルディのことを、ブラウヒッチュのようなナチスのシンパだとは信じていなかったものの、明らかにプレッシャーに屈して、ナチスの中心人物の一人となり、ヒトラーを称える英雄となっていると思っていた。[577]結局ルネにできることは、彼女をただ駅まで車で送ることだけだった。

翌朝早く、シロンがルネの家のドアを激しくノックした。ルネが出ると、シロンはアパルトマンに乱暴に飛び込んできた。「どうして彼女はおれにこんな仕打ちをしたんだ?」とシロンは食ってかかった。

ルネには彼を落ち着かせることができなかった。シロンは理性を失っており、何年か前に自分がベイビーを当時の夫から奪ったという事実を忘れていた。彼はやって来たときと同じように怒ったまま去っていった。

死、ライバル、裏切り、政治――それらが一体となって、グランプリ・レースの世界を取り返しのつかないまでに引き裂いていた。

六月一九日、ルディとベイビーはスイスのルガーノでひっそりと結婚式を挙げた。[578] 湖を見下ろすバルコニーで、カメラマンが新婚夫婦の写真を撮影した。二人は笑顔を隠し切れなかった。それはルディにとってここ数年で最も幸せな瞬間だった。三日後、二人はドイツの定期船ブレーメン号に乗り込み、ニューヨークで開かれるヴァンダービルトカップに向けて出発した。

シーズンの最初の数カ月間、ルディは新しいW125でほとんど成功を収めることができなかった。トリポリでは、スーパーチャージャーの故障とかつてのチームメイトであるルイジ・ファジオーリ――このときはアウトウニオンのドライバーだった――の妨害によりペースを上げることができなかった。五月三〇日、アヴスで行われたゲッベルスや他のナチスの幹部が参加したノンフォーミュラレースで、メルセデスとアウトウニオンは、エンジンを改良し、空気力学を利用したボディを搭載したマシンで出場した。[579]長いストレートで彼らのロケットは時速二四〇マイル（約三八六キロメートル）を記録した。ルディはエンジントラブルに見舞われ、ラングが再び勝利した。

六月一三日、ルディはアイフェルのレースでベルント・ローゼマイヤーに大きく引き離された二位でフィニッシュした。レース後、若きドライバーは、ルディが一九三五年に渡したカクテルのスワールスティックを忠告とともに返した。「よくがんばったな」ローゼマイヤーは言った。[580]「だが、これからはただぐるぐる回ってるんじゃなく、頭を使うんだな」

ルディは仕返しの機会を探し、それをヴァンダービルトカップに求めようとしていた。世紀の変わり目に鉄道事業を経営する裕福な一族によって創設され、巨額の賞金を誇っていたこのレースは、アメリカのモータースポーツの発展を目的としていた。[581]第一次世界大戦により一時中断されていたものの、一九三六年にヴァンダービルトの子孫がレースを再開した。一九三六年にヌヴォラーリが劇的な勝利を収めたことにより、さらに関心が高まっていた。

アドルフ・ヒューンラインは、一九三七年のレースにメルセデスとアウトウニオンを参戦させた。勝利はドイツ車の輸出を押し上げることになり、さらに重要なことに、ドイツ帝国にとって大きなプロパガンダの機会を与えることになるはずだった。[582]

ナチスが世界最先端の高速外洋定期船として喧伝していたブレーメン号で大西洋を横断する五

日間の航海中、ルディとベイビーはプールサイドで休息したり、甲板からのクレー射撃、ビリヤードや甲板でのゲーム、映画やギャンブル、さらには贅沢な食事を楽しんだ。[583]船上は二人の突然の結婚に騒然としていた。ローゼマイヤーとエリーも一時的に休戦し、新婚夫婦にアンティークのピューター製マグをプレゼントした。ルディとローゼマイヤーが二人きりになることはほとんどなかった。というのもドイツチームは両チームともいつものクルーと共に移動しており、彼らがドライバーをサポートするためにずっと一緒だったからだ。メルセデスのドライバーはルディとイギリス人ドライバーのリチャード・シーマン、アウトウニオンはローゼマイヤーとエルンスト・フォン・デリウスだった。既婚者は妻を帯同していた。ナチス高官となったヤコブ・ワーリン、同じくボード・ラフェレンツ博士、さらに何人かのＳＳの〝用心棒〟も同行していた。

ある晩、船長がレース関係者を自分のテーブルに招いた。近くにはユダヤ人の大家族が座っていた。ナチスが運営する国営のレジャー組織、歓喜力行団を率いるラフェレンツが、「今後、ユダヤ人をドイツの船に乗せてはならない」と大声で叫んだ。[584]

船長はそのことばに抵抗し、こう言った。「彼らはハンガリーから来た一〇人家族だ。少なくとも年二回は私の船に乗っている。大歓迎だ」

テーブルは静かになった。その場にいた人々の関心は、船長が帰国したときに、ＳＳが何をするかということに集まっていた。

数日後、ブレーメン号は土砂降りの雨の中、自由の女神の横を通って、ニューヨークに入港した。チームが下船し、シルバーアロー号が降ろされると、波止場にいた数人の抗議者が「ナチス！」と叫び、腐ったキャベツを彼らに投げつけた。[585]

この醜い光景は、彼らが街じゅうで受けた称賛の声――特に報道陣からの――を損なうことはなかった。そのような群衆が取り囲む中、チーム関係者はピンカートン探偵社からボディガードを雇っていた。[586] 特にスポットライトを浴びたのは、若きアウトウニオンのチャンピオンと〝飛行士〟の妻だった。「ハロー、ベルント！」という新聞の見出しも見られた。著名なアメリカのコラムニスト、ビル・コルムは、「ローゼマイヤー一家はひどく急いでいる。夫はアウトバーンを時速二五〇マイル（約四〇〇キロメートル）で走るし、妻はあっという間に世界を一周するほどのスピードで飛んでいる。いつか二人に息子ができたらどうなるのだろうか。ロケットで火星に行くことしか残されていないだろう[587]」このコラムニストは知らなかったが、このときエリーは第一子を妊娠していた。

ロングアイランドのルーズベルト・レースウェイでは、記者やファンがシルバーアローを驚嘆のまなざしで見ていた。彼らはマシンがこれほどのスピードで目の前を通り過ぎるのも、雷のような音を立てて走るのも、レールの上のように狭くて風の強いコースを切り裂くように走るのも見たことがなかったのだ。

アメリカのチャンピオン、レックス・メイズは個人でアルファロメオを駆って参戦したが、まったく歯が立たなかった。[588] レース序盤、ローゼマイヤーとルディがトップ争いを展開した。一〇周目、時速一五八マイル（約二五四キロメートル）で直線を駆け抜けたローゼマイヤーがルディを捉え、ほとんどスピードを落とさずに急カーブに入った。彼のPワーゲンはコースから飛び出しそうな勢いだったが、完璧なドリフトでコーナーを抜け、トップに躍り出た。

結局、ローゼマイヤーは楽々と勝利し、二万ドルの賞金を手に入れた。[589] 表彰式では、ヴァンダービルト家の代表、マーガレット・エマーソン・ヴァンダービルトがうっとりとした目で彼を見ていた。彼の顔は煤で黒ずみ、ゴーグルの輪郭がはっきりと見え、真の征服者のように見えた。彼女はローゼマイヤーに大きな銀のトロフィーを手渡し、「あなたは偉大であり、あなたの車は素晴らしい」と称えた。[590]

ニューヨーク・タイムズは、ドイツ車がレースを〝この国で目撃された最も壮大な自動車マラソン〟にしたと評した。[591] 太平洋上でのアメリア・イアーハートの失踪の報道を除くと、最も多くの関心を集めた話題だった。

この勝利は第三帝国の宣伝にも大いに役立った。ヒューンラインは、アメリカでの勝利に関するプレスリリースを母国ドイツのマスコミも確実に伝えるように徹底させた。彼は「〝サーキットの勝利のポールにはかぎ十字の旗が四時間以上も翻っていた〟。アメリカのドライバーが〝モーターカウボーイ〟なのに対して、ドイツのドライバーは〝非の打ちどころのない印象的なまでの秩序と規律を発揮する紳士〟である。そしてシルバーアローは〝ドイツの技術〟が〝新世界〟で作られた何よりも優れていることをまぎれもなく証明してみせた」と語った。[592]

一部のニューヨーカーが、チームがコースに持ち込んだスペアパーツの入った箱に、激励を走り書きしたという小さな記事もあった。「あなたの勝利を願っています！　ハイル、ヒトラー！」とあった。[593]「アメリカ人にドイツのレーシングカーの優秀さを見せてやれ！　ハイル、ヒトラー！」という走り書きもあったという。

メルセデスとアウトウニオンのドライバーがベルリンに戻ると、大観衆が彼らを歓迎した。[594] ローゼマイヤーはＳＳの大尉に昇進し、ヒムラーに祝福された。一方、ルディは注目を浴びることを避けた。

ドイツチームが大西洋を横断していた六月二五日の午後、ドライエ１４５がモンレリに初めて現れた。ルーシー・シェルはこのイベントに報道陣を呼んでいなかった。１３５での経験を目安にするなら、彼女が自ら資金を提供して作ったこの新型のドライエは、まだプスプスと音を立てて止まってしまったり、ギアボックスが壊れてしまったり、あるいはタイヤがはずれてしまう可能性があったのだ。

この数カ月間、彼女のチームはアクシデントやマシントラブルに悩まされ、ブガッティやタルボに、フランスにおけるスポーツカーレースでの活躍を許していた。一縷の望みは、チームキャプテンの粘り強さだった。

前週のル・マン二四時間耐久レースで、ルネは、もう一人のドライバーがピットストップ中に何とドアを壊してしまい、修理に一時間もかかったため、中盤で大きく後退してしまった。彼は〝グランプリのように〟レースをして順位を取り戻す、とワイフェンバックに告げ、暗闇の中、小麦畑に囲まれたコースを一〇時間もぶっ続けで、狂ったようなペースで135を走らせた。驚くべきことに彼は三位に入賞した。[595]

エキュリー・ブルーの輸送車両がモンレリ・オートドロームに入ってきた。ルーシーはルネとジャン・フランソワと共に、これを迎えた。ワイフェンバックと何人かの取締役が遅れて到着した。この少人数のクルーと数名のコース関係者の他には、サーキットに人はいなかった。

ドライエ145が輸送車両のタラップからコンクリートのコース上に姿を現した。そこには歓声もなければ、シャンパンのコルクを抜く音もなく、ざわめきさえもなかった。工場でマシンを見ていなかった人々は、その姿に驚いた。145は、ほっそりとした、エレガントな形の前任者とは似ても似つかず、彼らがこれまでに見たどのドライエともまったく違っていた。スポーツカーのみが参戦するフランスグランプリに向けて、ホイールの上の高い位置にマッドガードを装着した145は、さらに異様なほどの存在感を放っていた。

「伝統的な盾の形のグリルは姿を消した」とドライエの愛好家は後に語った。「その代わりに幅広の武骨な突き出た鼻のような形になり……かつての六気筒エンジンのときのスリムな先細りの横顔も姿を消した。V型一二気筒エンジンのボディは、コックピットの前部から後部に至るまで、豊かな胴回りを維持していたが、その後、両サイドはフラットになったテールに向かってわずか

ADATTO ARCHIVES

1937年夏、マッドガードなどを装着したドライエ145のお披露目

に絞られている。この車は、地面をしっかりと抱きかかえているように見え、その並外れて低い車体が、実際よりも長く、幅広に見せている」[596]

145は、ルーシーのブルドッグ好きに触発されたのではないかという意見もあった。あるいは横にした電球や〝先の丸くなったダムダム弾〟からヒントを得たとする説もあった。[597]ある批評家は、マッドガードを装着したデザインはカマキリ《praying mantises》（訳注：祈りを捧げているように見えることから〝祈りを捧げる予言者〟という意味がある）の語源に興味のある語源学者にしかアピールしないだろうと評し、〝奇妙〟、〝下品〟、〝醜悪〟と呼んだ。ルネは〝これまで見た中で最もひどい外観の車〟だと思った。それらの非難はさておき、エンジン幅を増やすための球根のような鼻先から、抵抗を減らすために高い位置に設置されたマッドガードに至るまで、その形は、あくまでも実用的だった。

ルーシーにとって重要なのは、走ること——そして速いことだけだった。

ジャン・フランソワは自分が最初に１４５をサーキットでテストすると主張した。ルーシーが資金を出し、おだてたり、脅したりして彼に開発を進めさせていたかもしれないが、結局のところ、この車は彼の創造物だった。彼がスポーツジャケットにネクタイという不釣り合いな姿でコックピットに収まると、怖いもの知らずのジョルジュ・フレシャールがカメラマンと共にやって来た。フレシャールはひそかに情報をつかんでいたようだった。

「どんな具合ですか」とアントランシジャン紙の記者は訊いた。[598]

「まだ一度も走っていない」とフランソワは答えた。

メカニックがエンジンを始動させた。V12エンジンが命を吹き込まれたときに特有の耳をつんざくような遠吠えはなかった。[599]それはまるで修道院のようなコース上の静けさを引き裂く、鋭く脈打つような音だった。フランソワがギアを切り替えながら走りだすと、エンジンのピッチはより深く、より威厳のあるものとなり、やがて独特の攻撃的な音へと落ち着いていった。

ルネは、フランソワが雷のように通り過ぎていくのを見て笑みを浮かべた。車の醜さに対する考えは消え去っていた。フレシャールのほうを向いて、ルネは囁いた。「彼女は可愛いでしょう？車体が低く、美しい力強さを感じさせる」

フランソワは楕円形のサーキットを数周走り終えると、ルネにコックピットを譲った。

ヴァンダービルトカップに出場するためにアメリカへと旅立っていったグランプリの元同僚た

ちをうらやましく思っていたルネは、１４５こそが自分がその舞台に戻るための唯一の道であることを知っていた。スタートする前、白いリネンのキャップを深くかぶり、ゴーグルを装着した。一周目は、ゆっくりと走った。エンジンのパワーでハンドルが震えた。そして車の感触——強化されたシャーシの力強さ、まるで羽のように軽いギアチェンジ——を感じながら、アクセルをいっぱいに踏み込んだ。

ドライエはスピードを上げて飛び出し、オートドロームの周りをバンクしながら、ルーレットホイールに打ち出されたボールのように安定した確実な走りで周回した。ルネは一周を時速一二六マイル（約二〇二キロメートル）で走り、さらに何周か走ったが、四〇〇〇回転を超えることはなかった。最後には見物人の集まる横に車を急停止させた。ブレーキも強力だった。周囲は握手とお祝いのことばにあふれていた。ルーシーは喜んでいた。彼女の車は走った。本当によく走った。

祝福を受けた後も、ルネはコースに戻ってドライエを走らせた。三〇分後、エンジンがオーバーヒートした。フランソワはバンキエ通りに車を戻し、フロントエアスクープを大きくするなどの改良を加えた。その後、車はモンレリに戻り、ルネは再びテストを行った。ベンチレーションにトラブルが発生し、ボンネットの排熱孔をカットするために工場に戻した。さらなるテストを行い、さらなるトラブルが発生し、さらなる改良が行われた。スケジュールはタイトで、おそらくは不可能と言っていいレベルだった。

七月四日、フランスグランプリに出場するため、モンレリに戻ってきた145を見て、多くの人々は、スポーツカーの仮面をかぶったグランプリ・レースカーなのか、あるいは、いったん外装部品をはずせばグランプリ・レースカーになるのかと疑問を抱いた。ワイフェンバックとジャン・フランソワは、この車は両方のために作られたものだと答えた。汎用性の高さこそが全体的な設計の大きな特徴だった。

濃い灰色の空が、参加者の少ないレースを見下ろしていた。純粋なスポーツカーのみのレースとして二年目を迎えたフランスグランプリはかつての面影を失っていた。わずか一一台しかエントリーしておらず、外国からのマシンの姿はなかった。また観客もまばらで、国際的なモータースポーツ界からは軽視されていた。特にドイツのアドルフ・ヒューンラインは、「いくつかの国ではグランプリカーのエンジンをスポーツカーのエンジンのために捨て去ろうとしている。我々はそんな動きに足を引っ張られてはならない」と批判した。[600]

ルネがドライエ145をピットに運び入れると、嘲笑と困惑したまなざしに迎えられた。オートカー誌は、この新しい車を、ヘッドライトと高い位置にマッドガードを備えていることから、〝翼を開いたカブトムシ〟のようだと報じた。[601] そのパフォーマンスに何を期待したらよいのか、わかっている者はほとんどいなかった。ルネでさえも疑いを抱いていた。二週間前に初めてテスト走行をしてから、ほぼ毎日フランソワと共に、このレースに向けて準備をしてきた。[602] しかし、未解決の問題が依然として残っていた。

「どう見ても、うまくいったら奇跡だ」とワイフェンバックはスタート前に報道陣に向かって言った。[603]「グランプリ前に作業が終わるように、徹夜で仕上げてくれたスタッフのために、少なくとも参加するべきだと判断した」

二周目には、すでにトラブルが発生していることにルネは気づいていた。[604]エンジンが不調をきたしていた。シリンダーの一つが誤作動していたのだ。彼はスピードを落とし、数分後にはピットインし、肩を落としてマシンから降りた。メカニックは急いで二四本のプラグを交換した。ルネは先頭から大きく引き離されてサーキットに戻った。次にはオイルがエンジンから噴き出した。何か重大な問題が生じていた。七周目、彼は再びピットインした。さらに新しいプラグに交換した。ドライエ１４５はかろうじてサーキットに戻った。しかし、油圧が急に下がり、リタイアするためにピットに戻るのがやっとだった。

タルボのルイ・シロンが優勝した。彼は、このレースの直前にタルボ・チームに加わっていた。一九三六年七月のニュルブルクリンクでの事故以来のレースだった。二位と三位にもタルボが入った。ルネは自分がタルボを去るのが早すぎたのではないかと後悔した。[605]タルボで経験した開発初期のつまずきと同じものを、今はエキュリー・ブルーで耐えていた。しかし、もう後戻りはできなかった。自分で馬を選んだのだから、今はその馬に乗らなければならなかった。しかもこのときのモンレリでのベストラップは、同じサーキットで行われる〝ミリオンレース〟に挑戦するために必要なペースから三〇秒も遅れていた。

その二週間後、マルヌグランプリの序盤で、ルネはジャン＝ピエール・ウィミーユと小競り合いを繰り広げていた。ブガッティを駆るジャン＝ピエールはル・マンで勝利し、その名声を確固たるものにしていた。レース後のインタビューでは、今後すべてのレースで勝利すると豪語していた。[606] 彼はランスの三角形のサーキットでも、戦略どおりの走りを見せ、炎天下の中、快調なラップを刻んでいた。[607] ルネはドライエ１４５を懸命に走らせて追いすがった。三周目にはブガッティの後方わずか二、三台分にまで迫り、直線で時速一二〇マイル（約一九三キロメートル）を出してジャン＝ピエールを抜き去ろうとした。が、突然、ハンドルが手の中できしみ始め、マシンのテールが右に振られ、タイヤがバーストした。

ドライエは三回スピンし、後輪が縁石にぶつかった。ルネはコックピットから飛び出しそうになったが、膝をコックピットの壁に押し当てて踏ん張ったおかげで何とか持ちこたえた。車は隣の畑に突っ込み、さらに数回スピンした後、畑の畝《うね》にぶつかって止まった。意識がもうろうとし、砂埃に包まれながら、車から這い出した。腕が濡れていた。手首を見下ろすと、傷口から血が流れていた。それをスカーフで素早く縛った。

砂埃が収まると、ルネはバーストしたフロントタイヤを点検した。トレッドはすり切れ、中のチューブのぞいていた。チームはタイヤのスポンサーをダンロップからグッドリッチに変えていたが、グッドリッチのタイヤは、１４５の重量に加え、サーキットの暑さに耐えられなかったのだ。

ルネは手首を押さえながら、ピットに戻った。過去のアクシデントとは異なり、気力を失ってはいなかった。むしろ、優勝のチャンスを逃したことに怒っていた。まっすぐグッドリッチの担当者のところに向かい、この使い物にならないタイヤのせいで命を落とすところだったと言い放った。よくもまあ、こんなガラクタを売ったものだ。彼がパンチを繰り出す前に、兄のモーリスが仲裁に入った。「やめろ、ルネ。それはフェアじゃない」[608]

この日はジャン＝ピエールが勝利した。ルネとエキュリー・ブルーはランスを後にしてパリに向かった。

ルーシーはこれらの敗北をあまり気にしていなかった。その夏のレースは単なるテストの場にすぎなかった。彼女の目標は、傲慢なブガッティを破って〝ミリオンレース〟に勝利することでフランス最高のレースカーの称号を勝ち取り、翌年のグランプリ・フォーミュラ・シーズンでドイツ勢を打ち破ることだった。それ以上でもそれ以下でもなかった。ナチスのドライバーたちがアメリカで勝利し、故国に戻って称賛を浴びたことが、彼女の激しい心の炎に油を注いだのだった。[609]

ルネは彼女の第一の野望が達成できるかどうか疑問に思っていた。ドライエが期限までに平均時速一四六・五キロメートルを達成する可能性――ブガッティがさらに記録を更新した場合はそれを再び破らなければならなかった――はわずかしかないと思っていた。しかもシルバーアローと二人のトップドライバー――カラツィオラとローゼマイヤー――に対抗するためには、ドライエが何とか達成しようと考えているスピードをはるかに凌駕するスピードで競わなければならず、ルネにはそんなチャンスがあるとは思えなかった。

七月二五日、ニュルブルクリンクにはおよそ五〇万のレースファンがドイツグランプリを見るために集まった。何万ものファンが、グランドスタンドと、コースの途中にある土手のようになったジグザグのカーブ、カルーセルに詰めかけた。あるライターは「スポーツをするすべてのドイツ人が、レースを見るためにアイフェル山地に降り立ったようだ」と記した。[610]

そこでは〝ヨーロッパの最高のドライバーたち〟が最速のマシンで競い合っていた。[611] ドイツグランプリがフランスグランプリから今シーズンの最高の舞台の座を奪ったことは間違いなかった。

「完璧なスタートを決めよう――完璧なスタートを」ルディはスターティンググリッド二列目で何度も自分に言い聞かせていた。[612] 左足をクラッチの上に置き、シグナルを待っていた。シグナルがグリーンになると、アクセルを踏み込んで飛び出し、一列目のローゼマイヤーを抜いて最初のカーブに向かい、森に向かって飛び込んでいった。[613]

プラクティスでは、ローゼマイヤーは自分の飛行機をコースに着陸させてマシンに乗り込み、さらにベストタイムを記録して観衆の度肝を抜いた。ルディにとって重要なのは、決勝のこの日だけであり、その活躍を人々の目に焼きつけるつもりだった。ルディは、スターティンググリッドから素早く飛び出した後、二二周の間、安定した冷静なレースを繰り広げた。

ローゼマイヤーはタイヤトラブルの遅れを取り戻そうと、無謀なまでのスピードで追っていた。エルンスト・フォン・デリウスとディック・シーマンが直線で、時速一五五マイル（約二四九キロメートル）のバトルを繰り広げてクラッシュを起こした。他のドライバーもマシントラブルのせいでリタイアし、アルファロメオのタツィオ・ヌヴォラーリもついていくことができなかった。ルディは二回のピットインと妥協のないペースで計画どおりに走ることにこだわり、チームメイトのブラウヒッチュ、そしてローゼマイヤーを大きく引き離して優勝した。表彰台で名前を呼ばれると、ルディはジークハイルの敬礼で手を上げて応え、笑顔でヒトラー賞を受け取った。巨大なブロンズの〝スピードの女神〟の胸像――そのこめかみには風になびく髪の毛と稲妻が描かれていた――をかたどったトロフィーは、ルディの両手にずっしりと重かった。

ローゼマイヤーは表彰台でルディの横に立ち、厳しい表情で煙草を吸っていた。シーマンのけがは大したことなさそうだったが、チームメイトであり、親友でもあったデリウスが病院に運ばれてまもなく息を引き取ったと聞いて大きなショックを受けていた。ルディはローゼマイヤーの深い絶望が、また自分に負けたことによるものだと思っていた。

翌朝、ヒトラーの専属パイロットのハンス・バウアーは、ルディとブラウヒッチュをヒトラーの故郷バイエルンの町バイロイトへ運んだ。ゲッベルスが二人を歓迎し、ヒトラーと心のこもった握手を何度もした後、カメラマンが記念撮影を行った。

その日の午後、バウアーは、ルディがスイスの市民権を取得し、そこに家を建てて新妻と暮らしているといううわさを党の上層部が聞いたとルディに話した。それは本当なのか、とバウアーは尋ねた。ルディはポケットからドイツのパスポートを取り出し、バウアーに差し出した。彼はバイロイトの誰とも同じように、自分も愛国者だと暗に伝えた。ルガーノ湖のほとりに住んでいるのは、乾燥した暖かい空気が足に優しいからだ。このことばがバウアーを安心させた。最近の勝利に意気盛んだったルディは、大胆にもバウアーに注文した。「頼みたいことがあるんだ。シュトゥットガルトまで飛行機を飛ばしてくれないか？」[614]

シュトゥットガルトに到着すると、ルディは花で飾られたメルセデスのトラックの荷台に乗って街をパレードした。ウンターテュルクハイムの門には、「勝利、万歳」と書かれた横断幕が掲げられていた。吹奏楽団と彼の名前を歓呼する人々が歓迎し、その後のパーティーでは、ヴィルヘルム・キッセルが、メルセデスの星にダイヤモンドとサファイアをあしらったメダルを彼に手渡した。

ルディはドイツグランプリに続き、スペイングランプリとイタリアグランプリでも勝利を収め、優れた性能を有するW125を積極性、集中力、そして経験を兼ね備えたドライビングで操った。そしてシーズンの終わりには、ローゼマイヤーからヨーロッパチャンピオンの座を奪い返した。

シルバーアローは四年連続でグランプリを完全に独占し、ヒトラーが一九三三年のモーターショーで掲げた目標の一つを達成した。メルセデスをはじめとする各自動車メーカーの製造台数は、年々二桁の成長を見せ、輸出も増加し、利益も潤沢になっていた。[615] 国家的なアウトバーン計画も大きな進展を見せていた。[616] 何十万もの労働者、大量のトラックや機械、何トンもの鉄鋼、そして一〇万両もの列車をいっぱいにするほどのコンクリートなど、すべてが四二八七マイル（約六八九九キロメートル）に及ぶ〝ヒトラーの高速道路〟の建設に費やされていた。またヒトラーは、ドイツのすべての家庭に自家用車を持たせるという夢の実現を掲げ、フェルディナンド・ポルシェをリーダーにフォルクスワーゲン（大衆の車という意味）計画を進めていた。国家社会主義自動車軍団（ＮＳＫＫ）のメンバーもますます増えていった。

グランプリでの勝利こそが、ドイツのモータリゼーションに向けたすべての努力の結晶であり、インスピレーションの源だった。ルディは再び神格化され、新生ドイツの英雄となった。彼は常に「恐れ知らずの男カラツィオラ」と呼ばれ、勝利のたびにニュース映画で報道され、手を上げて総統に敬礼する姿が映し出された。[617] 短くなった足を引きずる姿が報じられることは決してなかった。

ルディはベストセラーとなった回顧録『Rennen-Sieg-Rekorde!（レース‐勝利‐記録！）』を発表した。[618] この回顧録で彼は自身を類まれなチャンピオンとして描くと同時に、モータースポーツにおけるドイツの隆盛を実現したヒトラーの役割を称賛している。「ドライバーは勝利と名誉のために戦うのだ」と彼は記している。[619]「そして戦う者の本質は、最後の火花を散らすまで燃え尽きることにある」ナチスのレトリックをさらに煽るように、ゲッベルスは、ルディを勇敢で小さなメカニックの軍隊〟に支えられた〝サーキットの戦い〟における〝最前線の兵士〟だと褒めたたえた。[620]

ルディは、広告キャンペーンに参加したり、毎年恒例のモーターショーで講演を行ったり、ヒトラーや他の高官と一緒に、公共のイベントや私的なパーティーに出席したりして、党の路線を支持した。彼は実質上、第三帝国――ベールに包まれていた〝全面戦争〟という脅しをその軍事基盤によって現実のものとしようとしている体制――の〝旗持ち〟だったのである。

第10章 「一〇〇万フランのドラマ」

七月下旬、ルーシーとエキュリー・ブルー・チームは、モンレリのサーキットにベースキャンプを張った。[621]彼らは機材やスペアパーツ、ダンロップタイヤの山――シーツやベッド以外のすべて――を持ち込んだ。一〇〇万フランを獲得するまでここに滞在するつもりだった。

ルーシーは、ルネに道路部分とオートドローム部分を含む全長一二・五キロメートルのコースすべてを、暗闇の中の自分の寝室で過ごすようになるまで練習をしてほしいと考えていた。シーズンを通してそのパフォーマンスから学んだものを生かして、ジャン・フランソワが工場でV12エンジンの改造を繰り返し試みている一方で、ルネはサーキットで、これまでのバージョンのマシン――レースカーに必要不可欠な要素のみにしていた――で、テスト走行を繰り返していた。ボディは塗装されていないアルミ製の殻のようで、まるで酔っ払ったパネル職人がハンマーで叩いて形を作ったようだった。軽量化のため、フランソワはセカンドシートを取り除いていた。

八月が進むにつれ、記者たちがモンレリに集まり、誰が練習をしているのか、誰が最初に一〇〇万フランに挑戦をするのかを取材しようとしていた。[622] 果たして名門ブガッティが最初の挑戦者となるのか？　これまでの一〇年間で、ブガッティはグランプリを制覇し、すでに最初の賞金を手に入れていた。チャンピオンに輝く、颯爽としたドライバー、ジャン＝ピエール・ウィミーユが一〇〇万フランも獲得するのか？　SEFACの著名なエンジニア、エミール・プティは、ここまで約束を果たせないでいるにもかかわらず、レースカーを作り出すことができるのか？　口先の達者なトニー・ラーゴは、フランスグランプリでの成功をもとに、さらにモンレリで三度の優勝経験を持つルイ・シロンを迎え、タルボのマシンを投入することができるのか？　それとも、革命的なドライエ135で輝きを見せたフランスの老舗ドライエが、モーターレース界に新たな力をもたらしたことを証明するのだろうか？　ルネ・ドレフュスとアメリカの〝火の玉〟ルーシー・シェルがオートドロームにいることは、彼らの本気度を如実に示すものだった。

そういった疑問の嵐が、連日の新聞の報道によってさらにかき立てられていた。フランス人は、八月のバカンスシーズンに入っていたので、いろいろと予想をめぐらす時間はたっぷりとあった。「バーやカフェ、ビーチやゴルフコースなど、国内各地で激しい議論が交わされた」とある記者は記している。[623]「一〇〇万フランレースは、ニュース性が非常に高く、複雑で感情的な要素をごちゃまぜにしたようなもので、一部は娯楽であり、一部は熱狂的な愛国主義であり、一部はロシアンルーレットのようなものであり、一般の人々にとってだけでなく、マスコミにとっても非常に魅力的なイベントだった」

フランス以外の国も興味を持っていた。ドイツチーム、特にメルセデスのエンジニアは、次のグランプリシーズンで対戦する可能性のあるライバルをスパイするためにモンレリを訪れていた。[624]八月一〇日までに、フランソワは新しいエンジンを完成させ、ルネがテストしていたマシンに取り付けた。「エンジンはサイレンのようによく回った」とルネは称賛した。[625]それは力強く、一貫した能力を持ち、ドライエ145を最高時速一四〇マイル（約二二五キロメートル）に近づけた。ルネとジャン・フランソワは協力して、モンレリのサーキットでパフォーマンスの最適化に取り組んだ。

当初、フランソワは〝自分の車〟に対しドライバーから意見を聞くことを拒んでいた。ルネが技術的な側面について何を知っているというのか？　彼はただ車を運転して、コースのさまざまなセクションでどう処理したかを報告すればいいのだ。そしてフランソワが何をすべきかを決定するのだ。

ルネはこれには納得がいかなかった。マセラティやブガッティでドライバーを務めていた頃、彼はマシンのメカニックについても多くのことを学んでいた。こういった理解は、エンジンやギアボックス、ブレーキ、サスペンションシステムをどこまで——どんなに難しくても——詰めることができるかを教えてくれた。こういった知識によって、しばしば大失敗を逃れ、ライバルより優位に立つことができたのだ。ルネはフランソワに無視されたからといって自分の意見を曲げようとはしなかった。

ある日の午後、ルネがピットに戻ってきたとき、問題が起きた。一九二五年フランスグランプリで命を落とした炎のようなイタリアのチャンピオン、アントニオ・アスカリにちなんで名づけられた長い左コーナー、アスカリ・カーブでの走りが臆病だと言ってフランソワがルネを批判したのだ。

ルネは恐怖で臆病になっているという批判に憤慨した。それは何の関係もなかった。彼は、マシンがフランソワの望むスピードでカーブに対応できていないと主張した。アスカリの乗っていたアルファロメオがそうだったようにテールが外側の縁石から飛び出してしまうのだ。

フランソワは納得しなかった。「簡単なことだ」とルネは言い、フロントシートから立ち上がった。[626]「車に乗って、走ってみれば君にもわかる」

自分が正しいと確信していたフランソワは、ドライエに乗り込んだ。ルネがゴーグルを渡すと、フランソワはすぐに飛び出していった。一周目。失敗だった。もう一度挑戦する。失敗だった。もう一回。そしてピットに戻ってきた。「あのスピードではアスカリ・カーブは回れない」とフランソワは認めた。「不可能だ」

ルネはターンを容易にするためにマシンの軽量化を含むいくつかの提案をした。明らかに精神的な問題ではなく、物理的な問題だったのだ。

「あなたはあなたの仕事をし、私は私の仕事をするべきだ……だが、試してみよう」とフランソワは言った。

フランソワが改良を施したドライエを渡すと、ルネはこれまでにないスピードでカーブを回った。その日からフランソワは、テストベッドや計算では数値化できない何かがあることを理解するようになった。彼はギア比やキャブレーション、ブレーキ、サスペンションなどの変更が必要な場合、運転したときにルネがどう感じるかを信頼するようになった。一日一日かけて調整していくたびにラップタイムを〇・五秒単位——多くの場合はそれ以下——で改善していった。[627]

曲がりくねったサーキットは、渋々ながらこのような調整の成果を認めていった。[628] アヴスやトリポリは、長いストレートと簡単なカーブが特徴のコースで、ドライバーはアクセル全開で、コースの全区間を攻めることができた。だがここモンレリはまったく異なるコースだった。モンレリでは、多くのヘアピンカーブ、急カーブ、直角コーナー、急に下がるくぼみなどが時間を浪費させた。コーナーによっては、ほとんど止まるようなスピードで走行しなければならなかった。パワフルなブレーキが不可欠で、トップギアでの走行はいくつかのストレートに限られ、シフトダウンを習性であるかのごとくマスターすることが必須だった。

問題はコースの設計だけではなかった。一二・五キロメートルのコースは十数年前に作られ、政府に管理を頼っていたために補修資金がほとんどなかったのだ。[629] 突起した継ぎ目や水平でない部分が、傾斜したコンクリートのバンクを蝕み、タールを塗った路面は、全体にわたってところどころはげたり、ひび割れたりしていた。さらにコースが建設されたモンレリの高原にはしばしば強風が吹き荒れた。夏の間、普段は平穏だったにもかかわらず、突風が壁のように車を襲う日もあった。

エキュリー・ブルー・チームはその課題を理解していた。八月三一日の期限を目前に控え、彼らは、毎日、ときには夜遅くまで、課題を克服するために努力を続けた。ルネはベストラップを五分一〇秒（一六周の平均時速は一四五・二キロメートル）まで縮めた。[630] これは先日のフランスグランプリの最速ラップから三〇秒近くも劇的に短縮したタイムだったが、一〇〇万フランを獲得するにはまだ遅すぎた。[631] 計算では一六周を一周平均五分七秒で走る必要があったが、スタンディングスタートのため、一周目で失ったタイムを取り戻すためには、さらに速く走らなければならなかったのだ。

ルーシーには自分のチームにはもっと準備が必要だとわかっていた。一〇〇万フランの賞金は、期限までに平均時速一四六・五キロメートルを超えて走ったチームのうちの最速チームに贈られることになっており、最初にこのスピードを超えたチームが獲得できるわけではなかった。

ブガッティは八月一二日の木曜日に挑戦すると発表した。[632] マシントラブルによって数日の延期を余儀なくされたものの、八月一四日土曜日、ジャン・ブガッティは、同社の新しいフォーミュラカー——四・五リッターエンジンを搭載したシングルシーターのT59をモンレリのコースに投入した。

モンレリ
グランプリサーキット
1周の距離（Road and Track）12.5キロメートル（7.76マイル）
ミリオンフランレースの周回数16
ヴィラージュ・ド・ラ・フォレ
ーレ・ビスコーン
イパングル・デ・ブリュイエール
ラセ・ド・クアール
ヴィラージュ・デュ・ジャンダーム
アスカリ・カーブ
ヴィラージュ・ド・ラ・フェルム
イパングル・デュ・フェイ
オートドローム
スタート
入場口
フェンス
グランドスタンド
ピット

彼は、四八時間以内に一〇〇万フランにアタックすることを計画していた。すでにチャンピオン・ドライバーのジャン＝ピエール・ウィミーユにこの挑戦のためにパリに戻るよう連絡をしていた。このドライバーの〝大胆さと熟練の技〟が再び証明されることになるだろうと、新聞は彼を褒めたたえた。[633]

南フランスの地中海沿岸にある家族の別荘で、ウィミーユは北へ向かう旅の準備をしていた。[634]彼と一緒にいたのは、ドライバー仲間で、ル・マンでの事故の後、療養していたジョルジュ・ラファエル・ベトゥーノー・ド・モンブレシュー伯爵（ニックネームは〝ラフ〟）だった。二人はもう一杯のコーヒーを飲み、もう一本の煙草を吸った後、出発した。

同じ頃、エクサン・プロヴァンス出身の三二歳のトラック運転手、シアフレード・ベルトランドは青いオーバーオールを着て、雇い主がワインタンカーを保管している場所に自転車で向かっていた。そのワインタンカーは巨大なマシンでウミガメのように遅く、動きが鈍かった。

その日のプロヴァンスは美しい一日で、なだらかに起伏する丘陵地帯は、絵画のような黄色と緑の色合いをしていた。ジャン＝ピエールはブガティGTを運転して国道七号線を順調に進んでいた。ラフは隣の席で半分居眠りをしていた。

ベルトランドは、自宅から二四キロメートルほど離れたハイウェイを横切る小さな道で、巨大なワインタンカーを減速させ停車させた。彼はいつもと同じように協同組合のブドウ園で重いタンカーをワインで満タンにするはずだった。彼にとってはいつもと変わらぬ日常だった。特別なことは何もなかった。左を見て、右を見た。何も見えなかった。ギアを一速に入れて、ハイウェイを横切った。しかし、その交差点には死角があった。丘の間にくぼみがあったのだ。しかし、いずれにしろ八月の週末ののんびりとした日にほとんど車は通っていなかった。

ベルトランドがワインタンカーをハイウェイに入れたそのとき、ジャン＝ピエールが時速七〇マイル（約一一二キロメートル）で丘を登ってきた。彼は衝突が避けられないことを瞬時に悟った。狭いハイウェイの両脇には余裕がなかった。最良の方法は、ブレーキを踏み、タンカーの側面にぶつかることだった。二人とタンカーとを隔てる鉄の塊のある部分――正面から。

ジャン＝ピエールはブレーキを踏み、友人に踏ん張るように叫んだ。タイヤは舗装道路上で激しく音を立て、ブガッティの後部が尻を振り、タンカーの側面に突っ込み、激しくクラッシュした。二人はダッシュボードとフロントガラスに叩きつけられたが、何とか車内に残った。衝突の力でタンカーは道路からはじき出され、九メートル近く離れた溝に落ちた。

ベルトランドは事故にショックを受けたが、無傷だった。だが、レースカーのドライバー二人はそうはいかなかった。二人が意識を取り戻したときには、事故現場には群衆が集まっていた。人々がジャン＝ピエールとラフを大破したブガッティから引っ張り出した。二人の顔からは大量の血が流れ、胸は押しつぶされているようだった。二人は最寄りの町に運ばれ、医者が顔の裂傷を中心に傷口を縫い、包帯を巻いた。内臓に損傷があるかはわからなかったが、ひどい脳震とうを起こしているのは間違いなかった。救急車が二人をマルセイユの病院に搬送した。

事故の知らせはその日の午後早くにモンレリにも届いた。ブガッティとドライエ双方の衝撃は大きかった。病院からの電話では、二人は完治はするものの、容体を見守る必要があるとのことだった。

ジャン・ブガッティはすぐにミリオンレースに頭を切り替えた。彼のスタードライバーは、少なくとも一週間は運転できなかった。チームキャプテンのロベール・ブノワが代わりに挑戦することになる可能性が高かった。鷹のような顔立ちの四二歳のブノワは、ジャン＝ピエールが学校を卒業する前に一シーズンでグランプリ四勝を挙げたこともある名ドライバーだったが、年齢が反射神経を鈍らせ、かつてのような勢いはなかった。

期限まで二週間を切っており、もう待ってくれなかった。「ブガッティは空を飛ばなければならないだろう」とジャン・ブガッティは記者会見で語った。[635] フランスじゅうの新聞は、彼のことばとともに、ミイラのように包帯を巻かれた二人の写真を掲載した。「悲痛な負傷」という見出しをつけた記事もあった。[636] 自身の予後にもかかわらず、ジャン＝ピエールはすぐに一〇〇万フランに挑戦できるはずだと記者に話した。

八月一八日、ルネは非常に速いタイムを練習走行で記録した。ドライエは挑戦の準備ができたかのように見えた。しかし、145を激しくプッシュしすぎたため、ギアボックスが壊れてしまった。少なくとも数日間は賞金レースには挑戦できなかった。

ブガッティは、ジャン＝ピエールが期限までに回復すると考えていたが、マルセイユの医師たちは彼の頭痛がひどいため、もう少し様子を見る必要があるとアドバイスした。ジャン＝ピエールが復帰するのは、早くとも期限の二、三日前になるとブガッティは考えた。天候が悪ければ、あるいはマシントラブルがあれば、一〇〇万フランへのチャンスはついえてしまう。さらにモンレリのサーキットを二〇〇キロメートルも周回するなど、ジャン＝ピエールには体力的に無理かもしれなかった。

ブノワが代わりに準備をした。最初のチャレンジ――報道陣には練習走行と言っていた――は、強風のため一二周であきらめてしまった。五分九秒を切るタイムを上げることはできず、彼は記者団にジャン＝ピエールならベストタイムを出していたかもしれないと語った。そして、「ああ、おれがもう一〇歳若ければ」と悔しそうにつけ加えた。[637]

八月二三日、空は晴れ、風も穏やかだった。ジャン・ブガッティは、かつてのチャンピオンの力に自信を持っており、記者団にチャレンジを行うと伝えた。カメラマンを引き連れた多くの報道陣が賞金レースの行方を取材しようと駆けつけていた。

ブノワはスタンディングスタートの時点から出遅れた。「どこかためらいがちだった」ロト誌は優しくもそう表現した。彼は一周目を五分二六秒で終え、平均時速は一三六キロメートルを記録した。これは賞を獲得するために必要な一周の平均タイムを一九秒も上回っており、取り返すのは難しかった。

二周目も五分一〇秒と遅れ、時間の借金は広がってしまった。ブガッティ陣営は意気消沈した。

ブノワは気を引き締めなければならなかった。彼は次第にタイムを縮め、多くのコーナーやカーブを巧みなスキルで走り抜けていった。ブガッティは完璧な走りを見せた。彼は一時間二二分三秒九でフィニッシュした。賞金を獲得するための最低基準タイムを九秒もオーバーしていた。

ピットでは、記者たちが再挑戦するのかとブノワに尋ねた。「可能性はある」と彼は語り、ジャン＝ピエールの回復を願っていると認めた。[638]「彼は僕より速いからね」

新聞は、次の挑戦はロードコースで毎日練習走行を繰り返しているルネ・ドレフュスになる可能性が高いと報じた。SEFACもタルボもサーキットに姿を見せていなかった。今や戦いはブガッティとドライエの一騎打ちの様相を呈していた。目標はどちらのチームにとっても実現不可能なのではないかと示唆する声もあった。

国じゅうの新聞の見出しがモンレリでの一挙手一投足を報じていた。〝一〇〇万フランのドラマ〟に当てられたスポットライトは目をくらませるほどのまぶしさとなっていた。そしてフランスが、一九三八年のグランプリにふさわしいレースカーを作るのではないかという期待が膨らんでいった。さらにこの賞は、差し迫ったドイツとの衝突に対する懸念から気をそらせるための気晴らしとして歓迎された。

多くの社説は、フランス政府が避けられない事態に向けた軍備を怠ってきたことを非難していた。フランス政府が、自動車戦争に対しても何も準備をしてこなかったと皮肉を込めて指摘する者もいた。「他国のすべての軍隊は、スピードの誘惑に、そして装甲車両の壮麗なパレードの前途有望な魅力にひかれている……伝染病に抵抗するには多くの勇気が必要だ[639]」同じことはフランス空軍にも言えた。すべてを権力者のせいにすることはできなかった。あるフランスの歴史家は、世論は次のことばに集約されていたと記している。「とにかく戦争には反対![640]」

〝一〇〇万フランのドラマ〟がフランス国民の注目を集めていた頃、ルドルフ・ウーレンハウトとエンジニアの一団がウンターテュルクハイムにあるメルセデスの工場の高い壁の向こうで新しいフォーミュラカーの製造に取り組んでいた。経費は惜しげもなく注ぎ込まれた。その年だけでも、ダイムラー・ベンツのレース部門には四四〇万ライヒスマルクが費やされた[641]。同社の最高経営責任者であるヴィルヘルム・キッセルは、チームを支援するのは〝国益のため〟だと語っていた[642]。彼の発言は、多額の資金を浪費するグランプリ・レース——数百名もの従業員を雇用し、各レースの後にはすべての車を分解して作り直さなければならなかった——に参加するために、メルセデスが数限りない方法で国からの支援を受けているという事実を正しく伝えてはいなかった[643]。

減税、労働組合の破綻、高速道路の建築など、すべてが業績回復に寄与し、ダイムラー・ベンツは他のすべての自動車会社がうらやむほどの業績を上げた[644]。売上総利益も年々増加し、製造および投資収益も急増した。大規模な再軍備計画が成功のために重要な役割を果たしていた。ダイムラー・ベンツの工場では、軍用機器も大量生産されていた。取締役のヤコブ・ワーリンがアドルフ・ヒトラーと直接交渉することができたことから、ダイムラー・ベンツは政府との大規模な契約を獲得することができた。[645] もし戦争になった場合——その可能性は高かった——同社の役員たちは、ますます運が開けると信じていた。

アウトウニオンよりも帝国政府との良好な関係を維持するためには、以前と同様に、新しいグランプリのフォーミュラで優位に立たなければならないことをキッセルは知っていた。彼らは何カ月も前から計画を立てていた。[646] ウーレンハウトが中心となってその計画を進めていたが、キッセルはアウトウニオンとの契約を終えたばかりのフェルディナンド・ポルシェを雇い、新しい設計について相談していた。

長年の経験を考えれば、ウンターテュルクハイムの工場では、スーパーチャージャー付の三リッターとスーパーチャージャーなしの四・五リッターのどちらを選ぶかに疑いの余地はなかった。一九三七年三月二三日のミーティングで、彼らはV12スーパーチャージャー付エンジンの採用を決定した。エンジニアたちは一九三七年のレースカーをベースにドライブシャフトの角度をセンターラインからわずかに離したシャーシのデザインを提案し、ドライバーがより低い位置に座れるスペースを確保した。また試作車の風洞実験では、空力特性の改善が図られた。さらに四カ月の開発を経て、これらのアイデアは最終的な計画へと移され、ダイムラー・ベンツの取締役会は、新たなモデルW154を最低一五台製造することにゴーサインを出した。[647]

八月、メルセデスのエンジニアとメカニックがレースカーを作り上げている間、メルセデスのチームマネージャーであるノイバウアーは、スタッフを派遣してモンレリの様子を監視させていた。[648]彼らはブガッティとドライエのフォーミュラカーがコーナーで見せるスピードや直線での加速に注目していた。ノイバウアーは、シーズンが始まってもフランス勢が競争相手になるとは考えていなかったが、それでも確実を期しておきたかった。

ワイフェンバックとジャン・フランソワは、ドライエが一〇〇万フランを狙う準備ができたと考えていた。[649]我慢強い性格ではないルーシーだったら、とっくに挑戦していただろう。ルネだけがまだ不安を抱えていた。

八月二六日木曜日、ルネはモンレリで練習を重ねていた。ギアボックスの破損は偶発的なもので、簡単に直すことができた。145はよく走っていた。スピードを上げるために、メカニックはシャーシをはじめとして、全体の構造に影響を与えない範囲で部品を空洞化して軽量化を図った。[650]一グラム一グラムが重要だった。アクセルやブレーキ、クラッチペダルにも穴を開けた。

この時点で、マシンに対しできることはほとんどなくなっていた。一〇〇万フランを獲得できるかどうかは、ルネの肩にかかっていた。そしてそのことをルネもわかっていた。一〇〇万フランを競うということは、通常のレースとはまったく別物だった。[651]一人でコースを走らなければならず、後ろから追いかけてくる車もなければ、追いかけるべき車もなかった。相手のミスを利用したり、他の選手のペースを把握する必要もなかった。他の車の妨害を責めることもできない。時計を相手にたった一人で走るしかなかった。

ルネは、このミリオンレースは、多くの点でヒルクライムに似ていると思った。すべてはドライバーと、ドライバーがいかに自制心を維持して、マシンを限界までプッシュすることができるかにかかっていた。たとえ心に迷いがあったとしても、時計は待ってくれなかった。

ルネはタイムを削る方法を探してコースを何周も走った。それは数えきれないほどだった。何百周、いやもっとだろう。コックピットは、今や彼にとっては、使い古したアームチェアのように快適でなじんだものになっていた。サーキットのすべてのコーナーやヘアピンカーブ、あらゆるくぼみや段差、木や低木の茂み、フェンスのライン、あるいは丘の起伏など、自分が今どこにいるかを知るための目印を知っていた。コースの各区間をどのくらいのスピードで走るか、いつギアシフトするか、どのくらいの幅でドリフトさせてコーナーを回るか、どの地点でコーナーを抜けるかをすべて把握していた。道路からオートドロームに入る角度、バンクしたカーブに沿って走るときの高さ、そして狭い開口部を抜けて道路に戻るときに使うべきギアについても把握していた。無灯火でも、夜のコースを運転できると感じるまでになっていた。

それでもまだ準備ができていない感じがした。いくつかのコーナーでアクセルを踏みすぎると、後輪の外側が路面からわずかに浮き上がってしまう[652]。これが時間のロスにつながっていた。これを避けるためには、コーナーごとにアクセルを離すポイントを正確に把握しておかなければならなかった。

そして何よりも、まだ五分七秒という基準タイムをクリアすることができていなかった。

「明日にはチャレンジしなければならない」とワイフェンバックはルネを促した。天気はよさそうだった。[653]風もほとんど吹いていない。また、この日、ブガッティのジャン＝ピエールがマルセイユから飛行機で到着しており、戦闘準備はできたと記者たちに語っていた。ジャン＝ピエールは早ければ土曜日には挑戦することになるだろう。彼が先に平均時速一四六・五キロメートルを更新すれば、ルネへのプレッシャーは増すばかりだった。八月三一日の期限まで、何度か最速タイムを競い合うことになるかもしれなかった。

「ドレフュス、君を信じている」とワイフェンバックは言った。「きっと成功するだろう」[654]

ワイフェンバックの意見を尊重しながらも、ルネはもっと練習をしたいと思っていた。一周あたりコンマ数秒をさらに縮めなければならなかった。スタンディングスタートはもっと改善することができそうだった。少なくとももう一日は必要だった。本番で試行錯誤をしたくはなかった。スタートしたときには、自分ができるという確信を持っていたかった。新たに発見した自分の闘争心よりも、警戒心のほうがまだ上回っていた。

「できない」と彼は言った。[655]「まだ十分な余裕がない。序盤で大きく遅れてしまう」

「そんなことはない」

「いや、そうなんだ」

ワイフェンバックはルネを見た。彼はいつも言っていた。最後の決断はドライバーに委ねる。ドライバーが決断するのだと。「わかった。おやすみ」とワイフェンバックは言った。

その晩、街の西側にあるアパルトマンに戻ったルネとシュシュは夕食を共にした後、愛犬であるハウンドのミンカ・スタックを散歩に連れていった。この小さな犬は、ハンスとポーラのスタック夫妻からの贈り物だった。[656] 二組のカップルは長年にわたって親しくしていたが、特にその理由は、二組とも反ユダヤ主義の迫害に直面していたことにあった。ルネとハンス・スタックとの友情は、グランプリドライバー同士の複雑な人間関係を象徴するものだった。結局のところ、スタックはレースを支援するヒトラーのために活動し、その記録を残そうと試みていたが、同時にヒトラーの抱く偏見に悩まされ、ストレスを強く感じていた。

ルネとシュシュはブーローニュの森の上の空が暗くなるのを見ていた。晩夏、鳥たちは夜まで鳴き続けていた。午後一〇時を過ぎた頃、二人は寝る準備をした。

電話が鳴ったとき、シュシュはすでにパジャマに着替えていた。彼女は電話に出ると囁くような声で話した。

しばらくしてルネが訊いた。「誰？」

「ムッシュ・シャルル」とシュシュは言って、ルネに背を向けた。

「何の件？」とルネは訊き、シュシュにつきまとった。

「ううん、何でもない」

「明日のミリオンレースのことだったら、僕は行かない」

彼女はルネに手を振って、ドライエのボスとの会話を続けた。やがて、話が終わり寝室に戻ってきた。

「彼は何と？」ルネは苛立たしげに尋ねた。

「何でもないってば。今日の練習のときのあなたの様子を知りたがってただけ。それだけよ」

疲れ果てたルネはベッドに入った。次の日は、遅くに起きて、午後からサーキットで練習をするつもりだった。

眠りについてまもない頃、ベッドサイドのテーブルの上で目覚まし時計が音を立てた。ルネが目を細めて時計を見るとまだ午前五時半だった。彼はシュシュのほうを向いて、「今朝は、練習はないじゃないか」と不平を言った。なぜ彼女が目覚ましをセットしたのかわからなかった。

「準備できたわ」と彼女はベッドから起き上がって言った。「さあ起きて、ルネ。一〇時には一〇〇万フランに挑戦するのよ」

ルネは首を振った。いや、無理だ。もっと練習が必要だった。

シュシュは彼に言った。完全な準備はできないが、とにかくチャレンジするしかないのだと。ルネは、それは違うと言った。できると確信できなければ、成功することはない。もう少し時間が必要だ。ワイフェンバックとルーシーはそうは思っていないとシュシュは言った。二人とも彼が今日、一〇〇万フランを狙って勝負しなければならないと確信していた。前日の夜遅くに電話があったのはそのためだった。彼らはルネに尻込みさせたくはなかった。

「だめだ！」とルネは怒鳴った。

「黙って。落ち着きなさい。そして着替えるのよ」とシュシュが言い放った。タイムキーパーはすでにコースに向かっていた。報道陣にも連絡してあった。朝刊がニューススタンドに届く頃には、パリの誰もがこのことを知っているだろう。

逃げることはできなかった。ルネは覚悟を決めた。

第11章
対決

ルネは自身の黒のドライエ・クーペでパリを出発した。[657] シュシュが横に座り、愛犬のミンカを後部座席に乗せていた。ルネはジャケットとスラックス、シュシュはブルーのストライプのブラウスとフランネルのスカートといういでたちだった。アールデコ調のラインをしたエレガントなボディの車を走らせる彼らは、週末の休暇を過ごすために田舎に向かっているように見えた。

しかし、ルネはモンレリへとハンドルを切った。表情は険しく、車内は静寂に包まれていた。一〇〇万フランに挑戦する決意を固めていたものの、彼は、妻とレースチームに騙されたという思いを強く抱いていた。ルネに攻撃的な走りをさせるために、ルーシーとワイフェンバックがわざと怒らせたのではないかと疑っていた。簡単に騙されてしまったという思いが、彼をさらに動揺させた。

高速道路を降りると、モンレリのある高原に向かって荒れた道を駆け上がった。やがて地平線上にグランドスタンドの屋根が見えてきた。入り口では、コースの管理スタッフのいる建物の横を通り過ぎた。オートドロームのバンクを支える細長いコンクリートの柱が見えてきた。オートカー誌のある記者は、それらを〝枝のない石化した木々〟と表現した。[658] 車が頭上を走っているとき、このコンクリートのボウルの下に立っていると、地震にあっているような気分にさせた。

ルネは車を駐車すると、オートドロームの地下にある控え室で白いレーシングスーツに着替えた。トンネルから出てくると、コース上にはジャーナリストやタイムキーパーが群がっていた。まだ怒っていたルネは、ワイフェンバックやルーシーにあいさつさえしなかった。

ドライエ145はピットで準備が整っていた。そのボディは裸のアルミシェルのままで、ドライエやエキュリー・ブルーのマークはなく、これまでと同様に醜かった。エンジンはルネが到着するまでにすでに温められていた。フランソワと彼のクルーは一晩かけて最高の状態に仕上げていたが、まずはルネにコースを数周走ってほしいと考えていた。ルネはゆっくりとコースを周回した。曇った朝だった。路面は乾き、時折突風が高原を横切ることがあった。ルネは、どんな向かい風でも、ペースが落ちてしまうことを知っていた。選択の余地があれば、走るのを延期しただろう。しかし、決定権はもはや彼にはなかった。誰もが出走を熱望していた。

ピットで休憩した後、ルネはいつものように靴紐が三重に結ばれていることを確認してからコックピットに戻った。シュシュを含む全員がスタートライン横のタイムキーパースタンドに陣取っていた。彼女は、コースの一キロメートル先にある給水塔に常駐しているドライエのメカニックにラップタイムを電話で伝えることになっていた。そうすれば、ルネは前の周回の結果を知ることができ、さらにスピードを上げる必要があるかどうかを判断することができた。

ルネはスタートラインに向かって車を進めた。成功する可能性については不安しかなかった。特に風が強かったことが気になっていた。ルーシーともチームの他の誰とも何も話さなかった。ワイフェンバックがマシンの隣にやって来た。「君を信頼している」と彼は言った。[659]

ルネはそれに応えてかすかに頷いた。

ブガッティのロベール・ブノワがコースの壁にもたれかかって見ていた。グランドスタンドにはメルセデス・レースチームのマネージャーであるヴィルヘルム・フォン・ウラッハがメモを取っていた。首からは双眼鏡をかけ、その存在を隠そうとさえしていなかった。フランスや外国のジャーナリスト、カメラマンがルネの挑戦を記録するために大挙して駆けつけていた。

ルネはギアシフトに手を置き、クラッチとアクセルに足をかけた。一二気筒エンジンの音が、ステアリングを握る彼にも響いてきた。全員の期待が重くのしかかってきた。彼はグランプリ初優勝を飾ったときのような恐れ知らずの本能を取り戻したことを証明したかった。政治とは関係なく、自分が世界最高のドライバーたちと競い合うにふさわしいのだということを。

一六周。二〇〇キロメートル。一時間二一分五四秒以内で走らなければならなかった。一秒一秒が重要だ。特に一周目はスタンディングポジションからのスタートだった。

スターターがフラッグを上げる。ルネはエンジンをかけた。そのしゃがれ声が静かな朝の空気を切り裂いた。血が凍るようだった。

午前一〇時、鋭くフラッグが下ろされ、ドライエ145が飛び出した。コンクリートのコース上にタイヤの煙が上がった。

ルネはグランドスタンドの前を通り過ぎ、バンクを駆け下りると、オートドロームと道路をつなぐ狭い隙間を通ってタールで覆われた道路へと飛び出していった。最高のスタートとは言えず、腕には不安がずっしりとのしかかっていた。彼はトップギアにシフトし、トップスピードで二キロメートルの下り坂を走った。左側には木々と低木が散在していた。右側には草と野の花でできた細いリボンが反対側を走るオートドロームへと戻る道を隔てていた。

時速二一〇キロメートル近くで走った直線の終わりで、コースは右にカーブした後、ラセ・ド・クアールに到達する。[660]簡単な部分は終わりだ。三つのカーブで素早くギアを切り替える。急勾配を下降し、ヘアピンのイパングル・デ・ブリュイエールに入ると這うようなスピードまで落とさなければならない。その直後、四キロメートル地点を通過するともう一つのカーブに入るところでブレーキをかける。ギアを四速に入れたのはサーキットの最西端、レ・ビスコーンの手前のストレートでのわずかな間だけだ。まるで正方形を描くように連続する右カーブから出てきたとき、やっとコースの半分を通過していた。

決して楽にこなしているわけではなかった。時間をロスしているのではないかと心配していた。

ADATTO ARCHIVES

1937年8月、モンレリ・ロードサーキットで“100万フランレース”に挑戦するルネ

しかし、それを知る術《すべ》はまだなかった。

さらに一キロメートルのストレートが続く。上り坂があり、そこに入ると空まで打ち上げられてしまいそうな厄介なくぼみに邪魔されることを除けば、終始トップスピードで走ることができた。できるかぎりスピードを上げて走った。一陣の風がドライエのボディのサイドを襲い、ラインからわずかにはずれてしまうこともあった。

七キロ地点を過ぎたところで、道は再び急勾配になり、木立の並ぶヴィラージュ・ド・ラ・フォレの右コーナーに入る。そこを抜けると、二つの緩やかなカーブがある。スピードのせいでテールが振れないように注意しながら走る。コースはほぼ平らになるが、腕と足を休めることはできず、すぐに次の鋭いコーナーに入る。コーナーを抜けて直線に入ると、オートドロームから延びてくる道路とは逆方向に並行に延びる道に沿って走る。再びトップスピードに。背後には砂塵が立ち込めていた。

九キロメートルを過ぎた後、アスカリがクラッシュして死んだ長い左カーブを走り抜ける。そのカーブを生き延びると直線だ。前方にはオートドロームのバンクを支える柱が見える。ヴィラージュ・ド・ラ・フェルムを左に回ると、バンクの端をかすめるように走り、もう一つのヘアピンカーブ、イパングル・デュ・フェイの前でブレーキをかける。

タイムが知りたくてしかたがなかった。ルネは細長い開口部を通って、オートドロームの広いコンクリート路面に戻ってくる。スタートした地点の反対側のストレートを走り、もう少しで一周目を終えようとしていた。

東側のバンクに高速で突っ込み、遠心力でタイヤをコンクリートの路面にキープさせる。コーナーを出てグランドスタンド前のストレートに飛び込み、バンクから平らな面になったところで車体が流されそうになるのを修正しながら走った。

シュシュがストップウォッチを押してルネのタイムを確認した。観客は彼が通過していくのを見て歓声を上げたが、その声はドライエ145のエンジンの轟音にかき消された。一周。あと一五周。

観衆は、雷のような轟音を上げて再びオートドロームを飛び出していくドライエを見守った。彼らはドライエの姿をほとんど捉えることはできず、ただタイヤのきしむ音と、ルネが素早くギアを切り替えるたびに変わるエンジンの音程が聞こえるだけだった。

その後すぐ、給水塔を通過するときに、ルネは黒板に書かれたタイムを見た。

五分二二秒九[661]。

遅い。遅すぎた。「これじゃだめだ。失敗する」ルネは自分に言い聞かせた[662]。一周平均五分七秒で走らなければならなかったのだ。

スタンディングスタートだったとはいえ、このタイムはひどかった。ブガッティが最初のステージで四〇万フランを獲得したとき、ジャン＝ピエールは同じラップを五秒速く走っていた。ルネは一六秒近い遅れを取り戻さなければならなかった。

ロードコースを走りながら、手足がずっしりと重いのを感じていた。落ち着かなければならない。自分を信じなければならない。１４５はよく走っていた。だがもっとうまく走らなければならなかった。もっと。

ラセ・ド・クアールを旋回し、イパングル・デ・ブリュイエールで急ブレーキをかけ、レ・ビスコーンを抜けてヴィラージュ・ド・ラ・フォレまでの高速ストレートを駆け抜ける。二つの急カーブを抜けてオートドロームに戻ってくると、はじき飛ばされるようにバンクを抜け、再びグランドスタンド前を通過した。

二周目が終わった。すぐに給水塔地点でタイムを知る。五分一〇秒二。またもや遅すぎた。まったく遅れを取り戻すことができず、差は広がっていた。

一九秒差を取り戻さなければならなかった。

自制心。正確さ。必要な平均ラップを出すにはその二つが必要だった。三周目に平均ラップに達しなければ、挑戦は失敗に終わるかもしれない。彼はさらにスピードを上げ、それぞれのコーナーを攻めた。次第に感触がよくなってきた。反応も速くなってきた。

三周目は五分七秒。目標どおりのタイムだった。時速一四六・六キロメートル。順調にラップを上げていたが、一周ごとに一秒、いや二秒タイムを縮めなければ、窮地から抜け出すことはできなかった。次の三周も何とか平均ペースの五分七秒で走った。しかし、これでは足りなかった。残りは一〇周。もはや一周ごとに五秒近く縮めなければならなかった。彼はすでに自分とドライエをその能力の限界まで追い込んでいた。

一周一二・五キロメートルのコースで、数秒を短縮することは非常に難しかった。ルネはすでに各ヘアピンでベストのラインを取っていた。ストレート、下り坂、そして長いカーブでのスピードは車が耐えられ、路面を捉えることのできる限界に近づいていた。ブレーキとタイヤにひどく負担がかかっていた。せいぜい、コンマ数秒縮めるのが精一杯だった。

運転ミスや判断ミスはタイムロスにつながるが、最悪の場合にはコースやオートドロームの上端から飛び出してしまう危険性もあった。[663] モンレリでは同様の記録への挑戦で、何人かのドライバーが命を落としていたが、それは実際のレースの危険に引けを取るものではなかった。ルネがマセラティを去った直後、マセラティのドライバーの一人、アメデオ・ルッジェーリが世界記録に挑戦した際に、モンレリのオートドロームでコントロールを失ってしまった。マシンは五回転してからやっとコース上で停止し、ルッジェーリが意識を取り戻すことはなかった。ルネの親友だったスタニスラ・ツァイコウスキーは、モンツァグランプリで同じようなオートドロームから飛び出して事故死していた。ルネはそういった考え――さらには自分自身がクラッシュした経験――を頭から振り払わなければならなかった。彼は今、自らの自制心と大胆さを一致させなければならなかった。

七周目、風が収まった[664]。突風により奪われた遅れをコンマ何秒かでも挽回しようと、ルネは激しくコースを攻めた。前方のコブやくぼみ、コーナーに注意を払った。道路脇に広がる草むらは、刷毛で描かれたかのように通り過ぎていった。細いフロントグラスは風をかろうじてさえぎる程度で、激しい空気の流れがほほを伝っていった。ギアを変えるたびに、エンジンの咆哮《ほうこう》が耳をつんざいた。アスファルトの路面のでこぼこした区間を走り抜けるときには、ルネの体が震えた。

左急カーブ。そして直線。さらに胃が急降下するような下り坂からヘアピンへ。手加減なく急ブレーキを踏む。次のコーナーを鋭くカットし、数センチでも稼ぐ。さらに直線へ。左カーブ。そして長く果てしなく続くように見える右カーブ。イパングル・デュ・フェイを抜けて、オートドロームへ飛び込んでいく。ボンネットの下の視界が横に傾き、バンクを駆け上がっていく。左には空、右にはコンクリート。方向感覚を維持するのが難しくなり、まるで壁に貼りついているハエのような感覚に陥る。バンクの頂上から飛び出すのを防ぐための柵も手すりもなかった。コンクリートのあらゆるくぼみがマシンを飛び跳ねさせた。ルネはしっかりとしがみつくようにしてストレートに飛び込んでいった。

ラップタイムは五分五秒六。ついにやった。平均ラップを切った。およそ一・五秒、遅れを取り戻した。だが、このままではさらにスピードを上げなければならなかった。八周目の中間点で、すぐにそれを成し遂げたことを知った。五分五秒フラット。一〇〇万フラン獲得まで、一五秒短縮するところに迫っていた。自信が高まっていった。

その後の四周――九、一〇、一一、一二周――で、彼は風による揺れと闘いながら、平均五分五秒をわずかに切るペースで、一〇近いカーブ、八つのコーナー、二つのヘアピンを駆け抜けた。リズムに乗ってきた。ドライエと一体になってコースを攻めていた。この調子をキープしなければならない。ずっと。

遅れは六秒以内に縮まっていた。

スタンドでは、ルーシーとローリーが時計をじっと見ていた。ピット脇のワイフェンバックとジャン・フランソワも同じことをしていた。彼らにできることは何もなかった。自分たちのマシンとドライバーが残り四周を最後まで走りきることを願うばかりだった。

ストップウォッチを手にしたジャーナリストの中には、ドライエにチャンスがあると感じ始めた者も少なくなかった。

ルネは一三周を走り抜き、ブレーキングと加速の繰り返しでリアタイヤが摩耗していることに気づいていた。これがリスクとなることがわかっていた。ダンロップの担当者がロードコースに配置され、ゴム製のトレッドがキャンバスまで摩耗し、タイヤがバーストする恐れがあるときには注意を促すことになっていた。そのような事態になれば、チャレンジは失敗し、命さえ危うくなる。これまでのところ、ダンロップの担当者には何かがおかしいという兆候は見えなかった。

一三周目にオートドロームに戻ってきたルネは、空気中に刺すようなにおいを感じた。何かが燃えていた。前方のイパングル・デュ・フェイで、煙がヘアピンカーブを横切っていた。近くの畑で農民が雑草を燃やしていたのだ。スピードを落とすべきだった。煙で道路の輪郭がぼんやりとしていた。だが、タイムをロスするわけにはいかなかった。

彼はこのカーブを目をつぶって走れるくらいに知り尽くしていた。そしてそれを信じることにした。アクセルを踏み込むと、ヘアピンを抜け、濃い灰色のスクリーンを通ってオートドロームに戻ってきた。一三周目。五分五秒三。

タイムの借金を帳消しにするのにもう少しのところまで来ていた。残り三周。一四周目、ルネはストレートとコーナーを駆け抜け、ベストタイムの五分三秒九を記録した。借金は〇・五秒以下になった。

オートドロームにいる誰も――とりわけルーシー――が、一五周目に入ったドライエのスピードを見て、一〇〇万フランの可能性を感じていた。

ルネは五分七秒をわずかに下回るだけでよかった。ここまでの六周でそうしてきたように。記者たちはノートに走り書きをしていた。カメラマンは狭いゲートを抜けてロードコースに戻っていくマシンをレンズに捉えようとしていた。シュシュは素早く給水塔への電話に向かって話し、夫にどう走ればよいかを確実に伝えようとしていた。ワイフェンバックとフランソワは、ただエンジンがもつことを祈っていた。

ルネは最初の直線を、ラセ・ド・クアールに向かい、そしてイパングル・デ・ブリュイエールに向かって下った。ドライエがヘアピンを回るとき、草むらに倒れ込んで見ていたダンロップの担当者ケッサが、必死に手を振っていた。タイヤのゴムの下にキャンバスの警告帯が見えていた。タイヤのトレッドが摩耗して今にもバーストしそうだった。

いまいましいタイヤめ。ルネはそう思いながらも走り続けた。まったくためらうことはなかった。一五周目を五分四秒三で終えた。借金を帳消しにしただけでなく、今や貯金までできた。タイヤがバーストする可能性を考えると、安全に攻めたほうがよいのかもしれなかったが、そうは考えなかった。もっと勇敢に、もっと大胆に、自分自身を駆り立てた。

次の周回でヘアピンに戻ってきたとき、ルネはダンロップの担当者をちらっと見た。ケッサの顔には恐怖の色が浮かんでいた。あっという間に彼の前を通過したが、ケッサが十字を切るのが間違いなく見えた。前へ。前へ。レ・ビスコーンを抜け、ヴィラージュ・ド・ラ・フォレへ向かう直線を駆け上がり、一連のカーブを抜けてオートドロームへ戻ってきた。まるで何かに取り憑かれた男が道路を横切るかのように、煙がイパングル・デュ・フェイを漂う中を、スピードを緩めることなく突っ切った。再びバンクを周回し、グランドスタンドのチェッカーフラッグの前を通過した。

タイムキーパーは五分四秒五を記録した。勝利だった。人生でも最高の――そして最もハードな運転をしたルネは、平均時速一四六・七キロメートルで走り抜いた。一時間二一分四九秒五を記録し、制限時間を四・九秒下回ってゴールし、一〇〇万フランの資格を得た。八月三一日までにルネのタイムを破る者がいなければ、エキュリー・ブルーとドライエが賞金を手にすることになった。

ルネがオートドロームを一周して戻ってくると、コース上に群衆が待っていた。車を止めてゴーグルをはずすと、シートの背もたれの上に体を持ち上げた。オーバーオールに飛び散った汚れと、顔の大部分を覆った煤が、彼の笑顔をより輝かせて見せた。ワイフェンバックとジャン・フランソワが最初に彼のところへ行き、荒っぽいハグをして祝福した。息子たちを含めたシェル一家も車の周りに集まってルネを祝福した。ドライエのメカニックやスタッフも喜びのあまり跳びはねていた。最後にタイムキーパーのスタンドから降りてきたシュシュがルネにキスをした。彼女がルネの膝の上に座ると、カメラマンは翌日の一面を飾るための写真を何十枚も撮った。

自分が成し遂げたのだという実感がやっと湧いてくると、ルネは145から降り、喜びと安堵の両方の感情から涙を流した。ルーシー・シェルとドライエのスタッフ全員も彼の涙に加わった。シャンパンのコルクのはじける音が鳴り響き、疲れきったドライバーを花束が囲んだ。そして報

ADATTO ARCHIVES

1937年8月、賞金の資格を得たルネ。左からシャルル・ワイフェンバック、シュシュ、ルネ、ジャン・フランソワ

道関係者をはじめとする大勢の観衆は、祝賀会の行われる、オートドローム近くのレストラン、ラ・ポアンティエールへ向かった。

ジャン＝ピエール・ウィミーユがまさにその日にパリにやって来て、期限までに一〇〇万フランに挑戦する——おそらく翌日には——という知らせが入ってきた。ルネはうわさを気にせず、ただこの祝杯を楽しむことにした。

「四・九秒には一〇〇万フランの価値がある」という見出しが翌日の新聞を飾った。[665] その下の記事には、ルネの勝利に関する一周ごとの詳細な内訳が記されていた。ドライエチーム、献身的なメカニック、〝完璧な〟マシン、そしてチームのボスであるルーシー・シェルに対するルネの感謝のことばがあらゆるところで引用されていた。「まだ我々の勝利だと叫べない理由はわかっていると思います」とルネは言った。[666]「明日か、月曜日または火曜日には別のライバルがチャンスをつかむかもしれない。だが、私に言えることは、ライバルにとっても我々と同じようにこのチャレンジは困難だということだ」彼はエキュリー・ブルーに加わってから自分がいかに変わったかを明らかにするシンプルなことばで締めくくった。「賞金を獲得するためには、大きなリスクを冒す必要がある」

ルーシーは、これから起きることを考えて眠れない夜を過ごした。彼女は早く起きて新聞を読み、自宅の応接室でドライエとブガッティの一〇〇万フランをめぐる戦いについて報じるラジオを聞いていた。

ジャン＝ピエール・ウィミーユは前日の夕方にモンレリに到着し、戦いに挑むために用意された直列八気筒四・五リッターのシングルシーターに試乗していた。[667]顔は青白く、上唇には深い傷が走り、髪を半分剃った頭には白い包帯が巻かれていた。だが、ブガッティに乗り込む彼の足取りには、まったく迷いはなかった。

数周後、彼はエンジンの問題をいくつか訴えてピットに戻った。メカニックは八月二九日の日曜日の走行に向けてすべての準備を整えることを約束した。

ルーシーはブガッティがベストタイムを更新した場合、ルネとドライエ１４５をもう一度オートドロームで走らせるつもりでいた。[668]彼女の指示で、ジャン・フランソワとメカニックたちは、工場に戻って、すでに車の点検とオーバーホールを行っていた。タイヤやオイル、プラグを交換し、フィルターを洗浄してサスペンションにグリースを塗り、スプリングを調整し、手の届く範囲のすべてのナットやボルトを締め直した。しみだらけになったアルミニウムボディもピカピカになるまで洗った。小さな醜いマシンに対し心を尽くしてできるかぎりのことをした。

落ち着かない夜をもう一晩過ごした後の日曜日の早朝、ルーシーは車でモンレリに向かった。ルネと彼の妻もそこにいた。運をつなぎとめようとして、ルネは賞金にチャレンジしたときと同じオーバーオールを、シュシュも同じブルーのストライプのブラウスとスカートを着ていた。ルーシーは、ワイフェンバックとジャン・フランソワも金曜日に着ていたのと同じスーツとネクタイをしていることに気づいた。

誰もが緊張していた。再び挑戦してさらによいパフォーマンスを上げなければならないかもしれないルネは特に。彼らはジャン＝ピエールとブガッティチームを待ってその日を過ごした。時間が刻々と過ぎていった。が、ライバルは現れなかった。

その夜遅く、報道陣がジャン・ブガッティからの声明を発表した。「明日の朝八時に公式な挑戦を行う」[669]

ルーシーはラ・レリーの自宅に戻り、新聞やラジオが〝ミリオンレース〟と呼んでいるもののことをあれこれと考えながらもう一晩を過ごした。

八月三〇日、月曜日の朝、モンレリでの待ちに待った一日が始まった。記者の海が押し寄せ、タイムキーパーとＡＣＦの関係者もブガッティの挑戦を見守るために集まっていた。だが、またしても誰も現れなかった。今回は声明もなかった。

日没後、ルーシーたちはコースを後にした。あるスポーツコメンテーターは苛立ちも露わに「すべてには終わりがある。火曜日の深夜零時にはそれが訪れるだろう」と語った。[670]

三日目、そして最終日、ルーシーは早くモンレリに着いていた。[671] レース界の古い迷信にとうとう飽きてしまったシュシュ以外は、皆、このときも同じ服を着ていた。ルネはもうボロボロだった。待ち続けたことで神経がすり減り、寝不足で目の下にくまができていた。

午前七時、ルネはドライエ１４５で数周、テスト走行をした。マシンの調子は上々だった。天候は晴れて風もなく、絶好の挑戦日和だった。ルネは残りの時間をピットでイライラしながら過ごした。

誰もが彼をリラックスさせようと、そばに寄り添い、水を飲ませたり、煙草を渡したり、軽い食前酒を勧めたりしたが、効果はなかった。刻々と時間が過ぎても、ブガッティが姿を見せる気配はなかった。彼らが現れなければ、八月三一日の期限が過ぎるとともに、一〇〇万フランはドライエに授与されることになる。

ルールではフランスの自動車メーカーのみが賞金を受け取ることができた。ルーシーは、この取り組みを成功させるものは、資金力は言うまでもなく、彼女自身の野心にあることを知っていた。エキュリー・ブルーのリーダーを夫に委ねるという不愉快な慣行に従わなければならず、彼女がマスコミの注目を浴びることはなかった。彼女はこのように無視されることを予想しており、こういった行為が彼女の野心を煽っていたことは間違いなかった。[672]少なくともワイフェンバックは勝利すれば一〇〇万フランをドライエと彼女とで均等に分配すると約束してくれていた。

ランチタイムが過ぎ、ルーシーはライバルの意図を推測するしかなかった。「ブガッティとジャン＝ピエールはまだ切り札を持っているのだろうか？」彼女は自分自身に問いかけた。「何かトリックを仕掛けているのだろうか？　ブガッティが午後六時に現れるとしよう。フィニッシュするのは七時一五分になってしまう。ドライエは三〇分しなければ、最後の挑戦をすることはできず、走り終える頃にはとっくに日が暮れてしまっている」[673]

ブガッティが期限ぎりぎりにこの作戦を試みる可能性があると考えたルーシーとワイフェンバックは、ルネがジャン＝ピエールと同時に走行することを認めるよう委員会にかけ合った。[674]それが規則で禁止されていなかったことから、ジャン＝ピエールがスタートした二分後に――そもそもスタートしたとしてだが――１４５がスタートすることが認められた。彼らはコースを共有することになり、〝ミリオンレース〟が本当にレースになるのではないかという期待が高まった。

そんなイベントが見られるかもしれないということから、モンレリにレースファンが殺到した。新聞記者は、夕刊までに勝者を報じたいと思っていたが、まだ答えの出ない疑問を抱えたままだった。「暫定チャンピオン、ドライエは、挑戦者ブガッティに敗れるのか？」[675]

午後四時、ルーシーはシングルシーターの車を積んだトラックがトンネルから出てくるのを目撃した。[676]マシンが、青いコートを着たメカニックの集団によってコースに降ろされた。同じ色のレーシングスーツを着たジャン＝ピエールがすぐに姿を見せた。ベテランドライバーのブノワが寄り添い、アドバイスを囁いて落ち着かせようとしていた。

ついに彼らが来た。

両チームがあいさつを交わした。ルネは、口元を引き締めたジャン＝ピエールと握手を交わした。その雰囲気は、まるで二人のボクサーが第一ラウンドのゴングの前にグローブをぶつけ合うようだった。

ジャン＝ピエールがマシンに乗り込み、ロードコースに出ていき、テスト走行を始めた。数分が経過し、本来のラップよりも時間がかかって、オートドロームに戻ってきた。マシンがひどい音を立てていた。何かがおかしかった。

一〇〇名近いブガッティのメカニックがマシンの周りを囲むのを、ルーシーと彼女のチームメンバーはやきもきしながら見守った。リアアクスルが壊れたとの話が聞こえてきた。それは重大な問題で、日没と深夜の期限に間に合わないことは確実だった。一〇〇万フランを手にする可能性が確実になりつつあった。もう走る必要はないかもしれない。ルネはそう思って笑みを浮かべた。

一時間以上も金属の音が鳴り響き、溶接の火花が散り、熱気に満ちた作業が繰り広げられた後、驚くべきことに、ジャン・ブガッティは、修理が終わり、挑戦の準備が整ったことを宣言した。

太陽が地平線に向かって落ちてくる中、ルネは１４５のコックピットに体を押し入れ、白いリネンのキャップをまっすぐにした。[677] 彼はすでに一〇〇万フランの権利を手にしていた。それを誰にも譲るつもりはなかった。ジャン＝ピエールは言うまでもなく。ルネはこれまでよりも速く走ることを決意した。ルネがモンレリで過ごした多くの日々、特にこの数日間は、彼を不安にさせた。だが、同時に彼には戦うための準備もできていた。自分の血管の中に熱いものが流れていることをはっきりと感じていた。

ジャン＝ピエールがスタートの準備を整えた。空は淡いピンク色に染まり、ロードコースやオートドロームの周りにはすでに明かりが灯っていた。彼とルネが走り終える頃にはもう暗くなり、さらに危険な状況になるだろう。

午後六時四三分、ブガッティがオートドロームから飛び出した。ジャン＝ピエールが直線に入ると、エンジンがうなりを上げて、ハイギアに切り替わった。

ルネは１４５のコックピットに座っていた。三〇秒が過ぎた。一分。さらに三〇秒。カウントダウンが始まった。10、９、８、７――スタートの準備を整え、アクセルに足を置いた――６、５、４、３、２、１……追いかけっこが始まった。

ジャン＝ピエールはすでにレ・ビスコーンで四角いターンをしていた。気持ちを落ち着かせながら、ルネは単に一六周でジャン＝ピエールよりも速いタイムを叩き出すというよりも、ライバルを追い越すかのようなスピードで追いかけた。ロードコースは、まるで線路の上を走るかのように数キロメートルが過ぎていった。それぞれのカーブやコーナーで、ルネのラインは美しく速く、反射神経は瞬間的だった。オートドロームを回って最初のラップを終える。ジャン＝ピエールは見えず、自分のマシンのエンジン音に消されて、ブガッティのエンジンの音も聞こえなかった。

ルネは満員のグランドスタンド前を通り過ぎた。ピットは両チームのメカニックであふれかえっていた。ジャーナリストやラジオアナウンサー（フランスや外国のマスコミの多くがラジオ送信機のかたわらにいた）は、ルネが知るずっと前に彼のタイムをメモしていた。五分一九秒六。二周目に給水塔を通過するとき、ルネはドライエのメカニックが高く掲げるボードを見た。最初に挑戦したときに比べて三・三秒速いタイムだった。だがボードに書かれたライバルのタイムに対するリードはわずか〇・五秒以下だった。

ルネはスピードを上げた。数分後、１４５はバンクを駆け抜け、ピットの前を通過した。ピットにはメカニックに囲まれたブガッティのマシンがあった。止まっていた。ジャン＝ピエールが腕を振り、メカニックを急がせていた。ブノワはストップウォッチを見つめていた。ドライエが通過していくとき、その表情は厳しかった。ブガッティは七つのシリンダーしか機能していなかった。スパークプラグの一つが故障していたのだ。ジャン・ブガッティは、その修理が終わり次第、もう一度チャレンジすると主張した。

ルネは、自分が始めたことをただやり抜くだけだとわかっていた。二周目には五分八秒一を記録した。四日前よりも二・一秒速かった。ますます速くなっていく喜びを感じながら、さらにペースを上げて三周目を終えた。この調子で続ければ、自身の記録を三〇秒近く更新しそうだった。ルネが四周目に入ったとき、ブガッティの準備が整った。

「もう遅すぎる」とジャン＝ピエールは言って、空をじっと見た。[678]

「行け！」とジャン・ブガッティは言い張った。

午後七時二分、ブガッティがスタートした。[679] 今度はジャン＝ピエールがルネを追うことになった。二台のマシンはロードコースを疾走した。

五周目、オートドロームに向かって戻ってきたルネはオイルの焦げたようなつんとするにおいを嗅ぎとった。オートドロームから離れていく並行するコースを数秒前に通過したブガッティのものに違いなかった。何かがおかしかった。彼は六周目に入った。ジャン＝ピエールが排気管から煙を噴き出してピットインしたことには気づいていなかった。エンジンからオイルが漏れていたのだ。もう修理する時間はなかった。ブガッティの挑戦は終わった。

ルネはレースを続けていた。ヘアピンでタイヤをきしらせ、各コーナーを素早く抜けた。オートドロームに戻り、減速するようにという指示を見て、初めて終わったことに気づいた。グランドスタンド前の直線に向かうと、コースサイドが人で埋め尽くされていた。五分七秒でそのラップを終えると、すぐにマシンを止めた。

再び、ルーシーとドライエのクルーが周囲を取り囲んだ。再び、シュシュが彼の首に抱きついた。再び、歓声と微笑みに包まれた。ジャン＝ピエールが大混乱の中をかき分けて近づき、ルネ

ADATTO ARCHIVES

100万フランを獲得した後のドライエの広告

と握手を交わした。「ブラボー！　今日は最高の男が勝った」と彼は言った。[680]「次は僕がリベンジする」

〝ドライエとブガッティの対決〟の勝利は、翌日の新聞の一面を飾った。スピーチや社説は〝神のように走った〟ルネに対する称賛であふれていた。[681]ドライエチーム全体も同様に祝福を受けた。ある評論家は、ミリオンレースの勝利は、若返ったバンキエ通りの会社の〝まばゆいばかりの王冠の中の宝石〟だと評した。[682]〝それは千の光を放つユニークなダイヤモンドだ〟と。ワイフェンバックは不屈の精神の生きた証しであると称えられ、一方、ジャン・フランソワも類まれな設計者として称賛された。

ルネが〝エキュリー・ブルーの創設者〟としてルーシーの役割を強調しようとしたにもかかわらず、このときも彼女のことはほとんど言及されなかった。[683]ルネは彼らの成功において彼女の果たした役割は計り知れないと語った。彼女は心の中ではよくわかっていた。だが、予想していたとはいえ、無視されたことに傷ついた。

その後の数週間、ルネは自宅で休養し、次々とお祝いの手紙を受け取っていた。その中には、ポーグランプリを開催する自動車クラブのトップからのものもあった。「我々のレースの幸運な勝者の一人に加わりませんか？　そう願っています」[684]

お祝いの手紙の中には、彼の賞金の取り分は四分の一だったにもかかわらず――ルーシーはルネと賞金を半分ずつに分けていた――、彼のことを大富豪と呼ぶものもあった。[685]それでも二五万フランはフランスグランプリで優勝したときの賞金の三倍の金額だった。だが、勝利が彼に与えてくれたものに比べると、賞金などたいして重要ではなかった。[686] 一〇〇万フランを目指すことで、ルネはついに偉大なレーサーになるために必要な絶対的な本能を証明してみせたのだ。

フランスは新たな国民的ヒーローを見いだした。ドレフュス事件を知る者にとっては、その名前を見出しで見て、同じ名前のレースカー・ドライバーが国を一つにしたのだと気づくことは奇妙な感覚だったに違いない。

一方、ルーシーには、ルネにまだしてほしいことがあった。彼女はルネとドライエに一九三八年シーズン最初のグランプリ・レースに向けて準備をさせようとしていた。そこでの勝利は、残りのシーズンの行方を占うものになるだろう。タイムトライアルで勝つのと、実際のレースで勝つのはまったくの別物だった。ルーシーはドイツが長年支配してきたサーキットで彼らに勝つつもりだった。

第12章
「我々のどちらかが死ぬだろう」

一九三七年一〇月のある朝、フランス大統領アルベール・ルブランが、モーターショーの開会式に出席するために黒いリムジンに乗ってシャンゼリゼ大通りのグラン・パレに到着した。[687] 彼が車の後部座席から降りると、楽団が「ラ・マルセイエーズ」を演奏した。この催しへの出席は、純粋に儀式的なものだったので、彼は各スタンドを見学しているうちに次第に苛立ちを見せ始めた。この公務を雑用か何かの一つと考えていることは明らかだった。

アーチ型のガラス張りのホールの中央には、回転台の上にドライエ145——今は鮮やかなブルーに塗られていた——が置かれていた。レースカーのボンネットは取りはずされ、磨き上げられたV12エンジンを誇らしげに露わにしていた。ミリオンレースの勝者は、一瞬ルブランの関心を引いたが、彼はすぐに次の展示物、そしてさらに次——シトロエン、ルノー、ドラージュ、ブガッティ、タルボ、プジョー――へと移動していった。

彼は三〇分ほどを、グラン・パレで過ごした。彼の関心の低さは、ショーの関係者の期待を裏切るものだった。彼らは大統領にこの国の自動車産業の擁護者になってくれることを期待していたのだ。中古車販売台数が新車の販売台数を上回るという悲惨な年を経験した自動車メーカー各社は、のどから手が出るほど後押しを必要としていたのだ。

モーターショーに参加している自動車メーカーの中で、ドライエは繁栄を謳歌していた数少ないフランスのメーカーの一つであり、シャルル・ワイフェンバックはミリオンレースでの勝利のおかげで、このモーターショーで権威ある発言力を持っていた。彼はヒトラーが、好調な売り上げを示しているドイツの自動車メーカーに与えているのと同じような国家支援を提唱した。「我々フランスの自動車産業は、今や貧しい親戚のような存在になってしまった。輝かしい存在もはるか過去のものだ」とワイフェンバックは語った。[688] さらに彼は、メルセデスやアウトウニオンのマシンが大きなレースで勝利したとき、誰もそのブランドを気にしなかったと指摘した。それは〝ドイツの車〟であり、その国の評判を世界的に高める効果があることは明らかだった。

ショーの後に行われたACFの年次ディナーでの講演者らも同じ論調だった。[689] 今年のディナーに招待された名誉あるゲストの中には、ルネ・ドレフュスとルディ・カラツィオラがいた。ルネはミリオンレース優勝の表彰を受け、一方、ルディはヨーロッパ総合チャンピオンとして祝福を受けた。

チームマネージャーのヴィルヘルム・フォン・ウラッハ公をはじめとする数名のメルセデス関係者は、ウンターテュルクハイムに戻って、モーターショーの様子を伝えた。「パリのモーターショーの印象はたいしたものではなかった」と彼らの一人は報告した[690]「フランス車の開発には明らかに停滞が見られた」という者もいた。彼らは、ドライエ145がショーで注目を浴びたことを指摘したものの、一〇〇万フランを獲得したこの車の設計についても、パフォーマンスについても評価しなかった。「あまり感銘を受けなかった」というのが彼らの感想だった[691]。スーパーチャージャー付三リッターエンジンを搭載したメルセデスのパワーなら、ドライエをはるかに凌駕し、競争にすらならないだろうと考えたのだ。

モーターショーを締めくくったのは、シャルル・ファルーの新聞での論説だった。彼は車やレースのことではなく、戦争のことについて書いた。彼は、フランスが毎年軍事費と軍備を拡大させているドイツからの〝迫りくる危機〟にさらされていると考えていた[692]。彼は数々の統計を引用した。ドイツの再軍備に三〇〇〇億フラン相当の費用――国家予算全体の七五パーセント――が費やされたこと。一〇〇万人の軍隊。パリを〝一晩〟で破壊しつくすことができる一〇〇〇機の爆撃機。ファルーはヒトラーが平和の提案によって世界を騙していると結論づけた。

「フランスよ、わかっているのか?」とファルーは訴えた。

フランクフルト郊外の空港にあるツェッペリン飛行船の格納庫近くで、ルディは木製のプラットフォームに足をかけて、流線型のメルセデスのコックピットに収まった。[693] 記録を塗り替えるために作られたこのマシンは、W125のシャーシをベースに、これまでにメルセデスが製造したどの車よりも圧倒的なパワーを発揮する一二気筒スーパーチャージャー付五・六リッターエンジンを搭載していた。[694] 風洞実験で空気抵抗をテストしたボディが、マシン全体――ホイールまでも――を覆い、まるで銀色の亀の甲羅が地面にぴったりと置かれているようだった。

ルディが運転席に乗り込むと、小学生を含む観衆からは彼の頭しか見えなかった。観衆は一〇月二五日、ライヒ・レコード・ウィークの開幕を見ようとフェンスの周りに集まっていた。

自動車が発明されて以来、スピードの記録は人々の想像力をかき立ててきた。[695] 一八九八年、フランスのガストン・ド・シャズルー・ローバ伯爵がジャントー電気自動車を操縦して時速三九マイル（約六二・七キロメートル）で世界初の陸上スピード記録を樹立した。一九三五年には、イギリス人ドライバー、マルコム・キャンベルが、アメリカのユタ州にあるボンネビル・ソルトフラッツで、長方形の形をした〝ブルー・バード〟を駆って、時速三〇一マイル（約四八四・四キロメートル）の記録を樹立した。キャンベルの車――〝ブルー・バード〟を車と呼ぶなら――は、三六・七リッターの飛行機エンジンを搭載した、二七フィート（約八・二二メートル）もの巨大な代物で、世界記録を達成したこの車は、日常的な車とはまったく異なっていた。

一キロメートルから一八万マイル（約二八万九六〇〇キロメートル）まで、スタンディングスタートとフライングスタートの両方での最高時速、あるいは一時間から一三三日までの最大走行距離など、達成すべき記録は数多く存在した。[696] 総合的な世界記録には、エンジン容量の制限はなかったが、クラスごとの世界記録はエンジン容量に基づいていた。

権力を握った瞬間から、アドルフ・ヒトラーは、ドイツが自動車に関する記録を更新することを目標に掲げ、これを実現するためにメルセデスとアウトウニオンへの投資を命じた。[697] ハンス・スタックはこの取り組みの先頭に立っていた。一九三四年初め、彼はアウトウニオンの車を駆り、アヴスでいくつかのクラス別世界記録を達成した。[698] ルディ・カラツィオラもそれに続き、メルセデスで数々の記録を打ち立てた。ルディとベルント・ローゼマイヤーの間に見られる対立と同じように、この二つの会社の戦いは、グランプリ以外でも繰り広げられていた。[699]

新たに作られた、定規で引いたような直線が長く続くアウトバーンは、一般の通行を遮断すれば、スピード記録の挑戦にうってつけの場所だった。[700] 最初の賭けは、一九三六年、ヒトラーと、アウトバーンの建設総監だったフリッツ・トートとの間で、ベルリンとミュンヘンの間を三時間で走れるかどうかについて行われた。ハンス・スタックが二六〇マイル（約四一八キロメートル）の距離を二時間一七分で走破したことでトートが賭けに勝った。帝国航空大臣のヘルマン・ゲーリングは、ユンカースＪｕ52で空からスタックの走りを追跡したという。

その翌年、ベルント・ローゼマイヤーは、ヴァンダービルトカップに向けて出発する前に、ルディ・カラツィオラが持っていたいくつかの記録を更新した。[701] その中には、アウトバーンでの、フライングスタートによる一キロメートルのスピード記録も含まれ、平均時速二四二マイル（約三八九・四キロメートル）を記録していた。ローゼマイヤーは時速二五〇マイルを目指していると公言した。これを達成すれば、一般の道路では初めての快挙となるはずだった。

　このようなチャレンジに伴う華やかさ――さらには国際的な注目――は、アドルフ・ヒューンラインにレコード・ウィークと呼ばれる派手なイベントの開催を決意させた。年に一度のこのイベントは、ドイツが世界で最高の道路を建設し、最速の自動車を製造するというヒトラーの宣言を証明するためのものだった。[702]多くの報道機関やナチスの高官と共に、多くの民衆もこのイベントに集まった。

　まずルディがスタートした。彼の目標は、ローゼマイヤーが保持していた一キロメートルと一マイルのフライングスタートでの記録を更新することだった。この日は一〇月にしては寒く、路面には真っ白に霜が降りていた。ニュース映画の撮影隊とカメラマンがルディのスタートの瞬間を捉えていた。[703]フランクフルトとハイデルベルクを結ぶアウトバーンは、片側二車線で、その幅は二五フィート（約七・六二メートル）だった。見物人が道路に入ってくるのを防ぐために、ＮＳＫＫの車がハイウェイの反対車線をパトロールしていた。

　ルディは、コンクリートのベルトの上を、スピードを上げていくにつれ、メルセデスの前輪が浮き上がるような感覚を覚えた。時速二四五マイル（約三九四・二キロメートル）に達すると、彼は、光り輝くシェルの下が風圧によって、ほとんど前輪が道路から離れるほどに持ち上げられていることに気づいた。メルセデスのノーズの向こうの道路は見えず、前輪のハンドル操作もできない状態だった。

車は直線から離れていった。前方に向けたまま減速させるには、ルディの能力と全神経を注ぐ必要があった。そうでなければ、道路から飛び出し、派手な宙返りや旋回を繰り広げていただろう。

チャレンジを断念し、飛行船の格納庫のそばにあるメルセデスのピットに戻ってくると、エンジニアのウーレンハウトに問題点を伝えた。チームは問題の修復を試みたがうまくいかず、彼らのレコード・ウィークの期待は打ち砕かれた。

次に、ベルント・ローゼマイヤーが空気力学を考慮したシェルに包まれた一六気筒のPワーゲンで挑戦した。アウトウニオンに加わって以来、ローゼマイヤーはずっと上司に世界記録に挑戦したいと言い続けていた。[704] 今ではいくつかの世界記録を保持していたが、これらの記録も、エリーとの結婚も、もうすぐ父親になることも、彼のスピードに対する情熱を衰えさせることはなかった。一九三七年シーズンのルディ・カラツィオラの活躍がこの情熱をさらに燃え上がらせていた。

ローゼマイヤーはスピードを落とすとき、ハンドルをまるで羽根に触れるように扱った。このような速度で一ミリや二ミリ以上の調整をすると、大惨事につながりかねなかったのだ。道路の継ぎ目の一つひとつがマシンを揺さぶり、シャーシを音叉のように振動させた。[705] ほぼ一マイル（約一・六キロメートル）ごとに高架橋があり、その下をくぐるときに、胸に空気のパンチを浴びるように感じた。そして、その一瞬後には、マシンが激しく横に持っていかれそうになるのに耐えなければならなかった。このような速度で、しばしば長いカーブを曲がりながら、自分のラインを維持することを、ある作家は〝ナイアガラの滝を綱渡りでわたるような〟経験だと言っている。[706] ローゼマイヤーの心臓の鼓動が激しくなり、意識を失う寸前までめまいがしたこともあった。最後には、感覚がなくなり、激しい疲労感に襲われた。

その後の三日間で、ローゼマイヤーは三つの世界記録と一二のクラス世界レコードを達成した。その中には、一〇マイル（約一六キロメートル）の長距離記録も含まれていた。また、時速二五〇マイル（約四〇二キロメートル）も達成し、自らの野望をかなえた。まさに偉業だった。

水曜日の最終走行を終えた後、ローゼマイヤーは妊娠中の妻エリーに電話をして、数々の記録達成の〝プレゼント〟を伝えた。その三週間後、エリーはそのお返しを贈った。長男、ベルント・ジュニアだった。[707]

一九三七年のライヒ・レコード・ウィークの大成功は、プロパガンダ省によってあらゆる機会に宣伝として利用された。「我々は再び証明した」とある論説は述べていた。[708]「我々のレーサー、エンジニア、そしてこれらの車を作る労働者のパフォーマンスがいかに優れているかを」また別の見出しは、「国際レースの四年間は、ドイツの勝利の四年間だ」と謳っていた。

ルディ・カラツィオラもメルセデスも、ライバルの記録を一年も放置しておくわけにはいかなかった。キッセルとワーリンは、翌年のベルリンモーターショーまでにもう一度記録にチャレンジすることを認めるよう、ヒューンラインに働きかけた。

彼らの焦りは、最終的にドイツ史上最も偉大なドライバーの一人を破滅に追いやることになり、コース上での白熱したバトルの果てに、かつてローゼマイヤーがルディにした警告──「このままではいけない。我々のどちらかが死ぬだろう」──を現実のものにすることになる。[709]

ローゼマイヤーが次々と記録を更新した三日後、ルネ・ドレフュスは、ブーローニュの森の周りを樫の木の並木道に沿って、猛烈な勢いで自転車のペダルをこいでいた。[710] 隣を走っているのは、ルイ・シロンと二人のフランス人ドライバーだった。彼らはよくここでトレーニングをし、体調を整えたり、ロンシャン競馬場の周りを回って、競争心を鍛えたりしていた。ある朝には、公園でトレーニングをしていたジャン＝ピエール・ウィミーユとブガッティのクルーに挑戦したこともあった。

休憩の間、ルネと仲間たちは、ローゼマイヤーの偉業に対する畏敬を口にしていた。

数週間後、イギリス人ドライバーのジョージ・エイストンのサンダーボルトが、ロールスロイスの飛行機用スーパーチャージャー付エンジン二基を搭載し、尾翼を装備した六輪の怪物──を操縦し、ボンネビル・ソルトフラッツで時速三一二マイル（約五〇二キロメートル）という総合速度の新記録を樹立した。[711] ルネと仲間のサイクリストたちは、再び感銘を受けたが、彼らのほとんどは、あらゆる点でローゼマイヤーの功績のほうが優れていると考えていた。銀色の流線型のPワーゲンは、SF小説からデザインを借りているように見えたが、実際にはコンクリートの道路を走る四輪の自動車にほかならなかった。ルネは、彼のドライエ145を、アウトウニオンやメルセデスというよく似た設計の車と戦わせなければならなかった。

一一月二九日、ジャン・フランソワとシェル夫妻に会いに行ったとき、ルネはこのことをあらためて強く感じた。にぎやかなサン＝ラザール駅で、二人はニューヨークまでの大西洋横断の旅から戻ってきたばかりのルーシーとローリーを迎えた。シェル夫妻はミリオンレース以降、フランスを離れ、ヴァンダービルトカップの主催者に会うためにアメリカを訪れていたのだった。

「仕事は終わりました」とルーシーは言った。[712]「エキュリー・ブルーの準備ができました。私たちはルーズベルト・レースウェイに向かいます」

ルネはこの知らせに喜んだ。彼は長い間、アメリカでのレースを望んでいたが、アルファロメオを離れたことで、その希望はついえていた。これまでは。

ルーシーが戻り、一九三八年シーズンへの注目度が日々高まっていった。新しくなったフォーミュラに対する世間の関心は高かった。モータースポーツ誌は、「新しいグランプリカーの数々が登場し、その製造に関するうわさ話がレースのずっと前から自由に行き交うようになる。もうすぐあの華やかな日々が戻ってくるだろう」と報じた。[713]

フランスでは、ルイ・シロンが再びタルボのマシンに乗ると見られていた。[714]アンソニー・ラーゴは新しいフォーミュラのために、スーパーチャージャー付三リッターV16エンジンを開発していると報じられていた。ジャン＝ピエールがブガッティに復帰することは確実だった。ブガッティは、ルネがミリオンレースで記録したタイムを更新しようと秋の大半を費やしていた（そして失敗していた）。一九三八年は、モンレリで失敗したマシンを投入するのか、それとも新たな設計のマシンを投入するのかについては口を閉ざしていた。

長いこと敗北を喫し続けていたイタリアのアルファロメオとマセラティも、グランプリの優勝争いへの復帰を狙っていた。一九三七年三月、アルファロメオはエンツォ・フェラーリの事業を買収したが、チームの運営をフェラーリの自由に任せることを認めていた。ヌヴォラーリがいたにもかかわらず、フェラーリはイタリア国外ではほとんど勝利を上げることができなかった。

次のシーズンに向けて、アルファロメオは新たにウィルフレード・リカルトをレース部門の監督に迎えた。彼はヴィットリオ・ヤーノを設計部門から追放した。これによってエンツォ・フェラーリは形だけのリーダー――怒りっぽいリーダーだったが――にすぎなくなった。

ヌヴォラーリは、アウトウニオンから勧誘されていたにもかかわらず、政治的な圧力を受け、アルファコルセと名前を改めた新チームに残ることを余儀なくされた。〝空飛ぶマントヴァ人〟と呼ばれたヌヴォラーリはこのような要求に耐えられなかった。しかもアルファロメオの新たなフォーミュラマシン、タイプ308がかつての設計の焼き直しとあってはなおさらだった。ある評論家は、「古い図面を見て、古いエンジンを棚から引っ張り出してきたのが目に浮かぶようだ」と揶揄した。[715]

マセラティに関しては、兄弟がレースに専念するために製造部門を売却し、一・五リッター・

ヴォワチュレットエンジンを二倍にしたバージョンのエンジンを流線型の新しいシャーシに搭載することになっていた。[716] アキーレ・ヴァルツィは、モルヒネ中毒で脚が不自由になっていたが、マセラティに乗ってレースに参戦するようだった。

イギリスも代表を送り出すようだった。イングリッシュ・レーシング・オートモビルズは、スーパーチャージャー付二リッターエンジンを搭載したマシンを発表していた。ドライバーの名前はまだ発表されていなかった。

最も注目を集めたのはドイツ勢だった。ベルント・ローゼマイヤーが率いると見られていたアウトウニオンは、三リッター、スーパーチャージャー付V12エンジンをリアではなく、中央に寄ったシャーシに配置すると報じられていた。初期の報道によると、メルセデスは一九三七年に好成績を収めた同型のエンジンをシャーシに搭載してベンチテストを行っていると伝えられていた。〝過去を踏襲している〟とオートカー誌は伝えた。[717] ほとんどの予想は、〝ドイツ車が再びその優秀さを証明する可能性が高い〟と見ていた。

一九三七年のクリスマス直前、シャルル・ワイフェンバックはパリからランスに向けて出発し、翌年のグランプリシーズンに参戦する意向を表明していた自動車メーカーの代表者たちとAIACRの会合に出席していた。[718] ノイバウアー、フォイエルッセン、コスタンティーニ、ブガッティ、ラーゴ、マセラティ。全員がそこにいた。シャンパンの生産者であるルイ・ロデレールのセラーで豪華なディナーを楽しみながら、彼らは一九三八年のレーススケジュールについて最終決定を下した。

シーズンのスタートは、市街地を巡るコース——ただし伝統的に開幕戦が開かれていたモナコではなく——で行われることになった。主催者はポーを選び、これまではフランスの地方都市で行われる二流のグランプリ・レースでしかなかったレースに重要な役割を担わせることにした。ポーでは、新しいフォーミュラのライバルたちが互いに初めて対戦することになっていた。各チームは、自分たちのマシンが一年を通じてサーキットを支配するために必要なものを備えていることを証明したかった。ドライバーたちは自身のスキルの高さと勝利への執念を見せることを狙っていた。四月一〇日の決勝は、まさに試練の場となるだろう。

一九三八年一月二七日、フランクフルトでは、強風の中、雨が降りやまず、予定していたすべての記録更新へのチャレンジは延期となった。[719] この冬の日、ベルリンモーターショーの前にメルセデスによって強行されたこのイベントで、あらゆるチャレンジが行われるはずだった。ルディはその日、市内のパーク・ホテルでベイビーやノイバウアーと共に時間を過ごした。何人かのナチスの高官たちも彼の関心を引こうとしていた。

悪天候のため、ベルリンから自家用機でやって来るはずのローゼマイヤーの到着が遅れた。エリーは講演のためにチェコスロバキアにいて、赤ん坊の息子も一緒だった。ローゼマイヤーが到着したのは、厚い雲の切れ間から軍用空港の明かりが見えるようになる、日が暮れてからのことだった。
アウトウニオンのフォイエルッセンが彼を迎えに行った。彼らは、アウトバーンを走った。必要であればローゼマイヤーが記録を守るために走ることになっている道路だった。パーク・ホテルで夕食を共にした後、ローゼマイヤーは早々に部屋に戻った。彼は寝る前にエリーに電話をし、もしチャレンジが、彼女がドイツに戻るまで延期されたら、エリーも彼の運転を見ることができるかもしれないと話した。「僕らのニューマシンはきっと速く走ると信じている」彼はそうつけ加えた。[720]

しかし、翌日の夜明け前、風が収まり、フランクフルトの上空は雲が晴れてきた。早く起きたルディは、ベイビーと共にメルセデスのクーペで街を出た。空には三日月があった。ひどく寒く、松林や高速道路、対向車線との間の草むらなど、すべてが霜に覆われていた。

空港のそばでは、ライトの群れが踊るように暗闇を切り裂いていた。メルセデスとアウトウニオンのメカニックが誰よりも早く到着してチャレンジの準備を進めていた。この日の焦点は、現時点でローゼマイヤーが保持している、フライングスタートによる一キロメートルと一マイル（約一・六キロメートル）のスピード記録だった。

ルディはノイバウアーと共に、ヘッドレストの後ろにかぎ十字を施したシルバーアローの前に立っていた。空気が冷たく、車のことであれ、天候のことであれ、二人のことばの一つひとつは白い息に包まれた。淡い月明かりに照らされたマシンは、まるで空から降りてきた宇宙船のようで、プレキシガラスに覆われたコックピットやそれぞれのタイヤを泡のように囲むアルミニウムによってさらにその印象が強まっていた。

ウーレンハウトとエンジニアたちは、記録に挑戦するマシンを高速でも安定するように改良していた。彼らはシャーシを長くして、ボディの形状を変え、一〇月にルディを殺しそうになった車体が持ち上がる現象を解消していた。

午前五時、ルディと彼のバックアップドライバーのマンフレート・フォン・ブラウヒッチュは、ツーリングカーでアウトバーンを走行した。二人はカタツムリのようなペースで走り、路面の異常や、突風が吹き抜けるかもしれない、ハイウェイに接した松林の切れ目を調べた。一キロメートルのフィニッシュ地点の後に、木のスクリーンに守られておらず危険な横風にさらされる部分が三〇〇フィート（約九一・四メートル）ほどあった。

幸いなことに、朝は風もほとんど静かだった。ルディの悩みは霜だけだった。スタート地点に戻ると、彼は太陽がハイウェイの滑りやすい白い衣を溶かすまで、スタートを待つよう主張した。その後の一時間、彼は、二つのチームが臨時のピットを置いていたツェッペリン飛行船の格納庫近くの駐車場を歩きまわっていた。空が明るくなり、太陽が東の山の上に昇った。空気中の霧は蒸発して消え、近くの木々の枝が指を伸ばしているように見えた。カラスの群れが高いところで鳴いていた。

午前八時、霜は路面から消えていた。レース用のオーバーオールに身を包んだルディは、幸運

MERCEDES-BENZ CLASSIC

記録に挑戦するマシンをスタート地点まで押すメルセデスチーム

を願ってベイビーにキスをしてから、メルセデスのクルーがマシンを用意したハイウェイに向かった。彼は轟音から耳を守るため、ワックスを耳に詰め、コックピットに乗り込んだ。メカニックが頭の上にプレキシガラスのドームを固定した。何か問題が起きた場合は、磨き上げられた銀色の棺桶の中にすでに封印されているようなものだった。

午前八時二〇分、タイムキーパーの準備が整い、ノイバウアーが「行け！」と叫んだ。何人かのメカニックがメルセデスを後ろから押し、ルディはエンジンをかけた。彼はアウトバーンを走りだし、ギアをシフトしてスピードを上げ、タイムセクションに向かった。

時速一〇〇マイル（約一六〇キロメートル）

一五〇マイル（約二四〇キロメートル）

二〇〇マイル（約三二〇キロメートル）

二五〇マイル（約四〇〇キロメートル）

コンプレッサーの甲高い音が冬の朝を突き刺した。前方の道は矢のように細い線になっていた。道路の両側の木々は溶け合って、道に沿って走る一枚の黒い壁になっていた。

ルディがタイムセクションのスタート地点を通過した。彼はすでにメルセデスを限界まで追い込んでいた。そのままスピードを維持し、秒速一二〇ヤード（約一〇九・七メートル）で走り続けた。高架橋の下をくぐり抜けると、ローゼマイヤーが経験したのと同じように胸が叩かれるような感覚を覚えた。そして一マイルのゴール地点を通過した。フラッグが振られた。

彼はあえてブレーキをかけなかった。このスピードでは災難を招くだけだった。その代わりに、風船から空気を抜くように、ゆっくりとアクセルの圧力を緩めていき、車を停止させた。何人かのメカニックが追いかけてきた。彼らがドームのボルトをはずし、ルディはありがたく新鮮な空気を吸った。メカニックたちは叫び声を上げながら、ルディの手をつかんだが、エンジンがまだ頭蓋骨の中でこだましていたため、ルディにその声はほとんど聞こえていなかった。

メカニックがマシンの向きを変え、ゴールラインへと導いた後、ルディはタイムを知らせる電話を待った。煙草を吸いながらも、アドレナリンのせいで指が震えていた。

「記録更新だ、ミスター・カラツィオラ！」と誰かが告げた。

彼は平均時速二六八・三マイル（約四三一・七キロメートル）、一マイルを一三・四二秒で走り抜けた。

1938年1月、メルセデスでハイウェイを世界記録で爆走するルディ

車の周囲を囲むメカニックが歓喜の声を上げる中、ルディは冷静だった。またスタートラインに戻らなければならなかった。公式な記録は、二回の走行の平均が、ローゼマイヤーが一〇月に達成した記録を抜かなければ、彼のものにはならなかったのだ。

数分後、ルディは再びスタートし、前方の道が白いリボンになるまで加速した。マシンがあまりにも速く走っていたため、心が周囲の状況を処理することができなかった。道路のはるか先に視線を向け、決断を迫られる状況かどうかに意識を集中した。高架橋の下を通過しようとすることは、動く針の穴に糸を通すような感覚だった。

再びフラッグがはためき、再び人々が彼を取り囲む。自身のタイムを一〇〇分の四秒更新していた。二回の走行の平均速度は時速二六八・五マイル（約四三二・一キロメートル）。世界新記録だ。

「もう一回やるか?」とノイバウアーが尋ねた。

ルディは首を振った。ことばが出てこなかった。すでにローゼマイヤーの記録を時速二〇マイル（約三二キロメートル）近く上回っていた。

記者たちの群れをかき分けて進むと、チャレンジの間、ベイビーが待っていた暖かいメルセデスクーペに乗り込んだ。しばらくの間、二人はことばを交わさなかった。ルディは死の瀬戸際を覗いてきた自分を何とか落ち着かせようとしていた。[721]

二人は、九時にはパーク・ホテルに戻った。[722]ブラウヒッチュとノイバウアーと共に朝食を食べ、ソーセージとジャマイカ・ラムで勝利を祝っていると、ウェイターがテーブルにやって来た。ノイバウアーへの電話だった。

ノイバウアーが戻ってくると、アウトウニオンがすぐに記録にチャレンジする準備をしていることをルディに伝えた。ローゼマイヤーはすでにホテルを出てコースに向かっていた。彼らは、どうやら次の新聞に間に合わせるように記録を奪い返したいと考えたようだ。ノイバウアーはコースに向かったが、ルディは行くことに乗り気ではなかった。この記録挑戦の第二幕は彼の発案だったが、このような記録更新のチャレンジをレースのように行うべきではないと思っていた。挑戦するだけでも十分に危険なのに、挑戦を急げばなおさらだった。それに風が穏やかな早朝に走るのがベストな時間帯だった。ホテルに戻る途中、木々の梢にわずかながら風が吹いていた。

最終的にブラウヒッチュが自分たちも行くべきだとルディを説得し、コースに向かった。風が強くなっていた。ルディはこの日のチャレンジは中止になると確信していた。彼らが到着したとき、ちょうどローゼマイヤーがウォームアップから戻ってきたところだった。アウトウニオンのメカニックたちが、マシンの周りをうろうろしながら、最後のチェックをしている。一〇月以降、彼らはエンジンの容量を増やし、さらに改良を図っていた。

ルディは飛行船の格納庫の屋根の吹き流しを見た。まっすぐに伸びていて、時折、左に突風が吹いていた。こんな条件で記録に挑戦するのは狂気の沙汰だと思った。人ごみをかきわけて、アウトウニオンのドライバーに近寄った。

「おめでとう」とローゼマイヤーが言った。

「ありがとう」とルディは返した。彼は風のことについて何か言って、チャレンジを中止するよう警告するべきだと思った。アウトウニオンは翌日にトライすることができた。だが、何も言わなかった。運転の直前に、そのような不安を抱かせたくないと考えたのだ。彼らが運転するスピードではわずかな動揺が死を招くことになりかねなかった。

ローゼマイヤーはエンジン音とともに走り去り、銀色の車はコーナーの向こうに消えていった。約三〇分後、彼はすぐに戻ってきた。「いいぞ！　いいぞ！」彼はカール・フォイエルッセンにそう言った。二回の走行で彼は一マイルを平均時速二六八マイル（四三一・三キロメートル）で走った。二回目の走行は一回目よりもはるかに速く、彼と彼のチームは次のトライで記録を更新するチャンスが十分あると考えていた。

ローゼマイヤーはラジエーターの空気取り入れ口をいくつか塞いでエンジンを高温に保ち、高速を維持するよう提案した。メカニックは調整を加え、スパークプラグを交換し、燃料を満タンにした。まもなく準備が整った。

風はさらに強くなっていた。寒さを避けるため、ルディとブラウヒッチュはエンジンをかけたままの車の中にいた。いずれにしろ、記録に挑戦している間、彼らが見るべきものはほとんどなかった。

午前一一時四六分、ローゼマイヤーはアウトバーンに向かった。エンジン音が空気を振動させていた。ノイバウアーはフォイエルッセンの隣に立ち、チャレンジを見守る関係者が高速道路の七・六キロメーターのマーカー地点に設置されたスタートラインに向かって走るローゼマイヤーの状況をアナウンスするスタッカート奏法のような叫びを聞いていた。

「五キロメートル……通過」

「七・六キロメートル……通過」

記録への挑戦が始まった。ローゼマイヤーが成功したかどうかは秒数で決まる。

「八・六キロメートル……通過」

ローゼマイヤーのPワーゲンは横風の影響を受けやすい木々の隙間に差し掛かった。

誰もその次に起きたことの原因はわからなかった。突風がマシンのサイドパネルを強打したのか、それともローゼマイヤーが風を予想して進路を変更したのか。しかし、時速二五〇マイル（約

SUEDDEUTSCHE ZEITUNG PHOTO / ALAMY STOCK PHOTO

1938年1月。自らの命を落とすことになる記録挑戦のスタートに立つベルント・ローゼマイヤー

四〇二・三キロメートル）を超えたところで、何か取り返しのつかないことが起きた。

タイヤが道の左端の草にあたり、マシンは道路を斜めに横切るように横滑りした。金属の爆発音がし、流線型のシェルが引きはがされた。マシンは銀色のぼんやりした塊となって何度か宙返りをして、バラバラになった。そのまま前方に音を立てて進み続けた。ローゼマイヤーはコックピットから放り出され、道路から八〇ヤード（約七三・一メートル）以上離れた森の中まで飛ばされた。マシンは、曲がりくねった車輪に変形したシャーシが乗っているにすぎず、次の高架橋の土手に乗り上げてふらふらと止まった。残骸はほぼ五〇〇メートルにわたって高速道路に散乱していた。

空港の駐車場に報告が届いていた。「九・

二キロメートル……クラッシュしました！」チョークのように蒼白な顔をしたフォイエルッセンが電話を落とし、近くの車に向かって走った。その場にいたアウトウニオンチームの全員が彼を追って現場に急行した。

自身のメルセデスの車内にいたルディは、ウィンドウを下げて、通り過ぎようとする少年を呼び止めて何が起きたのかと尋ねた。「ローゼマイヤーがクラッシュしたんです！」少年は肩越しにそう叫ぶと、そのまま走り去っていった。ルディとブラウヒッチュは顔を見合わせた。彼らは事故や死をこれまでに十分見てきたので、見に行った先で何が待っているのかをよく知っていた。そういった光景を見ても何もならなかった。

「行きたくない」とルディが言った。

「僕もだ」とブラウヒッチュが答えた。

二人の見物人が、ローゼマイヤーの遺体が木の幹に奇妙な角度でぶら下がっているのを発見した。表情は穏やかで、目は開いていたが、そこには何も映っていなかった。

その日の午後、アウトウニオンのチームドクターがチェコスロバキアにいるエリーに電話をし、夫の死を伝えた。その後すぐに、ニュースが悲劇を報じ、ドイツ国民に衝撃を与えた。ヨーゼフ・ゲッベルスは日記の中で、政治とユダヤ人問題に巻き込まれた〝重苦しい一日〟を嘆き、〝恐ろしい不幸だ。我々の最高のドライバーが偉大な、そしてまったく必要のない記録レースによって失われた〟と記した。[723]

それにもかかわらず、ゲッベルスは彼の死を機会と捉え、ベルリンでチャンピオンの国葬を行った。[724]ベートーベンの葬送行進曲が流れる中、ルディ、ブラウヒッチュその他のドイツのドライバーたちが、白いレース用のオーバーオールを着て棺の前を歩いた。SSの将校たちは行進のルートに沿って直立不動の姿勢を取っていた。ヒトラーお抱えの精鋭の儀礼兵が夫に先立たれたエリーを見守っていた。棺が地面に降ろされると、SSの忠誠を示す賛歌「Wenn alle untrue werden（誰もが不誠実なとき）」が歌われ、敬礼とスピーチが続いた。

ナチスの高官からエリーに送られた多くのお悔やみのメッセージは、最大限の効果を得るため、マスコミにリークされた。ヒトラーも弔電を送り、「ご主人の悲劇的な運命についての知らせを聞き、激しく動揺しました。彼がドイツの名声のために戦って倒れたという思いが、あなたの悲しみを和らげてくれますように」と伝えた。[725]

プロパガンダはローゼマイヤーの死のあらゆる側面を再構築した。彼は無謀なスピードテストで死んだのではなかった。アウトバーンの建設者であるフリッツ・トートが語ったように、「彼は義務を果たした兵士として死んだ」とされた。[726]追悼記事と写真がドイツのメディアを埋め尽くした。すぐに書籍が出版された。ニュース映画には、彼のサーキットでの勝利の栄光とアウトバーンでの悲惨な残骸の両方が映し出された。

ローゼマイヤーは竜を退治したと言われるドイツ神話の英雄ジークフリートに例えられた。「ベルント・ローゼマイヤー――君は友であり、同士だった……君の力強さ、騎士道精神、奉仕の精神、闘争心。多くの戦いの勝者となり、君は永遠《とわ》へと旅立った」[727]長いことローゼマイヤーとの確執を抱えていたルディだったが、この一月の悲劇に言及して、自らライバルに対する弔意を表した。「君の友人ルドルフ・カラツィオラ」と。

このような悲劇の後だったが、ルディは、控えめながらも世界記録更新のボーナス一万ライヒスマルクをメルセデスに要求した。[728]

事故の原因については、空気力学を応用したシェルのゆがみやドライバーのミス、あるいは横風の影響などがうわさされたが、ほとんど調査は行われなかった。「運命が彼を我々から奪い去った」と第三帝国は発表した。[729]少なくとも公式には、その日の朝、ローゼマイヤーに出走を認めた――あるいはそもそも真冬にスピード記録への挑戦を認めた――アウトウニオンの決定を非難する者はいなかった。一九三七年一二月一日、最初にこの〝勇敢な挑戦〟を認めたときに、ヒューンラインがキッセルに宛てた手紙の中で言及していたように、〝国内外における非常に大きなプロパガンダ効果〟のためにはリスクを冒す価値があったのだった。[730]

第13章

「何かを見つける」

一九三八年一月一九日、ベルント・ローゼマイヤーが死亡した事故の九日前、ルネは、マルセイユの遠洋定期船テオフィル・ゴーティエ号にローリー・シェルと新しいドライエ135スペシャルと共に乗船していた。[731] モンテカルロ・ラリーのために作られたこの車は、高性能三・五リッターエンジン、軽合金ボディ、シャーシにボルトで固定された、全体を覆うアルミ製のアンダーシールドが自慢だった。ボンネットの横にはスペアタイヤとホイールが固定され、リアウィンドウの下にはシャベルが取り付けられていた。

冬の嵐が東ヨーロッパを吹き荒れる中、彼らのスタート地点のアテネは、その年、特に過酷な状況だったため、その試練に対応できる車が必要だった。モンレリでのテストで、ドライエは最高時速一一二マイル（約一八〇・二キロメートル）を記録し、このクラスでは有数のスピードを誇っていた。

八月末のミリオンレースからの長い――そして必要な――休暇を経て、ルネは再び走る準備ができていた。[732] ミリオンレースでの成功により、どんなレースにも勝利する自信にあふれており、このラリーはグランプリシーズンが始まる前のウォームアップのようなものと思っていた。ルーシーもやる気満々だった。これまでに参加してきた経験が役に立つことを知っていた。

地中海を渡るのは、大変なことだった。[733] 海は荒れ、いくつかの海域では、フランスの軍艦に護衛されて航行した。同じ海域を、ドイツやイタリアの軍艦や貨物船――しばしば潜水艦に守られていた――が、スペイン内戦のさなかのフランシスコ・フランコ将軍のファシストに兵や物資を供給していた。ルネはギリシャからモナコまで、ルート上のすべての街を暗記することで危険な旅から気をそらせようとした。四日後、彼とローリーは無事アテネの港に到着し、一月二五日、スターターフラッグに見送られて出発した。

やがて彼らは雪に覆われた山を登った。氷点下の気温の中、息が窓を曇らせていた。毛皮の裏地のついたコートも、厚手のブーツも寒さを防ぐことはできず、ギアやブレーキレバーの隙間から雪が車内に入ってきた。穴の開いたボートのように、二人は定期的に窓から雪を外にかき出していた。それでも、凍った道を走り抜き、ブレーキケーブルがアンダーシールドに凍りついてしまいそうになりながらも、予定どおりに最初のコントロールポイントにたどり着いた。

ラリッサとテッサロニキの間の山では、雪はさらに強くなるばかりだった。ドライエは路面をしっかりと捉えることができず、雪だまりを避けることができなかった。この雪だまりの多くは石が混じっており、二人が雪だまりの一つを通過しようとしたとき、岩がクランクケースを貫通した。その直後、油圧系の針が下がっていった。一時停止すると、車の後ろに黒々とした跡が残されていた。

次の町で、二人は修理工場を見つけたが、急いで修理をしても大きな足止めを食うことは明らかだった。オイル漏れが続く中、数時間おきにエンジンを止めて、オイルを補充しなければならなかった。ストップしてはオイルを補充するこのゲームを三日間繰り返したあげく、彼らはレースからリタイアした。

仮にモナコに到着しても、柔軟性テストの前に車を一日そのままにしておかなければならず、その間にエンジンはオイルをすべて失ってしまうだろう。その時点でオイルを補充することはルールで認められていなかった。

ラリーを断念したその日、二人はローゼマイヤーの死を知った。ニュースが流れた直後にインタビューを受けたロベール・ブノワは、「痛ましい事故だが、それがこの仕事の運命《さだめ》だ」と語った。[734]レースに参戦することのリスクをよく心得ていたルネは、ローゼマイヤーの死をくよくよと考えることはなかった。[735]

著名なジャーナリストのロバート・デイリーがこういった事故がレーサーに与える影響について端的に言い表している。「いったん恐怖とショックが去ってしまえば、彼らは私たちと同じようにはその事故のことを考えない。我々は事故のことを肉体的に考える。我々は感情的な反応をする。レーサーは事故を単に知識として考えることができる。もしあんなスピードであのコーナーに突っ込んだら、死んでしまうだろうというように[736]」

この当時、致命的なスピードで勝利を追求するレベルまで鍛え上げられた視界を持ったドライバーは世界に数十名しかいなかった。ルネはここまでの鋭さを失っていたことがあった。最初にヌヴォラーリと行動を共にし、今はルーシー・シェルのためにより高いレベルで運転するようになり、この鋭さを取り戻したのだった。

彼とローリーは、故障したドライエを引きずってパリに戻った[737]。ルネは、パリではあまりすることがなかった。ジャン・フランソワは145をさらにスピードアップさせることに成功していた[738]。そしてルネはまるで145が自分の手足であるかのように、十分に理解して運転していた。ボーではエンジンパワーもドライバーのスキルも決定的な要因にはなりそうもなかった。むしろ、勝ちたいという強い意欲が重要だと信じていた[739]。その春、シーズン最初のグランプリ・レースの二カ月前、ナチスはその強い意欲を磨くべき理由を彼に与えてくれた。

二月一八日、公園に薄い雪が積もる中、ルディ・カラツィオラはシルバーアローの軍団を率いて、ブランデンブルク門を通り、広い並木道をベルリンモーターショーが開かれているカイザーダムに向かっていた[740]。

二万人のＮＳＫＫの部隊が沿道に並び、その後ろではベルリン市民が手を振って見守っていた。バイクと車の長い隊列の最後には、ヒトラーとナチスの高官を乗せた、ピカピカに磨き上げられたリムジンが続いた。

展示ホールの外では、ルディや他のドライバーたちがエンジンをかけていた。スーパーチャージャーの雄叫びが建物の大理石の壁に反響し、観衆の耳をつんざいていた。ヒトラーはご機嫌な様子だった。彼はレースのチャンピオンたちに握手をしてから、黒い制服のＳＳが周囲を取り囲むエントランスホールに足を踏み入れた。トランペットの音が鳴り響く中、ヒトラーはガラス張りの屋上とほぼ同じ高さに掲げられたかぎ十字旗の前に用意された演壇に向かった。演壇の周りでは、ＮＳＫＫの旗手が自身の部隊の旗を掲げていた。

二月初旬以降、ナチスの指導者はすでに世界を緊張状態に陥れていた。[741] 彼は二人の主要な将軍を更迭して、事実上、軍の最高指導者になっていた。さらにヒトラーはヨアヒム・フォン・リッベントロップを外務大臣に就任させた。この行動は、ヒトラーが絶対的な権力を強化し、近隣諸国に対してより攻撃的な政策を取り、場合によっては戦争さえも辞さないということを示唆していた。

二月の第二週、ヒトラーはオーストリアのクルト・シュシュニック首相を、ベルヒテスガーデンの高山地帯にある自身の静養所に招いた。シュシュニックを脅すような長広舌を振るった後、ヒトラーはオーストリアのナチス政治家アルトゥル・ザイス＝インクヴァルトを内務大臣に指名し、オーストリアに捕えられているナチスの捕虜全員に恩赦を与えるよう要求した――さもなければ侵略すると言って。

シュシュニックが要求を拒絶すると、ヒトラーは、「私を押しとどめることができたとしてもせいぜい三〇分だ。おそらく翌朝には春の嵐のようにウィーンに現れるだろう」[742]シュシュニックは最後には要求を受け入れた。ウィーンに駐在していたアメリカの外交官は、これが〝オーストリアの終わり〟を意味すると確信した[743]。

ベルリンモーターショーのためにカイザーダムに集まった外国大使や高官の多くは、ヒトラーが次に何をするのかと戸惑いを隠せなかった。しかし、その日の朝、ヒトラーは彼の〝愛すべき子ども〟である自動車産業のことしか話さなかった[744]。ゲッベルスが熱を帯びたあいさつをした後、彼はノートを片手に演壇に上がり、低い声で話し始めた。「五年前にベルリンでショーを開いたとき、人々はこのようなイベントの価値を疑問視した[745]」ヒトラーはすぐに勢いづき、ほとんど叫ぶような口調で話し、やがてつぶやくような声で、業界の復活とレーシングカーの〝比類なき勝利〟を一つひとつ挙げていった。

彼は、拳を握りしめ、顎を引き締めて演壇を叩き、聴衆を見渡した。NSKKが一五万もの若者を運転できるように訓練したこと、何千キロにも及ぶアウトバーンを建設したこと、〝大衆の車《フォルクスワーゲン》〟を製造するための工場がもうすぐ建設されることなどを語った。

ヒトラーが話している間、ほとんど拍手はなかったが、あるフランス人は〝総統と聴衆との間にある種の仲間意識〟があったと指摘していた。[746] 一五分後、ヒトラーは演説の締めくくりとして、〝最高で最も勇敢な〟ベルント・ローゼマイヤーの死を悼み、若者たちが偉大なルディ・カルツィオラのようになることを促すための〝モータースポーツ・バッジ〟の創設と、〝長年ドイツのために戦ってきた〟ルディが最初の受賞者になることを発表した。[747]

ようやくヒトラーがショーの開幕を宣言した。「開けよ！」彼の後ろで、カーテンが開かれ、メインホールが姿を現した。[748] 吹奏楽団の演奏が流れる中、彼は演壇から下りると、三時間に及ぶツアーを始めた。

〝名誉の殿堂〟に設置された高い台の上には、ルディが世界記録を更新した流線型のメルセデスが置かれていた。ルディ自身も、総統に次ぐこのショーのスターの一人だった。

二日後、ヒトラーは帝国議会で演説をした。「一〇〇〇万人を超えるドイツ人が我々の国境に隣接する二つの州で暮らしている」と彼は述べた。[749] ヒトラーは、それらの人々が彼の〝保護〟を受けていないことは〝耐えがたいこと〟だと語った。彼は舌鋒鋭く続けた。オーストリアには七〇〇万人ものドイツ語を話す住民が住んでおり、チェコスロバキアのズデーテン地方には三〇〇万人のドイツ人がいる。ヒトラーはそれらの人々が偉大なる第三帝国に属していることを世界に知らしめた。

ヒトラーはドイツとオーストリアを統一する機会を狙っていた。オーストリアのシュシュニック首相は、国民に〝自由で独立した、社会的でキリスト教的な統一されたオーストリアに対する賛否を問う〟国民投票を行うと発表することで、むしろヒトラーに絶好のチャンスを与えてしまった。[750]これを受けてヒトラーは、シュシュニックに最後通牒を発した。投票を中止してザイス＝インクヴァルトを首相に指名すること、さもなければドイツ軍が国境を越えて進軍するだろうと。シュシュニックが屈服したときには、すでにナチスの暴徒がオーストリアの通りや役場を占拠しており、三月一二日にはドイツの戦車や自動車部隊が侵略してきた。ヒトラーはその後ろをグレーのメルセデスのオープンカーに乗って現れ、彼が幼少期を過ごしたリンツの家に立ち寄った。教会の鐘が鳴り、群衆はかぎ十字の旗を振って、フロントシートに直立し、片手をフロントガラスに置き、もう一方の手で敬礼をする英雄の到着を祝福した。その後、ヒトラーはウィーンを訪れ、両国の統一（アンシュルス）を宣言した。閣僚の一人は、ヒトラーが〝恍惚としていた〟と語った。[751]

暴力の嵐が首都を襲い、そのほとんどがユダヤ人コミュニティに向けられた。群衆はユダヤ人の店の窓に煉瓦を投げつけ、商品を略奪した。歴史家のイアン・カーショーは、「ユダヤ人のグループは、老若男女を問わず、職場や店、家から引きずり出され、〝清掃隊〟として道路を掃除することを強制された」と記している。[752]そばに立って作業を見張っている者がいる一方で、見物人は「せいぜい自分たちユダヤ人のために働け」と叫びながら、彼らを蹴り、冷たく汚れた水をかけ、想像しうるあらゆる罵詈雑言を浴びせかけた。

ヨーロッパでもアメリカでも、ヒトラーのオーストリア併合を制止し、その後に続く大虐殺を防ごうとするために手を挙げる者はいなかった。イギリスの下院でネヴィル・チェンバレンは、「厳然たる事実は、この国や他国が武力行使の準備をしなければ、誰も実際に起きていることを阻止できないということだった」と語った。[753] ジャーナリストのウィリアム・シャイラーは、常に適切なときに適切な場所にいたが、日記にはっきりとこう書いていた。「イギリスとフランスはナチスの台頭の前にさらに一歩後退した」[754]

ヒトラーは、ベルリンに戻るとすぐに、新たに帝国議会選挙と自らが力ずくで行った併合を承認するための国民投票をドイツとオーストリアで行うと発表した。投票は四月一〇日に行われることになった。その日はポーでグランプリシーズンが開幕する日でもあった。

ミラノ郊外の公園のあちこちでは、小鳥が森の中でさえずり、うさぎが草の上を跳びはねていた。[755] 太陽が昇ると、朝露の残りが蒸発していった。公園を傷跡のように切り裂くアスファルトの曲がりくねった道路を除けば、何世紀にもわたってここで続いてきた光景だった。

そのとき、遠くのほうで、甲高い音が周囲に響きわたった。小鳥たちは静かになり、うさぎたちは草むらに身を潜めた。音は急速に大きくなり、近づくにつれて激しく膨らんでいく耳障りなうなり声となって空気を貫いた。突然、銀色のメルセデス――エンジンに容易にアクセスできるよう、ボンネットをはずしてあった――が上り坂を越えて視界に入って来た。ハンドルを握っていたのはルディ・カラツィオラだった。

彼は、地面にしがみつくように走るシルバーアローをシケインに向けると、来たときと同じスピードで消えていった。ある記者が〝一万匹のやけどした猫〟の鳴き声に例えた、スーパーチャージャー付三リッターエンジンの悲鳴だけが残っていたが、それもすぐに消えた。[756]

三月初旬から、ルディは毎朝、ミラノのホテルを出発し、ブレシアに向かうハイウェイを走っていた。[757]かつては王家の屋敷だった公園の入口では、門番のビアンコが彼に手を振っていた。でこぼこした未舗装の道を進み、厩舎の前を通り過ぎ、さらに競馬場を過ぎると、イタリアグランプリの開催地であり、冬の間の練習場でもあるモンツァに着いた。一段低いところにあるピットで、ノイバウアーとウーレンハウト――二人ともいつもルディより前に着いていた――、さらにはチームメイトのブラウヒッチュ、ヘルマン・ラング、リチャード・シーマンと合流した。彼らは事前に設定された厳しいスケジュールに従って、新型のW154を走らせた。

カーボンスチールでできたV12エンジンは、一月初旬に完成していた。[758]テストベッドでの計測では、八〇〇〇rpmで四二七馬力を記録していた。翌月にはシャーシに搭載され、ウンターテュルクハイムにある環境の制御されたワークショップで、ローラーシステムに乗せられて数百マイルを走行した。その後、アウトバーンで何度か長距離走行を行った。しかし、モンツァでのテスト走行ほど、このマシンの状態――さらに改良が必要な点――について有意義な情報を与えてくれるものはなかった。ニュルブルクリンクもマシンのテストには同じくらい効果的な場所だったが、冬の間は雪が降ることが多かったのだ。

彼らは毎日、モンツァのコースとそこに隣接するロードサーキットでマシンを何百キロメートルも、その限界まで走らせた。[759] タイヤの摩耗やブレーキ性能、加速、最高速度をテストした。路面の捉え方、燃料の消費量、コーナー通過時の挙動、燃料噴射の状態などを分析した。気温や風速、走行距離、タイヤやブレーキが摩耗して煙が出たときの旋回スピードを示す正確な数値など、あらゆる情報が毎日のレポートに記録された。[760]

モンツァサーキットには、多様なヘアピンカーブ、コーナー、ストレート、高低差の変化が用意されていたが、彼らの求める正確な条件が得られない場合は、パイロンバリアを設置してシケインを作ったり、コーナーを狭くしたり、直線を短くしたりすることで、自らが望むミニコースを作った。

ノイバウアーとウーレンハウトは、科学者のように作業を実行した。タイヤ幅やトレッド、燃料の配合比、ショックアブソーバーのセッティング、ギア比、そして重量配分などの数値を一連の制御された実験の中で取り出して、何が最も効果的なのかを確認し、その情報に基づいてマシンに改良を加えていった。[761] これは費用と手間のかかる作業であり、多くのメカニックの管理の下、数台のW154を使って行われた。燃料やタイヤ、そしてメルセデスのドライバーたちの忍耐力を消耗する過酷な作業だった。

これらの実験はすべて極秘裏に行われた。ノイバウアーは〝諜報部門〟を設置し、ウーレンハウトと彼のチームが作業する場所の秘密を保護した。[762] 入口の外には警備員が配置され、防水シートで外から覗き見できないようにされていた。グランプリシーズンの開幕前に、敵に有利となる情報を与えるわけにはいかなかった。

モンツァではアウトウニオンとアルファコルセも、新しいマシンのテストを行っており、コースを覗き込もうとする記者が後を絶たなかった。彼らがW154を見ることができたのは、ピットから現れるほんの一瞬だけだった。

それでも、少なくともピットの中は、家族的な雰囲気だった。[763] ノイバウアーと彼の妻が、ドライバーやクルーがコーヒーを飲んだり、食事をするための食堂をしつらえた。ある日の午後、彼らは公園でウサギを狩り、ピットでバーベキューをした。ラングは、メカニック時代にチームのために料理を作っていたこともあり、特にチキンやパスタの料理が得意だった。

そんなとき、ドライバーたちはW154の印象や来《きた》るべきシーズンのことなどさまざまな話をした。世界では議論すべきことが数多く起きていた。ブラウヒッチュはヒトラーの最近の行動を喜んでいた。特に彼のおじのヴァルターが陸軍総司令官に昇進していたこともその理由の一つだった。ノイバウアーは総司令官の甥をメルセデスのチームに入れることで、ベルリンからさらに便宜を図ってもらえると考えていた。オーストリアの併合については、ヒトラーがドイツをより強く、そして世界からより尊敬される存在にすることを約束するための〝賢明な行動〟をしたとドライバーたちは信じていた。[764]

メルセデスチームのメンバーは、第三帝国のこれらの行動に対する単なる傍観者ではなかった。

© ROBERT FELLOWES / LAT PHOTOGRAPHIC / MOTORSPORT IMAGES

ドイツグランプリで総統に敬礼をするルディ

選択の余地があると感じていたかどうかはともかく、彼らは公然と第三帝国の政策を支持していたのである。三月二六日、ルディはナチスの日刊紙フェルキッシャー・ベオバハターに論説を寄稿し――あるいは少なくとも記事に署名をし――、オーストリアの併合を支持し、来《きた》るべき国民投票のために総統を支援するキャンペーンを展開した。「我々レーシングドライバーは、世界に冠たるドイツの自動車産業のために戦うファイターである。我々の勝利は、同時にドイツの技術と職人魂の勝利でもある。総統閣下は、我々の工場に再びレーシングカーを製造する機会を与えてくださった……過去四年間の比類なき成功は、我々の指導者の努力の輝かしい象徴である。そのためにも、四月一〇日には、総統に対する心からの感謝を込めて、〝賛成〟と投票しよう」[765]

この記事が掲載された週、ウーレンハウトとノイバウアーは、モンツァでの最終テストのためにポーグランプリを模したコースを設定した。彼らは模擬コースで何度も何度も練習をした。W154は絶好調だった。「素晴らしい！」最後にブラウヒッチュが宣言した。[766]「最高だ」とシーマンは言った。[767]

スタンドから見ていた外国人ジャーナリストたちもこれに同意した。ある記者は、W154のエンジンは〝まるで爆弾のような威力だ〟と評した。[768]また別の記者はメルセデスの新しいフォーミュラカーは、〝強烈な印象を与えた……長く低く、無駄がなく、非常に速く、加速が素晴らしい。路面を確実に捉え、操作性も高い〟と語った。[769]

ポーグランプリまであと一週間と迫った。[770]ルーシー・シェルは、ルネにモンレリで準備させる――あるいは太陽の下で充電させる――よりも、彼とメカニック兼ドライバー志望のモーリス・ヴァレをエキュリー・ブルーの代表としてミッレミリアに派遣することにした。スポーツカー部門にエントリーするために、ジャン・フランソワは、ドライエ145にかまきりのようなマッドガードと昆虫の目のようなヘッドライトを取り付けた。

ルネもミッレミリアへの出場を強く希望していた。グランプリシーズンの開幕レースについてあれこれ考えなくてすむからだった。イタリアを8の字に回る一〇〇〇マイル（約一六〇〇キロメートル）のこのレースは、きっと気を晴らしてくれるだろう。ブレシアからボローニャまで霧の峠を越え、フィレンツェ周辺のトスカーナの原野を駆け抜けたルネの運転は素晴らしかった。一〇〇〇マイルをほぼ半周し、ローマに到着したときには、ドライエ145は、新しい軽量のアルファロメオ・スパイダーに次いで第二位だった。

その後、ボローニャに近づく曲がりくねった道で岩がドライエのラジエーターに穴を開け、ボンネットから蒸気が上がった。慎重に行くならリタイアしていただろう。だが、ルネとヴァレは三〇分ごとに止まってラジエーターに水を補給し、その合間に狂ったように車を走らせた。彼らは四位でフィニッシュした。状況を考えると、素晴らしい結果だった。

ルネはパリに戻り、ポーに出発する準備をした。ルーシーは同じ時期にカンヌで開催されるコンクールデレガンスに出場するため、チームには同行しなかった。[771]ルネをトップに立たせるためにできることはすべてやった。資金面だけでも、二〇〇万フラン以上を費やして145の設計をサポートし、ミリオンレースに勝利し、一九三八年シーズンに向けて準備を進めてきた。[772]今、彼女にできることは、最後の励ましのことばをかけることだけだった。

ルーシーがルネをラ・レリーの自宅に招き、勝利の重要性を伝える姿が想像できる。それは彼ら自身のプライドだけの問題ではなかった。ポーグランプリでシルバーアローに勝っても、国家間の流れを変えることはできないだろう。だが、いたるところで暗さを増していく世界に希望の輝きをもたらすことができるかもしれなかった。ユダヤ系アメリカ人のヘビー級ボクサー、マックス・ベアが、マックス・シュメリングとの戦いの前に言ったように、「シュメリングの目への一

ADATTO ARCHIVES

モンレリでのルネとルーシー

撃一撃が、すべてヒトラーへの一撃となる」のだ。[773]

ルーシーがルネに何を言ったにせよ、彼は自身のキャリアで初めて、このレースには、誰が最初にゴールラインを通過するのかといったこと以上のものがあるのだと理解して、ポーに向けて出発した。[774] 彼はナチスがドイツで何をしてきたかを十分なほどに聞き、自分に対するファシストたちの激しい憎しみを十分なほど見てきた。ナチスの行動を軽蔑するとともに、彼らが次に何をするのかを恐れていた。自分たちの優位性を主張するナチスの理論に対抗するために、どんな一撃でもいいから彼らに食らわせたいと願っていた。自分がユダヤ人であると認識しているかどうかは、もうどうでもよいことだった。多くの人々が彼をユダヤ人として見ていた。彼を支持する者もいれば、反対する者もいた。自分の名前から逃げることはできなかった。もし勝てば、彼の勝利はナチスという残忍な集団に対する象徴的な勝利となるだろう。

数年前、メオ・コスタンティーニは、ルネに「もっとアグレッシブになる必要がある」と言った。そのことばは彼のその後の人生に大きな影響を与えた。ミリオンレースを走る中で、ルネはそのアドバイスを超越していた。そして今、コスタンティーニの残りのことばがルネの頭に浮かんだ。もし、彼が偉大なドライバーになりたいのなら、「戦うべきものを見つけ、それと戦うべきだ」[775] パリを後にするとき、ルネはそれを見つけたと悟っていた。[776]

第14章

ドレスリハーサル

四月七日木曜日、ブルドッグのマスコットと〝エキュリー・ブルー〟の文字が側面に描かれた二台のドライエのトラックが、フランス南西部を走っていた。ルネと同僚のドライバー、元フェラーリのジャンフランコ・コモッティがクーペでその後を追っていた。午後遅くになると、前方にポーが見えてきた。遠くには小さな町が高貴な宝石のようにたたずんでいた。

ニュースを聞かなければ、イタリアとドイツの戦闘機の支援を受けたフランコ将軍が、わずか六〇マイル（約九六キロメートル）先のピレネー山脈を越えたスペインで大規模な攻撃を仕掛け、共和国軍の兵力を分断するために集中砲火を浴びせているのを知ることはできなかっただろう。パブロ・ピカソが最近発表した、スペインの街の爆撃の様子を描いた巨大な絵画で有名になったゲルニカの破壊をはじめとして、多くの人々は、この紛争によって引き起こされた惨状が、工業化された戦争によってやがてヨーロッパ全体に広がっていく大惨事の前奏曲であると信じていた。

ポー川を見下ろす高原に位置し、高い石造りの塔がそびえたつポーの街は、中世の魅力と素晴らしい環境を併せ持っていた。一九世紀には、ヨーロッパ、ロシア、そして遠くアメリカ（エイブラハム・リンカーンの未亡人メアリーなど）から、富裕な訪問者が押し寄せ、大規模な邸宅やさらに大規模なホテルが建設された。[777] さらにその後、スパやカジノ、劇場が建設された。高原のはずれには、プラタナスの木陰に覆われた長い遊歩道が作られ、ピレネー大通りという名にふさわしい通りと眼下の川沿いのにぎやかな鉄道の駅を結ぶケーブルカーも敷設された。

またポーはスポーツと初期の航空技術の中心地としても知られるようになった。[778] ライト兄弟がキティホークで有人動力飛行に成功した後、この〝ピレネーの女王〟と呼ばれる街に移り住み、フランスやアメリカの先駆的な飛行士の多くがこの地域の飛行学校で技術を学んだのだ。

一九三〇年、ポーはフランスグランプリを開催する栄誉を得た。グランプリは郊外にある一五・八キロメートルの三角形のコースで行われた。主催者であるバスコ・ベアルネーズ自動車クラブ（ACBB）は、さらに多くの関心を集めるため、モナコサーキットのように街の中心を走る、短くよりドラマチックなサーキットを作った。この一・七マイル（約二・七三キロメートル）の間には、一三の急コーナーやヘアピンカーブ、急な上り坂と下り坂、そしてストレート――いずれも長いものではなかった――があった。[779] ポーグランプリとしての初年度となった一九三三年、うっすらと雪に覆われた通りで行われたこのレースは成功を収めた。年を経るにつれ、このコースの名声は高まり、一九三八年のシーズン開幕レースに選ばれたことで最高潮に達した。

ルネがポーに到着したとき、通りは準備に大わらわだった。[780]ＡＣＢＢのスタッフは、何万人という観客の流れをコントロールするために検問所を設け、安全を確保するためにコースの周りに柵を設置した。スタート地点付近では、作業員が六列の屋根付きのグランドスタンドの準備や、ＰＡシステムのテスト、競技者のリーダーボードの設置、仮設のフードスタンドの設営を行っていた。

練習走行が翌日から始まるため、グランドスタンドの反対側に位置するピットと給油所では、最後の仕上げが行われていた。タイムキーパーのチェックポイントがコースの周りに設置され、ドイツの新聞社を含む一〇社近い報道陣が、見つけた者を誰彼構わずインタビューしていた。

ルネとコモッティは、ジャン・フランソワとメカニックがドライエ１４５をトラックから降ろすのを手伝った。エキュリー・ブルー・チームは人手が少なく、特に同じ日に到着したメルセデスに比べると、ささやかな人員で作業をしなければならなかった。五台の大型トラックの群れを率いたメルセデスチームは、ノイバウアーを司令官として侵攻する軍隊のようにポーにやって来た。[781]トラックの一つは、旋盤や溶接設備、ショックアブソーバーをテストするための装置まで備えた移動式のワークショップになっていた。もう一台のトラックは、ドイツから迅速に物資を輸送する必要がある場合に備えて、スーパーチャージャー付のエンジンを搭載していた。

メルセデスは三名のドライバーと二台のマシン、それぞれに対する予備のエンジン、そしてもう一台のマシンを一から作り上げることができる十分な装備を用意していた。大量のエンジニアやメカニックに加え、医師、コンチネンタルやシェルのタイヤや燃料の専門家、さらには自国の報道機関にドイツに有利な記事を提供するための御用記者を連れてきていた。

到着後まもなく、ルディ・カラツィオラは記者の一人に、ポーはグランプリシーズンに向けた単なる〝ドレスリハーサル〟にすぎないと語った。[782] モンツァでの十分な準備から彼らがレースに連れてきた多くの人員に至るまでを考えると、その発言はレースの重要性を控えめに伝えていた。

晴天に恵まれた四月八日の朝、二日間の練習走行の初日、ルネ・ドレフュスはロワイヤル広場にある古き良きホテル、オテル・ド・フランスを出発した。ケーブルカーを利用すれば、プロムナードから簡単に下りていくことができた。

そこから、ドライエ145が燃料を入れ、準備を整えているピットまではほんの少し歩くだけだった。ミリオンレース以来、チームはマシンのボディをブルーに塗り、赤と白のストライプがボンネットのノーズからマシンの両サイドを走っていた。[783] 上から見ると〝V〟の文字の形に見え、ミリオンレースでの勝利を象徴していた。それぞれのドアには、ルネのレースナンバーである〝2〟が描かれていた。コモッティのマシンには〝4〟と描かれていたが、それを除くと、彼の145は、チームリーダーのマシンと見分けがつかなかった。

ドライエ145は、メルセデスのW154に比べると、わずかな注目しか集めなかった。[784] この日はメルセデスのニューモデルのお披露目であり、ドライバーのルディとラングは、自分のマシンにたどり着くのに、記者やカメラマンをかき分けなければならなかった。

一六名の競技者が参加し、素晴らしいレースとなることが約束されていた。ベルント・ローゼマイヤーの死の影響から回復しつつあるアウトウニオンは参加していなかったが、それ以外のヨーロッパの主要なレースカーメーカーは、ファクトリーチームか、独立したドライバーを送り込んでいた。「数年ぶりにあらゆるカラーが一堂に会した」と地元の新聞は報じた。[785]

新しいフォーミュラでの勝利という野望を満たすため、さまざまなデザインとエンジンサイズのマシンが用意されていた。ブガッティのチームには、ジャン＝ピエール・ウィミーユがドライバーとして参加し、新しい三リッター・スーパーチャージャー付エンジンを搭載したマシンを準備したと伝えられていた。[786] グランプリ・レース初参戦となる二一歳のモーリス・トランティニアンをはじめとする、三名の独立系のドライバーは、ブガッティに乗っていたが、古いモデルのマシンだった。モンテカルロ・ラリーで二度の優勝経験を有するルネ・ル・ベーグともう一人のドライバーは、ルイ・シロンが一九三七年のフランスグランプリで優勝したときに運転していたタルボと同じモデルで参戦していた。〝オールド・フォックス〟と呼ばれていたシロン自身はこのチームには加わっていなかった。二台のドライエ145と独立系ドライバーが乗る135を加えると、これがフランスチームのすべてだった。

イタリアを象徴する赤をまとったアルファコルセは、〝空飛ぶマントヴァ人〟ことタツィオ・ヌヴォラーリを含む三名を連れてきていた。彼らの308モデルのボディワークは、メルセデスの一九三六年モデルから盗んだようなデザインだった。マセラティはまだ新しいフォーミュラカーを完成させておらず、三名の独立系ドライバーが元気な一・五リッターのヴォワチュレット——街中《まちなか》の、短くカーブの多いこのコースでは脅威となる可能性があった——で参戦していた。

当初は、ポーグランプリは、これまでのどのレースをも〝上回る成功を収める〟と予想されていた。[787]一〇〇周を周回する過酷なレースの勝者には、三万フランの賞金が贈られたが、さらに重要なことは、新たなフォーミュラで最初の勝利を挙げたドライバーという栄誉が与えられることだった。

練習走行が始まる前から、ルディとヌヴォラーリの人気は群を抜いていた。ある新聞は、このレースで二人のどちらが〝世界で最も偉大なドライバー〟の称号にふさわしいかという論争に終止符が打たれるのではないかと予想されていた。[788]ミリオンレースでの勝利にもかかわらず、ルネが報道されることはほとんどなかった。

コースを数周回った後、ヌヴォラーリが正午の太陽が照る中、最初のタイムトライアルに挑んだ。[789]決勝のスターティンググリッドでは、予選で最速タイムを記録した者がベストポジションを得ることになっていた。ヌヴォラーリは向こう見ずな評判どおりに、アルファロメオを駆ってコースを一分四八秒で走り、一九三五年のポーグランプリで自らが記録したタイムを更新した。素晴らしい走りを披露したヌヴォラーリはピットにいるカメラマンに歯を見せて笑ってみせた。

ルネ・ドレフュスも見事なパフォーマンスを披露した。スタートから自信に満ちあふれていた彼は、一分五〇秒を記録し、ヌヴォラーリにわずかに遅れて二位につけた。W154を駆るラングが一分五一秒で第三位に入り、その後にルディが一分五三秒でつけていた。さらにアルファコルセのエミリオ・ヴィッロレージが一分五六秒で続き、コモッティや他のドライエのドライバーは二分一秒でフィニッシュした。第一ラウンドが終わり、第二ラウンドが始まった。

ヌヴォラーリは、チームメイトのヴィッロレージの車が自分の車よりも優れているかを試すため、マシンを交換した。[790] 再び、スタートから飛び出していった彼は、ケーブルカーのカーブを回り、レオン・セ通りを上り、頭上の遊歩道を支える石造りのアーチ状の高架橋を上っていった。さらに何度かコーナーを回ると、丘にあるボーモン公園を通過した。彼が通り過ぎた後、ある観客が路上に液体のしみがあることに気づいた。オフィシャルもそれを見て、停止信号を出すように電話をかけた。しかし、信号が出たときはすでに手遅れだった。

ヌヴォラーリが危険に気づいたときには、マシンは炎に包まれていた。スピードが速すぎたために気づくのにしばらくかかってしまい、反応したときには炎が足元にまで達していた。車が止まるまで待つことは、生きたまま焼かれることを意味していた。選択肢は一つしかなかった。時速二五マイル（約四〇キロメートル）で走りながら、ヌヴォラーリはコックピットから体を乗り出し、道路に身を投げ出した。炎が服を覆う中、彼は歩道の上を転がり、落下のショックで意識を失った。二人のフランス人の学生が駆けつけて払って火を消した。無人のマシンは、今や火の塊と化し、コースをはずれて湖の反対側の生け垣に突っ込んだ。消防車が出動したときにはマシンを焼き尽くしていた。

ヌヴォラーリは救急車で病院に運ばれ、そこでII度の熱傷と車から飛び出したときの腕や脚、顔のすり傷の治療を受けた。彼を見舞ったルディは、なぜ車の炎を消すために湖のほうに向かわなかったのかと冗談めかして尋ねた。[791]

ヌヴォラーリはユーモアで答えるような気分ではなかった。シャーシが柔らかすぎて、マシンの燃料タンクがコーナーを曲がる際に破損してしまったのだ。アルファコルセとマシンの状態に不満を抱いていたヌヴォラーリは、チームからの離脱を決意した。他のマシンにも同じ問題が起きることを恐れたアルファコルセはレースをリタイアした。

この日、コース上には車もまばらになっていた。新型ブガッティの準備ができていないジャン＝ピエールは現れず、タルボも練習走行で調子が悪かったためにレースからのリタイアを決めていた。ヌヴォラーリがリタイアしたことで、レース関係者は、残りの一〇台の中ではルディ・カラツィオラがさらに有利になったと予想した。

自信たっぷりのメルセデスチームは、近くのルルドに観光に行った。[792] その後、ノイバウアーはキッセルに報告書を送り、その中で〝脚の長い〟ドライエの見た目をけなしていたものの、〝過小評価するべきではない〟とつけ加えていた。[793]

ルネはホテルで静かな夜を過ごした。彼は自分のタイムに満足していたが、スタートで好ポジションを確保するためには、翌日も順位を維持する必要があった。コーナーの多い短いコースでは、それが非常に重要だった。

ポーを訪れた群衆は、タイムトライアルの二日目が行われる土曜日の午後も雲一つない快晴を楽しんでいた。この日はルディがスタートから飛び出していった。だが、ルネがその直後に続き、コース上で触れるほどの距離を保ちながら、コーナーごとにベストなラインを探していた。いくつかのコーナーを抜けるときに、ルネはＷ１５４の後輪がオーバースピンしていることに気づいた。ルネは、これが自分のアドバンテージになると感じていた。[794]

ルディは一分四八秒のベストタイムで、第二セッションを終えた。[795] ラングがこれに続いたが、彼は小さなクラッシュとエンジントラブルに見舞われた。ノイバウアーは、黒いノートにほとんど判別できないような文字ですべてのラップタイムを記録し、特定のコーナーでドライバーが報告したあらゆる問題についても記録していた。彼は、軽快な巨人のようにピットを動きまわりながら、タイヤ交換や燃料の補給、スパークプラグの交換を監督していた。

ウーレンハウトと彼のクルーは、Ｗ１５４のパフォーマンスのあらゆる側面を計測し、ノイバウアーに報告した。気温が三二度になると、エンジンやタイヤの空気圧、路面の状態に影響を与えることを知っていたので、何度も気温を測定していた。ブレーキやトレッドの摩耗、燃料消費を分析し、オイルの一部を抽出して移動式のラボでテストをした。予選を通じ、ウーレンハウトは短いコースの多くのコーナーでトップスピードと最大加速の間の適正なバランスを見つけるために、マシンのギア比を調整した。後輪のオーバースピンはまだ解決していなかったが、できるかぎりのことはやっていた。

運を天に任せることはできなかったので、ノイバウアーは鷹のような目でレースを見守った。[796]ルネ・ドレフュスがベストラップを更新し、二台のW154にわずか〇・二秒差でつけていた。コモッティが一分四九秒で四番手、その後にマセラティのヴォワチュレットに乗るランツァが二分ちょうどで続いていた。

その日が終わると、ドライバーたちはマシンをピットに残してホテルに戻り、油の汚れやガソリンの煤を洗い流した。[797]メカニックたちはゆっくりと車をガレージに戻し、車体を磨き上げて、翌日に備えた。スターティンググリッドが設置され、太陽が、翌日の戦いを待ち望む街に落ちていった。

練習走行の後の夜、ルーシーはニース近郊、サン＝ローラン＝デュ＝ヴァールの海辺にある占い師の家を訪れ、ポーでの勝利を占ってもらった。勝者を知るまで待つことができなかったのだ。

その年の初めの二月、ミリオンレースを主催した委員会は、一九三八年もフランスのレースカーに引き続き投資するために、一〇〇万フラン以上を集めたことを発表した。しかし、彼らは一九三七年のようなスピードコンテストを行うつもりはなかった。その代わりに、委員会は各自動車メーカーの新デザイン――ブガッティの新モデル、タルボV16、ジャン・フランソワが開発中のドライエ155――を審査して、どの車が投資に最もふさわしいかを決定するとしていた。ルーシーは、一〇〇万フランを獲得していたことから考えても、ドライエがその資金の一部を受け取ることになるだろうと考えていた。[798] しかし、アンソニー・ラーゴが委員会におべっかを使い、タルボがその資金をすべて得る可能性が高いといううわさが流れていた。ルーシーはこのうわさに心を乱され、むきになっていた。自分の価値を証明するために十分なことをしただろうか？　さらにポーで勝利しなければならないのだろうか？　彼女はそう思った。

週末に行われるこの大きなグランプリ・レースについて何も知らずにいるには、新聞を読まず、カフェでのゴシップにも耳を貸さないでいる必要があった。またルーシーはコート・ダジュールでは無名の存在ではなかった。占い師は彼女のことを知っていたのかもしれないし、実際に占いの力があったのかもしれない。占い師がどこから知識を得ていたかはともかく、彼女は不気味なほど真実に近づいていた。

占い師の女性は、〝レースのようなもの〟に関係しているかと、ルーシーに尋ねた。[799] ルーシーは頷いた。ことばを失った。「馬？」占い師は続けた。「機械的な馬？」その質問にルーシーは椅子から転げ落ちそうになった。彼女は再び頷いた。

チームの誰かが、明日のレースに勝つだろう。

ルーシーは最寄りの電話を探して、ポーにいる夫のローリーに電話をした。彼女は自分のチームがシルバーアローに勝つことを確信していた。

シュトゥットガルトでは、ヴィルヘルム・キッセルがポーのメルセデスのレーシングチームから電話を通じて伝えられた大量の報告書に目を通していた。ヌヴォラーリは完全に離脱していた。「これで最も危険なライバルが除外された」とある報告には書かれていた。[800]「だが、グランプリが我々に有利になったとはまだ言えない。今日の練習走行では、ドライエのドレフュスがカラツィオラに迫っていた」

多くのライバルが去ったポーでは、〝メルセデス・ベンツとドライエの一騎打ち〟の様相を呈していた。しかし、ノイバウアーやレースチームのクルーには他の懸念もあった。ドレフュスには給油の必要はなかったが、メルセデスのドライバーはその必要があったのだ。彼らのスーパーチャージャー付三リッターエンジンは、一マイル（約一・六キロメートル）あたり〇・六ガロン（約二・二リットル）の有毒なＷＷ燃料を消費した。また、ポーは気温が高いこともあり、アスファルトがスポンジ状になって滑りやすく、タイヤがスピンを起こしやすいという事情もあった。さらに、ウーレンハウトは結局ラングのマシンのエンジンを交換しなければならなかった。オイルポンプが故障し、またスパークプラグも練習走行中ずっと調子が悪かったのだ。彼らはエンジンを交換するために一晩かけて作業しなければならなかった。これらの問題にもかかわらず、報告書は、カラツィオラとラングはＷ１５４に満足していると伝えていた。彼らは〝完璧〟ということばを使っていた。自分たちの勝利を疑っていなかった。

報告書においては、ドライバーへの信頼は非常に厚かった。この一週間、ダイムラー・ベンツの広報部門は、〝ドイツのエンジニアの卓越した技術〟とカラッツィオラの優秀さを強調するプレスリリースを次々と発表していた。[801] 多くの新聞もそれを鵜呑みにし、新しいフォーミュラでの開幕戦はシルバーアローが勝利すると予想していた。結局のところ、ヒトラーがレーシングチームに資金を提供するようになって以降、フランス人ドライバーもフランスのマシンも、グランプリ・レースでドイツに勝てたことはなかったのだ。

さらにときを遡ってみると、ある歴史家は、フランス人は「一九一三年のル・マンでのサルト・カップ以来、メルセデスのレーシングカーには勝っておらず、それ以前となると初期のグランプリやゴードン・ベネットの時代まで遡らなければならない」と記した。[802] 愛国心の強いフランスのロト誌でさえ、「間違いなく、メルセデスが勝つはずだ」と渋々ながら予想していた。[803]

ある新聞がポーグランプリの結果を最も的確に予想していた。「このレースの結果は完璧なまでに確実なので、どのブックメーカーも、たとえどれだけの金を積まれても、ドイツの勝利を予想する賭けには乗らないだろう……ドイツのドライバーは、普通のドライバーがするようなミスはしないし、カラッツィオラとラングのドライビングテクニックがあれば、他に何が必要だと言うのか？」[804]

キッセルはポーでの勝利を当てにしていた。というのも、同じ日にドイツで、ナチスの国会議員候補者リストと第三帝国の最初の征服を承認するかについての一つの——無理やり一つにまとめられた——議案に対する国民投票が行われることになっていたからだった。ヒトラーは、既定の結論に対し、ドイツとオーストリアを遊説してまわって支持を集めていた。ゲッベルスは、確実を期すため、投票用紙に〝賛成〟に印をつけるための大きな円と、〝反対〟に印をつけるためのパンチ穴サイズの小さな円を印刷していた。

国民投票を支援するために、キッセルはこの二週間、独自の布教活動を行っていた。彼は、メルセデスとそのレーシングチームの成功を〝愛する指導者〟と結びつけ、〝我々の兄弟〟であるオーストリアも同様の恩恵を受けるために一族に戻るべきだと訴えた。[805]「ヒトラーはドイツの自動車産業をどん底から救い出し、前例のない発展への道を切り開いた」とキッセルはスピーチの中で述べた。[806]「このことに対し、我々は、労働者、エンジニア、セールスマン、技術者あるいは取締役を問わず、一九三八年四月一〇日に、〝賛成〟と投じることによって、心からの感謝を伝えなければならない」

またメルセデスは、ウンターテュルクハイムのメカニックの証言を公表し、一般人もヒトラーを支持していることを示すよう画策した。「総統が権力を握ってから、我々のレースでの成功がどれほど変わったか。まさに総統のおかげだ。だからこそ、すべての労働者にとって、四月一〇日に示すべき答えは一つしかない。賛成と投票しよう！[807]」

スピーチの後で、キッセルは、「グランプリでの勝利は、関係しているドライバーや自動車メーカーの勝利であると同時に、常にすべての国民の勝利でもある」と述べた。ポーでの敗北は屈辱を意味していた。[808]

高級レストランがあることで有名なポーの小さなホテル、ヌタリーで、ルネはチームメイト――ワイフェンバック、ジャン・フランソワ、コモッティ、ローリー・シェル、そしてエキュリー・ブルーのメカニック――と共に料理と地元のジュランソンワインの夕食を楽しんでいた。何人かの記者たちも椅子を寄せて会話に加わっていた。

彼らは緻密に組織されたメルセデスのピット作業や、自分たちの新しいフォーミュラカーのスピードについて語り合った。〝素晴らしい〟ということばがたびたび口にされた。

「ドイツに勝つつもりでいるのかね？」とある記者がルネに訊いた。[809]

「さあ、どうだろうね」と彼はことばを濁した。

ウェイターが近づいてきて、ローリーに電話がかかってきていると伝えた。彼の妻からだった。彼は電話に出るために、ホテルのロビーに行った。ルーシーが何を言っているのかはともかく、彼は笑っていた。テーブルに戻ると、ローリーは、ルーシーがルネと話したいと言っていると伝えた。

電話を手に、ルネは、明日はきっとうまくいくとルーシーに話した。

「私もうまくいくと信じている」と自信に満ちた声でルーシーは言った。

ルネがテーブルに戻ると、みんなが意味ありげに囁き合い、笑みを抑えようとしていた。ルネは何がそんなにおかしいのか探ろうとしたが、彼らは答えなかった。ルネはそれ以上、訊かなかった。

その夜、ルネは、オテル・ド・フランスで、部屋の中を歩きまわりながら、来《きた》るべきレースについて考えていた。[810]グランプリドライバーになって以来、ルディ・カラツィオラには、一度も勝ったことがなかった。ドライエに比べると、ルディのＷ１５４はスタートからの加速が速く、馬力も二倍近くあり、はるかに先進的なブレーキやサスペンションを装備していた。ノイバウアーからメカニックに至るまで、メルセデスは熟練した作業に定評があった。彼らは稲妻のようなスピードを誇り、さらにその準備にも余念はなかった。

それでも、ルネはタイムトライアル中にメルセデスの弱点を三つ見つけていた。第一に、メルセデスはレース中に燃料を補給する必要があったが、ドライエにその必要はなかった。ドライエは大きなガソリンタンクを搭載しており、燃料の消費もより経済的だった。

第二に、Ｗ１５４はエンジンがパワフルすぎるため、しばしばコーナーでスピンに悩まされていた。スロットルを踏みすぎると、ルディとラングは、コース上でトラクション――とタイム――を失っていた。反対にドライエは、コーナーの立ち上がりでしっかりと路面を捉えていた。

第三に、ルネはコースで最も長い直線でも、ギアを三速より上に入れたことがなかった。それは単純にスピードを出すには直線が短かすぎたのだった。その直線では一〇〇マイル（約一六〇キロメートル）が限界だった。そのためＷ１５４は、メラハやアヴスのような高速コースのようには、そのスピードを生かすことができなかったのだ。

ルネはこれらの観察結果を明確でシンプルな戦略に要約した。シルバーアローとの距離を詰め、大きなリードを許さないこと。そして給油のときにリードを奪い、決してそれを渡さないこと。

ミリオンレースでルネは、自制心を保ちながらもアグレッシブにアタックできること、そしてドライエがそれに応えてくれることを証明してみせた。しかし、ポーグランプリは実際のレースであり、狭い街中《まちなか》のコースを他のライバルたちと競いながら走らなければならなかった。一〇〇周を超えるレースで、ターン進入の一つのミスやマシンの一つの不調、たった一つの不運でさえ、勝利のチャンスを台無しにしてしまうか、あるいは最悪の事態を招く可能性があった。ミリオンレースとは違って、スタートに戻ってやり直すことはできないのだ。ミスをした場合は、よりハードに、そしてより速くマシンを走らせることで対処しなければならなかった。

モナコでのグランプリ初優勝以来、ルネはもっとグランプリで勝利を挙げたいと思っていた。一九三〇年のモナコで、彼は自分だけのためにチェッカーフラッグを目指していた。世界は変わり、ルネも変わった。そして今、そこには戦うべき理由が多く存在していた。

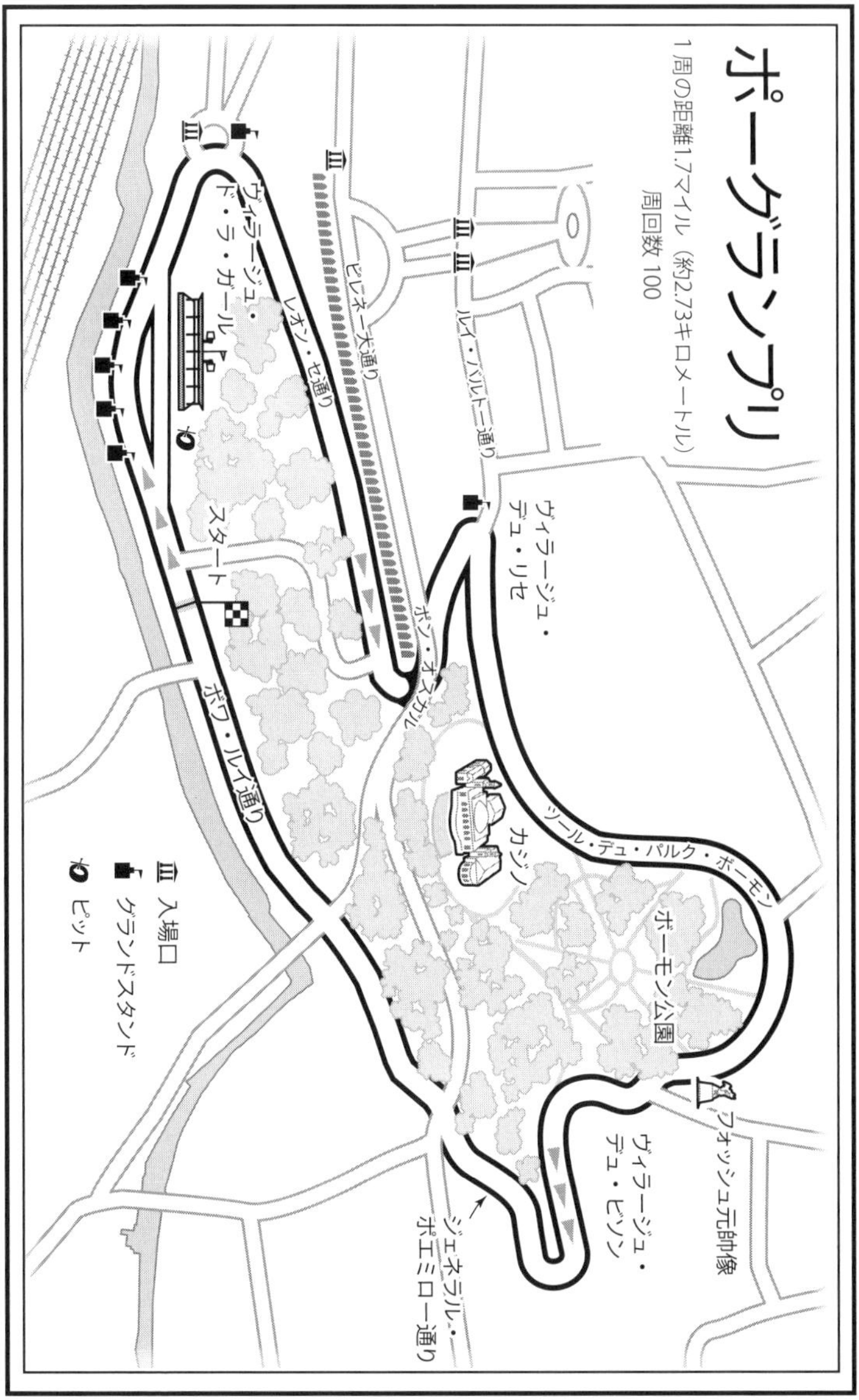
ポーグランプリ
1周の距離1.7マイル（約2.73キロメートル）
周回数 100
ヴィラージュ・ド・ラ・ガール
レオン・セ通り
ピレネー大通り
ルイ・バルトー通り
ヴィラージュ・デュ・リセ
スタート
ポン・オスガル
ボワ・ルイ通り
カジノ
ツール・デュ・パルク・ボーモン
ボーモン公園
フォッシュ元帥像
ヴィラージュ・デュ・ビゾン
ジェネラル・ポエミロー通り
入場口
グランドスタンド
ピット

第15章
ポーでの勝利

夜明けの太陽が、雪に覆われたピレネー山脈の岩だらけの山頂を金色とピンクに染めていた。[811] これまで、数えきれないほどの朝を、早起きをした人々が遊歩道で犬を散歩させたり、地平線の光の変化を眺めたりしていた。石畳の通りを横切って、焼きたてのバゲットの香りがパン屋《ブーランジェリー》から漂っていた。カフェではエスプレッソマシンがゴロゴロという音やシューという音を立てていた。鐘が鳴り響いた。野菜を積んだ荷車がレストランの横の路地をよろよろと進んでいた。ポー城の管理人がほうきで階段を掃いていた。シュッ、シュッ、シュッという音が、時計のチクタクという音のように心を落ち着かせてくれた。

ゆっくりと、しかし次第に勢いを増していくように街は目を覚ました。[812] 車と歩行者の整然とした流れが街の中心部に向かっていた。見物人の一人は、ヒトラーの扮装――脂ぎった髪に櫛を入れ、歯ブラシのような口ひげを生やしていた――をしていた。歩道のカフェやホテルのロビーでは、レースの最新の予想に関するうわさが飛び交っていた。ヌヴォラーリは結局レースに出るのか？　練習走行でのシルバーアローを見たか？　そのエンジンの音を聞いたか？　一〇〇万フランを獲得したドライエにもチャンスはあるのか？

あえて認めようとはしなかったが、事故を目撃して興奮している者もいた。ロドニー・ウォーカリーはモーター誌に〝グラン・ヴィテス（素晴らしいスピード）〟のペンネームで、「技術とスピードによる壮大なドラマの中の役者たちも、いつ何時、悲劇の人物になるかもしれない。それを理解する者にとっては、まるで群衆によって緊張感が吐き出され、今にも触れることができるかのようだ。グランプリ・レースは、すべてのモーターレースと同様、死の瀬戸際でバランスを保っている」と記した[813]。

その日の朝、他のチームがその日のレースに集中している中、メルセデスチームのドライバーを含む三四名のメンバーは、ホテルで国民投票を行っていた[814]。一つにまとめられた議案――「三月一三日のオーストリアとドイツ帝国の再統合に賛成し、我々のアドルフ・ヒトラー総統が提示したリストに賛成しますか？」――に対し、彼らは全員が〝賛成〟に票を投じた[815]。メルセデスの代表者が、集計結果を電話でウンターテュルクハイムに伝えた。チームのメンバー――一部はラングのマシンに予備のエンジンを取り付けるために徹夜で作業をしていた――は、再び作業に戻っていった。

見晴らしのよい場所を求める観客が早朝から並び、正午には、およそ五万人の観衆が、グランドスタンドや、コースの周りのチケット制の観覧席を埋めていた。[816] ニュルブルクリンクのサーキットに比べると観客の数は三分の一程度でしかなかったが、ポーのほうがコースが短い分、密度は同じくらいだった。練習走行のときに比べ暑さが和らいだこの日は、理想的なレース日和だった。

一方、ピットは活気に満ちていた。クルーは、ガレージから運んできたマシンを点検していた。彼らは、タイヤのタワーを積み上げ、燃料のドラム缶を転がし、燃料補給装置を装備し、ツールボックスをセットした。すべてはドライバーが到着する前に行われた。手術の前の外科医のように、彼らは必要な物資や工具をすべて所定の場所に配置した。それぞれのマシンにはそれぞれのスロットが与えられ、ドライバーの名前の書かれたプレートが屋根のないパドックの横に掲げられていた。

ほとんどのドライバーは、お守りを身に着けたり、縁起をかついで特定の儀式のようなことをしていた。ルディはレアのステーキを食べ、白いシルクのオーバーオールに黒いベルトをした。そして最も重要なのは、ベイビーが彼の〝聖遺物〟になぞらえた、古く油で汚れたレーシングシューズを履くことだった。[817] チームメイトのラングは、ピットに蹄鉄を打ちつけて飾っていた。[818] ヌヴォラーリはレースには参加しなかったが、参加していたら、トレードマーク黄色のジャージに身を包み、金のべっ甲のネックレスをしていただろう。

オテル・ド・フランスの部屋で、ルネは自身の儀式を行っていた。[819] 彼は結婚指輪と時計をはずし、レースの後にまた身につけるために、ベッドサイドに置いた。これらをはずすことは、今日死ぬかもしれないということを確認するためだった。靴紐を三重に結び、ペダルに引っかかるのを防ぐために、紐の端を切り落とした。彼は集中して、必要のないものをすべて排除した。いよいよ出発のときだ。

グランドスタンドの近くでは、拡声器から音楽が流れ、すでに熱気に包まれた観衆をさらに興奮させていた。[820]オフィシャルがスタートラインを行ったり来たりしていた。タイムキーパーは時計を再確認していた。憲兵がよりよい場所を求める群衆を押しのけている。多くのジャーナリストがチームにインタビューをしようとし、カメラマンがピットの中を動きまわっていた。ラジオアナウンサーも放送の準備をしていた。参加者の国旗だけが、風のない午後に力なく垂れさがっていた。

コース上では、メカニックやドライバー自らがマシンを温めていた。鋭いエンジン音がこれから始まることを予感させていた。排気ガスを噴き出しながら、ピットに戻ってくると、クルーが最後のチェックを行い、ボンネットに分厚い毛布をかけて、エンジンが冷えないようにしていた。

予定されていた九台のうちの一台が欠場していた。[821]シルバーアローのうちの一台だった。メルセデスのメカニックは、ラングのマシンのエンジンを交換し、問題なく作動すると考えたが、スタート時間の午後二時の一時間前の最終チェックで、ウーレンハウトがオイル循環ポンプに問題があることを発見したのだった。スタートまでに修理することは不可能だった。ノイバウアーはレースディレクターのシャルル・ファルーにリタイアを伝えた。

出場者は、当初の一六台から半分になっていた。[822]練習走行を見たり、相次ぐ新聞の報道を読んで内情に通じている者にとっては、ポーグランプリは二頭立てのマッチレースになるだろうと思われた。

ドレフュス 対 カラッツィオラ

ドライエ 対 メルセデス

フランス 対 ドイツ

ヌヴォラーリもラングもリタイアし、練習走行で二人のラップタイムに迫るドライバーは一人もいなかった。主催者であるACBBにとって、これは災難だった。だが、他の多くの者にとっては、壮大な決闘となる可能性を秘めていた。

やっと、すべてのドライバーがコースに姿を現した。サインを求める人々が、赤と白のレースプログラムを手に、注意を引こうと叫んでいた。レースの後になればその時間もあることだろう。

ドライエのピットでは、ジャン・フランソワとルネが戦略を再確認していた。[823]ルディが給油を必要とするまで、彼に張りつき、その後、リードを奪ったら決して譲らないこと。ローリーはルネを脇へ連れて行くと、ルーシーが会った占い師の話をして、前日の夜に彼らが面白がっていた理由を話した。[824]ローリーは、すでに神経をすり減らしているルネをさらに不安にさせると思って、このことをルネに話すまいと思っていたが、秘密にすべきではないと思い直して話すことにしたのだった。自分の勝利の予言を聞いたルネは皮肉っぽく言った。「そのことを、ルディのところに行って伝えてきてくれ」

ルディはピットでベイビーの隣に立っていた。[825]ベイビーは彼女が編んだセーターを着せたペットの猿のアナトールを抱いていた。この小さないたずらっ子は、ルディのもう一つのラッキーアイテムだった。

ルディは、ノイバウアーと戦略を話し合う必要はなかった。スタートからロケットのように飛び出し、途中で燃料を補給しても、ルネが追いつくことができないまでに差を広げるつもりだった。

あっという間に午後二時が近づき、トランペットバンドがこの地方の伝統的な音楽を演奏した。[826]そのメロディに合わせて、メカニックがマシンをピットから押し出し、グランドスタンドの前、およそ九〇メートルの位置にあるスターティンググリッドへと進めた。コース上の白いマークがマシンの位置する場所を示していた。ルディのメルセデスは、左のフロントロー、ルネのドライエはその右だった。彼らの後ろに残りのマシンが並んだ。

夏用のスーツに薄手の帽子をかぶったファルーは、八名のドライバーを呼んで、円陣を作らせ、マーシャルが青い旗を振ったらコースを譲ることをはじめとするルールの説明をした。もっとも説明を受ける必要があったのは、ルーキーのトランティニアンだけだった。

ブリーフィングが終わると、ドライバーたちはピット内でうろうろしていた。[827]クルーは世間話で気を紛らせようとしていたが無駄だった。スタートが近づくにつれ、レース以外のことを考えることはできなかった。ひっきりなしに煙草を吸うドライバーもいれば、何度も何度も手袋を調整するドライバー、一〇回もゴーグルを拭くドライバーもいた。じっとしている者は一人もいなかった。

「五分だ」とファルーが叫んだ。「乗車！」[828]

ルディはゆっくりとメルセデスに向かった。[829]五年前のモナコでの事故以来、まだ足を引きずっていた。首の周りには道路の粉塵が入り込むのを防ぐための水玉模様のスカーフがオーバーオールの上にしっかりと巻かれていた。

まぶしい太陽の下、サングラスをしていたルネは、新しいゴーグル――同じゴーグルを二度と使うことはなかった――を磨きながら自分のマシンに向かった。頭にはリネンのキャップをかぶり、なめし革の手袋をはめると、ゴーグルを頭に装着した。

ルネとルディがコックピットに収まると、妻たちはストップウォッチを用意してピットから彼らを見守った。ベイビーは、レースの前の数秒間についてかつてこう記していた。「私の目は涙でいっぱいだ。恐ろしい瞬間が過ぎていき、奇跡によってこの愚行を止めてくださいと全能の神に祈りたくなる」[830]

グランドスタンドでは、拡声器からの音が消え、静寂が観衆を包んだ。[831]今や、全員が立ち上がり、マシンを見つめてただひたすら待っていた。

スターティンググリッドで、ルネはルディを見た。ドイツ人ドライバーは視線を返した。他のドライバーたちもそれぞれ視線を交わしていた。ニヤッと笑う者もいれば、石のように無表情の者もいた。

そして一台のマシンが雷鳴のようにエンジン音を響かせた。さらに二台。そして八台すべてが。空気が震えているようだった。エンジンの騒々しいビート音は、近くにいる全員の胸の鼓動と一体となっていた。コースからメカニックとリボンをつけたオフィシャルがいなくなると、ドライバーたちはアクセルペダルを軽く踏み、ビートを加速させた。空気中に排気ガスが充満し、ある記者は、「機械油のにおいが、靴クリームや缶詰のパイナップルを想像させた」と記していた。[832]

ルディはギアレベル、タコメーター、フットペダル、バックミラーを再確認した。[833] すべて問題なし。彼は不自由な足をさすった。サーキットを一〇〇周もすれば、痛みが襲ってくるだろう。

ルネはコックピットにまっすぐ座り、板のように背を伸ばして緊張していた。視線をファルーに集中させた。スターティンググリッドの右前方に立っていたファルーが腕時計を見た。時間だ。彼はトリコロールのフラッグを手にすると、もう片方の手を上げて秒読みに入った。

ルネはギアシフトを握りしめ、エンジンをふかした。ドライエのエンジンが脈打ち、耳障りな音が沸き起こる交響曲の最終楽章のように響いていた。

５……４……３……２……１！[834] 観客たちが前方に揺れ、スタート地点のほうに首を伸ばす中、ファルーがフラッグを振り下ろした。ルネがクラッチを離すと、ドライエは開いたケージから自

MERCEDES-BENZ CLASSIC

1938年ポーグランプリのスタート

由になった猫のように、前方に飛び出した。ルディはさらに速く飛び出していた。シルバーアローのタイヤが道路に平行な黒い痕跡を残した。焼けたゴムのにおいと埃を残して走り去っていった。

他の六台も一団となり、甲高い音を立てて続いた。

ルネは素早くシフトチェンジした。タコメーターの針が急上昇しては、急降下を繰り返した。彼はボワ・ルイ通り（ガストン・ラクスト通り）に入り、グランドスタンドの最初のセクションを通過した。

ピット脇のわずかにカーブしている部分に差し掛かった時点で、ルディは二台分ほど先行していた。ルディはコースを横切るように角度をつけてルネに抜かれないようにした。短いストレートがいくつか続き、ヴィラージュ・ド・ラ・ガールの急カーブを、ルネは右の縁石にくっつくようにして回った。

コーナーを出るとき、ドライエのテールがふらついたが、ルネは何とか持ち直し、アクセルを踏んで、長く狭いレオン・セ通りの坂を上った。空気が押し寄せ、頭がシートに押しつけられた。

ルディが先行し、その優れたパワーで上り坂を駆け上がっていく。左手には、シュロが点在するくさびの形をした丘の中腹にしがみつくようにして、多くの観客が序盤のドラマを見守っていた。その上には、遊歩道の縁からこぼれ落ちるようにして見守る人々の群れがいた。淡い色の夏服と帽子に身を包んだ彼らは、ドライバーからはぼんやりとした白にしか見えなかった。

ルディとルネは他のドライバーを引き離してあっという間に坂を上った。そして通りにかかる遊歩道の黒い錬鉄製の歩道橋の下を通り過ぎた。幸運にもこの歩道橋の上に場所を確保できた観客が、震えるような音を轟かせながら足元を通過して行くレースカーを見ていた。通りはピレネー大通りを支える石造りのアーチへと続いている。ルディがポン・オスカル遊歩道の下を通る左へアピンカーブに最初に入った。カーブに入るときのスピードは車輪が道路から飛び出しそうなほどだった。

ルネは彼に続いて、実質上短いトンネルと言ってもよい、このカーブに入った。一瞬だけ暗闇に眼をなじませたが、すぐに刺すような陽光の中に再び飛び出した。すでにレース序盤の緊張は収まっていた。コースは上り坂が続き、短いコーナーを回ったところで、素早くギアチェンジをした。甲高いエンジン音が通りの石造りの建物に反響した。

スピードを上げようとするとほぼ同時に、彼は、ルイ＝バルトー高校の堂々とした校舎の前でブレーキをかける準備をした。このカーブはヘアピンのような急カーブだったため、ドライバーは、ほとんど這うようなスピードで通過しなければならなかった。ルディがカーブを抜けるとき、シルバーアローは、ある記者が〝麻痺するようなホイールスピン〟と呼ぶ状態に陥った[835]。ルネはルディに、テール・トゥ・ノーズで走っていた。ルディがギアシフトをミスするだけで、ドライエは彼の後部に突っ込んでしまうだろう。

ルディのメルセデスは、ツール・デュ・パルク・ボーモンの周りの道路をUの字を描くように駆け抜けていった。コースの中では比較的平坦なこの部分は、木の柵に隔てられて大勢の観客であふれかえっていた。その後、二人のドライバーは、カジノ――二つの尖塔を有する巨大なクリーム色の建物――の前を通り過ぎた。さらに藁でできた俵が並ぶループ状のカーブを轟音とともに駆け抜けた。いつもは公園の端にある人造湖の白鳥も、この日ばかりは賢明にもその場所を明け渡していた。

公園を通るコースの後半部分は、左右のシケインが特徴的で、マシンはテールをジグザグに振るようにして通過した。この区間は、一九一八年に第一次世界大戦を終結させた連合国軍の司令官フェルディナン・フォッシュ元帥の堂々たる像に見守られていた。このフランスの将軍は先頭を走るドイツ人ドライバーを見ても、瞬き一つしなかった。

ルディはあっという間に坂を駆け下りていった。ルネは、自分が通過しようとしている傾斜のあるコーナーだけでなく、常に変化するコースで次に取らなければならない動きを考えながら、何とか離されずについて行こうとしていた。そういった意味では、レースドライバーはビリヤードのプレイヤーに似てなくもなかった。[836] ショットを打ちながら、同時に次のショット、さらに次のショットを組み立てるのだ。

ルネは、ヴィラージュ・デュ・ビソンまでの下り坂の終わりのあたりに並ぶ家々に沿って、ルディを追ってジェネラル・ポエミロー通りを走った。[837] 二人が急な坂を下ってヘアピンカーブを抜けるとき、一瞬、ルネとルディが反対方向に進んでいるかのように見えた。その後、彼らはギアをシフトダウンし、シケインをゆっくりと抜けると、再びスピードを上げた。

コースは決してまっすぐになることはなく、また非常に狭かったので、ルネはわずかなミスでもタイヤが縁石に触れ、ドライエを石の壁に激突させることを知っていた。彼は無傷でシケインを抜け、このコースで最も長い直線、ボワ・ルイ通りに入った。時速一〇〇マイル（約一六〇キロメートル）に達する頃には、轟音を上げてスタート地点に向かう並木道を走っていた。[838] ルディは約一八メートルのリードを取っていた。これはわずかな差だったが、ほとんどがフランス人で埋め尽くされたグランドスタンドの観衆は、その差に大いに落胆した。

ルディは一周目を一分五二秒で終え、ルネが一秒遅れで続いた。コモッティはチームキャプテンのルネが運転するマシンにはかなわなかったものの、九秒差の三位につけていた。他のドライバーは大きく引き離されていた。

残り九九周。

二周目もルディが先頭でサーキットを回り、ルネはこれにしっかりと続いた。

二台の車は時折、近づきすぎてほとんど触れそうになるほどだった。以前も経験していたように、ルネは、シルバーアローから噴き出すドイツの秘密の燃料の排気ガスのせいで、ゆっくりと麻酔をかけられるような気分になっていた。[839] 特に街中《まちなか》を走るポーのサーキットでは、排気ガスがこもりがちだった。それでもルネは、ウーレンハウトが練習走行でのW154のコーナリングの欠点を克服する奇策を考えついている場合に備えて、ルディにぴったりくっついて走っていたかった。

五周目が終わる頃には、ルネにはその答えがわかった。何も変わっていなかった。ルディはコーナーでのトラブルを抱えたままだった。ドイツのマシンのエンジンはこのコースにはパワーがありすぎたのだ。平均速度が五五・八マイル（約八九・八キロメートル）でしかなかったため、ナイフでの接近戦に大砲を持ち込んだようなものだったのだ。

七周目、ルネは追い越すことができるか試してみることにした。ヴィラージュ・デュ・リセを抜けて加速すると、シルバーアローに迫った。ルディのテールについて公園を回り、機会をうかがった。下り坂に入る広いカーブを抜けるとき、ルネが仕掛け、ルディのインをついて先頭に立った。近くにいた観客が狂ったような歓声を上げた。この知らせがスピーカーから伝えられると、グランドスタンドの観衆も大歓声を上げた。

Paris-soir
C'EST DREYFUS QUI, PILOTANT UNE VOITURE FRANÇAISE, A ENLEVÉ HIER LE GRAND PRIX DE PAU. VOICI DREYFUS, MENANT DEVANT SON RIVAL CARACCIOLA

ADATTO ARCHIVES

コーナーを回り、ルディ・カラツィオラをリードするルネ

ルネは、初めてトップを奪い、アクセルを踏みながら公園を回った。再び新鮮な空気を吸えたのが心地よかった。ドライエのブレーキはしっかりと利いていた。このコースに合わせて完璧に整備されたエンジンは、安定して動いていた。このレースで優勝できる可能性が出てきたと思い始めていた。ドイツの銀色の弾丸のようなマシンについていけることを証明してみせた。そして追い抜けることを証明してみせた。後は人生で最も重要なこのレースを走りきるだけだ。それができなければ、スイスの時計のように一定した状態を保ち、判断でもパフォーマンスでもめったにミスをしないルディ・カラツィオラにトップを奪われるだろう。

その後数周にわたって、ルネはトップをキープした。彼がグランドスタンド前を通過するたびに観衆は立ち上がって帽子を振った。バックミラーにずっとぼんやりと映っているシルバーアローは、まるで肉食動物のように彼を追いかけていた。ドイツのスターがミスを誘おうとしているか、ドライエに過剰な負担をかけさせようとしているのは間違いなかった。

ルネとルディは、周回遅れとなった他のライバルたちが障害となることにも対処しなければならなかった。イタリアのアントニオ・ネグロとディオスコリデ・ランツァが運転するマセラティのヴォワチュレットは、大苦戦を強いられていた。ネグロはすでに二回ピットインしており、一〇周目にはトップ二台に三回も抜かれていた。ブラインドコーナーの多い狭く曲がりくねったコースでは、こういった周回遅れの車は、どこからともなく現れる動く障害物となるため、非常に危険だった。

一二周目、ルディがルネの横に並び、ほとんどロックされたような状態で、互いに道を譲らず競り合って走った。まるで大勢の観客の前で戦う剣闘士のようだった。一五周目のラップを終え、直線を走るルネは、四速に入れたいと思いながらも安定したペースをキープすることにした。スピードの出しすぎは死につながりかねなかった。ルディはこのチャンスを見逃さず、ルネのドライエを追い抜き、すぐに周回遅れのコモッティに追いついた。

失望のうめき声がスタンドを覆う一方で、メルセデスのピットからは歓声が上がった。直線では彼らの優位性に勝る者はいなかった。ルディは、このままフランスの成り上がり者を永遠に置き去りにするつもりのように見えた。

ヴィラージュ・ド・ラ・ガールで、スーパーチャージャーによるバンシーのような叫び声が観衆を切り裂く中、ルディが坂道を駆け上がり、すぐにリードを広げていった。ルディが勝負に出たことは間違いなかった。ホイールスピンも関係なかった。一六周目の終わり、彼はボワ・ルイ通りを駆け下りた。タイムキーパーはストップウォッチを押し、そのタイムに驚いた。一分四七秒。コースレコードだった。

ドライエのクルーがボードで六秒遅れであることをルネに知らせた。ルネは、メルセデスのエンジン音がかすかにしか聞こえないことで、すでにかなり離されていることを知っていた。結局のところ、ルディはここまで手加減をしていたのかもしれなかった。ルネがグランドスタンド前を通過したときには、シルバーアローはすでにレオン・セ通りを駆け上がっていた。ルネがライバルから一周あたり一秒遅れれば、メルセデスが給油する必要があったとしても、レースはこのまま終わってしまうだろう。一周あたり二秒でも遅れたなら、ルディはルネを完全に周回遅れにしてしまうだろう。

ルネはその差を埋めようと必死になった。だが、二〇周目に入ってもルディは五秒のリードを保ち、一分四九秒のペースを維持していた。三番手にはコモッティ、トランティニアンが四番手、その後にマセラティのラフが続いた。彼らは皆、周回遅れとなっていた。ブガッティのイヴ・マトラは二度もトップに抜かれていた。マセラティは明らかに力不足で、すでにリタイアしていた。

予想どおり、ポーグランプリは、メルセデスと一〇〇万フランを獲得したドライエとの一騎打ち

MERCEDES-BENZ CLASSIC

大きなリードを奪いポーの坂道を轟音とともに駆け上がるルディ

となり、ドイツのマシンが戦いを優位に進めていた。

その後の五周で、ルディはさらにリードを広げ、ルネが恐れていたように平均一秒の差をつけていた。ルディが自分のペースを維持する一方で、ルネはペースを維持するのにやっきになっていた。シルバーアローがまったく見えなくなることもしばしばで、ピットを通過してシグナルボードでその差を確認するまでどれだけ離されているのかもわからなかった。一時、ルネは四〇〇ヤード（約三六五メートル）以上離され、ドイツチームは大きな喜びに包まれた。三〇周目を終え、レースが始まって一時間が経過した頃、ルディはさらに一秒ドライエとのリードを広げた。ルディのリードは圧倒的だったが、まだ決定的とは言えなかった。中間地点で給油をする必要があったからだ。その利点を利用するためには、ルネは、クラッシュは言うまでもなく、マシントラブル――オイルラインの損傷、パイプのひび割れ、ブレーキドラムの故障など――も避けなければならなかった。

シフトチェンジやブレーキ、アクセル、ステアリングの急速な切り替え、急激な減速など、このコースは拷問のようなルーティンをマシンに要求した。マシンだけではなく、ドライバーにとってもさらに厳しい要求をした。一瞬でも集中力が途切れると、大惨事につながった。どちらかが勝利を手にするまで、両者にはまだ長い戦いが待っていた。

グランドスタンドの向かいのプレスボックスでは、メルセデスの広報担当のカール・クドルファーがシュトゥットガルトに電話をかけていた。ラングが欠場した理由とレースの状況を詳しく説明した後、「カラツィオラとドレフュスが他を大きく引き離してトップを争っている。結果についてはまだ何も言えない」と最後に言った。[840]

カンヌでは、ルーシーもラジオからレースの様子を聞いていたが、占い師の予言に対する信頼が揺らぐことはなかった。ルーシーの自信は固かった。

ヨーロッパをはじめとする世界中のモータースポーツファンが自宅や地元のバーのラジオの周りに集まり、二人の戦いの行方にワクワクしていた。その中には、車好きの一四歳のユダヤ人少年、ジョン・ワイツの姿もあった。[841] 彼は、安全に勉強をするために両親によってベルリンから送り出され、ロンドンで暮らしていた。彼もドレフュスという名のドライバーを応援していた多くの人々の中の一人だった。

ルネのグランプリでのキャリアを通じ、レース愛好家たちは彼のことを知性や技術、忍耐力、そして戦術的な洞察力を用いて運転するタイプの〝科学的なドライバー〟と見ていた。[842] また彼がマシンを限界まで追い込むことはほとんどなく、特に一九三二年にコマンジュで死の淵から生還した後は、大きなリスクを避けることで知られていた。

三一周目に入ったルネはルディを猛烈なスピードで追い、皆を驚かせた。選択肢はなかった。このまま遅れを取れば、レースは終わってしまう。彼は追撃を開始した。その白熱する一挙手一投足に歓声が上がった。

炎のように坂道を駆け上がり、ポン・オスカルへ向かい、交差橋をくぐる急カーブを回る。

もっと速く。

リセ・ルイ・バルトーのヘアピンカーブの前でブレーキをかける。

もっと速く。

ボーモン公園の長いスプーンターンではアクセルを踏み続ける。

もっと速く。

フォッシュ元帥像の前のシケインを素早いハンドルさばきで通過する。

もっと速く。

ジェネラル・ポエミロー通りのカーブした下り坂をアクセル全開で抜ける。

もっと速く。

ヴィラージュ・デュ・ビゾンのヘアピンカーブをぎりぎりまで攻める。

もっと速く。

ボワ・ルイ通りに向かう曲がりくねった下り坂に全開で飛び込む。

もっと速く。

スタート地点のストレートに突入する。シフトアップする。

もっと速く。

その情け容赦ない追撃は、観客やジャーナリストを魅了した。ルネはこのチャージで一秒もあった差をほぼ半分まで縮めた。新たに更新されたコースレコードにも迫る勢いだった。グランドスタンド前を通るとき、ルネはシュシュとベイビーをちらっと見た。二人は鉄道の駅のカーブ近くの丘の上に陣取っていた。芝生の上に座ったシュシュは興奮しているようだった。それまではパナマ帽をかぶって笑顔だったベイビーは、厳しい表情をしていた。

その後の九周で、ルディはルネを再び振り払おうとした。ピットを通過するたびに、ノイバウアーが、サーキットの端に立ち、赤と黒の旗を必死に振って、ドライバーにスピードを上げるように指示していた。

二台のマシンの距離は一進一退を繰り返した。ルディが直線でリードを広げると、ルネはコーナーでこれを縮める。まるでバネでつながれていて、互いに離れることができないかのようだった。

四〇周目、ルネは見事なドライビングテクニックで、シルバーアローにわずか三秒まで迫っていた。三位のコモッティは二周遅れで周回を重ねていた。最後尾は、マセラティを駆るランツァで、一三周も周回遅れになっていた。

ルディが四二周目に入ると、ピットクルーがスピードを上げるよう合図を送り続けていた。顔を真っ赤にしたノイバウアーは、スティックが折れんばかりにフラッグを振り続けていた。彼らは、メルセデスのマシンが、ピットへの進入と退出にかかる秒数を除いても、給油に少なくとも三〇秒は必要なことを知っていた。レースは中盤に差し掛かっていた。そしてメルセデスは、必要としていたのとはほど遠い、わずかなリードしか保っていなかった。

ルディはもはやなす術《すべ》がないと感じていた。特にコーナーの出口では、今や路面が他のマシンのオイルやゴムで汚れているせいで、ホイールがスピンしてしまっていた。直線ではマシンの圧倒的なパワーを最大限に引き出すことができなかった。シフトチェンジとブレーキングで腰が痛くなり、ふくらはぎは排気管で焼かれているように感じた。三速より上にシフトすることができなかった。このレースに勝たなければならない。帝国のために。負けることは許されなかった。[843]

ルディは再びリードを広げようとした。

ルネはコーナーごとに執拗に彼を追い詰めた。メルセデスを追い抜く必要はなかった。ピットインしてくれればよかったのだ。五〇周目までに、ルネは有毒な排気ガスを浴びなくてすむわずか数秒の距離まで迫っていた。彼はコース上を見事なコントロールとリズムで走っていた。自信に満ちあふれた走りだった。

ルディはルネを引き離そうとしたが、ルネは負けなかった。

五二周目、ついにルディがピットインし、ドライエがトップに躍り出た。グランドスタンドから大歓声が沸き起こった。

ブレーキ音とともに、ルディはマシンを止めた。クルーがすぐに給油に取り掛かった。ルディはハンドルをはずして、コックピットから出た。ノイバウアーはすぐに彼のそばに行き、マシンのパフォーマンスについて尋ねた。しかし、ルディはラングに交代するよう求めた。ここまでだった。このコースは彼の足には厳しすぎた。ふくらはぎが焼けるように熱かった。三速までは勝負にならなかった。これ以上レースを続けることはできなかった。

メルセデスのピットはパニックに陥った。ラングはピットにいたが、普段着のままだった。ルール上、交代は認められたが、ルディがレースをあきらめることはめったになかったため、ラングが出場の準備をする理由がなかったのだ。ノイバウアーの説得もルディの決心を変えることはできなかった。ラングはあわててレース用のオーバーオールに身を包んだ。コックピットに乗り込む間に、メルセデスの給油は完了していた。ラングはキャップとゴーグルをつけてコースに飛び出した。一分以上が経過していた。

ルネがピットの前を通過したとき、ラップボードはかなりのリードがあることを示していた。

〝一分九秒……ヘルマン・ラング〟と表示されていた。ルディはリタイアしたのだ。ルネにはその理由がわかった。フランスのマシンに負けることに耐えられなかったのだ。ましてやルネ・ドレフュスの運転するマシンに、そしてその名字が意味するものに負けることに耐えられなかったのだ。ルディは反ユダヤ主義者ではなかったかもしれない。だがルディにはわかっていたのだ。ユダヤ人ドライバーに敗れることでナチスは自分たちのチャンピオンに幻滅するだろうということを。

ドライバーが交代したことに一層刺激され、ルネはこれまで以上に激しくマシンを駆った。レースはまだ半分しか終わっていなかった。前の年、ラングはトリポリとアヴスで経験豊富なチームメイトを抑えて優勝していた。彼は勇敢なドライバーであり、特に重要だったのは、彼の手足も集中力もフレッシュな状態だということだった。しかし、ルネは一時間半もの間、心身を疲労させるコースを走り続け、それぞれのラップでいかに素早くブレーキを踏むか、いつシフトチェンジをするか、どんな角度でコーナーに入るかを計算し尽くしていた。汗が額にたまり、胸と太ももも濡れていた。

レオン・セ通りを上り、交差橋をくぐって、ヴィラージュ・デュ・リセへ入る。ルネは少しでもシャープなラインを取りに行き、素早いギアシフトで数百分の一秒を稼いだ。ボーモン公園を通過するとき、同胞たちの歓声が彼を後押しした。公園を回る長いカーブの後、素早く右、左、右とハンドルを切りながらシケインを抜けた。あるところではブレーキをわずかに躊躇し、あるところではさらにアクセルを踏んだ。もっと速く。そして下り坂を駆け下りる。ほとんど考える必要はなかった。コースを走ること――そして手と足を計算し尽くしたように動かすこと――は、もはや習慣となっていた。ヴィラージュ・デュ・ビソンを抜け、次のシケインをタップダンスを踊るように抜けると、スタートに向かう直線を駆け抜けた。

六〇周目には自己記録を更新し、ラングとの差を一分二〇秒に広げた。レースのこの段階では、ラングがルネに追いつくには、一周ごとに二秒ずつタイムを縮めなければならなかった。ロト誌の記者は、「ルネが勝利を逃がす可能性はほとんどない」と予測した。[844]

メルセデスのクドルファーは、次にシュトゥットガルトに電話をしたとき、同様のメッセージを伝えた。「ドライエがこのままのペースで走った場合、ラングが追いつけるかどうかは疑問だ」[845]

観客の大歓声と、フランスの放送局のアナウンサーが興奮気味に発するスタッカートのようなコメントが耳に飛び込んできた。ルネはまさに輝いていた。勝利は確実なように見えた。カンヌでルーシーが大声で叫ぶ姿が想像できた。

ルネは激しいペースを維持し、ラングに限界までプレッシャーをかけた。ラングもそれに応えようとしたが、コース上の他のドライバー――そのうちの二台は一二周以上周回遅れとなっていた――にイライラを募らせていた。

六五周目には、ルネは一分二七秒までリードを広げていた。

驚いたことに、ラングがピットインした。彼はルディと同じように、ギアボックスの不調を訴えたが、メカニックははっきりとした原因を見つけることができなかった。

ルネはピットの前を通過し、次のラップに入っていた。

ノイバウアーはラングにコースに戻るよう命じた。メルセデスはリタイアするつもりはなかった。シルバーアローがコースに戻ったとき、ルネのリードは三分となっていた。大きくリードされていたにもかかわらず、ラングは臆することなく攻めた。シフトトラブルに悩まされていたが、克服できると確信していた。ピットを飛び出した直後のラップではルディが記録したタイムを上回る勢いだった。

ルネは少しペースを落とした。レースは彼のものになった。このままドライエを走らせるんだ。あらゆるコーナー、あらゆる直線を、このままで。

七四周目、ラングは周回遅れのままだったが、一八秒縮め、二分四二秒差となっていた。その後の六周でさらに一〇秒、差を縮めた。観客の中にはラングが追いつくのではないかと心配する声も上がっていた。ルネとドライエは持ちこたえることができるのだろうか?

サーキットを周回するたびに、ルネは少しずつペースを落としていった。ピットの前を通過するたびに、リードタイムを読み取っていた。勝利の舞台は整った。後は最後まで自分の役割を果たすだけだ。規律と鋭い集中力。自分とドライエが一体となり、心が一つになって進んでいる感じがした。

八五周目——二分二二秒のリード。

八九周目——二分一四秒。

九五周目——一分五九秒。

残り五周。ルネはすでに勝利を味わっていた。グランドスタンドを通過するたびに、観衆は声援とエネルギーで躍動していた。

ラングは差を縮め続けていたが、その差はあまりにも大きかった。最終ラップ、ルネが再び加速した。丘を登り、ポン・オスカル遊歩道の下のコーナーを回る。リセのヘアピンを抜けると、一周遅れだったが、ラングが後方に迫ってきた。チームメイトがやっていたように、ルネのミスを誘おうとしているのは間違いなかった。だが、ルネは相手にしなかった。最後の直線に入ると、ラングがルネを抜き去っていった。が、もはや遅かった。

ルネがゴールに向かうにつれ、ドライエのエンジンが耳をつんざくような音を上げた。ファルーが両手を頭上に上げて、ゴールラインの脇に立っていた。右手に持ったチェッカーフラッグを歓喜とともに振り下ろした。ルネ・ドレフュスはフィニッシュした。ピットで止まると、グランドスタンドのゲートやコース周辺のバリケードが破られ、興奮した観衆の波がドライエとドライバーを取り囲んだ。

ルネはゴーグルを下ろして、首にかけた。三時間八分五九秒の間、顔に貼りついていた険しい決意の表情が微笑みに変わった。レースは終わった。ポーグランプリのレースレコードを樹立していた。さらに、一分五一秒という圧倒的な差をつけてメルセデスを破ったのだ。

ドライエのボンネットの上には花束が置かれ、クルーがルネにシャンパンのボトルを手渡した。シートの上に立つと、自らの――そしてチームの――勝利を祝ってシャンパンを飲んだ。バンドが彼の母国の国歌であり、鬨の声でもある、「ラ・マルセイエーズ」の演奏を始めた。観衆は激しい感情を込めて歌い上げた。

立ち上がれ、祖国の子らよ
栄光の日が来た！
我らに向けて、暴君の
血まみれの旗が掲げられた！

エピローグ

松明の明かりに照らされたパレードがベルリンとウィーンの通りを練り歩いた。国民投票の結果が告げられた。賛成派が九九対一の大差で勝利した。大ゲルマン帝国が〝国民〟によって承認され、ヒトラーはその結果を「私のあらゆる予想を上回るものだった。私にとって、人生の中で最も誇りに思う瞬間である」とラジオで宣言した。[846] オーストリアの首都郊外では、巨大なかぎ十字の形をした炎が、世界に対し警告を発するように燃えていた。

同じ日の夜、ポーでは、ルネがパレ・ボーモンで自らの勝利を祝っていた。[847] 彼の栄光を称えるために素晴らしいディナーパーティーが催され、シャンパンとスピーチの後、大広間のシャンデリアの下でダンスが繰り広げられた。人々が祝福のことばをかけると、ルネは〝適切なとき、適切なドライバー、適切なマシン〟がそろった結果だと謙虚に答えた。[848]

一方でフランスのマスコミは決して控えめとは言えなかった。シャルル・ファルーは勝利について記した記事の中で、自分を抑えることができなかった。「メルセデス・ベンツのような強大なライバルを打ち倒したドライエを称賛してもし尽くすことはできない……これは復活の幕開けとなるのか？」[849]パリ・ソワール紙の論説は、「ルネ・ドレフュスとドライエがポーで達成した成功は、フランススポーツ界の復活を示すものである」とファルーの問いに答えた。[850]新聞の見出しも同じように勝利を祝った。「素晴らしきフランスの勝利！」とフィガロは報じ、ロト誌は「議論の余地のない、まがうことなき勝利だ！」と称賛した。[851]

イギリスとアメリカのマスコミも勝利に称賛を贈った。「新しいフォーミュラで行われた最初のレースであるポーグランプリで、何かセンセーショナルな出来事が起きた」とモーター誌は報じた。[852]「ドライエは、その一二気筒車とドレフュスのような一流のドライバーの手によって、メルセデスを正々堂々と打ち負かしたことを誇りに思うに違いない」

またモータースポーツ誌は次のように報じた。「新たなフォーミュラの下で行われた最初のレースは、大方の予想に反して、スーパーチャージャーなしの四・五リッターのマシンが勝利を収め、何千人ものフランス人はことばでは言い表せないほどの歓喜に包まれた。彼らは、同胞であり、クールで冷静、そしてどんなときでも穏やかなルネ・ドレフュスを祝福するためにコースに押し寄せた」[853]

オテル・ド・フランスでは、クドルファーとダイムラー・ベンツの広報チームがこの無残な敗戦をどう解釈するかを考えるために遅くまで議論を重ねていた。彼らは、ポーグランプリの重要性が低いことを強調し、〝ドレスリハーサル〟であると繰り返した。[854]その一方で、W154が最速のラップタイムを記録したこと、あくまでも給油が必要だったために敗れたと強調した。

ドイツの新聞は、そのプレスリリースそのままに、シルバーアローが〝完璧〟であり、ポーグランプリは〝地方レース〟にすぎず、今後の重要なレースにおいてメルセデスがトップに立つことは間違いないと報じた。それでも、そういったプロパガンダ活動もドライエの勝利が〝文句のつけようのない〟ものであったことを否定することはできなかった。ノイバウアーとルディはこの敗北を割り引いて考えていたが、メルセデスのドライバー、リチャード・シーマンは、これを〝惨めな敗北〟と呼んだ。[855]ハンスとポーラのスタック夫妻は、ルネに電報を送った。そこにはただ〝ファンタスティック〟とだけ書かれていた。[856]

二週間後、ルネは二戦連続でグランプリを制した。[857]アイルランドのコークの西にある六マイルのロードサーキットで、ギアボックスから漏れた熱いオイルを浴びながらも、猛烈なペースでレースを進め、ブガッティとマセラティを運転するジャン＝ピエール・ウィミーユやタイのビラ王子を破った。この日、ドイツ車は参戦していなかった。

エキュリー・ブルーにとっては申し分のないシーズンのスタートとなった。オートカー誌は、「新しいフォーミュラでの初年度のレースは、これまでに二戦が行われ、いずれもフランス、いずれもドライエが勝利した！」と記した。[858]

ジャン・フランソワは、すぐにドライエ１５５――１４５のパフォーマンスを受け継ぐシングルシーターのマシン――を納入することを約束した。[859] ルーシー・シェルは、ユダヤ教徒がゆえに最近フランスへ逃がれてきたオーストリア人エンジニアを二名雇い、新たなマシンに搭載される一二気筒エンジンのパワー強化にあたらせた。

また彼女は、スポーツ誌に辛らつな手紙を送り、編集者に事実を正しく把握させるためには、月々の広告にいくら払えばよいのかと問いただした。「いつもエキュリー・ブルーはドライエとイコールだと思われがちです。それは正しくありません。私が率いているかぎり、このチームは私の絶対的な財産であり、あらゆる面で独立した存在です」彼女は、今後は〝ルーシー・シェルのエキュリー・ブルー〟と言及するよう求めた。[860]

これはレース基金《フォン・ド・コース》が資金をすべてタルボに配分すると決定したのと同じ時期のことだった。この決定にワイフェンバックは激怒し、ルーシーも彼以上に激怒した。今や有名になったドライエだったが、この決定を受けて、ルーシーは、フランスグランプリに参戦しないと発表した。「覚えておいてください」とルーシーはＡＣＦに手紙をしたためた。[861]「この決定をくつがえすことができるのは我々だけだということを」彼女はグランプリの頂点を目指して戦ってきた。名声が欲しかった。そしてサポートが欲しかった。悲しいことに、どちらも受け取ることができなかったが、それでもその成功は彼女自身のものだった。

コークの次はトリポリグランプリだった。[862] ルネはメラハのサーキットを一周しただけですでにわかっていたことを確認した。二〇〇馬力近いアドバンテージを持つドイツ勢に対し、彼のドライエは、直線の長いこのコースでは勝てるチャンスはなかった。その日は、メルセデスが一位から三位までを独占し、ルネは大きく離された七位だった。レース後、彼のマシンは、燃えるように熱くなっていた。

一九三八年の残りのシーズンを通して、メルセデスは圧倒的な強さを見せつけた。ヌヴォラーリを起用したことで、アウトウニオンはドニントングランプリとイタリアグランプリを制したが、それ以外のフランスグランプリ、ドイツグランプリ、スイスグランプリはメルセデスが制した。ドライエは期待に応えることはできず、ルネとエキュリー・ブルーが、メルセデスとアウトウニオンのスーパーチャージャー付エンジンの圧倒的なパワーに伍して戦うことはなかった。それでも、二つのグランプリの勝利――一つはドイツ車が出場していないレースだったが――、ミッレミリアでの四位入賞、ラ・テュルビーの優勝により、ルネはフランスチャンピオンに輝いた。なかでもポーグランプリの勝利は最高の功績であり、ルーシーの考えていたとおり、無敵のシルバーアローを破る一撃となった。

この象徴的な勝利は、ルネ自身にとっても、世界にとっても重要なものだった。ジョン・ワイツは少年時代、ロンドンからラジオでこのレースの模様を聞き、大きな誇りを感じたことを忘れることはなかった。後にアメリカで起業家として成功し、アマチュアのレースカー・ドライバー、カーデザイナーとしても活躍したワイツにしてみれば、ルネは、ユダヤ人にとって〝神のつかわした復讐者〃にほかならなかった。[863] 一九三八年一一月、ナチスはドイツ全土のユダヤ人コミュニティを破壊した。悪名高い〃水晶の夜《クリスタルナハト》〃である。組織的な暴動により、何百ものシナゴーグが放火され、何千もの店が破壊され、何万ものユダヤ人が強制収容所に入れられた。[864] 希望の兆しが強く求められていた。

一九三九年のグランプリシーズンが始まったとき、ルネは三四歳だったが、引退まで自分に残された時間は一年か二年だろうと考えていた。ワイフェンバックとは、セールスディレクターとしてドライエの一員になることについて話し合っていた。レースを通じて成し遂げた多くの成功は、ドライエに新しい活力を与えていた。145をベースにした量産モデルは、その年のパリサロンの話題を独占した。

ルネはシュシュと共に、ずっとパリで暮らすことを考えていた。最近婚約したばかりの兄のモーリスもパリにいて、兄弟二人は、いつかここで子どもたちを育てるのを楽しみにしていた。そんなことを考え始める時期になっていた。

エキュリー・ブルーの一九三九年シーズンにおける、ドライエ155による継続的な挑戦は、スタートからつまずいた。ルーシーもまたそれどころではなかった。[865] 前年の最後のレースを前に、モナコからパリに向かう途中で、ローリーが事故にあってしまったのだ。彼はその後も運転を続けたが、パリに着いてすぐにホテルにチェックインし、ルーシーに電話で無事を伝えた後に眠りについた。夜半すぎ、ベッドテーブルの上の何かを取ろうとして、体が動かないことに気づいた。事故によって半身不随になってしまったのだ。

チームが初めて参戦したのは、七月にランスで開催されたフランスグランプリだった。ルネは七位に終わった。その数日後、彼はドイツグランプリに向けて出発したが、スーツのポケットにフランス軍の召集令状を携えた不吉な旅となった。ドイツとの戦争はもはや避けられないものとなっていた。

ルネはニュルブルクリンクで行われたドイツグランプリで四位に入賞した。その後の晩餐会では、メルセデスの代表者が、はるかに強力なライバルを相手にしてレースで見せたルネのパフォーマンスを称え、「フランス万歳！」と言って乾杯した。[866] ドイツに入国して以来、彼自身はあらゆる敬意をもって迎えられてきたが、ナチスのユダヤ人に対する敵意がエスカレートしているのを見逃すことはできなかった。礼儀正しい作法であれば、グラスを上げて「ドイツに乾杯」と言うべきだった。しかし彼は座ったまま応えた。気詰まりな沈黙が流れた。

ドイツグランプリがドライエでのルネの最後のレースとなった。レース基金《フォン・ド・コース》の決定に腹を立て、我慢の限界に達していたルーシーがチームをマセラティに変更することを決めたのだった。八月二〇日に行われたスイスグランプリでは、メルセデスが再び一位から三位までを独占した。直列八気筒エンジンを搭載したマセラティに乗ったルネは周回遅れという結果に終わった。

九月一日、ナチスがポーランドに侵攻し、その直後、フランスがドイツに宣戦を布告し、世界は大混乱に陥った。それから一カ月も経たない頃、ルーシーとローリーがモナコの別荘からパリに戻る途中、運転手がハンドルを握る彼らの車がヴァンと衝突した。二人とも重傷を負い、ローリーは一カ月後に死亡した。[867]フランスの輸送部隊に所属していたルネ・ドレフュス伍長は、休暇を利用してブリュノワで行われた葬儀に参列した。[868]心に傷を負ったルーシーは病院に残り、最愛の夫であり、レースの相棒でもあったローリーの葬儀には出席しなかった。墓地で、ルネはシェル家の二人の息子、ハリーとフィリップを支えた。二人は今や立派な若者になっていた。

一九四〇年初め、ルネは母親を病気で亡くした。通夜の席でルーシーが、インディアナポリス500レースに出場するためにルネをアメリカに派遣する計画があることを伝えた。だが、ルネは軍が許可しないだろうと答えた。五月初旬、指揮官が彼を指令本部に呼び寄せた。最高司令部は、ルネにフランス代表としてアメリカのレースに参加するよう命令した。ルーシーはまたもや自分の思いどおりにしたのだった。

ルネはアメリカに同行するようにシュシュを説得したが、彼女は母親の世話をするためにフランスに残りたいと言った。二人の結婚生活に影が差し掛かっていたが、ルネにはその原因がわかっていなかった。

彼とハリー・シェル——やんちゃな一九歳の青年になっていた——が大西洋を横断している間に、ドイツが国境を越えてフランスに侵攻してきた。船上のルネになす術《すべ》はなく、新聞を読み、恐ろしい記事に震え上がることしかできなかった。アメリカでの日々は、エキサイティングな毎日だったが、フランスで起きていることを思うと、ほろ苦いものも感じていた。インディアナポリス500は、マセラティに乗って一〇位に終わった。雨天時には他の車を追い越してはならないなどのルールに困惑したため、レース戦略は失敗に終わった。ヨーロッパの状況は悪化の一途をたどっていた。ルネは帰国を希望したが、ルーシーとモーリスが次から次へと電報を送り、アメリカに留まるように促した。その後すぐにパリは陥落し、フランスはヒトラーに降伏した。軍を除隊してアメリカをさまよっていたルネは、英語も話せず、銀行口座も凍結されていた。ニューヨークで貧しい地下のアパートメントを見つけ、そこで暮らし始めたとき、シュシュがファシストのヴィシー政府の役人と不倫関係にあることを知った。シュシュは離婚を申し立てた。彼女が挙げた法律上の離婚の理由は、ルネがユダヤ人であるということだった。その後、フランスからの連絡は一切途絶えた。家族の生死さえもわからなかった。

やがてルネは、ニース出身の海軍士官をパートナーにニュージャージーでレストランを開いた。ルネは高級料理に精通しており、人脈にも恵まれていたため、レストランは、ヨーロッパから来た裕福な駐在員を中心に人気を集めた。会話はほとんどフランス語とイタリア語で通していたが、その分、ホームシックを強く感じていた。

日本軍による真珠湾攻撃の後、ルネはアメリカ陸軍に入隊した。サウスカロライナ州のフォート・ディックスで基礎訓練を受け、ようやく英語を習得した。また、米国籍も取得した。そしてついに一九四三年春、ドレフュス二等軍曹は戦地ヨーロッパへと旅立った。彼が乗った輸送船内の新聞は、有名人が乗っていることを歓迎し、「フランス人にとってのドレフュスは、アメリカ人にとってのベーブ・ルースのような存在である」と大々的に報じた。[869] モロッコでの短期間の滞在の後、彼は一九四三年九月の連合軍のイタリア本土侵攻に参加した。二〇〇台の輸送中隊を率い、サレルノの海岸に上陸した際には、ドイツ軍の猛烈な砲撃に耐えた。彼が目の当たりにした恐怖は、以降、心から離れることはなかった。

その後、昇進したルネは、ナポリ、ローマと移動し、捕虜となったイタリア兵の通訳を務めた。一九四四年八月、南フランスが解放されるとすぐに、ニースに向かう軍用機に乗り込んだ。兄と妹がヴィシー政権の下で生き延びているかを知りたくてしかたがなかったのだ。兄妹とは母親の葬儀以来、会っておらず、四年近く連絡も取れていなかった。

ルネは、妹スザンヌが最後に暮らしていた住所を訪れた。扉に近づくと、妹の存在を感じることができたと後に彼は語っている。二人は抱き合って涙を流した。感極まってしまい、ことばを交わすこともできなかった。スザンヌの夫が兄のモーリスを呼びにいった。モーリスは、弟が生きているだけでなく、今まさにこの街にいると聞き、ズボンも穿かずにアパルトマンを飛び出した。

再会した三人は、バラバラだったときの話を、糸巻きから糸をたぐるように話した。モーリスとスザンヌは、二人ともフランスのレジスタンスに参加していた。仲間に裏切られたモーリスは、ゲシュタポから逃れて、数カ月間潜伏生活を送っていた。

その日の午前中、三人はずっと将来について話し合った。ルネは、アメリカこそが彼らのための場所だと提案した。

戦争が始まると、ルディとベイビーはスイスのシャレーに引きこもった。[870] ルディは、それまではグランプリで高度な運転技術を披露するほど健康体だったにもかかわらず、障害を理由に兵役に就くことを辞退した。店で手に入れることができるわずかな食料を補うため、二人は花壇を耕して、ジャガイモやとうもろこし、インゲン豆を育てた。またニワトリも飼っていた。世界中で戦闘が激化していく中、二人は世捨て人のように暮らし、めったにカサ・スカニアから出ることはなかった。

一九四一年半ば、ルディは危険を冒してシュトゥットガルトに向かっていた。目的はヴォワチュレットのみのレースとして開催された一九三九年のトリポリグランプリで、二位入賞を果たしたときの一・五リッターのシルバーアローを手に入れることだった。ルディは、戦争が終わったときには、レースに復帰したいと考えていた。そのためには、この車こそが最適だった。他には何も考えられなかった。

メルセデスのキッセルは同意したものの、スイスへ輸出するには政府の許可が必要で、当時においてはかなり難しかった。ルディはスイスに戻って待つことにした。一方、メルセデスはこのヴォワチュレットや他のシルバーアローが空襲の危険にさらされることを恐れて、マシンを防空壕や田舎の納屋に隠した。

一九四二年、マンフレート・フォン・ブラウヒッチュやヘルマン・ラングといったかつてのチームメイトが戦地――最前線からは遠く離れていたが――に赴く中、ルディはスイスで年金生活を送っていた。このことがついにナチスの幹部の目にとまった。彼らはトップレースドライバーが、中立国で戦争を避けて暮らしていることを快く思わなかった。ルディがドイツには勝算がないと言っているといううわさまで流れていた。

アルフレート・ノイバウアーは、ルディはドイツに忠誠を誓っているが、怪我のために兵役に就くことができないのだと言って擁護した。政府はルディの年金をカットした。ノイバウアーはルディにスイスに留まるように警告した。

戦時中、メルセデス・ベンツは、引き続きドイツの中心的な軍需メーカーとなった[871]。彼らの製造ラインでは、航空機のエンジン、戦車、大型トラック、装甲車、そして軍が要求するあらゆる部品が製造された。彼らはドイツ国内に大規模な工場を建設するほか、ナチス占領下の国々にも工場を建設した。これらの工場では何千もの労働力を必要とし、シュトゥットガルトの経営陣は、占領国の国民や捕虜、強制収容所の受刑者を、過酷な条件の下で奴隷のように働かせることもいとわなかった。その間、メルセデス・ベンツは莫大な利益を上げていた。

こうして製造された車両を活用するために、軍はドライバーとメカニックを必要としていた。シルバーアローが活躍した全盛期には、大量の応募が殺到したため、国家社会主義自動車軍団（N

ＳＫＫ）は一八万七〇〇〇もの訓練を受けたドライバーを確保することができた。ＮＳＫＫは、“Nur Säufer, keine Kämpfer（ただの飲んだくれで戦士ではない）”の略だと揶揄されていたものの、ドイツ国防軍に自動車化歩兵師団の人員を供給するうえでは、大いに役立ったのだ。[872]このためヒトラーは、一九四二年に病死したヒューンラインに第三帝国の最高の名誉であるドイツ勲章を授与した。

ＮＳＫＫの部隊は、要塞化されたジークフリード防衛線の構築や、輸送旅団の作戦行動、ヨーロッパ全土で電撃作戦を実行するうえで不可欠の存在であることを証明してみせた。[873]オートバイ部隊は、自らを“近代戦争の先鋒”と称していた。[874]ＮＳＫＫの部隊は、“水晶の夜”における道路封鎖や突撃隊員の輸送など、ユダヤ人迫害にも積極的な役割を果たした。膨大な数のユダヤ系ポーランド人の強制送還や強制収容を実行したのもＮＳＫＫのトラック部隊だった。ホロコーストでは常に、彼らはロシアやウクライナでのユダヤ人の大量射殺をはじめとする多くの残虐行為に関与した。

戦争末期、ドイツは、連合国の執拗な空襲の結果、空洞化していた。[875]シュトゥットガルト――特にウンターテュルクハイムのダイムラー・ベンツ工場――は重要な標的となり、激しい爆撃により、曲がった鉄柱の森とがれきの山と化した。

メルセデスのシルバーアローについては、そのほとんどがロシア人の手に渡り、ソビエト連邦の技術学校で研究の対象にされた。しかし、彼らはルディが執拗に探し求めていたメルセデスのヴォワチュレットには興味を示さなかった。ドイツが降伏した後、多くの人々が荒れ地となったヨーロッパで必死になって生きていく中、ルディは再びレースで走るためのマシンを手に入れようとしていた。[876] そしてマシンを探し出したルディは、その後、一九四六年のインディアナポリス500に招待された。

あらゆる努力を尽くしたものの、輸出規制によってマシンをアメリカへ輸送することはできなかった。それでもルディは何とかインディアナポリスを訪れ、ソーン・スペシャルを駆ってレースに参加することになった。だが、予選でコース上で跳ね上がった石と思われる物体がルディのこめかみを直撃し、一瞬意識を失ってクラッシュしてしまった。深刻な脳震とうにより、一週間近く意識不明の状態が続いた。再び運転できるようになるにはスイスで何年にもわたるリハビリが必要だった。

その間にメルセデスはレースに復帰し、まずはスポーツカーで参戦した。[877] ノイバウアーが再びチームを率いた。彼はラングに加え、カール・クリングやファン・マヌエル・ファンジオなどの新世代のドライバーをチームに迎えた。ルドルフ・ウーレンハウトは、メルセデス300SLをはじめとする車の設計を手掛け、エンジニアのレジェンドとしての地位を確かなものにした。

一九五二年、ノイバウアーはルディをメルセデスの代表としてミッレミリアに出場させた。[878] 五一歳となっていたルディは、四位という好成績を収めた。その数週間後、彼はベルンで行われた別のスポーツカーレースに出場したが、ターンの立ち上がりでブレーキがロックし、木に激突してしまった。左足に衝撃が走った。「ルディ、ああルディ」救護用のテントで彼を見たベイビーはそうつぶやいた。彼は翌年を病院のベッドで過ごし、しばしばひどい痛みに襲われた。彼がレースに参加することは二度となかった。

一九五五年、シルバーアローのグランプリでの強さを再び証明してみせた後にノイバウアーはチーム監督を引退した。この年、メルセデスはヨーロッパのアメリカ軍やイギリス軍に車を売り込む仕事をルディに与えた。彼はこの新たな事業で成功したものの、酒に溺れ、一九五九年に肝硬変で亡くなった。メルセデスは彼のために英雄葬を催した。戦後に出版された彼の自伝と同様、これによって、第三帝国の旗手としての彼の役割は水に流される結果となった。ルディ・カラツィオラが二〇世紀最高のグランプリドライバーの一人だったことは間違いないが、ほとんどの人は彼がその夢を実現するために行った悪魔との取引については忘れることを選んだ。

ルディのかつてのチームメイトであり、長年のライバルだったタツィオ・ヌヴォラーリも、ヨーロッパに平和が訪れるとサーキットに戻ってきた。彼と妻のカロリーナは、一九三七年に息子の一人を心臓病で失っていた。さらに一九四六年、もう一人の息子――最後に残された子ども――を腎臓病で失ってしまう。悲しみに暮れたヌヴォラーリは、「もう人生に何の目的もない。レースに復帰しなければ私はもう終わりだ。自分に残されたのは車だけだ。それが必要なんだ。もう一度世界のサーキットを回らなければならない。痛みを忘れることはできないが、何とか和らげなければならない」と語った。[879]

五四歳となった〝空飛ぶマントヴァ人〟は、その後の数シーズン、フェラーリのニューマシンを駆って、何度か上位入賞を果たしたが、年齢と多くの怪我が長年にわたって酷使してきた体を蝕んでいた。正式に引退を表明することはなかったが、最後のレースを走ったのは一九五〇年、五七歳のときだった。その二年後、脳卒中で寝たきりの状態になり、一部体が麻痺した状態で一九五三年に亡くなった。故郷のマントヴァでは、墓地に向かう棺の後を一マイルにも及ぶ列が続いた。彼が埋葬された家族の墓所には、次のことばが記されていた。「彼は天国の通りでも速く走っていることだろう」[880]

ルイ・シロンは、一度も結婚しなかった。五八歳の誕生日を迎えるまでグランプリに出場し、ようやく引退した後は、自分が立ち上げに協力したモナコグランプリで、魅力的でおしゃべりな司会者を務めた。

パリ占領下、シャルル・ワイフェンバックは〝建設的非協力〟を貫き、ドライエの工場でナチスを支援する可能性のあるものを製造しないように努めた。[881]フランスのレース界では、そのような抵抗を試みる人物は彼一人ではなかった。[882]なかでも特筆すべきは、ドライバーのロベール・ブノワやウィリアム・グローバー＝ウィリアムズ、ジャン＝ピエール・ウィミーユらが、パリ占領に抵抗するために、〝非紳士的戦争省〟として有名な英国特殊作戦執行部の破壊工作組織のネットワークを構築したことであった。痛ましいことに、ナチスはブノワとグローバー＝ウィリアムズを捕えて拷問し、殺害した。

連合国軍がパリを解放したわずか一年後の一九四五年九月、ブーローニュの一・七キロメートルのサーキットでヨーロッパのレースが復活した。この最初のレースはロベール・ブノワ・カップと名づけられた[883]。

戦後、シャルル・ワイフェンバックは、バンキエ通りの工場で再起を図った。しかし、このときジャン・フランソワの姿はなかった。彼は一九四四年に肺の病気で亡くなっていた。七〇代の半ばを迎えていたワイフェンバックは、多くの人々に必要とされていたトラックや定評のあるドライエ135の製造に注力した。アンリ・シャプロン、ルトゥルヌール&マルシャン、フィゴーニ・エ・ファラッシ、ジャック・ソーチックなどのコーチビルダーは、これらのラインナップで最高傑作とも言える素晴らしいデザインを生み出した。ある自動車史家は、ドライエは〝間違いなくサロンのスターだった〟と記している[884]。

それにもかかわらず、ドライエは傷ついたヨーロッパと社会主義に傾いていくフランスの中で生き残りに苦労していた[885]。一九五〇年代半ば、シャルル・ワイフェンバックとドライエのオーナーは、フランスの自動車メーカー、オチキスとの合併を余儀なくされた。さらにこの合併により、わずか数カ月後にドライエのブランド名も消えてなくなった。

ナチスがフランスを占領した後、ルーシーは、息子のフィリップとアメリカに渡った。彼女は終戦までアメリカに滞在した後、二人の息子と共にモナコに戻った。その後、彼女がレースに参戦することはなかった。このアメリカ人のスピードクイーンは、一〇年間にわたりモンテカルロ・ラリーで活躍し、一流のグランプリ・レースチームを所有し率いた最初にして唯一の女性だった。しかしその存在は人々の記憶から消えていった。一九五二年、彼女はこの世を去り、ブリュノワ墓地に眠る最愛の夫ローリーの隣に埋葬された。

週に二回、日が昇る前に、ルネはプジョーを駆って、マンハッタンのダウンタウンにあるフルトン・フィッシュ・マーケットに向かう。[886]必ず朝五時にはそこに着くようにしていた。前日に獲れたものを押しつけられるほど早くはなく、ホタテ貝やムール貝、シマスズキ、ソフトシェルクラブなど、その日の最高の食材を逃すほどには遅くはない時間だった。新鮮な魚介類を車のトランクに積み込むと、ロックフェラーセンターのすぐ近くにある東四九丁目一八番地に運んだ。そこには彼が兄のモーリスと共に一九五三年にオープンさせたレストラン、ル・シャントクレールがあった。

いつもルネが魚市場から戻ってくる頃には、すでに兄も店にいた。二人は静かなレストランの中で、シェフやスタッフと一緒にその日のメニューの準備をした。その後、二人はクイーンズのフォレスト・ヒルズの自宅に戻り、開店前に数時間の休憩を取った。

夕方になると、ル・シャントクレールは、会話と笑い、酒、そして素晴らしいフランスの伝統料理の数々でにぎわった。[887]スーツとネクタイというエレガントな服装に身を包んだルネとモーリスは、交互に支配人の役割をこなし、客とのあいさつや会話、レストランのフロントと裏方のマネージメントを行っていた。妹のスザンヌは経理と予約の管理を担当していた。彼らは、週に六日、多くの場合一日一四時間、協力して店を切り盛りしていた。

四半世紀の間、ル・シャントクレールはニューヨークの人気店として、そして地元の自動車やレースの愛好家が集まる場所として人々から愛された。長いバーの向かいの壁には、世界的なトップドライバー――ヌヴォラーリ、シロン、ウィミーユ、そしてカラツィオラなどのベテランドライバーに加え、フィル・ヒル、スターリング・モス、A・J・フォイト、ジャッキー・スチュワートなどの新世代のドライバー――の写真が飾られていた。これらの新世代のドライバーの中には、この店の常連客もおり、ルネは彼らの多くにとって、ゴッドファーザーのような存在になっていた。

バーの先には、コンコルド広場など、フランスの風景が描かれた壁画に覆われたダイニングルームがあり、毎晩、食事が運ばれてくるまでの間、レース界やその他の世界的な有名人たちを見ながら時間を過ごすことができた。店ではウォルター・クロンカイト、ニール・アームストロング、エディット・ピアフ、ビリー・ジーン・キング、ウィリアム・フォークナーの姿がよく見られた。彼らの目的は料理とワイン、そして何よりもドレフュス兄弟が友情を培ってきた愉快な仲間たちだった。

ル・シャントクレールのおかげで、ルネはレースの世界に身を置くことができた。モータースポーツへの情熱は衰えることはなかった。いくつかのチームでキャプテンを務め、一九八〇年のモナコでは、優勝五〇周年を記念してウィニングランを行うなど、レースの式典にも参加した。一九五二年には思いつきで、再びル・マンに参戦したが、フェラーリがレース途中でマシントラブルを起こしてしまった。一九七九年にレストランを閉店した直後、彼はあるインタビューに応えて次のように語った。「私はレースを愛している。死ぬまで愛し続けるだろう」[888]

彼の回顧録の表題『My Two Lives（私の二つの人生）』が示すように、ルネは二つの長いキャリアを楽しんだ――フランスのトップドライバーとしての最初の人生と有名なフランス料理店のオーナーとしての第二の人生。そこには、彼が最も誇りに思っていたアメリカ陸軍での数年間についての記述さえも含まれていなかった。彼は生涯を通じて、不可知論者であり続け、ポーでの勝利によって自らが残した遺産の重要性にもほとんど目を向けることはなかった。「私は『Encyclopedia of Jews in sports（スポーツ界におけるユダヤ人の事典）』に載っている」と彼は回顧録の中で控えめに記している。[889]「もしあるとしたら、カトリックのスポーツ百科事典にも載っているだろう」

一九九三年、ルネは大動脈瘤と診断された。[890]八八歳という高齢だったものの、心臓切開手術を受ければ生き延びれる可能性があった。彼を知る者にとっては驚くべきことではなかったが、彼はリスクを取ることを選んだ。手術前夜、彼はフランスにいる友人と電話で話した。ドライバー時代の思い出、特に一九三八年にドイツのシルバーアローに勝利したときの思い出を語り合って楽しんだ。会話の最後に、ルネは涙を流しながら、希望に満ちたことばを口にした。「いろんなことがあった……何度も死と向き合ってきた。今度も大丈夫だろう[891]」

だがそうはならなかった。手術が終わる直前に、ルネはこの世を去った。遺志に従って、友人たちは遺灰の一部をモンレリやポーなど彼が勝利を収めたサーキットに撒いた。

一九四〇年、パリを占領したドイツ軍は、フランス自動車クラブ（ACF）の記録を押収した。また、ヒトラーがポーでシルバーアローを破ったドライエ145を探して破壊しようとしているといううわさも流れていた。[892]ルーシー・シェルが所有していた四台のエキュリー・ブルーのドライエ145のその直後の行方は不明だったが、ナチスが侵攻してくる前にそれらを保有していたシャルル・ワイフェンバックの力を借りて売却した可能性が高かった。[893]そのうちの二台は一緒に保管されていたことが知られていた。コーチビルダーのアンリ・シャプロンは、マシンを分解して、別のショップにある他の自動車部品の中に意図的に混ぜた。あとの二台は、パリから遠く離れた納屋や洞窟に隠されていた。

終戦後、ドライエ145の動きはより詳しく記録されるようになった。ドライエの研究家であるリチャード・アダットとアンドレ・ヴォクールの二人が、熟練した探偵のように、それぞれの145の行方に関する多くの情報を探し集めた。しかし、ACFの記録は見つからなかった。

シャプロンは戦争中ずっと保管していた二台の145を組み立て直した。これらは、アールデコ調の高いデザイン性を備えた一級品として瞬く間に人気となり、数十年の間に多くの愛好家の間で取引され、最終的にカリフォルニア州オックスナードのピーター・マリン自動車博物館に収蔵された。保険業で財を成したマリンは、戦前のフランス車に特に情熱を注いでおり、〝技術性、パフォーマンス、そして美しさにおいて自動車界の頂点〟であると考えていた。[894] 彼はドライエの他にも、シトロエン、ドラージュ、ブガッティ、イスパノ・スイザ、タルボ・ラーゴなど貴重なコレクションを所有している。

他の二台のドライエ145はもっと複雑な旅路をたどっていた。一台は、フランスのコーチビルダー、フラネによる戦後のコンバーチブル・ロードスターのボディを身にまとい、「世界で最も美しい車展」に出展された。[895] その後、新しいオーナーのフィリップ・シャルボノーが、一九三八年のミッレミリアに出場したときのデザインを彷彿とさせるスポーツカーのボディを145に装着した。一九八七年のミリオンレース五〇周年の際には、ルネ・ドレフュスがこのレストアされたドライエでモンレリのコースを走り、神経をすり減らすようなスピードでの運転を楽しんだ。その後、この車はアメリカ人工業デザイナーのサム・マンが購入し、ニュージャージー州イングルウッドにある〝転がる彫刻《ローリング・スカルプチャー》〟のコレクションに加わった。[896]

四台のドライエ145のうち、最後の一台は戦後のレースのいくつかに参戦した。[897] その後長い間、モンレリのコースにむきだしで放置されていたが、やがてパリの西、一時間ほどの場所にあるシャトーに移された。一九八七年にピーター・マリンとパートナーがこれを購入し、イギリス

フランスのシャトー・デュ・ジェリエで発見された、コレクター、セルジュ・ポッツォーリが保有していたドライエ145

での高価な修復を経て、コレクションに加えた。サム・マンと同様、マリンはコンクールデレガンスのイベントにドライエを出展し、またいくつかのクラシックカーレースにも参加した。

ルネが一〇〇万フランを獲得し、ポーグランプリで優勝したドライエ145を誰が所有しているのかをめぐって、二人のアメリカ人コレクターの間では長い間、論争が繰り広げられてきた。それは数百万ドルの価値の違いを意味するだけではなく、プライドという意味でも大きな問題だった。それぞれが専門家——アダットとヴォクール——を擁し、シャーシやエンジンの番号を調査し、フランスの公文書や当時の写真を調べ、出所を示す手掛かりを求めて車の隅々まで調べた。シャプロンのボディのドライエはほぼ除外されたが、二台の間でまだ決着はついていない。

レースカーは絵画のように形が固定された物体ではない。レース中、エンジンは繰り返し改良が施され、ボディは変更され、部品も交換される。レースを退いた後、ドライエ１４５はエンジンのオーバーホールやボディの交換を何度も繰り返してきた。レストアの際には、オリジナルの車の正確なディテールを再現するために細心の注意が払われたが、実際には部品の多くを新たに製作する必要があった。公平に見れば、レストアされたどちらのドライエにもドレフュスが運転していたマシンの部品が含まれていると想像することができる。

宗教的な遺物と同様に、真正性――およびその証明――はほとんどの人にとって重要ではなかった。重要なのはそのものが呼び起こす思いだった。マリンの１４５とマンの１４５のどちらであれ、流線型のボディの周りを歩き、一二気筒エンジンのうなり声に耳を傾ければ、心を動かされずにはいられないだろう。どちらのドライエもダヴィデがゴリアテを倒し、世界に再び英雄が現れたときの大いなる戦いを思い起こさせてくれるのだから。

謝辞

感謝の気持ちを伝えるには、短くて、耳障りがよいのがベストであるが、本書ではそう簡単にはいきそうもない。本書をお届けするのには、世界中の多くの人々にお世話になった。

何よりもリチャード・アダットに。彼はドライエとフランスのコーチビルダーに関する歴史を研究している。当時、私も彼もシアトルに住んでいたこともあり、彼から何らかの見識が得られることを期待して、最初にコンタクトした人物の一人だった。私たちの短いディナーは、やがて長い共同作業へと変わり、本書を計り知れないほど豊かにしてくれた。リチャードは、自身の膨大なアーカイブを見せて紹介してくれただけでなく、研究を指導してくれたり、マリン博物館を案内してくれたり、さらには〝一〇〇万フラン〟のドライエを運転することがどういうことなのかを教えてくれたりもした。彼は王子のような振る舞いの人物だ。

フランスではジョナタン・デュプリエが私のために疲れ知らずの協力をしてくれた。彼は多くの扉を開いてくれ、いくつかの不明瞭な、しかし鍵となる情報――ルーシー・シェルとその家族に関する断片的な情報――を探し出してくれた。さらに私たちは一九三〇年代の偉大なグランプリコースのいくつかを巡った。

ドイツでは、アルムート・シェーンフェルト、マルコ・ポントーニ、マレン・ミシェルの三人が信じられないような支援をしてくれ、メルセデス・ベンツのシルバーアローの歴史と第三帝国とのつながりをひもとくうえで大いに力を貸してくれた。またアルムートには、いくつかの文書を解読してくれたことにも感謝したい。彼がいなければそれらのいくつかは今も謎のままだっただろう。最後に、アメリカではクレア・バレット、ニコル・ディーム、そしてタチアナ・カストロが私に代わって、多くの文書、雑誌記事、アーカイブを探し出してくれた。彼らの疲れを知らない努力に感謝したい。また情熱的で深い知識を持ったドライエの専門家であるアンドレ・ヴォクールにも感謝の意を表したい。彼は自身の膨大な調査からフランスの自動車会社に関する数えきれないほどの詳細な情報を提供してくれた。

製造された四台のドライエ145のうちのほとんどは、コレクターのピーター・マリンとサム・マンが保有している。二人とも私に会ってくれ、フランスのクラシックカーへの愛を共有し、寛大にも一二気筒エンジンの轟音を聞く機会を与えてくれた。これらのレースカーに対する彼らの情熱は私にも伝染した。またフィラデルフィアで一九三〇年代のお宝を保有しているフレッド・シメオネにも感謝したい。

エヴリン・ドレフュスにも大きな感謝を。彼女は、素晴らしい昼食と、父モーリス、叔父ルネ、そしてドレフュス家全員の思い出を提供してくれた。彼女はまた、私の話が間違っていないかどうか確認するために初期の原稿に目を通してくれた。エヴリン、多くの親切をありがとう。またルネの回顧録の共著者であり、自身も素晴らしい文筆家であるビバリー・レイ・カイムズの先駆的な研究にも大いに感謝したい。彼女の死後、夫のジム・コックスは、ルネとのインタビューのオリジナルのオーディオ音源を保有していた。素晴らしい宝物だ。ビバリーのアーカイブの多くを保有するオーバーン・コード・デューゼンバーグ自動車博物館の学芸員であるジョン・ビルは、ビバリーの独自の研究を掘り起こすうえで、多くの協力をしてくれた。

非常に多くの人々が、私のために一九三〇年代のグランプリ・レースという華やかでカラフルな世界に光をあててくれた。その光は、ブガッティやマセラティ、メルセデス・ベンツ、アウトウニオン、アルファロメオが生み出したレースカーの数々、そして、これに乗ってレースを競った人々を照らし出した。特に、エルヴェ・シャルボノー、モーリス・ルーシュ、ミッシェル・リベー、セルジュ・ベル、アルフレッド・ヴルムザー、クリスチャン・シャン、故ピエール・ダルマンドレーユ、リディ・シロン、カール・ルドヴィッセンにも感謝したい。さらに一九三〇年代のヨーロッパのレースに関する研究を、おそらく他の誰よりも多く収集しているレイフ・スネルマンには特別の感謝を送りたい。彼のウェブサイト『The Golden Era of Grand Prix Racing（グランプリ・レースの黄金時代）』は、この時代を研究する者にとって、必須の資料である。私は何度も何度もそのページに頼った。

歴史家なら誰もが知っているように、図書館員や公文書保管人の献身的な努力は、読者のために過去の物語を生き生きとしたものにしようとする私たちの試みを可能にする。本書もその例外ではない。特に次の方々に感謝の意を表したい。REVS研究所図書館の館長マーク・バーガス、シャテル＝ギヨンの地元の思い出を語ってくれたピエール・ファソーネ、モンレリを案内してくれたパトリシア・ブルジェ、ダイムラー・ベンツ・アーカイブのスタッフ――特にゲルハルト・ハイドブリンク、ヴォルフガング・ラバス、ミヒャエル・ユング、シルヴィ・キーファーの各氏――、ポーのバスコ・ベアルネーズ自動車クラブのスタッフ、モナコ自動車クラブのナタリー・ヴェルディーノ、そしてニース自動車クラブの文書保管担当者アンドレ・ジェルヴェ。

有名な自動車愛好家、クラシックカーコレクター、そして全般にわたり知識豊富な人物であるスティーブン・カーティスとフラヴィアン・マルセの両氏は、私の研究の手引きをしてくれ、自らの研究を私と共有してくれた。おそらく最も重要なことは、歴史について間違った解釈をしていないか指摘してくれることは言うまでもなく、私がキャブレターとカムシャフトを間違えないように最初の原稿に目を通してくれたことだ。それでも誤りや誤解があった場合は、すべて私一人の責任である。素晴らしい紳士たちに感謝を。カール・バルトリは私の義父でもあり、いつでも電話で教えを請うエンジニアでもあった。自動車のシステムの隅々まで理解するのを助けてくれる一方で、イタリア語から英語への翻訳でも力になってくれた。

あらためて、偉大な歴史物語に対する情熱を楽しむ機会を与えてくれたホートン・ミフリン・ハーコートの出版チームに尽きることのない感謝を伝えたい。スーザン・カナヴァンは最初にこのプロジェクトを支持してくれた。その後、アレックス・リトルフィールドが加わって、信じられないほど素晴らしい編集を加えてくれたことで、本書は当初の段階よりもはるかによいものになった。見事な仕事だった。写真に関し手伝ってくれたオリヴィア・バーツ、制作のかじ取りをしてくれたリサ・グローヴァー、そして宣伝を担当してくれたリッサ・ワレンにも感謝したい。いつものように私の最初の防衛線となってくれたリズ・ハドソンは、すべての段落とページの構成を助けてくれた。何年経った今でも、彼女が私に我慢してくれているのはラッキー以外の何物でもない。最後に、私の出版チームはエージェントのエリック・ルファーなしでは何もできない。また映画について助けてくれたアンナ・デロイとアンディ・ガルカーにも感謝したい。

サム・ウォーカーとクリスティ・フレッチャーは長年のニューヨークの友人で、ルネ・ドレフュス、ルーシー・シェル、そしてドライエ１４５の物語を明らかにするための旅に出る気にさせてくれた。君たち二人は最高だ。あのフランスのシャトーが君たちの到着を待っている。

最後に、いつものように妻ダイアンと二人の元気な娘たちへ。人生をゆっくりと楽しむことを願うばかりだ。

897. 同上；（PPRA）におけるドライエ145; André Vaucourtと著者との書簡、2018年。専門家は、どちらのシャーシも長年にわたって大きな変更が加えられていないため、工場で割り当てられたシャーシナンバーが謎を解く鍵になるとしている点に注目している。だが、ドライエやルーシー・シェルにより、どのシャーシがどのエンジンやボディで、どのレースに出場したかが記録されていたにしても、その記録は消失してしまっている。さらにパーツはマシンの間で頻繁に交換され、さらにチームはフランス国外のレースでは、関税を避けるために、ナンバーやプレートを頻繁に修正していた。

856. Dreyfus and Kimes, *My Two Lives*, p.87
857. Chakrabongse, *Road Start Hat Trick*, pp.162-65; *Motor*, 1938年4月26日
858. *Autocar*, 1938年4月29日
859. *L'Intransigent*, 1938年4月25日; Dreyfus, キャロンとのインタビュー、1973年
860. Lucy Schell, モーリス・フィリペへの手紙、1938年5月5日。モーリス・フィリペの資料（REVS）
861. *L'Auto*, 1938年4月28日−5月5日; Blight, *The French Sports Car Revolution*, p.456
862. Moretti, *Grand Prix Tripoli*, pp.143-45
863. *Automobile Quarterly*, 1980年第2四半期; *New York Times*, 1979年1月30日
864. Wolff, *The Shrinking Circle*, pp.62-65
865. Dreyfus and Kimes, *My Two Lives*, p.91; *Le Journal*, 1938年9月20日
866. Dreyfus and Kimes, *My Two Lives*, p.93
867. *Le Journal*, 1938年9月20日
868. Dreyfus and Kimes, *My Two Lives*, pp.101-20
869. 同上、p.113; *Auto Age*, 1956年8月; *Autosport*, 1955年3月1日
870. Caracciola, *A Racing Car Driver's World*, pp.166-68; Neubauer, *Speed Was My Life*, pp.166-69; Molter, *German Racing Cars and Drivers*, p.7
871. Gregor, *Daimler-Benz in the Third Reich*, pp.56-96; Bellon, *Mercedes in Peace and War*, pp.233-54
872. Hilton, *Grand Prix Century*, p.111
873. Hochstetter, *Motorisierung und "Volksgemeinshaft,"* pp.421-54
874. 同上、p.426
875. Molter, *German Racing Cars and Drivers*, p.7
876. Caracciola, *A Racing Car Driver's World*, pp.180-96
877. *Motorsport*, 1999年1月
878. Caracciola, *A Racing Car Driver's World*, pp.202-14
879. Cernuschi, *Nuvolari*, p.178
880. Moretti, *When Nuvolari Raced...*, p.54
881. *Automobile Quarterly*, 1999年7月
882. Joe Sawardの『The Grand Prix Saboteurs』を参照されたい。ブノワや彼の同国人らのフランスのレジスタンスにおける取り組みについての魅力的な読み物である。
883. Hilton, *Grand Prix Century*, pp.194-95
884. J.P.Bernard, "The History of Delahaye,"（PPRA）所蔵のエッセイ
885. *Automobile Quarterly*, 1999年7月
886. ドレフュスとカイムズの当初のインタビュー、（PPBK）; Dreyfus and Kimes, *My Two Lives*, pp.139-40
887. *Autosport*, 1955年3月11日
888. *Sports Car Graphic*, 1984年9月
889. Dreyfus and Kimes, *My Two Lives*, p.54
890. Evelyn Dreyfus, 著者のインタビュー; Philip Dreyfus, ルネ・ドレフュスの葬儀でのスピーチ（PPBK）
891. Wurmser, 著者のインタビュー
892. Peter Mullin, 著者のインタビュー、2017年ロサンゼルス
893. Adatto, and Meredith, *Delahaye Styling and Design*, pp.257-307; André Vaucourt, ドライエ145の来歴に関するレポート
894. Peter Mullin, 著者のインタビュー
895. André Vaucourt, 著者に送られたドライエV12に関する記事、シャーシ#48771
896. Sam Mann, 著者のインタビュー、2019年ニュージャージー

824. *Road and Track*, 1988年12月
825. *Automobile Quarterly*, 1968年夏
826. *The Golden Era of Grand Prix Racin(website)*, http://www.kolumbus.fi/leif.snellman/gp381.htm#2の1938年ポーグランプリに関する記事を参照のこと。
827. *Speed*, 1938年1月
828. *Motorsport*, 1938年6月
829. *Motor Trend*, 1975年4月
830. *Automobile Quarterly*, 1968年夏
831. Walkerly, *Grand Prix*, p.38
832. *Motorsport*, 1938年6月
833. *Motor Trend*, 1975年4月
834. *L'Auto*, 1938年4月11日; *Éclair Journal*の報道映画、1938年ゴーモン=パテ・アーカイブ; ニュース記事の引用（ACBB Scrapbook）; Dreyfus and Kimes, *My Two Lives*, pp.85-87; *Motorsport*, 1938年5月; *Road and Track*, 1988年12月; *Paris Soir*, 1938年4月11日; Darmendrail, *Le Grand Prix de Pau*,pp.57-64; "Telefonanruf H. Kudorfer 10.4.38," 15-18 Uhr.1137/1（DBA）; Lang, *Grand Prix Driver*, pp.67-68; *Automobile Quarterly*, 1968年夏。1938年ポーグランプリの詳細と描写についてはこれらの資料を大いに参考にした。個々の資料の独自の引用や重要な詳細については別途記載している。特に、メルセデス・ベンツの報告書やACBB Scrapbookを大いに活用した。
835. *Road and Track*, 1988年9月
836. Hilton, *Inside the Mind of the Grand Prix Driver*, p.124
837. "Programme, Grand Prix Automobile, Pau 1938," 170/1137/1（DBA）
838. ACBB, "Pau : Grand Prix de Vitesse: Report," 170/1137/1 1938（DBA）. レースのすべてのラップタイムはACBBレポートが報道陣に提供したものである。
839. "Haus-Pressedienst der Daimler-Benz," 1938年4月16日、1137/1（DBA）
840. "Telefonanruf H. Kudorfer 10.4.38," 15 Uhr.1137/1（DBA）
841. *Automobile Quarterly*, 1980年第2四半期
842. *Moteurs Course*, 第3四半期
843. Hochstetter, *Motorisierung und "Vorksgemeinshaft,"* p.293. これはカラツィオラの回想録からのほぼ直接の引用である。
844. *L'Auto*, 1938年4月11日
845. "Telefonanruf H.Kudorfer 10.4.38," 16:05 Uhr. 1137/1（DBA）

エピローグ

846. *Paris Soir*, 1938年4月11日; *New York Times*, 1938年4月11日
847. *Le Patriote*, 1938年4月13日
848. Jolly, *Delahaye V12*, pp.12-13
849. *La Vie Automobile*, 1938年4月25日
850. *Paris Soir*, 1938年4月11日
851. *Le Figaro*, 1938年4月11日; *L'Auto*, 1938年4月11日
852. *Automobile Quarterly*, 1968年夏; *Motor*, 1938年4月19日
853. *Motorsport*, 1938年5月
854. Telefonanruf H.Kudorfer 10.4.38," 18:30 Uhr. 1137/1（DBA）; "Telefonanruf H.Kudorfer 10.4.38," 20:15 Uhr. 1137/1（DBA）; ドイツの新聞 Herzog, Unter dem Mercedes-Stern, pp.121-22より引用
855. Nye and Goddard, *Dick and George: The Seaman-Monkhouse Letters*, p.194

791. *Automobile Quarterly*, 1937年第1四半期
792. Lang, *Grand Prix Driver*, p.67
793. "Betreff : Grosser Preis von Pau, April 8, 1938," 1137/1（DBA）
794. *Automobile Quarterly*, 1964年夏
795. "Betreff : Grosser Preis von Pau, April 9, 1938," 1137/1（DBA）；L'Auto, 1938年4月10日
796. *Speed*, 日付不明の記事。カール・ルドヴィッセンの個人資料（REVS）；Kimes, *The Star and the Laurel*, p.251
797. Walkerly, *Grand Prix*, pp.40-41
798. *L'Auto*, 1938年4月30日−5月5日; Blight, *The French Sports Car Revolution*, pp.454-55
799. *Automobile Quarterly*, 1964年夏
800. "Betreff: Grosser Preis von Pau, April 9, 1938," 1137/1（DBA）；"Telefongesprach Director Sailor aus Pau," 18.40 Uhr. 9.4.38, 1137/1（DBA）
801. "Mercedes-Benz Pressedienst, April 5, 1938,"1137/1（DBA）
802. Court, *A History of Grand Prix Motor Racing*, p.250
803. *L'Auto*, 1938年4月10日
804. *Automobile Quarterly*, 1964年夏
805. Wilhelm Kissel, "Geleitwort zur Wahlhandlung am 10. April 1938," 1938年3月31日、12.13（DBA）
806. Wilhelm Kissel, "Deutsclands Automobile-Indusrie dankt dem Führer," 1938年3月30日, 12.13（DBA）
807. Robert Hammelehle, "Was denken wir vom Führer und seinem Werk, und warum sagen wir bei der bevorstchenden Wahl: Ja?," 1938年3月31日, 12.13（DBA）
808. Wilhelm Kissel, "Deutschlands Automobile-Indusrie dankt dem Führer," 1938年3月31日, 12.13（DBA）
809. Dreyfus and Kimes, *My Two Lives*, p.85
810. *L'Action Automobile*, 1938年5月; Dreyfus, キャロンとのインタビュー、1973年; *Automobile Quarterly*, 1964年夏; *Road and Track*, 1988年12月; Darmendrail, *Le Grand Prix de Pau*, René Dreyfusによる序文。

第15章　ポーでの勝利

811. *L'Actualité Automobile*, 1938年5月
812. ニュース記事からの引用（ACBB Scrapbook）；Walkerly, *Grand Prix*, pp.36-38. ウォーカリーは1930年代のグランプリレース初期に関し、素晴らしい説明を提供してくれた。
813. 同上、p.37
814. "Telefonbericht am 10.4.38," 17.05 Uhr. 1137/1（DBA）
815. Domarus, *Hitler*, p.1089
816. ニュース記事からの引用（ACBB Scrapbook)。1938年のポーでのレースに関して、ACBBが分厚いスクラップブックに集めたフランス、ドイツ、イタリア、イギリスの数百ものニュース記事が本章に彩りを与えてくれた。
817. *Automobile Quarterly*, 1968年夏; Neubauer, *Speed Was My Life*, p.120
818. Brauchitsch, *Ohne Kampf Kein Siege*, p.120
819. Ribet, 著者のインタビュー
820. Walkerly, *Grand Prix*, pp.37-38; Neubauer, *Speed Was My Life*, pp.120-21
821. "Telefongesprach H. Sailer aus Pau 10.4.38," 18.40 Uhr. 1137/1（DBA）
822. *L'Action Automobile*, 1938年5月
823. *L'Action Automobile*, 1938年5月

753. Shirer, *Berlin Diary*, p.107
754. 同上
755. *Motor und Sport*, 1938年3月27日
756. *Motorsport*, 1938年4月
757. *Autocar*, 1937年1月29日
758. "Development of the W154," ルドヴィッセンのメモ、カール・ルドヴィッセンの個人資料（REVS）; Monkhouse, *Motor Racing with Mercedes Benz*, pp.31-32
759. Chakrabongse, *Dick Seaman*, p.107
760. "Abschrift : Mercedes Probefahrten in Monza," 183/1162（DBA）
761. Ludvigsen, *Mercedes-Benz Racing Cars*, p.130
762. "Abschrift : Mercedes Probefahrten in Monza," 183/1162（DBA）
763. Lang, *Grand Prix Driver*, p.19
764. Brauchitsch, *Ohne Kampf Kein Siege*, p.123
765. *Völkiscer Beobachter*, 1938年3月26日
766. "Abschrift : Letzter Fahrbericht uber die Proben in Monza――Typ 154," カール・ルドヴィッセンの個人資料（REVS）
767. Chakrabongse, *Dick Seaman*, p.138
768. *Motor*, 1938年4月5日
769. *Motor*, 1938年3月29日
770. Dreyfus and Kimes, *My Two Lives*, p.84; *L'Intransigent*, 1938年4月5日; *L'Auto*, 1938年4月3日; *Auto Retro*, 1981年9月13日
771. *L'Automobile sur la Côte d'azur*, 1938年4月
772. *Paris Soir*, 1938年5月1日
773. Frilling, *Elly Beinhorn und Bernd Rosemeyer*, p.101
774. Evelyne Dreyfus, 著者のインタビュー; Dreyfus and Kimes, *My Two Lives*, p.87; Ribet, 著者のインタビュー
775. *Sports Car Guide*, 1959年9月; Dreyfus and Kimes, *My Two Lives*, p.51; *Automobile Quarterly*, 1967年夏
776. *Auto Moto Retro*, 1987年10月

第14章　ドレスリハーサル

777. Tucoo-Chala, *Histoire de Pau*, pp.1-4
778. Darmendrail, *Le Grand Prix de Pau*, pp.6-8, 25-27
779. Helck, *Great Auto Races*, p.218
780. *Le Patriote*, 1938年4月6−8日（ACBB Scrapbook）
781. *L'Auto*, 1938年4月6日; Earl, *Quicksilver*, pp.64-65
782. 日付不明の記事、*Hamburger Anzeiger*（DBA）
783. Blight, *The French Sports Car Revolution*, p.385
784. "Betreff : Grosser Preis von Pau, April 8, 1938," 1137/1（DBA）
785. *Le Patriote*, 1938年3月29日
786. *La Dépêche*, 1938年4月1−8日; *Independent*, 1938年4月1−8日
787. *L'Auto*, 1938年4月8日
788. *Le Patriote*, 1938年4月4日
789. "Betreff : Grosser Preis von Pau, April 8, 1938," 1137/1（DBA）
790. *L'Auto Italiana*, 1938年4月20日; *Il Littoriale*, 1938年4月9日; Moretti, *When Nuvolari Raced...*, p.56

09; Caracciola, *A Racing Car Driver's World* , pp.121-25; Rao, *Rudolf Caracciola*, pp.289-90; *Motor und Sport*, 1938年2月6日。カラツィオラの記録への挑戦については、特に彼の回想録とノイバウアーの説明に依拠している。すべての引用とその詳細は記載の資料によるものである。
722. "Bericht Rekorde Frankfurt/Main," 1938年2月2日, 428/3020（DBA）; Aldo Zana, "A Roadmap for a Tentative Explanation of Bernd Rosemeyer's January 28, 1938 Accident," *The Golden Era of Grand Prix Racing*(website), http://www.kolumbus.fi/leif.snellman/zana.htm；Caracciola, *A Racing Car Driver's World*, pp.125-28; Neubauer, *Speed Was My Life*, pp.110-14; Rosemeyer and Nixon, *Rosemeyer !*, pp.179-82. フォイエルッセンはニクソンの著書の中で、ローゼマイヤーの事故について、示唆に富む説明をしている。さらにザナの研究は、あの運命の1月の日に何が起こったのかについての最も権威のあるものである。すべての引用とその詳細は記載の資料による。
723. Goebbels, *Die Tagebücher*, pp.121-22
724. Zana, "A Roadmap for a Tentative Explanation of Bernd Rosemeyer's January 28, 1938 Accident."
725. Frilling, *Elly Beinhorn und Bernd Rosemeyer*, pp.321-22
726. 同上
727. Day, *Silberpfeil und Hakenkreuz*, pp.185-86
728. "Niederschrift betreffend Vorstandsitzung vom 8. Marz 1938 in Untertürkheim, Kissel Protokolle 1938," 0026, I/11（DBA）
729. *Motor* (Deutschland), 1938年3月8日
730. "Betr.:Rekordversuch." ヒューンラインとキッセルとの間の手紙、1937年12月1日、12/25（DBA）

第13章 「何かを見つける」

731. *Delahaye Club Bulletin*, 2002年3月
732. Dreyfus and Kimes, *My Two Lives*, p.84
733. 同上; *Delahaye Club Bulletin*, 2002年3月; *L'Auto*, 1938年1月25−30日
734. *L'Auto*, 1938年1月29日
735. Ribet, 著者のインタビュー
736. Daley, *Cars at Speed*, p.187
737. Blight, *The French Sports Car Revolution*, p.421; *Le Fanatique de L'Automobile*, 1978年4月
738. Jolly, *Delahaye V12*, p.12
739. "A Celebration of the Life of René Dreyfus."（PPDF）
740. *Autocar*, 2月18−25日; *La Vie Automobile*, 1938年3月10日; *Motor und Sport*, 1938年2月27日; Chakrabongse, *Dick Seaman*, p.136
741. Kershaw; *Hitler*, pp.56-76
742. 同上、p.70
743. Shirer, *Berlin Diary*, p.92
744. *L'Auto*, 1938年2月19−22日
745. *Motor und Sport*, 1938年2月27日; Domarus, *Hitler*, pp.1018-20
746. *L'Auto*, 1938年2月19−22日
747. *Motor*, 1938年3月1日; Domarus, *Hitler*, pp.1018-20
748. Chakrabongse, *Dick Seaman*, p.137; *Motorsport*, 1938年3月; *Motor Italia*, 1938年3月
749. Kershaw, *Hitler*, p.73
750. Shirer, *The Rise and Fall of the Third Reich*, p.334
751. 同上、p.334
752. Kershaw, *Hitler*, p.84

682. *L'Action Automobile*, 1937年9月
683. Dreyfus, "Ma Course Au Million."
684. Basco-Béarnais Automobile Club Committeeからの手紙、1937年9月
685. René Dreyfus Scrapbooks（MMA）
686. Dreyfus and Kimes, *My Two Lives*, p.84

第12章 「我々のどちらかが死ぬだろう」

687. *L'Auto*, 1937年10月9日; Larsen, *Talbot-Largo Grand Sport*, pp.xvi-xvii; *Autocar*, 1937年10月8日
688. *Le Figaro*, 1937年10月13日
689. *L'Auto*, 1937年10月16日
690. "Karosserie-Bericht Uber die Automobil-Ausstellung──Paris 1937," 12.6（DBA）; "Bericht uber den Besuch der Pariser Automobileausstellung 1937," 12.6（DBA）
691. *Motor und Sport*, 1937年9月11日; Blight, *The French Sports Car Revolution*, p.385
692. *L'Auto*, 1937年10月22日
693. *Autocar*, 1937年11月5日
694. Ludvigsen, *Mercedes-Benz Racing Cars*, pp.140-43
695. Howe, *Motor Racing*, p.226
696. 同上、pp.226-27
697. Reuss, *Hitler's Motor Racing Battles*, pp.57-61
698. *L'Auto*, 1934年3月7日
699. Dr. Kissel, ゲルハルト・ナウマンへの手紙、1937年5月22日、11.2（DBA）
700. Nixon, *Racing the Silver Arrows*, p.157
701. Rosemeyer and Nixon, *Rosemeyer !*, pp.132-33
702. Day, *Siberpfeil und Hakenkreuz*, pp.126-27
703. Ludvigsen, *Mercedes-Benz Racing Cars*, p.144; *Autocar*, 1937年11月5日。同席したオートカー誌のジョン・ダグデールが、メルセデスの空気力学技術について魅力的な洞察を提供している。彼の著書『*Great Motor Sport of the Thirties*』も参照されたい。
704. Nixon, *Racing the Silver Arrows*, p.206
705. Rosemeyer and Nixon, *Rosemeyer !*, p.168
706. Nixon, *Racing the Silver Arrows*, p.208
707. Rosemeyer and Nixon, *Rosemeyer !*, p.170
708. *Motor und Sport*, 1937年10月31日および1937年11月7日
709. Nolan, *Men of the Thunder*, p.180
710. *L'Intransigent*, 1937年10月29日
711. *L'Auto*, 1937年11月20日; *Autocar*, 1937年11月26日
712. *L'Auto*, 1937年11月30日
713. *Motorsport*, 1937年12月
714. 同上; *Motor und Sport*, 1937年12月12日
715. Court, *A History of Grand Prix Motor Racing*, p.248
716. *Motor*, 1938年3月8日
717. *Autocar*, 1937年11月19日
718. *La Vie Automobile*, 1938年1月10日; *L'Auto*, 1937年12月21日
719. Rao, *Rudolf Caracciola*, p.288
720. Rosemeyer and Nixon, *Rosemeyer !*, pp.178-79
721. Ludvigsen, *Mercedes-Benz Racing Cars*, pp.151-53; Neubauer, *Speed Was My Life*, pp.106-

第11章　対決

657. *L'Auto*, 1937年8月27日–9月15日; *L'Intransigent*, 1937年8月29日; Dreyfus, "Ma Course Au Million"; Dreyfus, キャロンとのインタビュー、1973年；J・P・ベルナルドによるDreyfusとのインタビューのメモ（PPRA）; Dreyfus, "Dotation du Fonds de Course"; Dreyfus and Kimes, *My Two Lives*, pp.81-82; René Dreyfus, マーティン・ディーンへの手紙、1985年6月14日、René Dreyfus Scrapbooks（MMA）；Blight, *The French Sports Car Revolution*, pp.381-82; Jolly, *Delahaye : Sport et Prestige*, pp.145-47; Dreyfus, 50周年スピーチ、1993年9月、*Delahaye Club Bulletin*. マリン自動車博物館などからの写真を含む多くの一次資料や二次資料を用いて、ルネが1937年8月27日に行った「ミリオンフランレース」を詳細に再現した。これらはこの出来事を説明する2つのセクションを通じて著者が使用した主な資料である。引用やその他の重要な資料は別途記載している。
658. *Autocar*, 1934年12月21日
659. Dreyfus, "Ma Course Au Million."
660. Labric, *Robert Benoist*, pp.162-65. 著書『*Grand Prix*』の中でリンドンはモンレリについて非常に素晴らしい説明をしている。パスカルの『*Les Grandes Heures de Montlhéry*』のp.30-31に掲載されている距離や勾配などの詳細な図に加え、著者自身が実際に訪れたことで、コースについての他の記述を補強している。
661. *L'Auto*, 1937年8月28日。すべてのタイムとスピードは、新聞に掲載された表に基づいている。正確には、ルネは1時間21分54秒4を破るために1周平均5分7秒15（5分7秒ではなく）で走らなければならなかった。16周にわたって、このわずかな差は、ルネが返さなければならない「借金」に2秒以上の差がつくことになる。細かい計算を避けるため、著者は数字を切り捨てた。誤りはすべて著者自身の責任によるものである。
662. Dreyfus, "Dotation du Fonds de Course."
663. *Motorsport*, 1933年1月
664. Robert Puval, "Un Million pour Quelques Dixièmes,"日付および出典不明のニュースクリップ、René Dreyfus Scrapbooks（MMA）；"A210 Kilometeres a L'Heure René Dreyfus Lache le Volant" 日付および出典不明のニュースクリップ、René Dreyfus Scrapbooks（MMA）。マリン自動車博物館のルネ・ドレフュスに関する2つの記事では、ジャーナリストたちがモンレリのコースを走ったこと（1つはルネ自身と）を語り、読者にその瞬間を感じさせている。
665. *L'Auto*, 1937年8月28日
666. *L'Intransigent*, 1937年8月29日
667. Paris and Mearns, *Jean-Pierre Wimille*, p.121
668. Blight, *The French Sports Car Revolution*, p.383
669. *L'Auto*, 1937年8月29日
670. *L'Intransigent*, 1937年8月29–30日
671. Dreyfus, "Ma Course Au Million."
672. Lucy Schell, モーリス・フィリペへの手紙、1938年5月8日。モーリス・フィリペの資料（REVS）
673. Blight, *The French Sports Car Revolution*, p.383
674. *L'Auto*, 1937年8月31日
675. 同上
676. *L'Auto*, 1937年9月1日
677. Dreyfus, "Ma Course Au Million"; *Le Journal*, 1937年9月1日; *L'Intransigent*, 1937年9月1日; Dreyfus, キャロンとのインタビュー、1973年; Paris and Mearns, *Jean-Pierre Wimille*, pp.121-23
678. *L'Auto*, 1937年9月1日
679. *Le Fanatique de L'Automobile*, 1978
680. Paris and Mearns, *Jean-Pierre Wimille*, 序文
681. *L'Action Automobile*, 1937年9月; Jolly, *Delahaye V12*, pp.10-11

第10章 「100万フランのドラマ」

621. René Dreyfus, “Ma Course Au Million,” *Dalahaye Club Bulletin*, 2011年6月
622. *L'Auto*, 1937年8月1−23日
623. Blight, *The French Sports Car Revolution*, p.377
624. 日付および出典不明のルネ・ドレフュスとのインタビュー、*Automobile Quarterly*
625. Dreyfus, キャロンとのインタビュー、1973年
626. 同上
627. *Sports Car Guide*, 1959年9月; Dreyfus, “Ma Course Au Million,”
628. Lyndon, *Grand Prix*, pp.163-64; Boddy, *Montlhéry*, p.87
629. *Motor*, 1954年12月22日; Blight, *The French Sports Car Revolution*, p.353
630. *L'Auto*, 1937年8月10−18日
631. *L'Intransigent*, 1937年7月4−6日
632. *L'Auto*, 1937年8月8−14日
633. *L'Auto*, 1937年7月26日
634. *L'Auto*, 1937年8月15日; Paris and Mearns, *Jean-Pierre Wimille*, pp.118-19; Blight, *The French Sports Car Revolution*, pp.379-80
635. *L'Auto*, 1937年8月18日
636. Paris and Mearns, *Jean-Pierre Wimille*, p.119において引用された日付不明のニュース記事
637. *L'Auto*, 1937年8月24日
638. 同上
639. Weber, *The Hollow Years*, p.251
640. 同上、p.23
641. “Bericht uber Prufung der im Geshaftsjahr 1937” 12.26,（DBA）; Jolly, *Delahaye : Sport et Prestige*, pp.110-12
642. “Protokoll uber die am Donnestag, den 28. Juli 1937,” 取締役会議事録、1×01 0021（DBA）
643. Daley, *Cars at Speed*, p.210
644. Gregor, *Daimler-Benz in the Third Reich*, pp.36-38
645. 同上、pp.61-70
646. “Mercedes-Benz 3-Liter Grand Prix Car――Report,” 3069/1（DBA）; Ludvigsen, Mercedes-Benz Racing Cars, pp.167-72; W154に関するルドヴィッセンの手書きメモ。カール・ルドヴィッセンの個人資料（REVS）
647. “Protokoll uber die am Donnestag, den 28. Juli 1937,” 取締役会議事録、1×01 0021（DBA）
648. Alfred Neubauer, “Betrifft: Internationale Rennformel 1938-1940” 170/1136/1（DBA）
649. 日付および出典不明のルネ・ドレフュスとのインタビュー, René Dreyfus Scrap Books（MMA）
650. シャーシに関する報告書#48771（PPRA）
651. René Dreyfus, “Dotation du Fonds de Course” 日付および出典不明（PPRA）
652. Blight, *The French Sports Car Revolution*, p.381
653. *L'Auto*, 1937年8月26日
654. Dreyfus, “Ma Course Au Million.”
655. Dreyfus, キャロンとのインタビュー、1973年; Dreyfus, “Dotation du Fonds de Course”; Jolly, *Delahaye : Sport et Prestige*, pp.144-46; Dreyfus, 50周年スピーチ、1993年9月、*Delahaye Club Bulletin.* ドレフュスはこのときのやり取りを多くのインタビューで何年にもわたってさまざまな言い方で説明している。この会話はこれら4つの資料から集めたものである。
656. *L'Auto*, 1937年9月

583. Rosemeyer and Nixon, *Rosemeyer !*, p.135; Chakrabongse, *Dick Seaman*, p.121; Neubauer, *Speed Was My Life*, p.98
584. Nixon, *Racing the Silver Arrows*, p.166
585. Neubauer, *Speed Was My Life*, p.98
586. Pinkerton Detective Agency, 1937年7月15日, 157/1114（DBA）
587. Rosemeyer and Nixon, *Rosemeyer !*, p.140
588. *Autocar*, 1937年7月9日
589. Neubauer, *Speed Was My Life*, p.99
590. *Autocar*, 1937年7月9日
591. *New York Times*, 1937年7月6日
592. 勝利によってもたらされたこれらの引用と全般的なプロパガンダは以下に基づく。Bretz, *Bernd Rosemeyer*, p.102; Day, *Silberpfeil und Harkenkreuz*, pp.100-04; "Vanderbilt-Rennen in USA," 1937年7月8日、Daimler-Benz Aktiengesellscaft, 157/1114（DBA）; *Motor und Sport*のニュースクリップ、1937年（日付不明）、157/1114（DBA）
593. *Motor und Sport*のニュースクリップ、1937年（日付不明）、157/1114（DBA）
594. Rosemeyer and Nixon, *Rosemeyer !*, pp.144-45
595. Dreyfus and Kimes, *My Two Lives*, p.76; *Motor*, 1937年6月22日; *Motorsport*, 1991年7月
596. Blight, *The French Sports Car Revolution*, pp.351-52
597. 同上、p.352; *Classic and Sports Car*のニュースクリップ（日付不明）、René Dreyfus Scrapbooks（MMA）
598. *L'Intransigent*, 1937年6月27日
599. Strother MacMinn, "Delahaye Type 145 Coupe,"（PPRA）; *C Classic and Sports Car*のニュースクリップ（日付不明）、René Dreyfus Scrapbooks（MMA）
600. *L'Auto*, 1937年3月23日
601. *Autocar*, 1937年7月9日
602. Dreyfus, キャロンとのインタビュー、1973年
603. *Le Jounal*, 1937年7月5日
604. 同上; *L'Auto*, 1937年7月5日; *Autocar*, 1937年7月9日; *Autocar*, 1937年7月
605. Blight, *The French Sports Car Revolution*, p.365
606. *L'Auto*, 1937年6月26日
607. *L'Auto*,1937年7月15日; *L'Auto*, 1937年7月19日; Blight, *The French Sports Car Revolution*, p.371
608. Dreyfus and Kimes, *My Two Lives*, p.77
609. *Motorsport*, 2001年11月
610. *Autocar*, 1937年7月30日
611. *Autocar*, 1937年7月23日
612. *Motor Trend*, 1975年4月
613. Monkhouse, *Motor Racing with Mercedes Benz*, pp.57-76; *Motorsport*, 1937年8月
614. Caracciola, *A Racing Car Driver's World*, pp.163-64
615. Pohl, Habeth-Allhorn, and Brüninghaus, *Die Daimler-Benz AG in den Jahren*, pp.134-47
616. Taylor, *Hitler's Engineers*, pp.1-40
617. Day, *Silberpfeil und Hakenkreuz*, pp.157-59
618. Caracciola, *Rennen*, pp.1-30
619. Hochstetter, *Motorisierung und "Volksgemeinshaft,"* pp.298-99
620. Reuss, *Hitler's Motor Racing Battles*, p.29; Day, *Silberpfeil und Hakenkreuz*, pp.148-50

552. *La Vie Automobile*, 1937年2月25日; *Autocar*, 1937年2月5日; *Motor*, 1937年2月2日; *Motorsport*, 1937年2月
553. Dreyfus and Kimes, *My Two Lives*, p.71
554. *L'Intransigent*, 1937年1月24−31日
555. *L'Auto*, 1937年1月24−2月3日; *La Vie Automobile*, 1937年2月25日
556. Lucy Schell, モーリス・フィリペへの手紙、1938年5月8日。モーリス・フィリペの資料（REVS）
557. Dreyfus and Kimes, *My Two Lives*, p.71
558. Car and Driver, 1985年11月
559. Nixon, *Racing the Silver Arrows*, pp.178-81. ニクソンのシルバーアローに関する詳細な歴史を記した書籍の中で、彼はウーレンハウトへの素晴らしいインタビューを記している。
560. 同上; Scheller and Pollak, *Rudolf Uhlenhaut*, pp.46-53; Ludvigsen, *Mercedes-Benz Racing Cars*, p.112
561. "Programm fur die Proben mit den neuen Rennwagen-model 1937," 1937年2月19日、メルセデス・ベンツ資料。カール・ルドヴィッセンの個人資料（REVS）; Jenkinson, *The Grand Prix Mercedes-Benz*, pp.16-18
562. Motortextのプレスリリース（日付不明）、カール・ルドヴィッセンの個人資料（REVS）
563. *L'Auto*, 1937年4月6日
564. *Motorsport*, 1937年3月
565. *L'Auto*, 1937年4月7日; *Autocar*, 1937年4月9日
566. *L'Auto*, 1937年3月28日
567. Blight, *The French Sports Car Revolution*, p.306
568. *L'Auto*, 1937年8月28日
569. *L'Auto*, 1937年4月13日
570. Blight, *The French Sports Car Revolution*, p.316

第9章　翼を開いたカブトムシ

571. *L'Auto*, 1937年5月10日
572. *L'Auto*, 1937年3月16日
573. Moretti, *Grand Prix Tripoli*, pp.129-33, 145; *The Golden Era of Grand Prix Racing*(website), http://www.kolumbus.fi/leif.snellman/gp371.htm#9の1937年トリポリグランプリに関する記事を参照のこと。
574. *Motorsport*, 2006年2月
575. Blight, *The French Sports Car Revolution*, pp.316,351
576. *Car and Driver*, 1985年11月
577. Motorsport, 2005年3月。ナイジェル・ローバックによるドレフュスのインタビューでは、ドライバーのライバルたち、特にドイツのライバルたちの見方について、きわめて明快な洞察を得ることができる。たとえば、「ヌヴォラーリはまったくの至高の存在だった。彼は他の誰にもできないことをマシンでやってのけた——彼を追っているとそのことに気づくだろう。彼の後ろについてコーナーに入るとき、彼は切り抜けることはできないと思うことがしばしばあるが、彼はやってのけた。ルドルフ・カラツィオラは自分が最高のドライバーだと信じていたのだろう。実際、洗練された偉大なドライバーであり、雨のレースでは疑うことなく最高のドライバーだった。しかし、彼はヌヴォラーリではなかった」
578. Rao, *Rudolf Caracciola*, p.237
579. Lang, *Grand Prix Driver*, pp.49-51
580. Neubauer, *Speed Was My Life*, p.75
581. Dick, *Auto Racing Comes of Age*, pp.15-25
582. Cancellieri, *Auto Union*, p.90

512. Klemperer, *I Will Bear Witness*, p.180
513. Keys, *Globalizing Sport*, p.129
514. *L'Auto*, 1936年8月1日
515. Setright, *The Designers*, p.13
516. Ludvigsen, *The V12 Engine*, p.13
517. *Classic and Sportscar*, 1992年8月
518. Ludvigsen, *The V12 Engine*, p.9
519. *Le Fanatique de L'Automobile*, 1978年4月; Dorizon, Peighney, and Dauliac, *Delahaye*, pp.56-58; Strocher MacMinn, *"Delahaye Type 145"*（PPRA）; Mays, *Split Seconds*, pp.264-66; Ludvigsen, *The V12 Engine*, pp.211-12
520. Jolly, *Delahaye : Sport et Prestige*, p.130
521. 同上; *Le Fanatique de L'Automobile*, 1978年4月
522. Strocher MacMinn, *"Delahaye Type 145"*（PPRA）
523. *Autocar*, 1936年9月11日
524. Blight, *The French Sports Car Revolution*, p.183
525. 同上、p.271
526. *L'Auto*, 1933年7月16日
527. *Moteurs Course*, 1956年第3四半期
528. *Auto Retro*, 1981年9月
529. Dreyfus and Kimes, *My Two Lives*, p.69; Dreyfus, キャロンとのインタビュー, 1973年
530. Dreyfus and Kimes, *My Two Lives*, p.70

第8章　ラリー

531. *Miniature Auto*, 1966年8月
532. Hochstetter, *Motorisierung und "Vorksgemeinshaft*," p.295; *Car and Driver*, 1985年11月
533. *Motor*, 1936年9月22日
534. L'Auto, 1936年8月24日; Neubauer, *Speed Was My Life*, p.75; *The Golden Era of Grand Prix Racing*(website), http://www.kolumbus.fi/leif.snellman/gp3609.htm#30の1936年スイスグランプリに関する記事を参照のこと。
535. Rosemeyer and Nixon, *Rosemeyer!*, p.85
536. *L'Auto*, 1936年9月15日
537. *Automobile Quarterly*, 1968年夏; Caracciola, *A Racing Car Driver's World*, pp.119-20
538. Rosemeyer and Nixon, *Rosemeyer !*, pp.110-18
539. *L'Intransigent*, 1936年10月15日
540. *Motorsport*, 1936年12月
541. Tissot, *Figoni Delahaye*, p.55
542. Dreyfus and Kimes, *My Two Lives*, p.69
543. 同上、pp.70-71
544. *L'Auto*, 1936年10月20日
545. *L'Intransigent*, 1936年12月11日
546. *L'Auto*, 1936年12月11日
547. *L'Auto*, 1937年1月1日
548. *L'Auto*, 1937年1月6−15日
549. Blight, *The French Sports Car Revolution*, p.289
550. *L'Auto*, 1937年2月3日
551. Dreyfus and Kimes, *My Two Lives*, p.70

472. Blight, *The French Sports Car Revolution*, pp.192-93; Weber, *The Hollow Years*, pp.150-53
473. Larsen, *Talbot-Lago Grand Sport*, pp.20-24
474. Bugatti, *The Bugatti Story*, p.82
475. Blight, *The French Sports Car Revolution*, pp.197-201
476. *Automobile Quarterly*, 1965年春／夏
477. *Motorsport*, 1936年8月; *L'Auto*, 1936年6月25−30日
478. *L'Auto*, 1936年7月6日
479. Blight, *The French Sports Car Revolution*, p.223
480. Dreyfus, ルーシュとのインタビュー（PPML）
481. ドレフュスとカイムズの当初のインタビュー（PPBK）; *Automobile Quarterly*, 1978年第4四半期
482. Paris and Mearns, *Jean-Pierre Wimille*, pp.13-30
483. Dreyfus and Kimes, *My Two Lives*, pp.67-68
484. Motorsport, 1936年6月; *The Golden Era of Grand Prix Racing*(website), http://www.kolumbus.fi/leif.snellman/gp3603.htm#8の1936年トリポリグランプリに関する記事を参照のこと。
485. Reuss, *Hitler's Motor Racing Battles*, p.262
486. Neubauer, *Speed Was My Life*, pp.76-77; Reuss, *Hitler's Motor Racing Battles*, pp.262-68. ロイスは書籍の中で、このレースが最初から仕組まれていたことを示す、きわめて明確な資料を提供している。
487. Caracciola, *A Racing Car Driver's World*, p.120
488. *Car and Driver*, 1985年11月
489. Neubauer, *Speed Was My Life*, pp.77-78
490. Reuss, *Hitler's Motor Racing Battles*, p.266
491. Brauchitsch, *Ohne Kampf Kein Siege*, pp.118-19
492. Day, *Silberpfeil und Hakenkreuz*, p.137
493. Nixon, *Kings of Nűrburgring*, p.88; *The Golden Era of Grand Prix Racing*(website), http://www.kolumbus.fi/leif.snellman/gp3605.htm#15の1936年アイフェルレースに関する記事を参照のこと。
494. *Autocar*, 1936年7月
495. *Motor*, 1936年6月
496. *Motorsport*, 1935年9月
497. Rosemeyer and Nixon, *Rosemeyer !*, p.27
498. 同上、p.36
499. Cancellieri, *Auto Union*, p.83
500. Pritchard, *Silver Arrows in Camera*, p.161
501. Frilling, *Elly Beinhorn und Bernd Rosemeyer*, pp.40-41; Hilton, *How Hitler Hijacked World Sport*, p.42
502. Day, *Silberpfeil und Hakenkreuz*, pp.172-75
503. 同上
504. 同上
505. 同上、pp.175-83; Frilling, *Elly Beinhorn und Bernd Rosemeyer*, p.67
506. *Autocar*, 1936年7月31日
507. L'Auto, 1936年8月2日; François-Poncet, *The Fateful Years*, pp.203-06; Kershaw, *Hitler*, p.6
508. Keys, *Globalizing Sport*, p.152
509. François-Poncet, *The Fateful Years*, p.205
510. Keys, *Globalizing Sport*, p.153
511. 同上、pp.132-42

437. Dreyfus and Kimes, *My Two Lives*, p.120.　戦争中にヴィシーの裁判官によって言われたものであるが、感情的にはかつて人種差別主義者が語ったものと同じだった。
438. Ribet, 著者のインタビュー; *Motorsport*, 1936年1月; Stevenson, *Driving Forces*, pp.138-50; Tragatsch, *Die Grossen Rennjhare 1919-1939*, pp.259-60; Yates, *Ferrari*, pp.108-9
439. Don Sherman, "Porsche's Silent Partner," *Hagerty*, 2018年8月9日 https://www.hagerty.com/articles-videos/articles/2018/08/09/the-story-of-adolf-rosenberger
440. Dreyfus and Kimes, *My Two Lives*, p.87
441. *ACF Bulletin Official*, 1935年10月
442. *La Vie Automobile*, 1936年2月25日; *Delahaye Club Bulletin*, 2002年3月; Symons, *Monte Carlo Rally*, pp.208-9
443. *Horizons*, 1936年3月; *L'Automobile sur la Côte d'Azure*, 1936年2月
444. *Motorsport*, 1936年8月
445. *Autocar*, 1936年9月
446. *Horizons*, 1936年3月; *L'Automobile sur la Côte d'Azure*, 1936年2月
447. *La Vie Automobile*, 1936年2月25日; *Motorosport*, 1936年2月
448. *L'Auto*, 1936年3月7−12日
449. *L'Auto*, 1936年4月; *La Vie Automobile*, 1936年5月10日; Blight, *The French Sports Car Revolution*, pp.177-83
450. *Motorosport*, 1936年3月; Nixon, *Racing the Silver Arrows*, p.108
451. *L'Auto*, 1936年2月15日
452. 1937年9月ブリュノワの公文書; *La Vie Automobile*, 1934年11月10日; *La Vie Automobile*, 1935年5月10日; *L'Auto*, 1935年12月17日; Blight, *The French Sports Car Revolution*, p.153
453. Weber, *The Hollow Years*, pp.145-46
454. Shirer, *Berlin Diary*, pp.55-56
455. René Dreyfus, ジャン・ポール・キャロンとのインタビュー、1973年（PPRA）; *Paris Soir*, 1938年5月1日
456. Blight, *The French Sports Car Revolution*, p.175; ドレフュスとキャロンとのインタビュー、1973年

第7章　素晴らしい物語

457. Mays, *Split Seconds*, p.24; レジオンドヌール勲章の記録、フランス、パリ
458. *Dalahaye Club Bulletin*, 2014年冬
459. *Le Figaro*, 1937年10月13日; Dreyfus and Kimes, *My Two Lives*, p.70
460. *L'Auto*, 1936年2月15日
461. Dorizon, Peigney, and Dauliac, *Delahaye*, pp.50-52
462. Venables, *French Racing Blue*, pp.128-29; Strother MacMinn, "Delahaye Type 145 Coupe,"（PPRA）
463. Abeillon, *Talbot-Lago de Course*, p.7
464. *L'Intransigent*, 1935年12月18日
465. Larsen, *Talbot-Lago Grand Sport*, pp.17-20
466. 同上、pp.19-21; *Automobile Quarterly*, 1965年春／夏; *Automobile Quarterly*, 1985年第4四半期
467. *L'Auto*, 1935年2月7日
468. Blight, *The French Sports Car Revolution*, p.149
469. *Automobile Quarterly*, 1985年第4四半期
470. Dreyfus and Kimes, *My Two Lives*, p.64
471. *L'Auto*, 1936年5月25日

401. *L'Intransigent*, 1935年6月25日
402. Paris and Mearns, *Jean-Pierre Wimille*, p.67
403. *Motorsport*, 1935年8月
404. *L'Auto*, 1935年8月1日。WW燃料の影響については大きな議論が巻き起こり、メルセデス・ベンツはクレームに反論するために記者会見を開いた。
405. Yates, *Ferrari*, pp.x-xi
406. Ferrari, p.63
407. "1935 Season Lineup," *The Golden Era of Grand Prix Racing*(website), http://www.kolumbus.fi/leif.snellman/gp3501.htm#SL
408. Cernuschi, *Corse per Il Mondo*, p.297
409. *Road and Track*, 1980年9月
410. *Motor*, 1937年6月22日
411. Purdy, *The Kings of the Road*, pp.43-49
412. Cholmondeley-Tapper, *Amateur Racing Driver*, p.93
413. Carter, *Nuvolari and Alfa Romeo*, n.p.
414. Cernuschi, *Nuvolari*, p.123. *L'Auto*, 1935年8月1日; *Autocar*, 1935年8月2日; *Motor*, 1935年7月30日; Canestrini, *Uomini E Motori*, pp.188-91; *Motorsport*, 1935年9月; *The Golden Era of Grand Prix Racin*(website), http://www.kolumbus.fi/leif.snellman/gp3507.htm#31の1935年ドイツグランプリに関する記事を参照のこと。
415. Cernuschi, *Nuvolari*, p.126
416. 同上、p.128
417. Hilton, *Nuvolari*, p.154
418. Herzog, *Unter dem Mercedes-Stern*, pp.52-53
419. Cernuschi, *Nuvolari*, p.130
420. Gautier and Altounian, *Memoire en Images Brunoy*, pp.7-126
421. Mays, *Split Seconds*, p.242. ドライエ135スペシャル（ルーシーのために作られたスポーツカーバージョン）について、これが単に本書において説明されるバージョンでしかないことから、著者は単に135と呼ぶことにした。
422. Marc-Antoine, *Delahaye 135*, pp.26-28; Blight, *The French Sports Car Revolution*, p.147
423. *L'Auto*, 1935年12月17日; *L'Auto*, 1935年10月9日
424. Blight, *The French Sports Car Revolution*, p.151
425. La Rairie, Credit Agricoles Papers, ブリュノワの公文書
426. Blight, *The French Sports Car Revolution*, pp.150-51
427. Zagari, *Tazio Nuvolari*, p.9
428. *Motorsport*, 1935年10月; *The Golden Era of Grand Prix Racing*(website), http://www.kolumbus.fi/leif.snellman/gp3509.htm#39の1935年イタリアグランプリに関する記事を参照のこと。
429. *L'Auto*, 1935年9月9−10日
430. Ribet, 著者のインタビュー
431. Wolff, *The Shrinking Circle*, p.12
432. Burden, *The Nuremberg Rallies*, pp.108-10
433. *Motorsport*, 1935年12月
434. "AIACAR European Championship 1935", *The Golden Era of Grand Prix Racing*(website), http://www.kolumbus.fi/leif.snellman/cha5.htm; *Road and Track*, 1983年10月; *Road and Track*, 1976年8月
435. *Motorsport*, 1935年5月
436. *Automobile Quarterly*, 1979年第2四半期

366. Bradley, *Ettore Bugatti*, p.60
367. *Sports Car Guide*, 1959年9月; Dreyfus and Kimes, *My Two Lives*, p.51; *Automobile Quarterly*、1967年夏。ドレフュスはこれら3つの別々の出版物で、この同じ会話をほぼ忠実に再現している。著者は、コスタンティーニのアドバイスを1つの発言にまとめた。
368. ドレフュスとカイムズの当初のインタビュー（PPBK）
369. ドレフュスとミラトンの結婚証明書、リュノワの公文書
370. Dreyfus and Kimes, *My Two Lives*, pp.53-54
371. 同上、p.54

第6章　影

372. Caracciola, *A Racing Car Driver's World*, pp.107-19
373. Hochstetter, *Motorisierung und "Voliksgemeinshaft,"* p.308
374. 同上
375. Day, *Silberpfeil und Hakenkreuz*, p.95
376. Shirer, *The Rise and Fall of the Third Reich*, p.284
377. Brauchitsch, *Ohne Kampf Kein Siege*, pp.101-04. これらはブラウヒッチュによる非常に残念なことばであるが、ドライバーという立場で国家の犯罪に対しどう対応するかを考える良い機会を与えてくれている。
378. Lang, *Grand Prix Driver*, p.36
379. Moretti, *Grand Prix Tripoli*, p.10
380. 同上
381. Daley, *Car at Speed*, p.148
382. Monkhouse, *Grand Prix Racing*, p.42
383. *Motorsport*, 1935年6月
384. Cernuschi, *Nuvolari*, p.116; Caracciola, *A Racing Car Driver's World*, pp.107-18
385. *Speed*, 1937年8月
386. Lang, *Grand Prix Driver*, pp.41-42
387. Neubauer, *Speed Was My Life*, p.156
388. Caracciola, *Rennen*, p.83
389. 同上；Motor, 1935年5月21日；*L'Auto*, 1935年5月12日；*The Golden Era of Grand Prix Racing*(website), http://www.kolumbus.fi/leif.snellman/gp3502.htm#6の1935年トリポリレースに関する記事を参照のこと。
390. Caracciola, *A Racing Car Driver's World*, p.118
391. "Mercedes-Benz Press Informationsdient, Tripoli 1935" MB128/1031（DBA）
392. Neubauer, *Speed Was My Life*, pp.70-71; *The Golden Era of Grand Prix Racing*(website), http://www.kolumbus.fi/leif.snellman/gp3504.htm#19の1935年アイフェルレースに関する記事を参照のこと。
393. Day, *Silberpfeil und Hakenkreuz*, p.85
394. Rao, *Rudolf Caracciola*, p.210
395. Hilton, *Hitler's Grand Prix in England*, p.74
396. 同上
397. *Road and track*, 1983年10月; Dreyfus and Kimes, *My Two Lives*, p.55
398. *The Golden Era of Grand Prix Racing*(website), http://www.kolumbus.fi/leif.snellman/gp3501.htm#3の1935年モナコレースに関する記事を参照のこと。
399. 日付不明の新聞漫画、フランスグランプリ1935、レースファイル（1037）（DBA）
400. *La Vie Automobile*, 1935年7月10日

331. *Road and Track*, 1976年8月
332. *Automobile Quarterly*, 1967年夏
333. *Motor Trend*, 1959年3月
334. *Autocar*, 1934年7月6日; *Motorsport*, 1934年8月
335. *Motor Trend*, 1959年3月
336. *Le Matin*, 1934年7月1日
337. 同上; *L'Intransigent*, 1934年7月1日; *New York Times*, 1934年7月1日; Bullock, *Hitler*, pp.122-30
338. Brauchitsch, *Ohne Kampf Kein Siege*, p.29
339. Ludvigsen, *Mercedes-Benz Racing Cars*, p.121
340. Lyndon, *Grand Prix*, pp.168-81; *L'Auto*, 1934年7月3日; *Motor*, 1934年7月3日; *Autocar*, 1934年7月6日
341. *Motor Trend*, 1939年3月
342. *Motorsport*, 1934年8月; Cernuschi, *Nuvolari*, p.122; *Motor*, 1937年3月16日; *Autocar*, 1935年8月2日
343. Feldpost No.42, 1942年2月7日, NS24/846, Bundesarchiv; Hamilton, *Leaders and Personalities of the Third Reich*, pp.287-88; Hilton, *How Hitler Hijacked World Sport*, p.12; Hochstetter, *Motorisierung und "Voliksgemeinshaft,"* p.124
344. Reuss, *Hitler's Motor Racing Battles*, p.101
345. Hochstetter, *Motorisierung und "Voliksgemeinshaft,"* p.2
346. 同上、p.101
347. "Bericht uber Kosten fur den Bau und die Entiwckelung eines neuen Rennwagentyps," 1934年11月9日（DBA）; Reuss, *Hitler's Motor Racing Battles*, pp.81-83. ロイスはよく研究された著書の中で、メルセデスとアウトウニオンがこれまでに報告されていたよりもはるかに多くの資金を得ていたことを詳しく述べている。メルセデス・ベンツのアーカイブは彼の研究結果と一致している。
348. Shirer, *The Rise and Fall of the Third Reich*, pp.281-83; Gregor, *Daimler-Benz in the Third Reich*, pp.36-75
349. Caracciola, *A Racing Car Driver's World*, p.83
350. Hochstetter, *Motorisierung und "Voliksgemeinshaft,"* p.292
351. *Road and Track*, 1971年12月
352. *Motorsport*, 1934年8月
353. Motorsport, 1934年10月; Caracciola, *A Racing Car Driver's World*, pp.81-92; Neubauer, *Speed Was My Life*, p.58
354. ドレフュスとカイムズの当初のインタビュー（PPBK）; *Motorsport*, 1934年9月
355. *Road and Track*, 1976年8月
356. René Dreyfus, モーリス・ルーシュへの手紙、1990年（PPML）
357. *Match*, 1934年4月3日
358. Dreyfus and Kimes, *My Two Lives*, p.51
359. 同上、p.50; モーリス・ルーシュとルネ・ドレフュスとのインタビュー（日付不明）（PPML）
360. *L'Auto*, 1934年8月26日
361. Cholmondeley-Tapper, *Amateur Racing Driver*, pp.47-48; Chakrabongse, *Road Start Hat Trick*, p.137
362. Dreyfus and Kimes, *My Two Lives*, p.52
363. *Autocar*, 1934年8月31日; *L'Auto*, 1934年8月27日
364. Dreyfus and Kimes, *My Two Lives*, p.53
365. ドレフュスとカイムズの当初のインタビュー（PPBK）; Automobile Quaterly, 1968年夏

第5章　一つのこと

290. Blight, *The French Sports Car Revolution*, p.91
291. *L'Auto*, 1934年1月28日
292. パリーサン・ラファエル・ラリー優勝者リスト、モーリス・フィリペの個人資料（REVS）；Blight, *The French Sports Car Revolution*, p.91. ブライトによると、「17CV以上のエンジンでクラス1位と2位を獲得した2台のワークスのドライエ（ネノとゴノが運転していた?）は、ラリーの複雑なハンディキャップシステムの影響でペナルティを受け、最終的な順位ではルーシーを大きく下回った」ということである。
293. Weber, *The Hollow Years*, pp.114-34
294. Stobbs, *Les Grandes Routieres*, p.17
295. Weber, *The Hollow Years*, pp.76-83
296. Bullock, *Fast Women*, pp.xi-xii
297. Bouzanquet, *Fast Ladies*, 序文
298. *La Vie Automobile*, 1929年9月25日
299. 日付不明のニュースクリップ、ルネ・ドレフュスのスクラップブック（MMA）
300. Ribet, 著者のインタビュー
301. Blight, *The French Sports Car Revolution*, p.91
302. Dreyfus and Kimes, *My Two Lives*, p.70
303. *Automobile sur la Côte d'Azure*, 1934年1月／3月; *L'Auto*, 1934年3月21−29日
304. Griffith Borgeson, "The Zborowski Saga," *Automobile Quarterly*, 1984年第2四半期
305. *Road and Track*, 1984年8月
306. *L'Intransigent*, 1934年4月1日
307. Dreyfus and Kimes, *My Two Lives*, p.69
308. Marc-Antoine, *Delahaye 135*, pp.20-22; Tissot, *Figoni Delahaye*, pp.13-16
309. Blight, *The French Sports Car Revolution*, p.91; Nixon, *Racing the Silver Arrows*, p.56
310. *L'Auto*, 1934年5月8−11日
311. Blight, *The French Sports Car Revolution*, pp.92-93
312. *L'Auto*, 1934年5月11日
313. Mays, *Split Seconds*, p.109; *Automobile Quarterly*, 1999年7月
314. *L'Auto*, 1934年5月11日
315. *L'Intransigent*, 1935年5月16日
316. *Automobile Quarterly*, 1968年夏
317. Rao, *Rudolf Caracciola*, p.163
318. *The Golden Era of Grand Prix Racing*(website), http://www.kolumbus.fi/leif.snellman/gp3401.htm#3の1934年モナコレースに関する記事を参照のこと。
319. Caracciola, *A Racing Car Driver's World*, p.80
320. Nixon, *Racing the Silver Arrows*, p.26; Neubauer, *Speed Was My Life*, p.55
321. Rao, *Rudolf Caracciola*, pp.173-74
322. *Road and Track*, 1971年12月
323. Rao, *Rudolf Caracciola*, pp.174-75
324. Walkerly, *Grand Prix*, p.29
325. Caracciola, *A Racing Car Driver's World*, p.82
326. *Motorsport*, 1934年4月
327. *L'Auto*, 1933年11月21日
328. *L'Auto*, 1934年3月7日; Cancellieri, *Auto Union*, p.39
329. *Motorsport*, 1934年4月
330. Dreyfus and Kimes, *My Two Lives*, p.52

259. 同上
260. 同上、p.64
261. *Autocar*, 1933年4月28日
262. Caracciola, *A Racing Car Driver's World*, pp.63-64
263. *L'Intransigent*, 1933年4月25日
264. *Automobile Quarterly*, 1967年夏; Dreyfusレース記録（PPBK）; Belle, *Blue Blood*, p.86; Saward, *The Grand Prix Saboteurs*, p.66
265. Pierre Fassone, ジョナタン・デュプリエとの電話インタビュー、2018年フランス; ドレフュスとミラトンの結婚記録、ブリュノワの公文書
266. Evelyne Dreyfus、著者のインタビュー
267. Dreyfus and Kimes, *My Two Lives*, p.27
268. Sachs, *The Letters of Arturo Toscanini*, p.127
269. Dreyfus and Kimes, *My Two Lives*, p.27
270. Weber, *The Hollow Years*, pp.102-3
271. 同上、p.103
272. Evelyne Dreyfus、著者のインタビュー; Dreyfus and Kimes, *My Two Lives*, p.64. ルネは自伝の中で自分がドレフュス大佐とはまったく関係ないとはっきりと述べている。それに反して、その後家族が行った調査では異なる結果が示された。
273. Weber, *The Hollow Years*, p.243
274. *Automobile Quarterly*, 1967年夏; Dreyfus and Kimes, *My Two Lives*, p.4
275. *Motor*, 1933年9月12日; Seymour, *Bugatti Queen*, p.175; *The Golden Era of Grand Prix Racing*(website), http://www.kolumbus.fi/leif.snellman/gp3314.htm#64の1933年モンツァレースに関する記事を参照のこと。
276. Yates, *Ferrari*, p.36
277. Cernuschi, *Nuvolari*, p.61
278. *L'Auto*, 1933年9月12−17日; *Motor*, 1933年9月19日; Louche, *1895-1995*, pp.207-8
279. *L'Auto*, 1933年9月12−17日
280. Caracciola, *A Racing Car Driver's World*, pp.66-67
281. Cernuschi, *Nuvolari*, pp.83-93; *Motorsport*, 1933年12月
282. Caracciola, *A Racing Car Driver's World*, pp.71-75
283. 同上; Caracciola, *Rennen*, pp.75-76; Neubauer, *Speed Was My Life*, pp.52-53. ノイバウアーは場面を混同する傾向があったようだ。カラツィオラの2つの回想録と合わせて、著者は1933年11月から1934年1月までの間に起きた会話と会合とを整理するべく最善を尽くした。
284. Caracciola, *A Racing Car Driver's World*, pp.74-75; Neubauer, *Speed Was My Life*, pp.52-53
285. Caracciola, *Rennen*, pp.75-76
286. *Motor*, 1938年2月1日; ルドヴィッセン研究ノート、カール・ルドヴィッセンの個人資料（REVS）; Walkerly, *Grand Prix*, p.20; Stuck and Burggaller, *Motoring Sport*, pp.10-11
287. Yates, *Ferrari*, p.84
288. "Der Mercedes-Benz Rennwagen, ein Meisterwerk deutscher Technik"（メルセデス・ベンツ内部レポート）（DBA）; ルドヴィッセン研究ノート、カール・ルドヴィッセンの個人資料（REVS）; *Road and Track*, 1971年12月。W25の開発に関するさらなる情報を探すうえで、傑出したメルセデス・ベンツの歴史研究家カール・ルドヴィッセンのRoad and Trackの記事は、そのデザインと性能の詳細にわたる調査結果を提供してくれた。
289. *Automobile Quarterly*, 1968年夏; Caracciola, *A Racing Car Driver's World*, pp.76-77; *L'Auto*, 1934年2月5日

216. 原典不明かつ日付不明のルネ・ドレフュスとのインタビュー。ルネ・ドレフュスのスクラップブック（MMA）
217. Brauchitsch, *Ohne Kampf Kein Siege*, p.46
218. *Sports Car Graphic*, 1984年9月; *Road and Track*, 1980年9月; Ribet, 著者のインタビュー
219. *L'Intransigent*, 1933年7月18日; Ruesch, *The Racer,* p.54; Court, *A History of Grand Prix Motor Racing*, p111; Stuck, *Männer Hinter Motoren*, pp.36-38
220. *Motor*, 1937年6月22日; Ribet, 著者のインタビュー; Kimes, *The Star and Laurel*, p.220; Dreyfus and Kimes, *My Two Lives*, p.15; Neubauer, *Speed Was My Life*, pp.20-21; Birabongse, *Bits and Pieces*, pp.36-37
221. Ferrari, *My terrible Joys*, p.89
222. Neubauer, *Speed Was My Life*, p.18
223. *L'Automobile sur la Côte d'Azure*, 1934年1月
224. ルネ・ドレフュスとビバリー・カイムズの当時のインタビュー（PPBK）
225. Bugatti, *The Bugatti Story*, p.16
226. *Automobile Quarterly*, 1967年夏; Dreyfus and Kimes, *My Two Lives*, p.37
227. Bugatti, *The Bugatti Story*, pp.29-30
228. Dreyfus and Kimes, *My Two Lives*, p.41
229. Domarus, *Hitler*, p.250
230. François-Poncet, *The Fateful Years*, p.48
231. Bullock, *Hitler*, pp.110-13
232. Shirer, *The Rise and Fall of the Third Reich*, p.190
233. Domarus, *Hitler*, p.251
234. Hochstetter, *Motorisierung und "Voksgemeinshaft,"* pp.481-82
235. 同上、p.242
236. Reuss, *Hitler's Motor Racing Battles*, p.51
237. Pohl, Habeth-Allhorn, and Brüninghaus, *Die Daimler-Benz AG in den Jahren*, pp.36-38
238. Gregor, *Daimler-Benz in the Third Reich*, pp.57-58
239. Belln, *Mercedes in Peace and War*, p.219
240. 同上、pp.216-17
241. ダイムラー・ベンツ取締役会議事録、1933年4月25日、キッセルのファイル（DBA）
242. Gregor, *Daimler-Benz in the Third Reich*, pp.58-61
243. Brauchitsch, *Ohne Kampf Kein Siege*, p.28
244. Reuss, *Hitler's Motor Racing Battles*, p.43
245. Pohl, Habeth-Allhorn, and Brüninghaus, *Die Daimler-Benz AG in den Jahren*, p.108
246. Reuss, *Hitler's Motor Racing Battles*, p.67
247. ダイムラー・ベンツ取締役会議事録、1933年3月10日、キッセルのファイル（DBA）
248. Reuss, *Hitler's Motor Racing Battles*, p.69
249. ダイムラー・ベンツ取締役会議事録、1933年3月10日、キッセルのファイル（DBA）
250. *L'Auto*, 1933年4月21日; *L'Intransigent*, 1933年4月22日
251. Rao, *Rudolf Caracciola*, pp.297-98
252. Neubauer, *Speed Was My Life*, p.97
253. *Automobile Quarterly*, 1968年夏
254. Caracciola, *A Racing Car Driver's World*, p.60
255. Nixon, *Racing the Silver Arrows*, p.75
256. Caracciola, *Rennen*, pp.74-75
257. *Motorsport*, 1933年6月; *Autocar*, 1933年4月23日; *L'Auto*, 1933年4月21日
258. Caracciola, *A Racing Car Driver's World*, p.62

135, pp.11-13. マルグレット・デマレ夫人とのシーンは、ピエール・ペイニーによって詳細に記録されている。この会議にワイフェンバックが出席していたかどうかは疑問が残る。しかし、会話の内容や彼が当時ドライエの役員だったこと（そして長年のリーダーだったこと）を考えると、彼が量産化の指揮を執っていたことから、オーナー一家が彼の意見なしにこの会議を行ったとは考えにくい。
184. *Delahaye Club Buiietin*, 2014年冬
185. *Delahaye Club Buiietin*, 2016年1月
186. Beadle, *Delahaye*, p.5; *Motorsport*, 1936年10月
187. Mays, *Split Seconds*, pp.13-18; Laux, *In First Gear*, p.59; *La Locomotion Automobile*, vol.2, 1895
188. *Motorsport*, 1936年10月; Helck, *Great Auto Races*, p.11
189. Mays, *Split Seconds*, pp.18-23
190. The 3.5 Litre Delahaye Type 135 (profile publications)（PPRA）
191. *Torque*, 1984年1−2月
192. Jolly, *Delahaye: Sport et Prestige*, pp.8-15
193. *L'Auto*, 1936年10月2日
194. "The 1936 Delahaye Type 135 Competition,"の原稿。カール・ルドヴィッセンの個人資料（REVS）
195. Jolly, *Delahaye: Sport et Prestige*, p.6
196. Beadle, *Delahaye:Road Test Portfolio,* p.72
197. Adatto and Meredith, *Delahaye Styling*, p.213; Dorizon, Peigney, and Dauliac, *Delahaye*, p.33
198. Blight, *The French Sports Car Revolution*, p.57
199. 同上、p.80
200. *Automobile*, 1985年3月
201. *Torque*, 1984年1月; *Omnia*, 1935年4月
202. Mays, *Split Seconds*, pp.107-13; *Marc-Antoine, Delahaye135*, pp.14-16
203. Blight, *The French Sports Car Revolution*, p.80
204. *L'Auto*, 1933年9月26日−10月14日; "The 1936 Delahaye Type 135 Competition,"の原稿。カール・ルドヴィッセンの個人資料、REVS；*Le Fanatique de L'Automobile*, 1976年4月
205. *La Vie Automobile*, 1933年11月
206. これらの最初のモデルの実際の名前はやや曖昧である。ほとんどの歴史家はタイプ134とタイプ138としているが、ドライエはサロンでそれぞれを、ただ12CVと18CVと呼んでいた。これは政府の課税対象となる馬力の格付けに言及したもので、説明しても意味がないような複雑なフォーミュラである。明確化のため、私はこれらをタイプ134とタイプ138と呼び、一貫性を保つため、ブライトの本で紹介されているルーシー・シェルのセリフを変更している。
207. Blight, *The French Sports Car Revolution*, pp.84-85
208. *L'Auto*, 1933年10月31日

第4章　クラッシュ

209. *La Dépêche*, 1932年8月15日; *Motorsport*, 1932年9月; *L'Auto*, 1932年8月15日; *L'Automobile sur la Côte d'Azure*, 1934年1月
210. ルネ・ドレフュスとビバリー・カイムズの当初のインタビュー（PPBK）
211. Dreyfus and Kimes, *My Two Lives*, p.34
212. Michel Ribet, 著者のインタビュー、2018年フランス、コマンジュ
213. Caracciola, *Rennen*, p.53
214. 日付不明のニュースクリップ。ルネ・ドレフュスのスクラップブック（MMA）
215. Daley, *Cars at Speed*, p.187

149. Caracciola, *Rennen*, pp.67-70
150. Caracciola, *A Racing Car Driver's World*, p.57
151. Venables, *Fist Among Champions*, p.71

第3章　スピードクイーンと老ガリア人戦士

152. *Le Jounal*, 1932年1月15－21日。これは、ジャック・マルシラックがモンテカルロ・ラリーをルーシーとローリーのシェル夫妻と共に旅をしたときの、信じられないほど鮮やかに記された説明である。この部分のすべてのセリフはここから引用している。
153. Louche, *Le Rallye Monte Carlo*, p.34
154. *Modern Boy's Book of Racing Cars*, 1938年に転載されたニュースクリップ。アンソニー・ブライトの個人資料
155. *Motor*, 1932年1月12日; *L'Auto*, 1932年1月10－21日
156. *Le Journal*, 1932年1月15－21日
157. Symons, *Monte Carlo Rally*, pp.5-6
158. *Motor*, 1932年1月19日
159. Neubauer, *Speed Was My Life*, p.86
160. セレスティンとフランシス・パトリック・オライリーの結婚証明書（1896年1月12日)。ルーシー・オライリーとセリム・シェルとの結婚証明書（1917年8月30日)。いずれもフランス、ブリュノワの公文書。
161. Blight, *The French Sports Car Revolution*, p.86
162. *Paris Soir*, 1938年5月1日
163. Weber, *The Hollow Years*, p.87
164. 同上
165. *Reading Eagle*, 1915年5月17日
166. ルーシー・オライリーとセリム・シェルとの結婚証明書（1917年8月30日)。フランス、ブリュノワの公文書
167. Mary McAuliffe, ニューヨーク・タイムズ、2016年10月14日、*When Paris Sizzled*からの引用
168. *Road and Track*, 1957年2月; Adatto and Meredith, *Delahaye Styling and Design*, p.113
169. Tragatsch, *Die Grossen Rennjahre 1919-1939*, pp.84-86
170. Bouzanquet, *Fast Ladies*, pp.11-30
171. Journée Féminine de L'Automobile, 1927年のパンフレット。モーリス・フィリペの個人資料（REVS)
172. Blight, *The French Sports Car Revolution*, p.87; *Automobilia*, 1939年4月1日; *La Vie Automobile*, 1929年2月25日; *L'Auto*, 1931年1月20－23日
173. *Le Journal*, 1929年5月30日
174. Symons, *Monte Carlo Rally*, p.4
175. Le Journal, 1932年1月15－21日。前述のように、すべてのセリフはマルシラックの資料による。さらに、*Motorsport*, 1932年2月; *Autocar*, 1932年1月12日; *Motor*, 1932年1月; *L'Auto*, 1932年1月10－23日を参考にした。
176. *Le Journal*, 1932年1月19日
177. Mays, *Split Seconds*, p105-10; *Automobile Quaterly*, 1999年7月; *Delahaye Club Bulletin*, 2014年冬
178. *Delahaye Club Bulletin*, 1987年9月
179. Blight, *The French Sports Car Revolution*, p.15
180. *La Vie Automobile*, 1931年3月10日
181. Weber, *The Hollow Years*, p.5
182. Malino and Wassertein, *The Jews in Modern France*, p.50
183. *Automobile Quarterly*, 1967年夏; Bradley, *Ettore Bugatti*, p.60; Marc-Antoine, *Delahaye*

113. Laux, *In First Gear*, pp.2-4
114. *Locomotive Engineer's Journal* 25 (1991); Rolt, *Horseless Carriage*, pp.19-22,37
115. Daley, *Cars at Speed*, pp.16-18; Ludvigsen, *Mercedes-Benz Racing Cars*, p.8; Howe, *Motor Racing*, p.17
116. Birkin, *Full Throttle*, p.10
117. Laux, *In First Gear*, p.32
118. Howe, *Motor Racing*, p.19
119. Ludvigsen, *Mercedes-Benz Racing Cars*, p.8; Howe, *Motor Racing*, pp.14-16
120. Doyle, *Carlo Demand in Motion and Color*, p.32; Helck, *Great Auto Races*, pp.185-89; Daley, *Cars at Speed*, pp.24-25
121. Daley, *Cars at Speed*, p.11
122. *Autocar*, 1921年7月30日; Howe, *Motor Racing*, p.22; Pomeroy, *The Grand Prix Car*, pp.20-22
123. Caracciola, *A Racing Car Driver's World*, p.35
124. Kimes, *The Star and the Raurel*, p.198
125. *Car and Driver*, 1985年11月
126. Carracciola, *A Racing Car Driver's World*, p.35; *Das Auto*, 1926年7月15日
127. *Road & Track*, 1961年1月
128. *Das Auto*, 1926年7月15日; "Mercedes beim Grossen Preis von Deutschland," 652（DBA）; Caracciola, *A Racing Car Driver's World*, pp.35-41; Neubauer, *Speed Was My Life*, pp.5-6; 写真、Grosser Preis von Deutschland, AVUS 1926, 93/652（DBA）
129. Caracciola, *A Racing Car Driver's World*, p.41
130. Neubauer, *Speed Was My Life*, p.16
131. Weitz, *Weimer Germany*, pp.161-65
132. *Neue Deutsche Biographie*, vol.11, pp.685-87
133. Nixon, *Racing the Silver Arrows*, p.188
134. Neubauer, *Speed Was My Life*, p.3
135. *Road and Track*, 1958年5月; *Sports Car Illustrated*, 1956年9月
136. Neubauer, *Speed Was My Life*, p.16
137. Molter, *Rudolf "Caratsch" Caracciola*, p.37
138. Howe, *Motor Racing*, pp.194-97; Dalcy, *Cars at Speed*, p.15
139. Neubauer, *Speed Was My Life*, p.22
140. *Motorsport*, 1931年5月
141. Neubauer, *Speed Was My Life*, pp.26-27
142. Caracciola, *A Racing Car Driver's World*, pp.160-63; Neubauer, *Speed Was My Life*, pp.29-30; Stuck and Burggaller, *Motoring Sport*, pp.162-63; Rao, *Rudolf Caracciola*, pp.104-10. ヒトラーに関する多くの手記と同様、それらが戦争の前に書かれたか、後に書かれたかによって物語は変わり、印象も変わってくる。ここで注目すべきは、戦前に出版されたスタックの書籍には、ヒトラーに会えたことにどれほど感銘を受けたか、それがどれほど名誉なことであったかを述べたカラツィオラの記事が掲載されていることである。彼の後の回想録では異なったトーンとなっている。
143. Shirer, *The Rise and Fall of the Third Reich*, p.149
144. Mommsen, *The Rise and Fall of Weimar Democracy*, p.315
145. Caracciola, *A Racing Car Driver's World*, p.162
146. *Time*, 1936年6月1日; Reuss, *Hitler's Motor Racing Battles*, p.57
147. Stuck and Burggaller, *Motoring Sport*, p.163. 事実、カラツィオラはこの会合が「自分にとって最も印象的な経験だった」と記している。
148. Caracciola, *A Racing Car Driver's World*, p.56

77. Brauchitsch, *Ohne Kampf Kein Siege*, p.92
78. Dreyfus, キャロンとのインタビュー、1973年 ; Lyndon, *Grand Prix*, p.11
79. *Pur Sang*, 1980年春
80. *Motor Sport*, 1930年9月
81. *Road and Track*, 1930年9月
82. Tragatsch, *Die Grossen Rennjahre* 1919-1939, pp.119-20
83. Dreyfus and Kimes, *My Two Lives*, p.22
84. *L'Auto*, 1940年4月7日
85. Moity, *Grand Prix de Monaco*, 1930/4-8
86. ルネ・ドレフュスによるフランコ・ザガリのマセラティに関する書籍の序文の原稿。1978年11月（PPBK)。これはドレフュスがオルシーニとザガリの著書に寄せた最終版の序文原稿であり、非常に注目に値する。
87. ドレフュスの回顧録の原稿（PPBK）; Ludvigsen, *Classic Grand Prix Cars*, p.99
88. Ludvigsen, *Classic Grand Prix Cars*, p.99
89. 同上、p.99
90. *Sports Review's Motorspeed*, 1953年（月の記載なし）; Dreyfus Magazine Scrapbook（PPDF）
91. 同上
92. Brauchitsch, *Ohne Kampf Kein Siege*, p.7
93. L'Auto, 1932年5月23日; Autocar, 1932年5月27日; Motor, 1932年5月24日; *The Golden Era of Grand Prix Racing*(website), http://www.kolumbus.fi/leif.snellman/gp3206.htm#26の1932年アヴスグランプリに関する記事を参照のこと。
94. *Old Cars*, 1976年1月13日
95. ルネ・ドレフュスによる、フランコ・ザガリのマセラティに関する書籍の序文の原稿
96. Orsini and Zagari, *Maserati*, pp.8-9; Motor, 1931年4月7日; Ferrari, *My Terrible Joys*, p.63
97. Brauchitsch, *Ohne Kampf Kein Siege*, pp.12-13

第2章　レインマスター

98. Nixon, *Kings of Nűrburgring*, p.15
99. *Motor*, 1932年7月6日; *The Golden Era of Grand Prix Racing*(website), http://www.kolumbus.fi/leif.snellman/gp3207.htm#30の1932年アイフェルレースに関する記事を参照のこと。
100. Rao, *Rudolf Caracciola*, pp.498-500
101. Monkhouse, *Grand Prix Racing*, p.43
102. Caracciora, *A racing Car Driver's World*, p.2-8; Molter, *Rudolf "Caratsch" Caracciola*, p.27. このシーンおよびセリフは、主にカラツィオラの回顧録から引用している。
103. Rao, *Rudolf Caracciola*, p.9
104. Stuck and Burggaller, *Motoring Sport*, pp.163-64
105. Molter, *Rudolf "Caratsch" Caracciola*, p.27
106. Alice Caracciola, "Memories of a Racing Driver's Wife", *Automobile Quarterly*, 1968年夏。ルディの妻によるこの短い回想録は、著名なドライバーの隠された生活の素晴らしい一面を見せてくれる。
107. Caracciola, *A Racing Car Driver's World*, pp.6-12, 21-26
108. 同上; Molter, *Rudolf "Caratsch" Caracciola*, pp.30-40
109. *Road and Track*, 1961年1月
110. Nixon, *Racing the Silver Arrows*, p.170
111. Molter, *Rudolf "Caratsch" Caracciola*, pp.30-43
112. Nixon, *Racing the Silver Arrows*, p.170

46. “René Dreyfus, le Driver Gentleman”
47. Dreyfus and Kimes, *My Two Lives*, p.4
48. “Maurice Dreyfus-The other Half,” 日付不明のニュースクリップ、Karl Ludvigsen（REVS）; *Autosport*, 1955年3月11日; *Sports Car Guide*, 1959年9月
49. Purdy, *The Kings of The Road*, p.21
50. Alfred Wurmser, ジョナタン・デュプリエとの電話インタビュー、2018年; Christian Schann, ジョナタン・デュプリエとの電話インタビュー、2018年
51. King, *The Brescia Bugatti*, p.30
52. 同上、p64, 7
53. Purdy, *The Kings of the Road*, p.15
54. King, *The Brescia Bugatti*, p.97
55. Dreyfus and Kimes, *My Two Lives*, p.6
56. “René Dreyfus, le Driver Gentleman,” *Auto Passion*, n.d., Magazine Scrapbook（PPDF）
57. René Dreyfus, モーリス・ルーシュとのインタビュー、PPML; Court, *A history of Grand Prix Motor Racing*, pp.56-58; Daley, *Cars at Speed*, p.142
58. Dreyfus and Kimes, *My Two Lives*, p.6
59. Dreyfusレース記録（PPBK）
60. *Road and Track*, 1962年7月; *Motor*, 1934年4月17日; *Motor*, 1933年8月22日; Rao, *Rudolf Caracciola*, pp.441-42
61. Nolan, *Men of Thunder*, p.126
62. Dreyfus and Kimes, *My Two Lives*, pp.6-8; *Sports Car Guide*, 1959年9月
63. Dreyfus and Kimes, *My Two Lives*, p.16
64. *Auto Age*, 1956年8月; *Sports Review's Motorspeed*, 1953年（月の記載なし）、Dreyfus Magazine Scrapbook（PPDF）; *Pur Sang*, 1980年春; Moity, *Grand Prix de Monaco*,1930/4-8
65. *Sports Review's Motorspeed*, 1953年（月の記載なし）
66. *Autocar*, 1930年4月11日
67. *Sport Review's Motorspeed*, 1953年（月の記載なし）
68. *Sports Car Guide*, 1959年9月
69. *Automobile Quaterly*, 1967年夏
70. レース全体に関する説明は、さまざまな資料から引用しているが、そのほとんどはドレフュス自身へのインタビューによるものである。特に注目すべきは、レイフ・スネルマンと彼の1930年代のグランプリレースに関するサイトに負うところが大きい点である。彼は細心の注意を払って、当時のあらゆる新聞や雑誌を参考にしてレースごとに説明してくれている。*The Golden Era of Grand Prix Racing*(website), http://www.kolumbus.fi/leif.snellman/gp3002.htm#9の1930年モナコグランプリに関する記事を参照のこと。その他の資料は次のとおり。*L'Intransigent*, 4月2-10; *L'Auto*, 4月2-10; *Auto Age*, 1956年8月; Moity, *Grand Prix de Monaco*, 1930/4-8; *Sports Car Graphic* (Monaco Public Relations)(PPRA); *Road and Track*, 1980年9月; *Autocar*, 1930年4月11日; *Motor Sport*, 1930年5月
71. *Sport Review's Motorspeed*, 1953年（月の記載なし）セリフや詳細に関する著名な資料は別途記載している。
72. Charkrabongse, *Road Start Hat Trick*, p.38; Cohin, *Histrique de la Course Automobile*, p.112
73. Court, *A History of Grand Prix Motor Racing*, p.189
74. 同上、pp.9-11; Daley, *Cars at Speed*, pp.50-62; Hodges, *The Monaco Grand Prix*, pp.8-13; Chakrabingse, *Road Start Hat Trick*, pp.33-35
75. Lyndon, *Grand Prix*, p.10
76. *Motor*, 1930年4月

15. 同上、p.174
16. Liddell Hart, *History of the Second World War*, pp.84-85; Shirer, *The Rise and Fall of the Third Reich*, pp.721-23
17. Blumeson, *The Vilde Affair*, p.32-34; Mitchell, *Nazi Paris*, p.3; Lottman, *The Fall of Paris*, pp.340-70
18. Mitchell, *Nazi Paris*, p.13
19. Rosbottom, *When Paris Went Dark*, p.50
20. Blumenson, *The Vilde Affair*, p.38
21. Shirer, *The Rise and Fall of the Third Reich*, pp.741-42
22. Rosbottom, *When Paris Went Dark*, p.64
23. *ACF Bulletin Official*, 1935年6月; Lemeirie and Piat, *Histire de l'Automobile Club de France*, pp.17-30
24. Richard Adatto, 著者のインタビュー。2017年シアトル; Lemerie and Piat, *Histoire de l'Automobile Club de France*, p.45, ACFの資料が盗まれた話については、ドライエに関する歴史家リチャード・アダット氏のインタビューからの引用である。数年前、彼はこのシーンに登場する司書と会い、その司書が盗難についてリチャードに話したという。公文書が紛失したことについての確認は、主にレメリーの書籍などから得ている。
25. Lemerie and Piat, *Histoire de l'Automobile Club de France*, pp.35-43
26. Adatto, 著者のインタビュー

第1章　ザ・ルック

27. Brauchitsch, *Ohne Kampf Kein Siege*, pp.10-13
28. "Getting Younger as He Ages," 日付不明のニュースクリップ（PPBK）; Cholmondeley-Tapper, *Amateur Racing Driver*, p.51
29. *Sports Car Graphic*, 1974年9月
30. Neubauer, *Speed Was My Life*, p.38
31. Weitz, *Weimar Germany*, pp.161-65
32. François-Poncet, *The Fateful Years*, p.11
33. Dreyfus and Kimes, *My Two Lives*, p.54
34. Brauchitsch, *Ohne Kampf Kein Siege*, pp.10-13
35. *L'Automobile sur la Côte d'azur*, 1926年5月; Evelyne Dreyfus, 著者のインタビュー、2018年フランス
36. "René Dreyfus, le Driver Gentleman," *Auto Passion*, n.d., Magazine Scrapbook（PPDF）
37. Ted West "Rising to Greatness"（*Road and Track*, 1987年3月）。1926年のヒルクライムレースについてドレフュスにインタビューしたもの。ドレフュスが何を考え、感じたのだけでなく、その日の体験（音、景色、匂い）も含めて、非常に詳細に描かれた秀逸な記事。ブガッティのエンジン音を含むこのシーンはこの記事を参考にしている（PPDF, DBA4）。
38. Purdy, *The Kings of the Road*, p.23
39. *L'Automobile sur la Côte d'azur*, 1932年1月; *Motor Sport*, 1951年12月; Jellinek-Mercedes, *My Father, Mr. Mercedes*, p.88
40. René Dreyfus, ジャン・ポール・キャロンのインタビュー、1973年（PPRA）
41. *L'Automobile sur la Côte d'azur*, 1932年1月
42. *Road and Track*, 1987年3月
43. Dreyfus and Kimes, *My Two Lives*, pp.1-2
44. "Maurice Dreyfus――The other Half," 日付不明のニュースクリップ、Karl Ludvigsen（REVS）
45. Dreyfus and Kimes, *My Two Lives*, pp.2-4

原注

※邦訳されている書籍については参考文献の項をご覧ください。

出所名略

ACBB	バスコ・ベアルネーズ自動車クラブ（フランス）
ACF	フランス自動車クラブ（フランス）
MMA	マリン自動車博物館（アメリカ）
DBA	ダイムラー・ベンツ・アーカイブ（ドイツ）
REVS	レブス・インスティテュート（アメリカ）
PPRA	リチャード・アダット所蔵
PPDF	ドレフュス家所蔵
PPBK	ビバリー・カイムズ所蔵、コード・デューゼンバーグ図書館（アメリカ）
PPML	モーリス・ルーシュ所蔵

著者まえがき

1. Roseman, *Um Kilometer und SeKunden,* pp.1-2; Klemperer, *The Language of the Third Reich,* p.4
2. Bretz, *Mannschaft und Meisterschaft*, p.14
3. Hildenbrand, preface 歴史ノンフィクション物語『シービスケット――あるアメリカ競走馬の伝説』（ソニーマガジンズ）の著者ローラ・ヒレンブランドに感謝の意を表したい。冒頭の彼女の構成――主要なキャラクターの紹介――は、本書を構成するためのテンプレートとして役に立った。模倣が謝辞の最も誠実な形であるならば、ローラが赤面していることを願っている。
4. Ferrari, *My Terrible Joys*, p.13

プロローグ

5. Liddell Hart, *History of the Second World War*, pp.65-75; Nicholas, *The Rape of Europa*, p.81
6. Shirer, *The Rise and Fall of the Third Reich*, p.723
7. Lottman, *The Fall of Paris*, pp.46-47
8. Walter, *Paris Under the Occupation*, p.13
9. Blumenson, *The Vilde Affair*, pp.26-27
10. Lottman, *The Fall of Paris*, p.143
11. Nicholas, *The Rape of Europe*, pp.50-88; Rosbottom, *When Paris Went Dark*, p.7, 38; Lottman, *The Fall of Paris*, pp.7, 64-65
12. Dorizon, Peigney, and Dauliac, *Delaye*, p.60; 日付不明のニュースクリップ（PPBK）; Charles Fleming,"A Classsic Car Mystery"ロサンゼルス・タイムズ、2015年11月2日; マリン自動車博物館 "Delahaye Type 145"――パンフレット――（MMA）: 著者が保有するアンドレ・ヴォークールの覚書き: Lew Gotthainer, ウィリアム・スミスへの手紙、1971年12月6日（PPRA）。戦争中のドライエ145の運命については、矛盾した話や疑わしい伝説が飛び交っており、4台のうちのどの車がレースで走ったかは今日のドライエの専門家の間でも議論になっている。
13. Rosbottom, *When Paris Went Dark*, p.51
14. Lottman, *The Fall of Paris*, p.165

定期刊行物・新聞

ACF Magazine (French) / Alfa Corse Magazine (Italian) / Auto Age / Auto Moto Retro (French) / Auto Passion (French) / Auto Retro / Autocar / Automobile Quarterly / Automobilia (French) / Autosport / Bugantics / Car and Driver / Das Auto (German) / Delahaye Club Bulletin (French) / Englebert (French) / Horizons / Il Littoriale (Italian) / L'Actualité Automobile (French) / L'Auto (French) / L'Auto Italiana (Italian) / L'Automobile sur la Côte d'Azur (French) / L'Équipe (French) / L'Intransigent (French) / La Dépêche (French) / La Locomotion Automobile (French) / La Vie Automobile (French) / La Fanatique de L'Automobile (French) / Le Journal (French) / Light Car / Locomotive Engineer's Journal / Match (French) / Motor / Motor (German) / Motor Italia (Italian) / Motor Sport / Motor und Sport (German) / Motorspeed / Old Cars / Omnia (French) / Paris Soir (French) / Pur Sang / RACI (Italian) / Revue Automobile Club Feminin (French) / Road and Track / Speed / Sport Review's Motorspeed / Sports Car Graphic / Sports Car Guide / Sports Car Illustrated / Torque / Veteran and Vintage

Bookman Publishers, 1986).
Ruesch, Hans, *The Racer* (New York: Ballantine Books, 1953).
Sachs, Harvey, ed., *The Letters of Arturo Toscanini* (New York: Alfred A. Knopf, 2002).
Saward, Joe, *The Grand Prix Saboteurs* (London: Morienval Press, 2006).
Scheller, Wolfgang, and Pollak, Thomas, *Rudolf Uhlenhaut: Ingenieur und Gentleman.* (Königswinter, Germany: HEEL Verlag, 2015).
Setright, L.J.K., *The Designers: Great Automobiles and the Men Who Made Them* (Chicago: Follett Publishing Co., 1976).
Seymour, Miranda, *Bugatti Queen: In Search of a French Racing Legend* (New York: Random House, 2004). ［シーモア著『ブガッティ・クイーン：華麗なる最速のヌードダンサー エレ・ニースの肖像』（二玄社）］
Shirer, William, *Berlin Diary: The Journal of a Foreign Correspondent 1934–41* (New York: Alfred A. Knopf, 1941). ［シャイラー著『ベルリン日記――1934-40』（筑摩書房）］
Shirer, William, *The Rise and Fall of the Third Reich* (New York: Simon & Schuster, 1990). ［シャイラー著『第三帝国の興亡』（東京創元社）
Stevenson, Peter, *Driving Forces: Grand Prix Racing Season Caught in the Maelstrom of the Third Reich* (Cambridge: Bentley Publishers, 2000).
Stobbs, William, *Les Grandes Routieres: France's Classic Grand Tours* (Somerset, UK: Haynes Publishing, 1990).
Stuck, Hans & Burggaller, E. G., *Motoring Sport* (London: G. T. Foulis & Co., 1937).
Stuck, Hans, *Männer hinter Motoren: Ein Rennfahrer Erzählt* (Berlin: Drei Masken Verlag, 1935).
Symons, H. E., *Monte Carlo Rally* (London: Methuen & Co., 1936).
Taruffi, Piero, *The Technique of Motor Racing* (Cambridge, MA: Robert Bentley, 1961). ［タルフィ著『ザ・テクニック・オブ・モーター・レーシング』（JAF出版社）］
Taylor, Blain, *Hitler's Engineers: Fritz Todt and Albert Speer—Master Builders of the Third Reich* (Philadelphia: Casemate, 2010).
Tissot, Jean-Paul, *Figoni Delahaye: 1934–1954, La Haute Couture Automobile* (Anthony, France: ETA, 2013).
Tragatsch, Erwin, *Die Grossen Rennjahre 1919–1939* (Stuttgart: Hallwag Verlag, 1973).
Tucoo-Chala, Pierre, *Histoire de Pau* (Toulouse: Univers de la France, 2000).
Venables, David, *First Among Champions: The Alfa Romeo Grand Prix* (Somerset, UK: Haynes Publishing, 2000).
Venables, David, *French Racing Blue: Drivers, Cars, and Triumphs of French Motor Racing* (London: Ian Allan Publishing, 2009).
Walkerly, Rodney, *Grand Prix 1934–39* (Abingdon, UK: Motor Racing Publications, 1948).
Walter, Gerard, *Paris Under the Occupation* (New York: Orion Press, 1960).
Weber, Eugen, *The Hollow Years: France in the 1930s* (New York: W. W. Norton, 1994)
Weitz, Eric, *Weimar Germany* (Princeton, NJ: Princeton University Press, 2007).
Wolff, Marion, *The Shrinking Circle: Memories of Nazi Berlin, 1933–39* (New York: UAHC Press, 1989).
Yates, Brock, *Ferrari: The Man, the Cars, the Races, the Machine* (New York: Doubleday, 1991). ［イエイツ著『エンツォ・フェラーリ F1の帝王と呼ばれた男。』（集英社）］
Zagari, Franco, *Tazio Nuvolari* (Milan: Automobilia, 1992).

Press of New England, 1985).
Marc-Antoine, Colin, *Delahaye 135* (Paris: ETAI, 2003).
Mays, Raymond, *Split Seconds* (London: G. T. Foulis & Co., 1951).
Mitchell, Allan, *Nazi Paris: History of an Occupation, 1940–44* (New York: Berghahn Books, 2010).
Moity, Christian, *Grand Prix de Monaco, vol.1* (Besançon: Éditions d'Art/J. P. Barthelemy, 1996).
Molter, Günther, *German Racing Cars and Drivers* (Los Angeles: Floyd Clymer, 1950).
Molter, Günther, *Rudolf "Caratsch" Caracciola: Assergewöhnlicher Rennfahrer und Eiskalter Taktiker* (Stuttgart, Germany: Motor Buch Verlag, 1997).
Mommsen, Hanx, *The Rise and Fall of Weimar Democracy* (Chapel Hill: University of North Carolina Press, 1996).
Monkhouse, *Grand Prix Racing: Facts and Figures* (London: G. T. Foulis & Co., 1950).
Monkhouse, George, *Motor Racing with Mercedes Benz* (Los Angeles: Floyd Clymer, 1945).
Moretti, Valerio, *Grand Prix Tripoli* (Milan: Automobilia, 1994).
Moretti, Valerio, *When Nuvolari Raced . . .* (Dorset: Veloce Publishing, 1994).
Neubauer, Alfred, *Speed Was My Life* (New York: Clarkson Potter, 1958). [ノイバウア著『スピードこそわが命』(荒地出版社)]
Neue Deutsche Biographie, vol. 11 (Berlin: Duncker & Humblot, 1977).
Nicholas, Lynn, *The Rape of Europa: The Fate of Europe's Treasures in the Third Reich and the Second World War* (New York: Alfred A. Knopf, 1995). [リン・H・ニコラス著『ヨーロッパの略奪:ドイツ占領下における美術品の運命』(白水社)]
Nixon, Chris, *Kings of Nürburgring* (Middlesex, UK: Transport Bookman Publications, 2005).
Nixon, Chris, *Racing the Silver Arrows* (Oxford: Osprey, 1986).
Nolan, William, *Men of Thunder: Fabled Daredevils of Motor Sport* (New York: G. P. Putnam's Sons, 1964).
Nye, Doug, and Geoffrey Goddard, *Dick and George: The Seaman-Monkhouse Letters, 1936–1939* (London: Palawan Press, 2002).
Orsini, Luigi, and Franco Zagari, *Maserati: Una Storia nell Storia* (Milan: Emmeti Grafica, 1980).
Paris, Jean-Michel & Mearns, William *Jean-Pierre Wimille: A Bientôt la Revanche* (Paris: Drivers, 2002).
Pascal, Dominique, *Les Grandes Heures de Montlhéry* (Boulogne-Billancourt: ETAI, 2004).
Pohl, Hans, Stephanie Habeth-Allhorn, and Brüninghaus, Beate, *Die Daimler-Benz AG in den Jahren 1933 bis 1945* (Stuttgart: Franz Steiner Verlag, 1986).
Pomeroy, Laurence, *The Grand Prix Car: 1906–1939* (Abingdon, UK: Motor Racing Publications, 1949).
Pritchard, Anthony, *Silver Arrows in Camera* (Somerset, UK: Haynes Publishing, 2008).
Purdy, Ken, *The Kings of the Road* (London: Anchor Press, 1957).
Rao, Rino, *Rudolf Caracciola: Una Vita per le Corse* (Bologna, Italy: Edizioni ASI Service, 2015).
Reuss, Eberhard, *Hitler's Motor Racing Battles* (Somerset, UK: Haynes Publishing, 2006).
Rolt, L.T.C., *Horseless Carriage: The Motor-Car in England* (London: Constable Publishers, 1950).
Rosbottom, Ronald, *When Paris Went Dark: The City of Light Under German Occupation, 1940–44* (New York: Little, Brown and Co., 2014).
Rosemann, Ernst, *Um Kilometer und SeKunden* (Stuttgart: Union Deutsche Verlagsgesellschaft, 1938).
Rosemeyer, Elly, and Chris Nixon, *Rosemeyer! A New Biography* (Middlesex, UK: Transport

Hilton, Christopher, *Inside the Mind of the Grand Prix Driver* (Haynes Publishing, 2001)
Hilton, Christopher, *Nuvolari* (Breedon Books Publishing, 2003)
Hochstetter, Dorothee, *Motorisierung und "Volksgemeinshaft": Das Nationalsozialistische Kraftfahrkorps (NSKK) 1931–1945* (Munich: R. Oldenbourg Verlag, 2005).
Hodges, David, *The Monaco Grand Prix* (London: Temple Press Books, 1964).
Howe, Lord, *Motor Racing* (London: Seeley Service & Co., 1939).
Jellinek-Mercedes, Guy, *My Father, Mr. Mercedes* (London: Chilton Book Co., 1961).
Jenkinson, Denis, *The Grand Prix Mercedes-Benz, Type W125, 1937* (New York: Arco Publishing, 1970).
Jenkinson, Denis, *The Racing Driver* (London: BT Batsford, 1958). [ジェンキンソン著『レーシング・ドライバー――その技術と心情』(二玄社)]
Jolly, François, *Delahaye V12* (Nimes, France: Éditions du Palmier, 1980).
Jolly, François, *Delahaye: Sport et Prestige* (Paris: Jacques Grancher, 1981).
Kershaw, Ian, Hitler: 1936–45 (New York: W. W. Norton, 2000). [カーショー著『ヒトラー(下) 1936-1945 天罰』(白水社)]
Keys, Barbara, *Globalizing Sport: National Rivalry and International Community in the 1930s* (Cambridge, MA: Harvard University Press, 2006).
Kimes, Beverly, *The Star and the Laurel: The Centennial History of Daimler, Mercedes, and Benz* (Montvale, NJ: Mercedes-Benz of North America, 1986).
King, Bob, *The Brescia Bugatti* (Mulgrave, Australia: Images Publishing Group, 2006).
Klemperer, Victor, *I Will Bear Witness: A Diary of the Nazi Years* (New York: Modern Library, 1999).
Klemperer, Victor, *The Language of the Third Reich: A Philologist's Notebook* (London: Athlone Press, 2000).
Labric, Roger, *Robert Benoist: Champion du Mondo* (Paris: Edicta Paris, 2008).
Lang, Hermann, *Grand Prix Driver* (London: G. T. Foulis & Co., 1953).
Larsen, Peter, with Ben Erickson, *Talbot-Lago Grand Sport: The Car from Paris* (Copenhagen: Dalton, Watson Fine Books, 2012).
Laux, James, *In First Gear: The French Automobile Industry to 1914* (Montreal: McGill-Queen's University Press, 1976).
Lemerie, Jean-Louis, and Emmanuel Piat, *Histoire de l'Automobile Club de France* (Paris: Alcyon Media Groupe, 2012).
Liddell Hart, B. H., *History of the Second World War* (Old Saybrook, CT: Konecky & Konecky, 1970). [リデル・ハート著『第二次世界大戦』(中央公論新社)]
Lottman, Herbert, *The Fall of Paris: June 1940* (London: Sinclair-Stevenson, 1992).
Louche, Maurice, 1895–1995: *Un Siècle de Grands Pilotes Français* (Nimes, France: Éditions du Palmier, 1995).
Louche, Maurice, *Le Rallye Monte Carlo au Xxe Siècle* (Monaco: L'Automobile-Club de Monaco, 2001).
Ludvigsen, Karl, *Classic Grand Prix Cars: The Front-Engined Formula 1 Era 1906–1960* (Gloucestershire: Sutton Publishing, 2000).
Ludvigsen, Karl, *Mercedes-Benz Racing Cars* (Newport Beach, CA: Bond/Parkhurst Books, 1974).
Ludvigsen, Karl, *The V12 Engine: The Untold Story of the Technology, Evolution, Performance, and Impact of All V12-Engined Cars* (Somerset, UK: Haynes Publishing, 2005).
Lyndon, Barre, *Grand Prix* (London: John Miles, 1935).
Malino, Frances, and Bernard Wasserstein, *The Jews in Modern France* (Lebanon, NH: University

Chakrabongse, *Prince Chula, Road Start Hat Trick: Being an Account of Two Season of "B. Bira" the Racing Motorist in 1937 and 1938* (London: G. T. Foulis & Co., 1944).
Chakrabongse, *Dick Seaman: A Racing Champion* (Los Angeles: Floyd Clymer, 1948).
Cholmondeley-Tapper, Thomas Pitt, *Amateur Racing Driver* (London: G. T. Foulis & Co., 1966).
Cohin, Edmond, *Historique de la Course Automobile* (Paris: Éditions Lariviere, 1966).
Court, William, *A History of Grand Prix Motor Racing, 1906–1951* (London: Macdonald, 1966).
Daley, Robert, *Cars at Speed* (New York: Collier Books, 1961).
Darmendrail, Pierre, *Le Grand Prix de Pau: 1899–1960* (Paris: La Librairie du Collectionneur, 1992).
Day, Uwe, *Silberpfeil und Hakenkreuz* (Berlin: Bebra Verlag, 2005).
Dick, Robert, *Auto Racing Comes of Age: A Transatlantic View of Cars, Drivers and Speedways, 1900–1925* (London: McFarland & Co., 2013).
Domarus, Max, *Hitler: Speeches and Proclamations* (Mundelein, IL: Bolchazy-Carducci Publishers, 1990).
Dorizon, Jacques, François Peigney, and Jean-Pierre Dauliac, *Delahaye: Le Grand Livre* (Paris: EPA Éditions, 1995).
Doyle, Gary, *Carlo Demand in Motion and Color* (Boston: Racemaker Press, 2007).
Dreyfus, René, and Beverly Rae Kimes, *My Two Lives: Race Driver to Restaurateur* (Tucson: Aztec Corp., 1983).
Dugdale, John, *Great Motor Sport of the Thirties: A Personal Account by John Dugdale* (London: Wilton House Gentry, 1977).
Earl, Cameron, *Quicksilver* (London: HMSO, 1996).
Ferrari, Enzo, *My Terrible Joys* (London: Hamish Hamilton, 1963). ［フェラーリ著『サーキットの英雄──レースカーに捧げたフェラーリ自伝』（弘文堂）］
François-Poncet, André, *The Fateful Years: Memoirs of a French Ambassador in Berlin, 1931–38* (New York: Howard Fertig, 1972).
Frilling, Christoph, *Elly Beinhorn und Bernd Rosemeyer: Kleiner Grenzverkehr zwischen Resistenz und Kumpanei im Nationalsozialismus* (Frankfurt: Peter Lang, 2009).
Gautier, Jean, and Jean-Pierre Altounian, *Memoire en Images Brunoy* (France: Éditions Alan Sutton, 1996).
Goebbels, Joseph, *Die Tagebücher* (Munich: K. G. Saur Verlag, 2000).
Gregor, Neil, *Daimler-Benz in the Third Reich* (New Haven, CT: Yale University Press, 1998).
Hamilton, Charles, *Leaders and Personalities of the Third Reich* (San Jose, CA: R. James Bender Publishing, 1998).
Helck, Peter, *Great Auto Races* (New York: Harry Abrams, 1975). ［ヘルク著『栄光の自動車レース』（朝日新聞社）］
Herzog, Bodo, *Unter dem Mercedes-Stern: Die Grosse Zeit der Silberpfeile* (Ernst Gerdes Verlag, 1996).
Hildenbrand, Laura, *Seabiscuit* (New York: Random House, 2001). ［ヒレンブランド著『シービスケット──あるアメリカ競走馬の伝説』（ソニーマガジンズ）］
Hilton, Christopher, *Grand Prix Century: The First 100 years of the World's Most Glamorous and Dangerous Sport* (Haynes Publishing, 2005)
Hilton, Christopher, *Hitler's Grands Prix in England: Donington 1937 and 1938* (Haynes Publishing, 1999)
Hilton, Christopher, *How Hitler Hijacked World Sport: The World Cup, The Olympics, The Heavyweight Championship and the Grand Prix* (The History Press, 2012)

参考文献

書籍

Abeillon, Pierre, *Talbot-Lago de Course* (Paris: Vandoeuvres, 1992).

Adatto, Richard, *From Passion to Perfection: The Story of French Streamlined Styling, 1930–39* (Paris: Éditions SPE Barthelemey, 2003).

Adatto, Richard, *French Curves* (Oxnard, CA: Mullin Automotive Museum, 2011).

Adatto, Richard, and Diana Meredith, *Delahaye Styling and Design* (Philadelphia: Coachbuilt Press, 2006).

Beadle, Tony, *Delahaye: Road Test Portfolio* (Surrey, UK: Brooklands Books, 2010).

Belle, Serge, *Blue Blood: A History of Grand Prix Racing Cars in France* (London: Frederick Warne, 1979).

Bellon, Bernard, *Mercedes in Peace and War: German Automobile Workers, 1903–45* (New York: Columbia University Press, 1990).

Prince of Thailand, *Bits and Pieces* (London: Furnell and Sons, 1942).

Birkin, Henry, *Full Throttle* (London: G. T. Foulis & Co., 1945).

Blight, Anthony, *The French Sports Car Revolution: Bugatti, Delage, Delahaye and Talbot in Competition 1934–1939* (Somerset, UK: G. T. Foulis & Co., 1990).

Blumenson, Martin, *The Vilde Affair: Beginnings of the French Resistance* (Boston: Houghton Mifflin, 1977).

Boddy, William, *Montlhéry: The Story of the Paris Autodrome* (Dorchester, UK: Veloce Publishing, 2006).

Bouzanquet, Jean François, *Fast Ladies: Female Racing Drivers from 1888 to 1970* (London: Veloce, 2009).

Bradley, W. F., *Ettore Bugatti* (Abingdon, UK: Motor Racing Publications, 1948).

Brauchitsch, Manfred von, *Ohne Kampf Kein Siege* (Berlin: Verlag der Nation, 1966).

Bretz, Hans, *Bernd Rosemeyer: Ein Leben Für den Deutschen Sport* (Berlin: Wilhelm Limpert-Verlag, 1938).

Bretz, Hans, *Mannschaft und Meisterschaft: Eine Bilanz der Grand Prix Formel 1934–37* (Stuttgart: Daimler Benz AG, 1938).

Bugatti, L'Ebe, *The Bugatti Story* (Philadelphia: Chilton Book Co., 1967).

Bullock, Alan, *Hitler: A Study in Tyranny* (New York: Bantam Books, 1958).〔バロック著『アドルフ・ヒトラー』(みすず書房)〕

Bullock, John, *Fast Women* (London: Robson Books, 2002).

Burden, Hamilton, *The Nuremberg Party Rallies: 1923–39* (London: Pall Mall Press, 1967).

Cancellieri, Gianna, *Auto Union—Die Grossen Rennen 1934–39* (Hanover: Schroeder and Weise, 1939).

Canestrini, Giovanni, *Uomini E Motori* (Monza: Nuova Massimo, 1957).

Caracciola, Rudolf, *Rennen–Sieg–Rekorde!* (Stuttgart: Union Deutsche Verlagsgesellschaft, 1943).

Caracciola, Rudolf, *A Racing Car Driver's World* (New York: Farrar, Straus and Giroux, 1961).

Carter, Bruce, *Nuvolari and Alfa Romeo* (New York: Coward McCann, 1968).

Cernuschi, Giovanni, *Corse per Il Mondo* (Milan: Editoriale Sportiva, 1947).

Cernuschi, Count Giovanni, *Nuvolari* (New York: William Morrow, 1960).

■著者紹介

ニール・バスコム（Neal Bascomb）

全米で数々の賞を受賞したニューヨーク・タイムズのベストセラー作家。著書に『ヒトラーの原爆開発を阻止せよ!』（亜紀書房）、『Hunting Eichmann』『パーフェクトマイル』（ソニーマガジンズ）などがある。ロンドンとパリを拠点に活動していた元ジャーナリスト。現在はフィラデルフィア在住。

■訳者紹介

吉野弘人（よしの・ひろと）

宮城県出身。山形大学人文学部卒業。金融機関、監査法人勤務を経て、2019年より翻訳業に。訳書に『ザ・プロフェッサー』『黒と白のはざま』『ラスト・トライアル』（いずれもロバート・ベイリー著、小学館）『評決の代償』（グレアム・ムーア著、早川書房）、『海賊の栄枯盛衰』『国際金融詐欺師ジョー・ロウ』（パンローリング）などがある。

2021年9月2日 初版第1刷発行

フェニックスシリーズ (127)

ファスター
——1930年代のモータースポーツカルチャー

著　者　ニール・バスコム
訳　者　吉野弘人
発行者　後藤康徳
発行所　パンローリング株式会社
〒160-0023　東京都新宿区西新宿 7-9-18　6階
TEL 03-5386-7391　FAX 03-5386-7393
http://www.panrolling.com/
E-mail　info@panrolling.com
装　丁　パンローリング装丁室
印刷・製本　株式会社シナノ

ISBN978-4-7759-4256-7
落丁・乱丁本はお取り替えします。

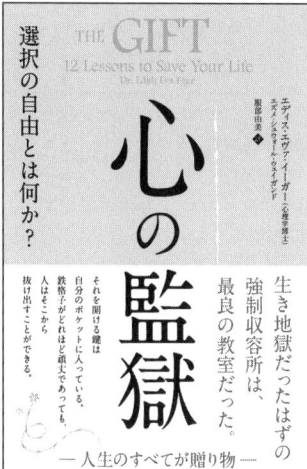

ISBN 9784775942512　512ページISBN 9784775942369　480ページ

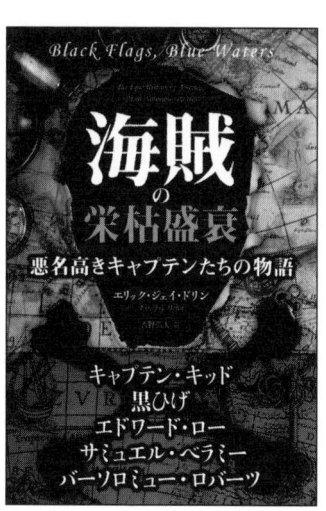

好評発売中

オプティミストはなぜ成功するか【新装版】

ポジティブ心理学の父が教える
楽観主義の身につけ方

マーティン・セリグマン【著】
ISBN 9784775941102　384ページ
定価：本体 1,300円+税

前向き（オプティミスト）＝成功を科学的に証明したポジティブ心理学の原点

数々の実験によって実証されたのは、学校の成績でも、営業の数字でも、健康面でも、楽観主義者（オプティミスト）のほうがよい数字をとりやすいということだった。本書で「楽観主義」を身につければ、ペシミストならではの視点をもちながら、オプティミストにだってなれる。

ポジティブ心理学が教えてくれる「ほんものの幸せ」の見つけ方

とっておきの強みを生かす

マーティン・セリグマン【著】
ISBN 9784775942468　392ページ
定価：本体 1,800円+税

誰にでも思い悩むことはある。けれど幸せな人と、そうではない人の違いは何なのだろうか。悲観主義だから？　つらい過去があるから？　置かれた環境のせいで幸せになれないのだろうか？　いやけっしてそんなことはない。人間の心はいつでも変えられる。本書は、ポジティブ心理学の父による「ほんものの幸せ」を手にいれるための実践的な手引き書である。